高等院校秘书学专业精品系列教材
GAODENG YUANXIAO MISHUXUE ZHUANYE JINGPIN XILIE JIAOCAI

现代秘书实务

XIANDAI MISHU SHIWU

（第五版）

向国敏 ◎ 著

首都经济贸易大学出版社
Capital University of Economics and Business Press
·北京·

图书在版编目(CIP)数据

现代秘书实务/向国敏著. --5版. --北京:首都经济贸易大学出版社,2018.3
ISBN 978-7-5638-2774-9

Ⅰ.①现…　Ⅱ.①向…　Ⅲ.①秘书学　Ⅳ.①C931.46

中国版本图书馆CIP数据核字(2018)第026659号

现代秘书实务(第五版)
向国敏　著

责任编辑　孟岩岭
封面设计　砚祥志远·激光照排 TEL: 010-65976003
出版发行　首都经济贸易大学出版社
地　　址　北京市朝阳区红庙(邮编 100026)
电　　话　(010)65976483　65065761　65071505(传真)
网　　址　http://www.sjmcb.com
E-mail　publish@cueb.edu.cn
经　　销　全国新华书店
照　　排　北京砚祥志远激光照排技术有限公司
印　　刷　北京市泰锐印刷有限责任公司
开　　本　710毫米×1000毫米　1/16
字　　数　460千字
印　　张　24
版　　次　2005年8月第1版　2008年2月第2版　2011年8月第3版
　　　　　2015年1月第4版　**2018年3月第5版**　2019年1月总第8次印刷
印　　数　29 001~32 000
书　　号　ISBN 978-7-5638-2774-9/C·146
定　　价　45.00元

第五版前言

本书2005年出版至今已经12个年头了，在出版社的帮助下，第五版即将问世。本版修订主要集中在两个方面：一是根据本人出版的《会议学与会议管理》（第二版）中有关会议要素的研究成果，对本书第三章第一节的“会议的要素”做了修改修订；二是根据国家保密局2014年第1号令发布的《国家秘密定密管理暂行规定》，对第九章第二节“保密工作”的相关内容做了修订。欢迎广大读者与专家提出宝贵意见。

向国敏

2018年1月

于华东师范大学

前言

从上世纪80年代我国第一批秘书学专著问世算起,秘书学在我国已经走过了近1/4世纪的历程。秘书学的发展见证了我国改革开放的历史,改革开放又不断促进秘书学的成熟与完善。秘书实务就是为适应改革开放的需要而产生和发展起来的一门秘书学的分支学科。

然而长期以来,“秘书实务”一词并没有被完全当成学科的名词而使用,有些书籍冠以“秘书实务”,却未作学科界定,以至秘书实务常常成为推销书籍的一种包装名称。

强调秘书实务的学科性,有助于大大拓展秘书实务研究的深度和广度。众所周知,秘书学是一门研究秘书活动规律的学问,而秘书活动的根本职能是辅助领导实施管理,由此可见,秘书学归根到底是一门辅助管理的学问。秘书实务作为秘书学的分支学科,在辅助管理的范畴之内,研究空间极为广阔。同时,由于秘书实务具有很强的实践性和应用性,其研究的具体领域和具体内容应当随着秘书工作实践的发展而不断地深入。

基于上述认识,本书一方面力图从学科的角度廓清秘书实务的一些基本范畴和概念,将其与一般的秘书学理论(如秘书学概论)书籍区别开来;另一方面则努力从横、纵两个向度上提升秘书实务的内涵,使之成为一本实用性和规范性较强的教材。本书不仅吸收了秘书实务研究的一些最新成果,而且还引用了国家最新颁布的有关规范,如国务院2005年1月5日发布的《信访条例》、国务院办公厅2003年9月21日修订颁布的《电子公文传输管理办法》、国家档案局2003年7月28日发布的《电子公文归档管理暂行办法》等。秘书专业的学生以及秘书工作者通过本教材的学习和训练,可以基本上掌握秘书实务的知识点和操作技能,从而能够适应新世纪秘书工作的需要和发展。

由于秘书实务的具体研究领域十分广泛,加之编写时间较为仓促,书中难免存在疏漏和错误,在此,诚恳希望广大读者和秘书学专家提出宝贵意见。

向国敏

2005年5月于华东师大

目　录

CONTENTS

第一章　秘书实务概述

领会秘书实务的性质、特点、作用、原则，掌握秘书实务的方法并应用。

第一节　秘书实务的含义、内容和作用

一、秘书实务的含义、内容和作用

（一）秘书实务的含义

秘书实务，顾名思义，就是秘书工作的实际事务。在秘书学中，秘书实务具有以下含义：

1. 从秘书学科体系的角度来看，秘书实务是秘书学科的一门分支学科。秘书学科可以分为理论秘书学、历史秘书学、应用秘书学等。系统阐述秘书工作基本理论和基本规律的知识体系属于理论秘书学，一般称为“秘书学概论”或“秘书工作原理”；研究和介绍秘书工作起源、发展、沿革及其规律的知识体系属于历史秘书学，称为“秘书工作史”；而具体研究和传授各项秘书业务工作的方法、程序和技能的知识体系则属于应用秘书学，称之为“秘书实务”。

2. 从秘书工作的职能角度来看，秘书实务是指秘书工作中具体办理事务的职能。秘书工作是一项辅助领导实施管理的活动，其职能大致可以概括为辅助决策、处理信息、协调关系和办理事务四个方面。秘书办理事务职能俗称办文、办会、办事，而这一切也正是秘书实务的具体内容。因此，秘书实务是秘书工作的一个组成部分，与辅助决策、处理信息、协调关系的职能相互联系和渗透，构成秘书工作的整体。

（二）秘书实务的内容

秘书实务的具体内容十分广泛，概括起来主要有以下几方面：

1. 拟写文书；

2. 处理文书；

3. 组织会议;
4. 安排领导活动;
5. 接待工作;
6. 信访工作;
7. 督查工作;
8. 协助领导处理危机;
9. 其他办公室日常事务,如保密工作、值班工作、完成领导交办事项、管理办公用品和用房、接打电话、收发传真、管理印章与介绍信等。

(三)秘书实务的作用

秘书实务的根本目的是辅助领导实施管理,这一根本目的是通过以下具体作用来体现的:

1. 推动管理信息环流。领导管理过程是个动态控制系统,由研究、决策、执行、监督、反馈五个相互关联的子系统构成,连接各个子系统并贯穿管理控制全过程的是信息。信息经过研究系统的收集、分析、加工后,以意见、方案、报告和简报的形式提供给决策系统。决策系统一旦做出决策和指示,信息便以命令、决定、决议、通知、批示以及会议、口头等形式(统称指令),传递到执行系统加以执行。反馈系统对执行中和执行后的信息加以收集,同决策目标进行比较分析后提出修正建议,回输给决策系统。决策系统根据反馈的信息和决策目标,或强化原来的决策和指示(正反馈),或加以调整和修正(负反馈),然后再输出执行。这样,经过多次循环往复,决策一次比一次更准确,一次比一次更完善,最终实现决策目标。由此可见,现代领导管理控制系统的健康运行,是建立在信息的有效环流基础之上的。一旦信息环流的过程中途阻塞、断路,或者受到其他干扰,就会影响领导管理控制系统的正常运作,甚至导致整个组织的瘫痪。领导管理控制系统如图 1-1 所示。

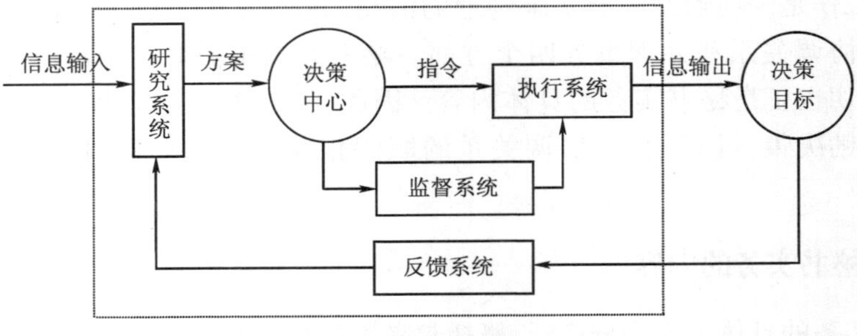

图 1-1 领导管理控制系统

然而,信息本身并不具备运动的能量。它必须借助某种载体和外力,才可被传递、被感知、被利用。现代管理信息的载体形式和传递手段有文件、会议、电话、传真、电子文书等，而这些恰恰是秘书实务的具体内容和主要手段。正是由于秘书人员所做的收发文件、组织会议、接打电话、接待洽谈等实务，才推动了领导管理控制系统的信息环流，从而达到组织完善和发展的目的。

2. 实现秘书工作职能。在秘书工作中，辅助决策、处理信息、协调关系、办理事务这四大职能在辅助领导实施管理的根本目的的统帅下，相互渗透、互为条件。辅助决策、处理信息和协调关系这三种职能尽管有自身固有的特点和程序，但只有通过具体的办文、办会和办事过程，即秘书实务，才能最终得到发挥和体现。离开了秘书实务，实现秘书工作的职能就是一句空话。因此可以说，秘书实务是实现秘书工作各项职能的充分必要条件。

3. 提高领导管理效率。秘书实务对于提高领导管理的效率具有重要作用。比如，秘书人员拟写文稿、拟办文件、筹办会议、安排活动、准备物品、接待挡驾、通讯联络、完成交办事项等具体实务，就是为领导工作开山筑路、铺垫代劳、拓展延伸，给领导提供时间和精力补偿，避免具体事务干扰，以便领导腾出时间，集中精力，着手重大决策，开展政务活动。

第二节　秘书实务的性质和特点

一、秘书实务的性质

秘书实务是秘书工作的重要组成部分，秘书实务具有秘书工作的基本属性。

（一）从属性

秘书实务中大量的事务都是因领导工作的需要而发生，并且围绕领导工作这一核心展开的，因此，秘书实务毫无疑问应当从属于领导工作，总体上呈现被动性。秘书实务的从属性要求秘书部门和秘书人员在具体实施各项业务时，必须以辅助领导机关和领导人实施管理为目的，以领导机关和领导人的决定、指示和意图为准绳，以是否有利于实现组织目标为检验工作的标准。

（二）服务性

从根本上说，秘书实务的目的就是辅助领导实施管理，因此，为领导机关和领导人服务，这是秘书实务的根本出发点和落脚点，是秘书实务的首要任务。领导机关和领导人是组织的核心，领导机关和领导人的管理和服务对象涵盖整个组织，所以秘书实务在为领导机关和领导人提供服务的同时，还应当为整个组织（包括组织内的各个职能部门、垂直领导的下级机关或单位以及全体群众或员工）提供服务。秘书实务的服务性要求秘书人员树立强烈的服务意识，化被动为主动，积极地、创造性地做好各项事务工作。

二、秘书实务的特点

秘书实务的性质决定了秘书实务具有以下特点：

（一）综合性

1. 范围广泛。秘书实务所涉及的范围是根据领导工作的范围确定的，也就是说，凡是领导职权范围所涉及的工作皆属秘书实务的服务领域。当然，秘书部门不是职能部门，不会具体执行机关的业务职能，但却在所有业务职能的信息传递、落实执行、监督检查、协调反馈等方面扮演了特定的角色，发挥了重要的作用。

2. 形式多样。秘书实务的具体手段、方式可谓丰富多样，打字印刷、电话传真、接待挡驾、文字拟稿、文书管理、信访处理、组织会议、安排活动、对内服务、对外联络等，不一而足。这就要求秘书人员具备宽阔的知识面，掌握多种工作技能，成为秘书实务的多面手。

3. 相互交织。秘书实务的各项内容虽然具有各自特点和表现形式，但并不是相互割裂的，在实践中，常常是你中有我，我中有你，彼此联系，相互交融。如，信访工作是秘书实务的一项重要内容，要做好信访工作离不开接打电话、组织会议、处理文书、督促检查等秘书实务的支持。又如，会议组织和安排是秘书实务经常性的业务，却同文书拟写、物品准备、电话联系、接待工作等实务不可分割。

（二）繁复性

秘书实务涉及范围广、工作头绪多，具有繁杂、琐碎和重复的特点，有些事情看似很小，却经常出现、反复处理，很容易使人产生厌倦和烦躁情绪。秘书人员在操作实务工作时应当做到耐心、细致、周到，善于计划统筹、总结经验、摸索规律，不断提高秘书工作的效率。

（三）程序性

秘书实务虽然繁杂、琐碎，但在处理过程中，却有较强的程序性。这些程序的种类包括：

1. 自然性程序，即按工作活动的自然进展程序处理事务。一般工作的自然程序表现为：准备、计划、布置、执行、检查、总结、评比、表彰。

2. 理论性程序，即用科学的方法总结秘书实务的经验和教训，探索秘书实务的规律，并上升为科学理论，制定出合理的工作程序，反过来指导秘书实务。秘书实务一旦有了科学理论的指导，方向就会更加明确，效率就会显著提高。

3. 指令性程序，这里所说的指令是指领导对办理某项事务的具体指示和要求。

4. 法定性程序，即根据法律、法规和规章所规定的程序办理事务。公文写作、文书处理、信访工作、保密工作、印章管理等秘书实务工作，都要严格按照相关的法定程序处理。

5. 技术性程序，有些依赖于技术支持的秘书实务，如电话、传真、电脑的操作，电视电话会议组织等，都有一套技术操作的程序，必须遵循。

6. 经验性程序，秘书人员在秘书实务的实践中会积累和创造大量的经验，形成符合本单位实际的工作程序，这些经验性程序往往具有宝贵的价值。

以上程序是相互联系的，一项具体的秘书实务往往会存在几种程序性要求。程序性特征要求秘书人员精通业务知识，熟悉有关规定，掌握操作技能，勇于实践探索，善于总结规律，不断提高办事程序的科学性。

（四）突击性

秘书实务中经常会遇到两种需要突击办理的事务：一类是计划中需要集中办理的事务，如各种年度大会、年终的立卷归档、领导重要活动的安排等；另一类是事先无法预料、无法做出计划安排的事务，如领导临时交办的事项，突发性危机事件等。这两类事务一旦出现和发生，秘书人员必须紧急行动，集中时间和精力投入工作，以最快的速度完成任务。

（五）潜隐性

秘书实务同其他部门的工作相比，具有潜在和隐蔽的特点，其表现有三个方面：

1. 活动名义的假借性。秘书在操办实务过程中，需要经常同其他部门或其他机关联系和交往。但这些联系和交往只有在领导的名义下进行，或者说对外代表领导时，才具有法律或行政上的效力。

2. 活动过程的幕后性。秘书实务绝大多数是在幕后进行的，其活动的内容和过程很少为公众所了解，也不可能成为新闻追踪的对象。

3. 劳动成果的利他性。秘书是为领导服务的，秘书实务是领导工作的基本保证。然而，秘书实务的成果却最终要转化为领导工作的成果，或者被领导工作的成果所涵盖。在领导工作的全部成果中，凝聚着秘书人员的智慧和心血。秘书实务的全部成果最终只能以领导的名义公之于世，秘书个人无任何署名权。

充分认识秘书实务的潜隐性特点，对于加强秘书人员的修养具有重要意义。它要求秘书人员时时处处摆正与领导的关系，不计较个人的名利得失，善于谦让，乐为人梯，甘当幕后英雄。

（六）机要性

在秘书实务中，秘书人员必然要接触大量的秘密。这些秘密大致可以分成三类：第一类是国家秘密，一旦泄露，会给国家的安全和利益造成重大损失；第二类是商业技术秘密，这类秘密一旦泄露，会给企业或当事人造成一定的经济损失；第三类属于领导系统内部不宜公开或者暂时不宜公开的事项，如正在酝酿而尚未确定的干部任免事项、领导人之间的意见分歧等。这类秘密一旦泄露，往往给领导工作造成极大的被动。

秘书实务的机要性特征，要求秘书人员增强保密观念，遵守保密制度，在实务工作中处理好公开性和机要性的关系，确保各类秘密的安全。

第三节　秘书实务的原则和方法

一、秘书实务的原则

（一）主动原则

秘书部门是领导机关的综合辅助部门，秘书实务从总体上讲具有被动性，这是毫无疑问的。但是，秘书人员以服务领导为首要职责，秘书实务要紧紧围绕领导工作的目标，这就必须化整体上的被动为工作上的主动。贯彻主动性原则要做到：

1. 随时掌握领导工作的目标、思路和发展脉络，在思想上与领导保持高度一致，不断增强做好秘书实务的自觉性，提高秘书实务的针对性。

2. 加强工作的预见性，掌握工作的主动权。首先，要对领导工作的需求进行预测。领导工作的需求有两类，一类是当前需求，满足这类需求的工作具有被动性，也较难预计。而另一类则是可能性需求。秘书对可能性需求完全可以根据以往的经验和领导工作的目标以及计划做出估计，做好准备。其次是对过去曾经发生、将来可能再次发生或者别处已经发生、本单位也可能发生的突发性危机事件，要加强预测，制订应急预案，在思想上、人员上、物资上和工作安排上早做准备，防患于未然。

3. 善于总结秘书实务的经验和规律，不断提出改进秘书事务的新方法，努力提高秘书实务的水平，以适应形势的发展变化和领导工作的新要求、新标准。

（二）计划原则

秘书实务繁杂而且重复、面广且又量大，如果事先没有一定的计划，不分主次、轻重、缓急，东一榔头西一棒，眉毛胡子一把抓，势必精力分散、效率低下。因此，对于有时间性规律的工作以及当前需要做的工作，一定要事先定出工作计划，统筹安排，做到目标和任务明确、个人职责明确、完成时限明确，使繁杂琐碎的日常事务变得井井有条。

（三）规范原则

秘书实务必须做到科学化、规范化和制度化。在长期的秘书工作实践中，我国已经建立了一整套行之有效的秘书实务规范。根据效力程度不同，这些规范可以分为两类：一类属于法定性规范，即以党内法规或国家法律、行政法规、地方性法规、部门规章以及地方政府规章的形式确定的秘书实务规范，如在文书工作、会议工作、信访工作、保密工作、政府采购、印章管理等方面，法定性规范已经相当完备。另一类属于约定性规范，即在长期的实践中约定俗成的或由各机关和单位自行订立的秘书实务规则，如接待工作细则、值班制度等。约定性规范必须服从法定性规范，同时也是对法定性规范的有益补充。对于法定性规范尚未涉及的秘书实务，各机关和单位应当制定科学合理的内部规章。只有这样，秘书实务才能走上科学化、规范化和制度化的轨道。

（四）创新原则

规范原则要求秘书实务严格遵守操作规范和操作程序，这是无可非议的。然而，规范和程序并不是固定僵化、一成不变的。在工作实践中，秘书应当勇于改革创新，革除那些实践证明与现代秘书工作和领导工作不相适应的旧规范和旧程序。当然，旧的规范和程序一旦革除，必须由新的规范和程序取而代之。没有规范和程序，会导致秘书实务的混乱无序；而墨守成规，按部就班，不善于在工作实践中总结新经验、创造新方法，也会造成服务滞后，影响领导工作的顺利开展。

（五）协调原则

秘书实务从属于领导工作的性质以及秘书实务具有综合性的特征，决定了秘书部门与其他相关部门、秘书实务与其他相关工作存在广泛的联系，作为领导机关和领导人的综合辅助机构，秘书部门经常处在这种联系的枢纽地位，需要通过具体的秘书实务协助领导推进整体协调，同时又必须通过协调与各方面的关系来完成各项秘书实务。在某种意义上，秘书办事的过程就是协调各种关系的过程。“七分办事，三分协调”，这是秘书实务的基本要领。

按协调的性质分，秘书实务中的协调主要有：

1. 工作协调。工作协调主要包括：领导会议及活动的安排、信访事项具体落实、领导决策和指示执行情况的督促检查、发文处理中的会商会稿等协调。工作协调需要对任务分工、时间进度、资源配置进行统筹，在动态跟踪中合理调度，使各项工作协调发展。

2. 关系协调。秘书在操办具体实务中，必然会遇到各种关系：从关系的向度来看，不仅有上下级关系和横向关系，而且还有内向关系和外向关系；从关系的性质来看，不仅有组织之间的职权和分工关系，还有利益关系和人际关系。秘书人员在操办秘书实务的同时，应该注重关系协调，依靠协调关系办事，反过来又通过办事协调各种关系，促使各种力量和谐一致，形成整体合力。

二、秘书实务的方法

（一）时间管理的方法

秘书实务面广量大，需要投入大量的时间和精力，而秘书的时间资源是有限的，这样就会出现繁重的工作和有限的时间资源之间的矛盾，以至许多秘书再怎么拼命工作也还是觉得时间不够用。以下时间管理的方法会对提高秘书的时间利用效率有所帮助。

1. 制订时间计划。秘书时间既然宝贵，就要倍加珍惜，做到计划使用和定量使用。秘书的时间计划应当按天、按周、按月、按年制定，在实践中逐步积累经验，经常调整和更新，使其不断适应秘书实务的需要。

制订秘书时间计划要注意以下几个问题：

（1）要与领导的时间计划相呼应，如有冲突，应服从于领导的时间安排。

（2）要根据工作的复杂程度和重要程度以及以往的工作经验，预测完成各项工作所需的时间，并作大体分配。

（3）根据工作的轻重缓急程度，确定时间安排的顺序。重要且紧急事项优先安排，重要但非紧急事项其次安排，非重要或非紧急事项最后安排。除非遇到特别紧急并重要的事项，一般情况下不要打乱原来的工作时间安排。

（4）接待性事务以及外联性事务，要与对方协商后确定时间，列入秘书的时间计划。

（5）将各项工作的时间计划按日、按周、按月、按年制成时间表，并注意收集保存，作为今后查考工作和编写有关文书的依据。

（6）尽可能在计划的时间内完成工作。

（7）每项工作完成后，详细记录实际所花的时间，为今后制定同类工作的时间计划提供依据。

（8）对超过预期时间的工作进行分析，找出超期的原因，以便改进计划。

（9）制定时间计划要留有余地，并随时根据领导工作的安排做出调整。

秘书时间计划表如表 1－1 所示。

秘书时间计划表实例

表 1－1　2010 年 4 月 10 日工作时间表

时　间	事　项	地　点	备　注
8：30	接待××展览会办公室李先生，商量公司本年度参展和布展事项	会客室	1. 样品和产品介绍 2. 摊位费价格 3. 布展期限
10：00	向钱总汇报本年度参展及布展的计划	总经理室	
10：30	电话落实下午中层干部会议的出席情况		
11：00	检查下午干部会议会场布置和文件准备情况		重点：计财部和人力资源部下半年工作打算
11：30	电话预定晚上杏花楼包房		
13：00	列席中层干部会并作记录	公司第一会议室	
14：30	起草中层干部会议纪要		11 日印发
16：45	接××公司总经理	××机场	宝马车
18：00	陪同钱总宴请××公司总经理	杏花楼	记录、结账

2. 合理使用空余时间。空余时间有两种：一种是无法预见的，如火车误点、客人迟到等原因造成的空余时间；另一种是可以预计的，如等待代表团到来之前的时间，转乘飞机或火车的间隔时间等。秘书应当善于见缝插针，充分利用这些时间来思考问题、阅读报刊、整理文件、处理琐事等。这样可以腾出整块的时间集中精力处理较大的事务。

（二）提高效率的方法

1. 项目统筹法。项目统筹法是一种集目标管理、分工协调、进度控制、质量监督等方法于一体的综合性管理方法。组织重大会议、开展大型调研、筹备大型活动等，是秘书实务的重要内容。这类实务参与人数多，涉及范围广，整体协调配合要求高，需要采用项目统筹法进行管理控制。其具体做法是：

（1）将需要实施的项目合理分解成相互联系的若干任务；

（2）制定完成每项任务的质量标准和完成的时间进度要求；

（3）在通盘考虑、合理分工的基础上，把任务落实到每一部门和每一个人，并确定督促检查每项任务完成情况的责任人；

（4）将整体项目和每项任务的目标、质量标准、实施环节、进度节点、责任人等指标制成项目统筹计划表、计划任务书以及计划网络图下发，使每一个工作成员都明确自己的工作职责和要求，以及自己的工作与其他工作的关系，增强整体协调的意识；

(5)将上述计划表、任务书及网络图呈报领导审核批准；

(6)在实施过程中，实行动态控制，及时收集有关数据制成条形图，或运用计划网络管理的计算机软件进行系统计算和分析，找出关键问题，加以综合协调，最终完成各项任务。

2. 总分结合法。秘书实务中，常常会出现这样的情况：一件事情尚未完成，后面的工作已经迫在眉睫，于是秘书不得不放下手头的工作，去应付更为紧急的事务。但如果这种情况反复出现，一旦安排不当，就会使有些工作半途而废，或者前后脱节，影响工作效率。采用总分结合法，能够有效防止工作中途脱节，确保工作的连续性和完整性，提高工作的效率。

总分结合法的要点是：

(1)当新的工作压上来时，尽可能一鼓作气、一气呵成地完成手头的事务。

(2)如新的工作更为紧迫，且无法很快完成手头事务，必须中途暂停，应记下未完成事务的衔接点，以防止遗忘。

(3)新的工作处理完毕后，要迅速衔接原来的事务。

3. 备忘法。秘书实务看似繁杂琐碎，却事关重大，一不小心忘了哪一件，就会影响大局。因此，秘书人员必须具有强健的记忆力。但是俗话说，"好记性不如赖笔头"，秘书记性再好，也难免有一失，使用备忘法能保证秘书万无一失。常用的备忘方法有以下几种：

(1)手册备忘法。专门准备一本手册，记载各项需要办理的事项和完成的期限，每做完一项便立即注销，并记录完成的时间，做些必要的旁注，留作日后查考。

手册备忘法实例

2010 年 4 月 6 日备忘

1. ××公司计财部××先生来访(上午 8:00)。

2. 打印本周会议安排表并分发。

3. 收集并准备经理业务学习的资料并请示总经理业务学习时间的安排。

4. 审核人力资源部的文件。

5. 代总经理起草回复××公司的函。

(2)台历备忘法。秘书在台历上记上当天或计划的日期需要办理的具体事项。

(3)黑(白)板备忘法。将需要办理的事项写在黑(白)板上，悬挂于醒目处。这种做法具有较强的提醒作用，也适用于办公室内集体备忘。

(4)电子备忘法。电子备忘法即利用现代化电子工具来提醒、备忘。如，手机、电话机、电脑都可以发挥备忘的作用。

（三）请示报告的方法

对领导负责，这是秘书实务的基本点，请示报告是这一基本点的重要体现。强调请示，就是要求以领导的决定、指示为秘书实务的指针；强调报告，就是要让领导及时了解情况、掌握信息，准确分析问题、判断形势。

1. 请示的方法

（1）请示的范围。秘书并非应当事事请示，请示的范围必须是秘书自己难以处理或无权处理的事项，常规性工作或在秘书职责范围内的事项无须请示，否则反而会给领导增添干扰，并且给领导留下遇事不敢负责的不好印象。因此，秘书一定要分清哪些问题可以自己处理，哪些问题必须先请示后处理，防止出现越权行事和矛盾上交这两种倾向。下列工作秘书必须请示汇报：①领导活动的安排；②重大信访案件的处理；③领导客人的接待；④领导批示的办理；⑤领导关心和临时交办的事项；⑥其他无法按照常规处理的新情况、新问题。

（2）请示的形式。秘书请示的形式主要有口头请示（包括当面请示、电话请示）和书面请示（包括纸质文书、传真、电子邮件）两种。情况紧急必须立即请示并办理的，可用当面请示或电话请示；重要事项应当使用“请示”这一文种中的书面请示；领导出差在外，情况重要但又不便电话请示的，可用传真或电子邮件的方式请示。电话或当面请示，秘书应当做好记录，重要事项事后还应补写书面请示。凡书面请示都要一文一事，并请领导批示或正式批复。

（3）请示的要求。①对口请示。秘书一定要按照领导人的职能分工进行对口请示，也就是要向具体工作的分管领导请示相关的工作。如分管领导做出了明确指示，就应当按其指示精神办理，不要再请示其他领导人，更不能分头交叉请示多位领导，以免引起领导人之间的矛盾。②协调请示。当一项工作涉及多位领导人的职权，需要同时由各相关领导人做出批示，而领导人的意见不一致时，秘书应主动促请领导人进行相互沟通，共同商讨解决的办法；有时秘书也可以提出一些两全的建议，供领导人协商时参考。如仍未达成一致，秘书可请示主要领导。③逐级请示。一般情况下，秘书应当向自己的直接领导请示工作，不得越级请示。只有当出现十万火急的情况，而直接领导由于出差、休假、健康等原因无法正常履行职责时，方可向上一级领导人请示工作。

案例分析

秘书小蒋的麻烦

伟达经贸公司行政部秘书小蒋上任时间不久，就遇到了麻烦事。公司芮副总经理这几天出差，临走前关照小蒋，如果内蒙古××乳业公司来函立即将内容告诉他。第二天，小蒋果然收到这家公司的公函，说正在与芮副总经理接谈的一个为期三年的代理销售的合作项目，因伟达公司提出的条件太苛刻，对方将考虑取消合作意向。看完来函后，小蒋立即用电话向芮副总经理做了汇报并请示如何处理。芮副总经理表示等他回来后再说。由于对方是一家名气颇大的乳品生产企业，而且这一合作项目对伟达公司的发展很重要，小蒋觉得事关重大，便又将此函转给了时总经理，并请示如何处理。时总经理看了对方的来函后，埋怨芮副总经理工作缺乏灵活性，当即指示小蒋回函接受对方的条件。小蒋回到办公室正要动手起草回函，又觉得应当把总经理的决定先告诉芮副总经理，听听他的意见。芮副总经理在电话中听了汇报后，对小蒋大光其火，说他是多管闲事，并说对方来函只是一种谈判策略，他完全有把握谈成这个项目，现在既然总经理要管，那就让他去管吧，他今后不再插手，然后愤怒地挂断了电话。小蒋提着话筒半晌回不过神来，后悔不该急着向总经理汇报，弄得自己左右为难。

分析：秘书小蒋能从维护公司利益的高度想问题，这是难能可贵的，问题在于小蒋在处理这一事件时没有把握好如何向领导请示的方法。芮副总经理临行前已有交代，此事向他本人请示汇报，第一次通电话时又明确指示小蒋等他回来再做处理，可见芮副总经理对此事胸有成竹。再说，对方的来函只是提出将考虑取消合作，言下之意还有回旋余地，情况并非十万火急。在这种情况下，小蒋将此事越级上报给时总经理，不仅没有必要，而且也会使领导人之间产生工作上的摩擦和误解，反而将事情复杂化，犯了秘书请示的忌讳。正确的做法应当是：根据芮副总经理的指示，等他出差回来后再办理，即使事关重大、十万火急，也应当由芮副总经理亲自向时总经理汇报请示，小蒋不应当越级请示。这件事情对小蒋来说可谓是一次不小的教训。

2. 报告的方法

（1）报告的范围。秘书报告的范围应当适度，范围太小，不利于领导掌握信息，影响领导做出准确判断；范围太大，也会浪费领导的时间和精力，干扰领导的工作。下列情况秘书必须报告：①秘书部门整体的工作情况，一般定期报告；②本组织发生的或与本组织有关联、有影响的危机事件；③群众来信来访中反映的重要意见、建议和举报申诉事项；④领导决策和批示的办理结果；⑤领导临时交办的重要事项的完成情况；⑥秘书对改进领导工作的建议；⑦秘书通过其他渠道收集并加工的，对于领导进行决策有用的信息；⑧领导人要求秘书报告的其他信息。

（2）报告的形式。报告可以分为口头报告和书面报告。书面报告的具体名称很多，如调查报告、情况报告、工作报告、建议报告、答复报告、简报、信息等等。

（3）报告的要求：①报告的内容必须真实可靠、准确清楚；②报告要及时，规定答复或反馈时限的，应当按时报告；③报告要做到主旨鲜明，条理清楚，书面报告应当文字简要，不夹带请示事项。

思考与练习

1. 为什么说从属性和服务性是秘书实务的性质？
2. 秘书实务有哪些特点？
3. 秘书实务与管理信息的环流以及领导工作效率的提高有何关系？
4. 秘书实务要坚持哪些原则？
5. 试制定一份秘书时间计划。
6. 秘书如何提高自己的工作效率？
7. 秘书向领导请示要防止出现哪些错误做法？

第二章　文书写作

领会文书的含义、构成要素、特点、作用、分类、写作要求、结构元素、结构体例和标印格式；掌握常用公文、规范性文件、计划、总结、大事记、领导讲话等文书的适合范围和写法，并能够综合应用。

第一节　文书概述

一、文书的含义

文书是人们为了凭证和传递的需要，在一定介质上记录文字、图像信息而形成的书面材料。文书包括公务文书和私人文书两部分。本书所说的文书是指公务文书。公务文书是社会组织在其公务活动中为推动实际事务而形成的文书。在外延上，公务文书由公文和其他公务文书构成。

公文是指法定组织（即合法登记成立的社会组织，包括国际组织、国家机关、政党、企事业单位、社会团体等）在其公务活动中所形成的、具有法定效力（包括法律效力、行政效力）和规范体式的、对外发出的公务文书。由此可见，公文并不是公务文书的简称，二者在内涵与外延上并不相等，是两个具有属种关系的概念。

其他公务文书是相对于公文而言的，或不具有法定效力，或无规范体式，或不对外发出，仅供单位内部使用、留存。如调查报告、简报属于公务文书，但并不具有法定效力，因而不能划入公文范围。又如，会议记录和大事记也是公务文书，但由于一般不对外发出，故也不能划为公文。当然，公文和其他公务文书的划分并不是绝对的。其他公务文书，如计划、总结、方案等，有时可以根据实际需要，作为公文的附件一起发出，成为公文的有机组成部分，并具有一定的法定效力。

文书亦称文件。文件一词的含义原本与文书相同，但随着计算机技术的普及，文件一词的含义越来越宽泛，凡是在电脑中输入、存储、打开的一组相关信息的集合都可以称为文件，它可以是程序、数据，也可以是图片、音乐、视频和文字。可见，今天文件这一概念的外延已大大超越了文书，但文书工作中的文件一词，与文书的含义并无二致。

二、文书的构成要素

（一）信息要素

文书是记录和传递信息的重要工具。信息是文书的内容，没有信息，便没有文书的产生和存在。文书的信息包括主题信息和附加信息两部分。

1. 主题信息。主题信息是指文书记载和传递的主要信息，是文书信息的核心部分，体现着文书制发的目的。主题信息通过文书的标题、主送机关（或称呼）、正文、署名（或发文机关）和成文日期等要素来表达。

2. 辅助信息。辅助信息是指因管理文书的需要，根据不同的主题信息而附加的要素，每一种要素表达一种特定的管理要求，如发文机关标志、发文字号、密级和保密期限、紧急程度、签发人、抄送机关、印发机关和印发日期等要素。辅助信息一方面补充说明文书的主题信息，另一方面也是文书管理的重要依据。

（二）符号要素

文书的信息必须通过一定的符号要素才能记载、表达、传递和感知。

1. 文字符号。文字符号（包括数码符号）是文书表达信息、特别是主题信息的主要工具，也是文书符号要素中的主要形式。

2. 图形符号。图形符号的作用主要有三个方面：一是辅助说明文字符号所表达的信息，如企业文书中，常常需要运用图像和图表来说明某些指标；二是用于展示特定的形象，如组织概览、产品介绍、CI 手册等文书的制作，就需要配有图像、照片、LOGO 等，做到图文并茂；三是表达特定的管理要求，如密级后面的“★”符号就表示该文书属于国家秘密文书。

3. 格式符号。格式符号包含三个方面：一是文书内部结构元素（如标题、主送机关或称呼、正文、署名、成文日期等）的组合方式。二是结构布局的表现形式——结构体例，如大小标题、层次序号、章条款项等。这种格式符号的功能在于体现作者的写作思路和文书的主题信息。三是组成文书的各项书面视觉要素的形体样式，包括各种文字，图形，结构元素，段落的字体、字号、色彩、位置和标注方式等，又称版式、标印格式，它们既可以起到突出显示文书辅助信息的作用，又可以增强文书或庄重或美观的视觉效果。请看下例：

请　柬

尊敬的王水照总经理：

定于 2014 年 10 月 18 日上午 9 时正在我商厦（××路××号）一楼大厅隆重举行“××商厦开业典礼”，恭请拨冗光临。

××商厦总经理　肖刚
二〇一四年十月八日

评析：这份请柬篇幅虽小，但标题、称呼、正文、署名和成文日期等结构元素完整、齐全，各自具有特定的功能和位置：标题居中，字体醒目，揭示"请柬"这一特定文种，表达邀请者的诚意；称呼顶格书写，写明特定的邀请对象，礼貌得体；正文采用独段式结构，体例清晰，准确传递时间、地点、活动名称、邀请意图等主题信息；署名和成文日期位于正文的右下方，写明邀请者的身份并由邀请者亲署姓名，最后注明发出请柬的具体日期。上述各项结构元素搭配恰当，布局合理，形体样式庄重得体，有效地提高了信息表达的效果。

（三）物质要素

物质要素是文书赖以记录、传递信息的介质，它随社会科学技术水平的发展而发展。目前通行的文书物质要素主要有两大类：一类是纸质文书，一类是电子文书（详见"第三章第六节电子文书处理"）。纸质文书的物质要素由书面载体和显字材料组成。

1. 书面载体。书面载体是文书符号要素赖以附着的物质。纸质书面载体要求质地良好、能永久保存的白纸，质量要求和纸幅尺寸应符合《党政机关公文格式》（GB/T 9704—2012）的规定。

2. 显字材料。显字材料是附着于书面载体之上而组成文字字形的物质。显字材料应当同书面载体在颜色和亮度上形成明显反差，既便于阅读，同时也有利于运用自动化办公设备进行复制、翻印和传送，提高拷贝的清晰度。此外，显字材料还要求在书面载体上附着牢固，不易褪色，能永久保留文字字形，一律用碳素墨水或蓝黑墨水字迹材料。

三、文书的特点

文书是特定的社会组织依法管理和进行公务活动的重要工具，也是秘书实务的主要对象。把握文书的特点，有助于秘书人员做好文书处理工作。

（一）工具性

文书是法定组织对内实施管理、对外进行公务联系的工具，是为特定组织的公务活动服务的。各级各类的法定组织通过文书的相互往来或公开发布，传达贯彻党和国家的方针政策，公布法规和规章，指导、布置和商洽工作，请示和答复问题，报告、通报和交流情况，从而实现对内管理和对外交流的目标。

（二）法定性

文书的法定性表现在三个方面：

1. 具有法定的作者。文书必须以法定的组织或其合法代表人的名义制发。文书的这一特点要求实际撰稿人必须忠于法定作者的制文意图。

2. 具有法定的效力。文书(尤其是公文)一旦发出,便具有法定的效力,发文单位必须承担相应的法律的和行政的责任。下行的文书还具有法定的权威性,下级组织必须贯彻执行,拒不执行或执行不力的组织或个人,都将受到法律的、行政的或者内部纪律的处罚。

3. 形成和发布文书必须符合法定的职权范围和法定的程序。任何组织只能在自己的职权范围内制发公文,如其内容超越自己的权限,必须报经上级机关或有关部门批准方可发布。在发文程序上,公文须经领导人的审批签发,或经法定会议讨论通过,才具有法定的权威,才能发挥其法律的或行政的效力。

(三)规范性

规范性是指文书应当在名称、种类、适用范围、格式、处理程序等方面实行统一的标准和规范。文书的标准化和规范化,有利于不同的组织之间相互准确无误地传递信息、认知信息、处理信息,同时也有利于文书的计算机管理,实现文书管理的网络化。《党政机关公文处理工作条例》(中共中央办公厅、国务院办公厅 2012 年 4 月 16 日发布)、《党政机关公文格式》(GB/T 9704—2012,国家质量监督检验检疫总局、国家标准化管理委员会 2012 年 6 月 19 日发布,2012 年 7 月 1 日实施)对我国现行公文的名称、种类、适用范围、标印格式和处理程序做出了明确的规定,秘书人员应当认真学习并准确掌握和运用,努力提高本机关文书的标准化水平。

(四)时效性

文书是为反映和解决公务活动中的现实问题而制发的,因此文书的时效性显得尤为重要。延误时间,错过机会,不仅会使文书失去应有的效用,成为一纸空文,而且会给实际工作带来一定的损害。

四、文书的作用

(一)规范行为

文书具有规范各种社会组织、法人以及公民行为的作用,它规定什么可以做,什么不可以做,可以做的应该怎么做,如果做了不可以做的将受到怎样的惩处等。文书的行为规范作用是通过颁布规范性文件以及依靠国家的强制力或组织内部纪律来保障的,因而能够产生较强的约束力,进而维护整个组织乃至整个社会秩序的稳定,促进组织和社会的健康发展。

(二)实施管理

文书是公务信息的载体,是法定组织实施管理的重要工具。决策、计划、组织、指挥、协调等管理职能需要通过一系列的文书来实现。各种方案、意见、报告、请示可以为制定决策和计划提供信息支持;命令、决定、决议、通知、纪要、函等文书,能发挥组织、指挥、协调的作用;总结、评估报告、简报等文书则可以起到反馈信息、总结经验、发现问题、分析趋势、提出对策的作用,为再决策提供科学依据。

(三)宣传教育

文书也是法定组织对外宣传政策、树立形象,对内褒奖先进、批评错误、教育干部员工的重要工具。即使是规范性、指挥性文书,由于具有法定的权威性,代表领导机关的意图,因此,通过学习和领会,往往能够统一人们的思想,振奋人们的精神,激励人们为实现共同的目标而奋斗。

(四)沟通交流

在现代社会中,社会组织之间的相互联系和交流日趋频繁。企业与企业、机关与机关、地方与地方、国家与国家,上下、左右、纵向、横向,无不需要依靠文书的传递来交流情况、联系工作、商洽业务和增进合作。函、纪要、意向书、合同、联合声明、共同宣言等文书在沟通立场、交流情况、联系工作、商洽业务、确立合作关系方面能发挥巨大作用。

(五)凭证依据

文书所记载的信息具有法定的权威性和法定的效力,因而是执行公务、履行权利和义务、依法维权的凭证和依据。即使在现实使命完成后,文书仍然具有历史的凭证和依据作用,可以继续供后人查考、研究和利用。

五、文书的分类

(一)按文书流向分

1. 发出文书。发出文书即由本机关制作并向外单位(包括上级机关、平级机关、下级机关以及社会各方面)发送的文书。

2. 收来文书。收来文书即本机关收到的、由外机关(包括上级机关、平级机关、下级机关以及其他社会组织)制发的文书。

3. 内部文书。内部支书即由本机关制作、不对外发送、仅限于内部使用的文书。如,会议记录、简报、计划、总结以及会议中重要文书的讨论稿、草案等。

(二)按行文关系划分

1. 上行文。上行文即向具有隶属关系,或虽无隶属关系,但在特定的业务范围内受其职权管理的高级别机关的行文。上行文又可分为逐级上行文、多级上行文(即同时向几个层次的上级行文)、越级上行文。公文的上行文有"报告""请示""意见"等。

2. 平行文。平行文即平行机关和单位之间,或者既不隶属、又无职权上管理与被管理关系的、级别不相等的机关或单位之间,以及高级别机关与受对方职权管理的低级别机关的相互行文。公文的平行文有"议案""意见""通知""函""纪要"等。

3. 下行文。下行文即向具有隶属关系,或虽无隶属关系,但在特定的业务范围内受本机关职权管理的次级机关的行文。下行文又可以分为逐级下行文、多级下行文和直达到底下行文。公文的下行文有"命令""决定""决议""意见""通知""通报""批复""纪要"等。

4. 多向行文。多向行文即特定机关或单位根据工作需要,在自己的职权内同时向社会各个方面告知或要求遵照执行、办理的行文。公文的多向行文有"公告""通告""公报"等。

(三)按保密要求划分

1. 保密文书。保密文书又称密件,即在内容上涉及国家秘密、商业秘密和组织内部秘密,一旦泄露会给国家或有关的企业、组织的利益造成损害的文书。这类文书要求采取一定的保密措施,控制或限定接触的范围,确保其安全。保密文书分成三类:

(1)国家秘密文书。根据我国的《保守国家秘密法》,国家秘密文书的密级从高到低分为绝密、机密、秘密三等。

(2)商业秘密文书。商业秘密文书是商务活动中形成的涉及商业秘密的文书,其密级和保密期限国家未做统一规定,由制文机关根据实际需要来确定。

(3)内部文书。内部文书即特定组织根据实际工作的需要而确定的、只能在本组织内部传达和阅读的文书。这类文书一般要标明"内部文书(或文件)"的字样,并采取一定的保密措施。

2. 普通文书。普通文书即在内容上不涉及任何国家秘密、商业秘密和组织的内部秘密,无须保密、也不直接公开的文书。

3. 公开文书。公开文书有三种情况:第一种是本身具有周知性、公布性特征的、直接通过新闻媒介或以张贴的方式公开发布的文书,如"公告""通告""公报"等;第二种是根据实际需要而公开发布的文书;第三种是解密文书,即原来具有保密性,现因涉及的事项公开后不会造成损害,从全局衡量公开后更为有利的文书。

(四)按办理时限划分

1. 平件。平件即按正常时限要求和程序办理的文书,办理时限不超过7天。

2. 加急件。加急件即涉及重要事项,需要优先办理的文书,办理时限不超过3天。

3. 特急件。特急件即事关重大并紧急,必须以最快速度和非常程序运转的文书,办理时限不得超过24小时。

六、公务文书的稿本

公务文书的形成和运转过程大致可以分成草本、标准本、复制本三个阶段,每个阶段又生成若干具体形态的稿本。稿本不同,其功能、价值和效力也不相同。

(一)草本

草本产生于公务文书作者的意志形成阶段,文字内容尚未最后确定,故不具备法律行政效力。具体稿本有:

1. 讨论稿。讨论稿即提交特定的会议讨论研究的文书。讨论稿一般适用于不需要表决或谈判的会议文书,征得的意见供制文机关或有签发权的领导参考。主持会议的领导人如具有签发权,可以在讨论研究后当场决定是否将讨论稿转化为定稿。

2. 征求意见稿。征求意见稿指公开或在一定范围内散发征求意见的文书。征求意见稿可以公开发布,广泛征求意见,也可以有重点地个别征求意见,或者以会议的形式集体征求意见。有时重要文书的草案也可以先采用征求意见稿的形式,称作"草案征求意见稿"。

3. 草案。草案特指某一组织或某次会议的正式成员提交给特定会议审议、表决或谈判的文书。决定、决议、法律、法规、规章、条约、声明、合同、协议书等会议文书,在提交时都应当称为草案。这一点,同讨论稿一般用于提交上级机关审批或领导签发以及同征求意见稿用于公开或在一定范围内散发征求意见,是有明显区别的,不能混淆。较为成熟的草案,可直接提交会议表决。对原有的规范性文件提出修正意见并提交特定会议审议、表决的文书,称作"修正草案"。

案例分析

正确区分讨论稿、草案和征求意见稿的实例

上海某高校召开"双代会"(即教师代表大会和教工代表大会),会上要对校工会的工作报告做出决议。大会秘书处在提交给代表表决的决议文本的标题下方标明"讨论稿"字样,引起代表们的议论。有的代表认为应当改为"草案"为妥,有的则认为可以写"征求意见稿",也有的干脆觉得三者都可以。

【实例分析】

讨论稿、草案和征求意见稿虽然都是非正式文书，但属于不同的稿本，性质与功能有所不同。讨论稿用于提交特定的会议讨论研究，不付诸表决。征求意见稿用于通过公开发布或在一定范围内散发来征求意见，也不付诸表决。草案则是用于提交给与会成员正式审议并表决的。上述实例中所提交给会议代表的决议文本是付诸表决的文书，因此理所应当使用“草案”字样。

4. 修改稿。修改稿即在讨论稿、草案或征求意见稿的基础上，综合各方面的意见加以修改后提交进一步讨论的稿本。修改稿可以有多次稿本。

5. 送审稿。在讨论稿、修改稿经过修改完善、文字内容基本成熟之后，提交上级机关审批或领导签发的稿本称之为送审稿。

6. 表决稿。表决稿特指经过多轮审议修改，文字内容不再更动，正式提交会议表决的最终草案。表决稿同送审稿的区别在于：前者适用于必须经过会议表决才能通过的文书，后者适用于提交给上级机关或领导人签发的文书。

（二）标准本

标准本产生于公务文书法定作者意志确立阶段，具体又可以分为初始标准本和正式标准本。此时，文书或经领导人签发，或经会议表决通过，或经与会各方协商或共同签署，文字内容已经完全确定，并具有法律或行政效力。标准本有以下几种具体稿本：

1. 定稿。定稿属于初始标准本。送审稿一旦经过领导人的签发，草案、修正草案、表决稿一旦在会议上获得通过或共同签署，便转化为定稿，具有法律行政效力。领导签发的定稿不直接外发，是印制正本的依据，应当由发文机关归档保存备查。国际会议最后通过或共同签署的文书又称为最后文件或者共同文件。

2. 正本。正本具有以下特征：一是内容必须同定稿完全一致；二是发送给主送机关（即主要办理机关），也就是说，发给抄送机关的文书不属于正本；三是在格式上必须具备法定的生效条件，如加盖公章或由领导人签署。在规范性文件中，有的正本称为暂行本和试行本，这是两种执行期限较短的正本，同样具有法定效力。暂行本和试行本在颁布时必须在标题中加以注明。

3. 存本。存本即文字内容与定稿一致、外观格式与正本一致并且代表正本、留存发文机关备查的稿本。存本通常与正本一起缮印制作。存本的作用在于沟通定稿与已经发出的正本之间的联系，便于核查产生定稿与正本之间误差的原因。由于存本在印制后直接由本机关保存，因此一旦发现对外发出的正本与存本不一致，便可以确定是外部原因造成正本的错误；如果经查核，存本与正本一致，而存本与定稿却不一致，则可以断定问题出在内部的拟稿、审核、缮印、校对等环节上。

(三)复制本

复制本产生于文书推动实际事务阶段。为了某种需要,发文机关和收文机关往往要对正本进行复制,于是产生了各种复制的稿本。复制本是否具有法律和行政效力,应视具体稿本的性质而定。

1. 副本。副本即经法定作者同意或受其委托,根据正本的内容与格式原样复制,同样具有法律和行政效力的稿本。副本的实际使用有下列几种情况:①发往抄送机关;②留本机关有关部门以备催办和答复询问;③多发给主送机关或签字单位几份,方便传阅、使用。以上三种情况的副本往往和正本一起缮印制作;④收文机关根据发文机关的授权或委托,按正本复制,然后发至规定的阅读范围。

谈判或协商达成的文书的副本应当在条款中确认其法律效力,并规定副本的数量和保存方式,但一般不签字、盖章,或只盖章、不签字。

2. 翻抄本。翻抄本即未经法定作者同意,根据正本或副本自行翻印、复制、抄写、节录的稿本,不具有凭证依据作用和法律行政效力,只供阅读参考之用。

第二节　文书写作的基本要求

一、主题方面的要求

文书的主题即文书中通过各个材料所表达的中心思想和行文意图,是文书的核心、灵魂和统帅。文书写作对主题的要求是:

(一)正确

文书主题的正确性首先要求秘书人员实事求是、全面科学地反映客观现实和发展规律,帮助领导系统以及相关系统全面掌握信息、客观总结得失、准确分析形势、科学做出决策。其次,文书中提出的意见、建议、措施和办法要切合实际、切实可行。文书往往是围绕一项具体的工作而制发的。能否正确有效地指导工作、解决问题、化解矛盾、预防危机,是衡量文书写作成败的最终标准。一切脱离实际的设想、无法操作的办法、难以兑现的承诺和哗众取宠的口号,要坚决反对。最后,要准确体现领导机关和领导人的制文意图。脱离了领导机关和领导人的制文意图,文书主题便无正确性可言。

(二)集中

文书的主题要做到集中、简明、单一,具体要求就是“一文一事”,即一篇文书集中说明一个方面的问题,布置一个方面的工作。一篇文书如果想要说明的问题过多,想要布置的工作过杂,即“一文多事”,势必造成主题分散。尤其是写请示,如请示事项过多、涉及面过广，往往会因其中一个事项批复的耽搁，造成其他事项的延误。此外，“一文多事”还会给文书的立卷归档带来麻烦。

（三）主题鲜明

文书主题鲜明就是指文书中所表达的立场、观点、态度、原则，必须旗帜鲜明，是非、善恶、褒贬、奖惩都应当泾渭分明，不可似是而非、含糊笼统、模棱两可；文书中提出的任务和要求应当清楚、明白，所提出的办法、措施应当具体而且切实可行。

二、材料方面的要求

凡是在文书中用来说明主题的引文、数字、事件、人物、时间、地点等，都可称为材料。文书写作说到底是“为事而造文”，因此材料必须真实、可靠。为此要做到：

（一）确凿

材料确凿是文书具有说服力和感染力的保证。具体应当做到：一要以事实为本。无论是汇报工作、反映情况，还是介绍经验、公开信息，都要坚持实事求是的科学态度，做到客观、真实，坚决反对弄虚作假、夸大事实、隐瞒真相。二要坚持调查研究，加强材料的核算和检验，提高材料的准确性和可靠性。要重点收集第一手材料，对转手材料要认真分析、研究，确认其可靠性和准确性。三要严格把好文书的起草、修改、审核、校对四个关，避免因手工书写、电脑输入和印刷排版错误造成材料上的差错。

（二）切题

主题和材料是相互联系的，主题必须统率材料，反过来，材料是为表现主题服务的。因此，是否围绕主题，能否体现主题，这是选择材料的首要原则，也是决定材料取舍的主要标准。材料的好坏不能孤立地看，只有当材料和主题放在一起时，才能衡量其价值。凡是能够有力地说明或突出主题的材料，就要决意入选；一切与主题无关或与主题相抵触的材料，应当坚决舍去。

（三）典型

典型材料是指既具有独特个性，又能体现同类事物的本质特征和普遍意义的材料。在表扬性通报、经验介绍、先进事迹、调研报告等写作中，典型材料能发挥以一当十的作用，大大深化文书的主题，具有很强的说服力和感染力。

三、结构方面的要求

文书的结构是指文书的部分与部分、部分与整体之间的内在联系和外部形式的统一，具体要求是：

(一)完整

首先,文书的各项结构元素应当相对齐备,不可无故残缺。文书的结构一般由标题、主送机关或者称呼、正文、署名、成文日期等元素构成,有的还需要增加稿本、题注、印章等结构元素。每项结构元素之间相互联系,共同组成公务文书的整体,为表达主题服务。其次,文书正文的各个组成部分应比例合适,详略得当,首尾呼应。

(二)规范

结构规范是文书写作的重要特点,其表现是:

1. 结构的每一部分具有特定的功能。文书正文的结构一般包括开头、主体和结尾三部分。开头一般说明制发文书的目的、依据和原因;主体一般说明情况、经过、任务、要求、办法、意见等;结尾一般发出号召,提出希望、请求,或予以强调。内容简单的文书,可掐头去尾,不分段落,一气呵成。

2. 结构的每一部分有特定的写作模式。如公文标题的模式一般为:发文机关+事由+文种;开头常常用"根据""为了""遵照"等词语;文书的结尾用语在同一文种中具有相同性或类似性,如请示的结尾用语一般为"以上请示请批复""特此请示"等。

3. 结构的每一个部分都有相对固定的位置,不可随意更动。比如标题应当置于公务文书的首部并居中,主送机关或称呼应当在正文的上方顶格书写,等等。

(三)连贯

首先,正文的各部分要做到意脉相通,逻辑严密。比如,为了阐释政策、说明任务和工作要求,文书中必然会出现关于政策、任务、要求的提法。这些提法必须前后一致。不能一方面强调要严格执行,另一方面却说可以灵活掌握;前面指出某种现象的危害性,后面却又解释这种现象的合理性。

其次,语言形式上要有必要的过渡和照应。过渡是把相邻的层次或段落之间的关系加以提示,承上启下,使上下文之间能自然地衔接起来,引导读者的思路从上文过渡到下文。照应是使文书的内容相互呼应。前面说过的后面要有着落,后面准备提到的前面要有伏笔或者暗示。

(四)合理

所谓结构要合理,是指安排、组合观点和材料的方式必须适应主题表达的需要。通常有以下三种方式:

第一种是并列式结构,又称横式结构。它的特点是,将所要表达的主题划分为若干并列而又相互关联的层次,分别从不同角度、不同侧面来叙述、说明或证明主题,使正文呈现出一种多管齐下、齐头并进的格局。通知、计划、总结、合同等文书,大多采用这类结构形式。

第二种是递进式结构，又称推进式结构或纵式结构。它对需要表达的主题，采取一层深于一层的形式安排、组合观点和材料，使层次之间呈现一种层层展开、步步深入的逻辑关系，从而使主题得到深刻透彻的叙述、说明或者论证。从表现的内容来看，递进式结构又分为时序递进、主从递进、因果递进、表里递进（即从现象分析递进到本质分析）等。通报、报告、请示、纪要、调查报告等公务文书，常常采用这类结构形式。

第三种是混合式结构，又称纵横交错式结构。有些文书需要表述的内容比较复杂，相对应的层次关系也比较复杂，不能只用单一的结构形式，需要把并列式和递进式结合起来，形成一种混合的结构形式。

（五）清晰

为了便于人们阅读、记忆、引用和执行，文书的结构可以采用章条款项法、层次编码法、大小标题法、撮要倒悬法等方法，达到层次分明，条理清晰的效果。

四、语言方面的要求

语言是文书表达的工具，具体要求是：

（一）朴实

朴实、通晓，这是文书语言最起码的要求。具体而言，一要做到语言通俗，不生造词语，不使用生僻字；二要语言质朴，不刻意雕琢，不玩弄辞藻；三要语言自然，不装腔作势，不说空话套话。

（二）简练

文书语言的简练，是贯彻现代文书简便高效原则的重要方面，具体要求如下：

1. 避免重复。当一层意思包含另一层意思时，舍去被包含的意思。如："建立和健全了各项安全生产制度，制定了安全用气和安全用电规则，安全生产形势比去年明显改善"。这一句中的"制定了安全用气和安全用电规则"已被包含在"建立和健全了各项安全制度"之中，如果不是为了特别强调的话，应当省去。

2. 遵从约定。当有些概念、术语已经成为社会约定的基本常识时，可省略多余的解释。尤其是业务文书，只要沟通双方有约定，适当使用代号和行业俗语，可使语言显得十分简要。

3. 运用数概。把若干并列的事项用数字概括后简称，既可以节约文字、便于引述，又能够帮助记忆和掌握。如，"八项规定""转变四风"。

4. 使用简称。尽量使用规范性简称代替全称。如以"全国人大常委会"代替"全国人民代表大会常务委员会"这一全称。第一次使用非规范简称时，应当先写全称，然后注明:“(以下简称××××)。”也可适当使用地名简称,如“京、津、沪”。

5. 共用中心词。若干词语的中心词相同时,可共用。如,“工业、农业”,可简写为“工、农业”;“进口、出口”可简写为“进、出口”。

6. 将双音节词改用单音节词。如,“希望”可改为“希”或“望”。

7. 力戒浮文。文书的开头部分要“开门见山”,主体部分应“要言不烦”,结尾部分应“当断即断”。必要时,可以掐头去尾。

(三)语言准确

准确是文书语言的生命。文书语言含混不清、歧义丛生,会直接影响文书信息的表达和接受,有的甚至会造成严重后果。因此,文书语言应力求准确,具体要求是:

1. 用词贴切,概念准确。概念是判断、推理、论证的基础。概念准确,才能进行正确的判断、推理、论证。概念是依靠词语表达的。但是,同一个概念可以用不同的词语来表达,同一个词语也可以表达不同的概念。尤其是在汉语中,一词多义的情况非常普遍。因此,在运用词语表达概念时,要准确把握概念的内涵与外延,做到用词贴切。具体有以下几方面的要求:

(1)词义单一、避免歧义。在特定的文书语境中,词所表达的概念只能是一个,不能出现两可理解的情况。如“合同违约问题已告伟达公司”一句中的“告”,既可表示“通知”的意思,又可理解为向法院“起诉”,容易造成误解。又如:“×××博览会于今天上午在××中心隆重开幕,省委书记×××、省长×××和其他省领导出席了开幕式。”这一句中的“其他省领导”到底是指本省的其他领导还是指其他省的省级领导?由于其他省的省领导和本省的其他省级领导都有可能应邀出席,就会产生歧义。

(2)区别词语的感情色彩。汉语中有些词语的意义相同或相近,但感情色彩却不同,如,“逝世”和“死亡”、“闭幕”与“收场”等。词的感情色彩不同,使用的对象和场合亦不同。

(3)辨析词义差别。有些词表面上看去意义很相近,但仔细辨析,却存在重要区别,使用时不可混淆。如“接见”与“会见”、“话题”与“议题”、“罚金”与“罚款”、“定金”与“订金”、“保修”与“包修”等词语,如使用不当,都会闹出笑话,甚至造成法律纠纷。

(4)正确划分概念。概念的划分就是明确概念外延的方法,是以对象的一定属性为标准,将一个属概念分为若干个种概念的逻辑方法。如《继承法》规定:遗嘱有公证遗嘱、自书遗嘱、代书遗嘱、录音遗嘱和口头遗嘱五种。划分概念必须按同一标准进行,比如把“车辆”这一母项分为机动车、人力车、卡车、客车等子项。这是在划分中交叉运用了多种标准,造成了混乱。概念划分后所得子项的外延总和必须等于母项的外延,不能出现“划分不全”或“多出子项”的情况。在公文写作中,人们常用“以上”“以下”“以前”“以后”来划分数量和时间上的概念,由于这些词在是否包括本身指称的数量和时间方面具有不确定性，因此，如不加说明，就会出现“划分不全”或“多出子项”的错误。如：“一千元以上，二千元以下”，其中“以上”“以下”是否分别包含了一千元和二千元的本数，这是必须加以说明的。

（5）概念概括与限制要恰当。概括与限制是明确概念的方法，但概括和限制要恰当，否则会造成概念的混乱。如，“要加强工商、税务、纪检、监察等行政管理部门的队伍建设”一句中的“纪检”属于党务部门而非行政管理部门，这是犯了概括不当的错误。又如，“进入布展现场的人员一律佩戴证件，严禁不戴证件的非布展人员进入现场”一句中的前半句话意思很清楚，是从正面明确规定所有进入布展现场的人员都要佩戴证件，但后半句话偏偏多了“非布展”这个限制词，使人误解为布展人员可以不受此限，由此造成前后矛盾。

（6）正确使用数量关系词。在表述数量增减时，常常将“为”“到”“了”“是”等词同“倍”“成”“百分之×”“百分点”“增长率”等配合使用，一旦使用不当，就会造成巨大误差。如，“该公司今年实际上缴利税九百万元，比去年的二百八十万元增长了三倍多”一句中“三倍多”应改为“两倍多”。又如，“由于加强了招展工作力度，本届展会的参展单位由上届的1 400家提高到2 100家，增长率达到了150%”，这句话的错误在没有正确把握“增长率”的含义，而实际增长率只有50%。在表述数量下降关系时，要注意不能用“倍”，而应当用百分点（数）。使用百分点（数）时，不能超出“100%”。

（7）正确使用日期代称。文书中常常用“今年（天）”“明年”“去年”“上月（旬）”“本年度（月、旬、周）”“即日”等时间代称。在使用这些时间代称时，必须在上下文中有明确而具体的指称时间。重要的时间概念，必须使用全称，年、月、日都必须写全，不得省略，不得用代称或简称。

（8）合理使用模糊语言。文书中适当使用模糊语言，可以使语言简洁明了，委婉含蓄。但是，如果使用不当则反而会给理解和执行文书带来困难。因此，模糊性较大的词语不能用于表达基本的和重要的概念。尤其是“大概”“也许”“可能”“基本上”“原则上”等模糊词语，使用时必须非常慎重。

（9）概念的释义要完整、明确。文书中，尤其是规范性文件中，往往要对一些概念做出明确的解释。比如“走私”“小微企业”“不正当竞争”等概念，都要用明确的语言揭示其内涵和外延。

2. 句子通顺，合乎语法。词是表达意义的最小单位。要表达一个完整的意思，必须按一定的语法规则和词与词之间的意义联系把词或词组组织成为句子。具体要求是：

（1）句子成分要完整。句子一般由主语、谓语中心语和宾语三部分组成，不可残缺（主语在特定情况下可以隐含）。如，“通过这些事实，充分说明了改革的必要性”，其中“通过这些事实”是个介词结构，不能充当主语，因此造成主语残缺。去掉“通过”一词，以“这些事实”作主语，句子便通顺了。

(2)词语搭配要恰当。文书中的词语搭配要恰当合理。如“促进管理水平”,其中“促进”一词不能与“水平”一词搭配,故应改为“提高”。

(3)避免句式杂糅。所谓句式杂糅,是指把两个句子表达的意思,杂糅成一个句子来表达,造成表达混乱、意思不清。如,“发生观众投诉的主要原因仍然是主办单位有章不循造成的”,此例其实是由“发生观众投诉的主要原因仍然是主办单位有章不循”和“观众投诉仍然是主办单位有章不循造成的”这两句话杂糅而成,导致语法成分的赘余。

(4)标点符号要正确。标点符号是文书符号要素的重要组成部分,对文书的主题信息起着辅助说明的作用。不用标点符号,或者标点符号使用混乱,会使文书的语言表意不清,造成理解和执行上的障碍。如,“大学生志愿者由市文明办负责安排500名中学生志愿者由团市委统一调配”,由于该逗不逗,造成“500名”这一词组的归属出现歧义。

3. 简称规范,合乎习惯。适当使用简称,可以使文书语言简洁,但滥用简称,则会影响表意。使用简称应当遵循下列规则:

(1)方法规范。使用简称的方法即把全称按意义分节,抽取每节中具有代表性的字组成简称。如,“中国共产党中央委员会”可简称为“中共中央”。

(2)对象特指。简称的对象必须是特定的某项事物或机关,不能一称数指。如“华交会”这一简称,就存在一称数指的情况,它可以指“华东地区家禽交易会”“华东地区糖酒商品交易会”等展会。遇到这种情况,应当一律使用全称。

(3)意义明确。简称必须具有明确的含义,不得同已有的固定词或词组相混淆,防止产生误解。如不能把“遇到困难”简称“遇难”,不能把“生产自救”简称为“生救”。

(四)语言庄重

文书具有法定的权威性,与之相适应,文书的语言应当体现庄重性。要做到语言庄重,具体有下列几种方法:

1. 用规范化的书面语代替口头语。书面语不仅可以使语言简洁明快,而且可以增强语言的庄重色彩。文书中的很多书面语,经过人们经常、反复地使用,已经成为文书的专门用语。这些专门用语使用频率高,实用性强,在文书中具有特定的表达功能,能很好地体现文书语言的庄重性。具体有以下几类:

(1)开头词。如:为了、为使、根据、遵照、兹因、由于、鉴于、据查、近查等。

(2)称谓词。如:我、本、你、贵、该等。

(3)引叙词。如:收悉、电悉、获悉、欣悉、惊悉、痛悉、前接等。

(4)综合过渡词。如:为此、因此、对此、据此、有鉴于此、总之、综上所述、以上各条等。

(5)期请词。如:请、拟请、提请、恳请、特请、切盼、希、望等。

(6)表态词。如:同意、不得、照办、速办、迅即办理、准予、遵照执行、贯彻执行、参照执行、研究办理、供参考等。

(7)询问词。如:当否、妥否、可否、是否可行、是否同意、意见如何等。

(8)程序词。如:报批、报经、报送、报请、呈报、呈请、出具、非经……不得、核准、核定、核拨、审查、审定、审核、审批、审议等。

(9)结尾词。不同类型的公务文书使用不同的结尾用语。①执行类的文书结尾词有:此令;特令;现予发布实施;现于公布,自××××年×月×日起施行;以上通知(告),望遵照执行。②报请类文书的结尾词有:特此报告;特此请示;以上请示当否,请批复;以上意见如无不妥(当),请批转各地执行。③批复类文书的结尾词有:特此批复;此复。④周知类文书的结尾词有:现予公告;特此通告;特此通报;特此通知。⑤来往类文书的结尾词有:特此函复;即盼函复;为荷;为盼;为要;为感;为宜。

2. 以陈述句和祈使句为主。文书中的句型以陈述句和祈使句为主,少用或不用感叹句和疑问句。陈述句便于直接明确地表明立场,解释概念,陈述事务;祈使句能明确要求人们应该做什么,不该做什么,这正符合体现文书语言庄重性的需要。

3. 主要运用消极修辞。在修辞方面,文书写作主要运用消极修辞,适当运用积极修辞。所谓积极修辞,就是运用比喻、拟人、借代等修辞格,使语言生动、形象的方法。所谓消极修辞,是相对积极修辞而言的,即不用任何修辞格而使语言明白、通畅、平匀、稳妥。文书写作在主要运用消极修辞的同时,又要体现语言的生动性和形象性,这就要处理好积极修辞和消极修辞的关系。

第三节　文书的结构元素、体例和标印格式

一、文书的结构元素及其表述方法

文书结构的元素是指表现公务文书主题信息的各个组成部分,包括标题、稿本性质、题注、作者名称或姓名、称呼或主送机关、正文、署名或签署、盖章、成文日期等。这些结构元素可根据文种的性质、特点和行文目的加以选择,合理组合,以确保信息表达的完整性。

(一)标题

标题是对文书内容的高度概括与提炼。

1. 文书标题组成方式

(1)发文机关或会议名称+事由+文种。主要用于以机关或会议的名义发出文书,如:《中共中央关于制定国民经济和社会发展第十二个五年规划的建议》《中国共产党××市第九届委员会第五次全体会议关于市委常委会工作报告的决议》。

(2)发文机关或会议名称+文种。如:《国务院令》《上海××公司声明》《第三

届全国公共关系论坛邀请函》。

(3)事由(主题)+文种。如:《中华人民共和国加入世界贸易组织议定书》《信访工作条例》等。

(4)适用范围+适用对象+文种。如:《××区人民政府突发公共卫生事件应急处置预案》《××有限公司员工守则》。

(5)适用范围+适用时限+主题+文种。如:《××有限公司2012年度公关工作总结》。

(6)仅标明文种。一般用于少数约定俗成的文种。如:《新闻公报》《联合声明》《邀请函》等。

(7)复合式标题,由主题和副题组成。主题(又称正题)揭示文书的主题,副题(又称子题)补充说明作者、文种和适用范围等信息,常常用破折号引出。简报、调查报告、工作总结等都可以采用这种标题,如:

找准定位,加强规划,创建品牌

——××市会展协会2011年工作总结

2. 标题制作要注意的问题

(1)发文机关要用全称或规范化简称;

(2)标题中的事由部分应当准确、简要地概括文书的主要内容,并注意语法的规范性和语义的准确性。

公文标题错例

标题名称:全国人大常委会关于教师节的决定

分析:上例标题的事由部分的表述含混不清,究竟是对设立教师节这一重大问题做出决定,还是针对有关教师节的时间、内容等问题,从标题中无法判断,而必须根据文书内容才能理解。因此,应当在"教师节"前增加"设立"或"建立"二字。

(3)标题中对被发布、印发、批转、转发的文书名称需加书名号,如:中共上海市委关于转发《中共上海市人大常委会党组关于〈上海市五年立法规划的请示〉》的通知。

(4)为了便于公文的引用、转发、汇编和归档,提高公文检索的效率,除纪要、章程、条例、办法等少数文种外,公文标题应当由发文机关、事由和文种三部分组成,不应省略发文机关。

(二)稿本性质

文书写作和印制时,除了正本和副本外,其他的稿本形态都应当在标题之后或下方注明,以区别于正本和副本的法定效力。规范性文件中的暂行本和试行本也必须标注,以免同普通正本相混淆。稿本性质有两种标注方式:

1. 提交会议讨论或审议表决、尚未产生法定效力的文书,需在标题之后或下方居中用圆括号标明“草案”“修正草案”“讨论稿”“征求意见稿”。如:《第十二届全国人民代表大会第一次会议议程(草案)》。

2. 暂行本和试行本的“暂行”和“试行”既可作为定语置于文种之前,限定文种,也可置于文种之后用圆括号括入。如:《社会保险费征缴暂行条例》《车辆识别代号管理办法(试行)》

(三)题注

1. 使用题注的范围。题注是位于标题下方,说明该文书通过、签署、发布、修订、生效等有关信息的结构元素。会议通过的决定、决议、章程、条例、规定、办法、细则、宣言、倡议书等,应当标注题注。

2. 题注的标注形式。题注一般由通过(发布)日期、会议名称(发布机关、发布文号)和“通过(发布)”组成,如修订后重新发布,标明修订日期;如需上级机关批准,标明批准机关、批准日期。标注题注的文书,一般不再标注主送机关和成文日期。题注应当置于标题之下、正文之上,居中,用圆括号括入。题注中的日期可用阿拉伯数字表述。如:

中华人民共和国物权法

(2007 年 3 月 16 日第十届全国人民代表大会第五次会议通过)

党政机关公文处理工作条例

(中办发〔2012〕14 号,2012 年 4 月 16 日)

(四)作者名称或姓名

会议报告、讲话稿、调查报告、经验介绍材料等文书,由于在标题中不显示作者的名称或姓名,因此要在标题下方标明法定作者名称或报告人姓名。标明作者名称或姓名的文书,无须再在正文下方署名。

(五)称呼或主送机关

1. 称呼。称呼主要用于信函、讲话、报告、致辞一类的文书,表明致送和聆听对象。

2. 主送机关。主送机关即文书的主要受理机关。主送机关是一种特定的称呼。凡是以机关的名义制发、并有明确的受理机关的文书，应标明主送机关。主送机关的写法有以下几种：

（1）单称，用于向一个特定的机关行文。使用单称要注意区域限制。在本地区、本单位可称上级为“省政府”“董事会”，但跨地区、跨单位行文时，必须写明地区或单位（机构）的全称或规范化简称。

（2）并称，用于同时向两个以上的机关行文或称呼两个及以上的对象。主要的机关和对象应写在前面。

（3）统称，又叫泛称，即将同一类型的机关名称或称呼对象的共同中心语抽出，前面加“各”字，如“各省、自治区、直辖市”“各区县局”。无共同中心语的机关，可按其性质统称，如“各直属机构”“各人民团体”。统称写作应当清楚明确，不应写成“各有关单位”，以免造成责任不清、相互推诿的情况。统称如不能涵盖全部受文机关，还可以采用统称加单称或并称的方法，如：“各全国性学会、协会、研究会，各省、自治区、直辖市科协，各计划单列市、副省级城市科协，新疆生产建设兵团科协”。

（4）转称，用于主送某一机关，同时要求转送另一机关的公文，如“市政府并转报省政府”。

（5）递降称，用于多级下行文，如“各地、市、县委”。

称呼和主送机关在标题之下空一行顶格书写，换行顶格，末位标冒号。

公布性文书（如命令、通告、公告、公报）和会议通过的文书（如决定、决议），可不标主送机关。

（六）正文

正文是完整表达文书主题信息的核心载体，一般分为开头、主体、结尾三部分。内容简单的文书，可掐头去尾，不分段落，一气呵成。

1. 开头。开头的方法多种多样，究竟采用哪一种方法，要考虑两个方面：一是根据文种的特点。文种不同，开头的写作方法往往各不相同。二是适应行文目的和行文内容的需要。常用的开头方法有：

（1）说明发文的目的、意图、意义和依据，多用于公告、通告、通知、函、预案、章程、条例、办法、规定等写作。

（2）揭示背景，确定全文的基调，主要用于各种工作报告、工作总结、经验介绍、演讲稿的写作。

（3）介绍和评价基本情况。情况报告、通报、简报、调查报告、纪要等文书的开头一般要概括介绍相应的基本情况。

（4）表达欢迎、欢送、祝贺、慰问、感谢等特定的信息，主要用于开幕词、闭幕词、欢迎词、贺信、慰问信、感谢信的写作。

2. 主体。主体的主要功能是说明具体情况，解释政策条文，布置工作任务，提出意见要求，回答询问质疑，总结经验教训，分析原因利弊等。

3. 结尾。结尾常有以下几种形式：

（1）发出号召、提出希望或执行要求。这主要用于要求下级机关或有关单位与个人遵守、执行或者响应、配合的文书。

（2）表示信心和决心，主要用于工作报告、述职报告、决议、讲话稿等。

（3）提出请求，用于请示、上行性意见、商洽函、请求批准函、议案、工作报告等。

（4）表达祝愿，主要用于致辞和贺信等文书。

（七）署名

署名又称落款。文书的署名有以下几种情况：

1. 署发文机关的名称。党政机关的公文一律要求在正文的下方署发文机关的名称全称或者规范化简称。无固定标印格式，标题中又无发文机关名称的文书，如邀请函、工作计划和总结等，也应当署发文机关名称。

2. 署领导人姓名。以领导人名义发出的文书，由签发人在正文末尾处亲笔署名，用以证实其法定效力或体现礼节，又称签署。如公布法规和规章的命令，向法定性会议提出议案，对重要贵宾发出的请柬或邀请函，任免性通知以及重要的证书、聘书等文书，应当由领导人署名。领导人署名的文书一般不再署发文机关名称，也不需加盖公章（特殊文书除外）。需要署名的文书批量印发时，也可盖领导人手书体签名章。联合发文需要署名的，应当由发文各方的领导人共同署名或盖签名章。

3. 代表人共同签字。具有协议性质的文书，如合同、纪要、联合公报、共同宣言等，由有关各方派代表在文书的末尾共同签署姓名，不能用签名章代替。签字人必须是法定代表人或者是由法定代表人授权的代表。

（八）成文日期

成文日期是文书据以生效的时间，也是查考文书的重要途径。确定成文日期有以下几条规则：

1. 由领导人签发的文书，以签发日期为准；

2. 经会议讨论通过的文书，以通过日期为准；

3. 谈判协商达成的文书以各方共同签字的日期为准；

4. 需会签才能生效的文书，或者联合发文，如各方签字的日期不同，则以最后签发的日期为准。

已经标注在题注中写明通过日期的文书，无须在文末标注成文日期。

二、文书的结构体例

结构体例是文章结构外部形式的表现模式。文书正文的结构体例丰富多样，但总体上可以分为标志性体例和非标志性体例两种。

（一）标志性结构体例

标志性结构体例将全文分为若干有机联系的组成部分，以突出层次性和条理性，常用于内容较为复杂的文书，其形式主要有以下四种：

1. 序数式，即用汉字或阿拉伯数字标注层次和段落，有两种表述方法：

（1）开头、主体、结尾各层次均用序数标注层次；

（2）开头和结尾不标序数，主体部分用序数标注层次。

2. 小标题式，即用小标题置于较大的层次和段落之前。小标题具有划分层次、概括段落中心观点或主要内容、体现结构之间逻辑关系的功能，具体的表述方法有以下两种：

（1）序号 + 标题，即在每个小标题前标注序号，以便于查阅。

（2）单设小标题，即在较大的层次之前仅标写小标题，不加序号。这种方法的查阅功能不如前一种。

序数式和小标题式可以结合使用，即先用小标题概括每个较大层次的主要内容，每个层次中再用序数标注较小层次的主要内容。

3. 段旨式，即用精辟的短语置于自然段落的开头，以概括这一段落的主旨，给人以鲜明的印象，然后再具体展开说明、议论。段旨前可以加序数，也可以不加序数。

4. 章条式，即用编、章、节、条、款、项、目统一命名和表述各个结构层次。章条式结构体例具有名称统一、表述规范、容易辨识、便于查阅以及便于书面和口头引用等优点，适用于章程、条例、规定、办法、细则、合同、协议书等需要依照执行并经常引用、解释的文书的写作。章条式结构体例分为三个层次：

（1）宏观结构层次——编、章、节。其主要功能是对条文较多、结构较为复杂的规范性文件划分较大的层次。

章是宏观结构层次中的基本层次。当文书的内容表述需要设置宏观结构层次时，应当首先设章。章下面直接设条。如果章下所设的条较多，章与条之间可分节。节是一种辅助性结构层次。在同一文本中，有的章下面可以分节，有的章下面也可以不分节而直接设条。

编属于最高的结构层次，只有当设立了章后还不能满足结构表达的需要时，才考虑使用。

编、章、节应当在名称前冠以汉字的序数词，后空 1 ~ 2 字缀以标题，并以较醒目的字体字号居中标识于该层次的上方，如："第一章　总则"。章和节一律依各自的上位层次从头开始编码。

（2）中观结构层次——条。条是对某一个具体问题的完整规定，是文书结构表达的基本单位。在确定文书结构框架时，应当首先考虑设条，然后根据结构表达的需要适当增设其他的层次。采用章条式结构体例的文书，除序言外，全文从头至尾都必须按条的先后顺序依次连续编码，而且不受编、章、节的制约。条可用两种表述方法:一种是单纯用序号表述,即在条的名称前面冠以汉字的序数词,如:“第一条”,后面不加标题,左空2字置于条的开头,后空1字直接书写条文。另一种是序号加条名(即该条的名称),主要用于条文较多且不设章的规章文书,以便于按照条的序号和条名查找有关条文。具体方法是在条的序号后面空1字,写明该条的名称,下1行左空2字书写条文。条名也可用圆括号括入,如:“第一条 (目的和依据)”。

(3)微观结构层次——款、项、目。微观结构层次的主要功能是对各自的上位层次进行细化,因而它们相对于各自的上位层次都具有较强的隶属性,不能单独设立。

款是直接设于条下的、意义完整的自然段落,是直接构成条的基本要素。条下面可以只设一款,也可以设若干款。款与款之间既可以是意义上平行并列或程序上先后承接的关系,也可以是内容上补充完善的关系,但不是总分关系。条下面如果只设一款,可直接读作“第×条”,而无须读出“第一款”。条下面如果设若干款,每一款前面无须标注“第×款”,引用时则按自然段落的顺序读(写)作“第×条第×款”。款在写作上必须遵循完整性和单一性原则。所谓完整性,是指一款应当完整表达一个主题或说明一个问题。所谓单一性,即在一个款内只能表达一个主题或说明一个问题,如果需要对前一个主题做进一步说明或补充完善,或者需要表达另一个与之相关但又并列的主题,则应当另设下一款。

项和目都是以列举的形式对上一层次内容的说明。款下设项或者项下设目,第一自然段必须设总领句,后加冒号。由于项、目同上位层次的关系都是总分关系,因此项与项之间、目与目之间都是并列的分句。每一项、每一目均应另起一行左空2字书写。项用汉字的基数词外加圆括号依次表述,如“(一)”;目用阿拉伯数字加点号依次表述,如“1.”。序号后面不用标出“项”和“目”,也不用空格,直接书写该项或该目的内容。项与项、目与目之间用分号隔开,最后一项或最后一目标句号并一律依各自的上位层次按顺序重新编码。请看下例:

第八条 申请加入本会,必须具备下列条件:

(一)承认本会的章程;

(二)有加入本会的意愿;

(三)热心支持本会活动;

(四)个人会员具有大专以上文化水平。

(二)非标志性结构体例

非标志性结构体例是指在结构形式上主要通过自然段落的排列来表达结构内部关系的结构表达方式,无须任何标志性结构体例。内容简单的文书全篇一气呵成,其结构形式主要是通过自然段落之间的内在有机联系加以表现的,无须任何特殊标志。请看下例:

通　知

钱永康同志：

定于2014年6月10日上午9时至11时在公司第一会议室举行办公会议，请准时出席。

××公司行政部
2014年6月5日

三、公文标印格式

为提高我国公文的规范化和标准化水平，2012年6月，国家质量监督检验检疫总局和国家标准化管理委员会联合发布了《党政机关公文格式》（GB/T 9704—2012），现介绍如下。

（一）版头

版头即标识于公文首页红色分隔线以上的各要素的统称。

1. 份号。份号即公文印刷份数的顺序号，其作用是便于登记、分发、核查和统计。带有密级的公文必须标明份号；如果发文机关认为有必要，也可对不带密级的公文编制份号。份号用6位3号仿宋体阿拉伯数字顶格编排在版心左上角第一行（一行指一个汉字的高度加3号汉字高度的7/8的距离）。

2. 密级和保密期限。如需标注密级和保密期限，一般用3号黑体字，顶格编排在版心左上角第二行；保密期限中的数字用阿拉伯数字标注。国家秘密必须标识“★”符号，“★”的前面用汉字标注密级，“★”后面标注保密期限。保密期限在年以上的，注明多少“年”，年以下的用“月”表示。如，“绝密★25年”“秘密★1个月”。特殊情况下，保密期限为长期的，标为“绝密★长期”。公文的保密期限与密级的最长保密期限一致时，可免标保密期限，如“绝密★”，并按该密级的最长保密期限处理。

3. 紧急程度。如需标注紧急程度，一般用3号黑体字，顶格编排在版心左上角；如需同时标注份号、密级和保密期限、紧急程度，按照份号、密级和保密期限、紧急程度的顺序自上而下分行排列。

4. 发文机关标志。发文机关标志表明公文的法定身份，由发文机关全称或者规范化简称加“文件”二字组成，也可使用发文机关全称或者规范化简称，不标“文件”二字。发文机关标志居中排布，上边缘至版心上边缘为35mm，推荐使用小标宋体字，颜色为红色，以醒目、美观、庄重为原则。字号以不大于上级机关字号为原则，根据本机关名称字数多少而定。联合行文时，如需同时标注联署发文机关名称，一般应当将主办机关名称排列在前；如有“文件”二字，应当置于发文机关名称右侧，以联署发文机关名称为准上下居中排布。

因发文机关过多造成首页不能显示正文,可采取只使用主办机关标志、缩小发文机关标志字号和行距等办法,确保首页显示正文。

5. 发文字号。发文字号即一份公文特定的代号,其作用是便于公文的登记、分办、查询、引用和归档。发文字号必须按机关代字、年份、发文序号的次序标注,如“沪府发〔2014〕2 号”。年份要写全称,不应简化,用阿拉伯数字书写,外加六角括号,不能用方括号或者圆括号。序号是发文的流水号,按年度统一编制,用阿拉伯数码标识,不必前置“第”和虚位“00”。

发文字号位于发文机关标识下空两行,用 3 号仿宋体字,居中排列。联合行文时,只标注主办机关的发文字号。上行文的发文字号居左空一字编排,与最后一个签发人姓名处在同一行。

6. 签发人。上报的公文应当标注签发人姓名,以示对公文内容的郑重负责。签发人由“签发人”三字加全角冒号和签发人姓名组成,居右空一字,编排在发文机关标志下空二行位置,平行排列于发文字号的右侧。“签发人”3 字用 3 号仿宋体字,签发人的姓名用 3 号楷体字。

如有多个签发人,签发人姓名按照发文机关的排列顺序从左到右、自上而下依次均匀编排,一般每行排两个姓名,回行时与上一行第一个签发人姓名对齐。签发人过多可能将正文挤出首页时,可适当增加每行签发人的数量。

7. 版头中的分隔线。发文字号之下 4mm 处印一条与版心等宽(156mm)的红色分隔线,其作用是将版头部分与主体部分隔开,增强公文页面的层次感。分隔线的高度推荐使用 0.35mm ~0.5mm,具体高度可根据发文机关标志字体字号酌定。

(二)主体

首页红色分隔线(不含)以下、末页首条分隔线(不含)以上的各要素统称为主体。

1. 标题。公文标题位于红色分隔线下方空 2 行,居中排列,字号小于版头,大于正文,一般用 2 号小标宋体字。排列时,要做到排列对称、间距恰当、醒目美观。字数多的标题应当使用梯形或菱形排成若干行。回行时,要做到词意完整,排列对称,长短适宜,间距恰当,如不应将双音节词或固定词组拆开置于不同行的首尾,“的”字不排在行首。如果标题所占行数较多,将出现把正文挤出首页的情况时,可将标题上移 1 至 2 行,即减少与红色分隔线之间的空行或不空行。

2. 主送机关。主送机关位于标题之下空 1 行,左侧顶格,使用 3 号仿宋体字,回行顶格。各主送机关中间根据机关的类型用顿号或逗号,末尾标全角冒号。如主送机关名称过多而使公文首页不能显示正文时,可将主送机关移至版记中的抄送机关之上。

3. 正文。公文首页必须显示正文。正文位置在主送机关名称下一行,每个自然段开头左空 2 字,回行顶格。正文中的数字、年份不能回行。正文使用 3 号仿宋体字,一般每面排 22 行,每行排 28 字,并撑满版心,特定情况可以做适当调整。文中结构层次序数依次可以用“一、”“(一)”“1.”“(1)”标注;一般第一层用黑体字、第二层用楷体字、第三层和第四层用仿宋体字标注。

4. 附件说明。公文如有附件，应在正文之下空 1 行左空 2 字用 3 号仿宋体字标识“附件”两字，后标全角冒号和附件名称。附件有两份或两份以上时，应当用阿拉伯数字标明序号，如“附件：1. ×××××××××”；附件名称不用加书名号，后面也不加句号。附件名称较长需回行时，应当与上一行附件名称的首字对齐。

有的公文已经在正文中明确提到被发布、印发、批转、转发的文件名称，就不必再在正文之下标注附件，更不必标注“附件如文”的字样。

5. 发文机关署名、成文日期和印章

（1）加盖印章的公文。成文日期一般右空四字编排，印章用红色，不得出现空白印章。单一机关行文时，一般在成文日期之上、以成文日期为准居中编排发文机关署名，印章端正、居中下压发文机关署名和成文日期，使发文机关署名和成文日期居印章中心偏下位置，印章顶端应当上距正文（或附件说明）一行之内。联合行文时，一般将各发文机关署名按照发文机关顺序整齐排列在相应位置，并将印章一一对应、端正、居中下压发文机关署名，最后一个印章端正、居中下压发文机关署名和成文日期，印章之间排列整齐、互不相交或相切，每排印章两端不得超出版心，首排印章顶端应当上距正文（或附件说明）一行之内。

（2）不加盖印章的公文。单一机关行文时，在正文（或附件说明）下空一行右空二字编排发文机关署名，在发文机关署名下一行编排成文日期，首字比发文机关署名首字右移二字，如成文日期长于发文机关署名，应当使成文日期右空二字编排，并相应增加发文机关署名右空字数。联合行文时，应当先编排主办机关署名，其余发文机关署名依次向下编排。

（3）加盖签发人签名章的公文。单一机关制发的公文加盖签发人签名章时，在正文（或附件说明）下空二行右空四字加盖签发人签名章，签名章左空二字标注签发人职务，以签名章为准上下居中排布。在签发人签名章下空一行右空四字编排成文日期。联合行文时，应当先编排主办机关签发人职务、签名章，其余机关签发人职务、签名章依次向下编排，与主办机关签发人职务、签名章上下对齐；每行只编排一个机关的签发人职务、签名章；签发人职务应当标注全称。签名章一般用红色。

（4）成文日期用阿拉伯数字将年、月、日标全，年份应标全称，月、日不编虚位（即 1 不编为 01）。

经会议表决通过的公文和法规、规章的成文日期应加括号标注于标题下方居中的位置，又称题注。

（5）为防止私加文字，变造公文，印章、成文日期不得同正文分离成两页。当公文排版后所剩空白处不能容下印章或签发人签名章、成文日期时，可以采取调整行距、字距的措施解决。

6. 附注。附注一般是用来说明公文的阅读和传达范围、是否可以登报、翻印等注意事项。如，“此件发至县团级”“此件可登报”“此件不得翻印”等。“请示”应当在附注处注明联系人的姓名和电话。附注不是对公文内容做出解释或注释。如需对公文的内容或术语做出解释或注释，一般应当在被解释项或注释项之后采用句内括号或句外括号的方式解决。附注用 3 号仿宋体字标识于成文日期的下一行，左空 2 字，用圆括号括入。

7. 附件。附件应当另面编排，并在版记之前，与公文正文一起装订。“附件”二字及附件顺序号用 3 号黑体字顶格编排在版心左上角第一行。附件标题居中编排在版心第三行。附件顺序号和附件标题应当与附件说明的表述一致。附件格式要求同正文。如附件与正文不能一起装订，应当在附件左上角第一行顶格编排公文的发文字号并在其后标注“附件”二字及附件顺序号。

（三）版记

公文末页首条分隔线以下、末条分隔线以上的部分称为版记。

1. 版记中的分隔线。版记中的分隔线与版心等宽，首、末条分隔线用粗线（推荐高度为 0.35mm，合 1 磅）。首条分隔线位于版记中第一个要素之上，末条分隔线必须与最后一面的版心下边缘重合，也就是说，版记一定要置于公文末页版心的底部。如需标注抄送机关，中间需增加一条分隔线，用细线（推荐高度为 0.25mm，约合 0.7 磅）。

2. 抄送机关。抄送机关是指主送机关以外需要执行或知晓该公文的其他机关。需要抄送的机关有以下几类：

（1）有双重领导或被领导关系的单位；

（2）涉及对方职权范围，或必须让对方了解、请对方协作的单位；

（3）特殊情况下越级行文时被越过的机关；

（4）向下行文必须上报备案的上级机关。

如有抄送机关，一般用 4 号仿宋体字，在印发机关和印发日期之上一行、左右各空一字编排。“抄送”二字后加全角冒号和抄送机关名称，回行时与冒号后的首字对齐，同一系统内的同级机关之间用顿号隔开，不同系统的机关之间用逗号隔开，最后一个抄送机关名称后标句号。抄送机关较多时，依机关的性质、职权、隶属关系及其他逻辑关系依次排列。

如需把主送机关移至版记，应当将主送机关置于抄送机关之上一行，之间不加分隔线，编排方法同抄送机关。

3. 印发机关和印发日期。印发机关不同于公文的发文机关，是指负责印制公文的主管部门，一般应当是各机关的办公厅、办公室或文秘部门。如发文机关无单设的办公机构或文秘部门，也可直接标识发文机关。印发日期以实际印付的日期为准。

印发机关和印发日期一般用 4 号仿宋体字，同占一行，编排在末条分隔线之上。印发机关左空一字，印发日期右空一字，用阿拉伯数字将年、月、日标全，年份应标全称，月、日不编虚位（即 1 不编为 01），后加“印发”二字。

版记中如有其他要素，应当将其与印发机关和印发日期用一条细分隔线隔开。

公文如需翻印，还应当标识翻印机关的名称和翻印日期，其方法同上，但翻印日期后要标明“翻印”两字。

（四）公文的特定格式

1. 信函式格式。信函式格式相对简单，便于操作，常用于平行文和下行文中的通知、批复、函等文种。信函式格式与通用格式的区别是：

（1）发文机关标志使用发文机关全称或者规范化简称，不加“文件”二字，居中排布，上边缘至上页边为30mm，推荐使用红色小标宋体字。联合行文时，使用主办机关标志。

（2）发文机关标志下4mm处印一条红色双线（上粗下细），距下页边20mm处印一条红色双线（上细下粗），线长均为170mm，居中排布。

（3）如需标注份号、密级和保密期限、紧急程度，应当顶格居版心左边缘编排在第一条红色双线下，按照份号、密级和保密期限、紧急程度的顺序自上而下分行排列，第一个要素与该线的距离为3号汉字高度的7/8。

（4）发文字号顶格居版心右边缘编排在第一条红色双线下，与该线的距离为3号汉字高度的7/8。

（5）标题居中编排，与其上最后一个要素相距二行。

（6）第二条红色双线上一行如有文字，与该线的距离为3号汉字高度的7/8。

（7）首页不显示页码。

（8）版记不加印发机关和印发日期、分隔线，位于公文最后一面版心内最下方。

2. 纪要格式。纪要格式只用于党政机关的例行会议、专题会议形成的纪要文种。纪要格式与通用格式的区别是：

（1）纪要标志由“××××纪要”组成，居中排布，上边缘至版心上边缘为35mm，推荐使用红色小标宋体字。

（2）标注出席人员名单，一般用3号黑体字，在正文或附件说明下空一行左空二字编排“出席”二字，后标全角冒号，冒号后用3号仿宋体字标注出席人单位、姓名，回行时与冒号后的首字对齐。标注请假和列席人员名单，除依次另起一行并将“出席”二字改为“请假”或“列席”外，编排方法同出席人员名单。

纪要格式可以根据实际制定。

（五）页码

一般用4号半角宋体阿拉伯数字，编排在公文版心下边缘之下，数字左右各放一条一字线；一字线上距版心下边缘7mm。单页码居右空一字，双页码居左空一字。公文的版记页前有空白页的，空白页和版记页均不编排页码。公文的附件与正文一起装订时，页码应当连续编排。

（六）公文用纸幅面尺寸及版面要求

1. 幅面尺寸。公文用纸采用 GB/T 148 中规定的 A4 型纸，其成品幅面尺寸为：210mm×297mm。

2. 页边与版心尺寸。版心即公文页面中央印有图文（不含页码）的区域；页边即版心四周的空白。公文用纸天头（上白边）为 37mm±1mm，地脚（下白边）为 35mm±1mm，订口（左白边）为 28mm±1mm，翻口（右白边）为 26mm±1mm。版心尺寸为 156mm×225mm。

3. 字体和字号。如无特殊说明，公文格式各要素一般用 3 号仿宋体字。特定情况可以做适当调整。

4. 文字的颜色。如无特殊说明，公文中文字的颜色均为黑色。

下面是公文标印格式的几种样式（见图 2－1 至图 2－8）。

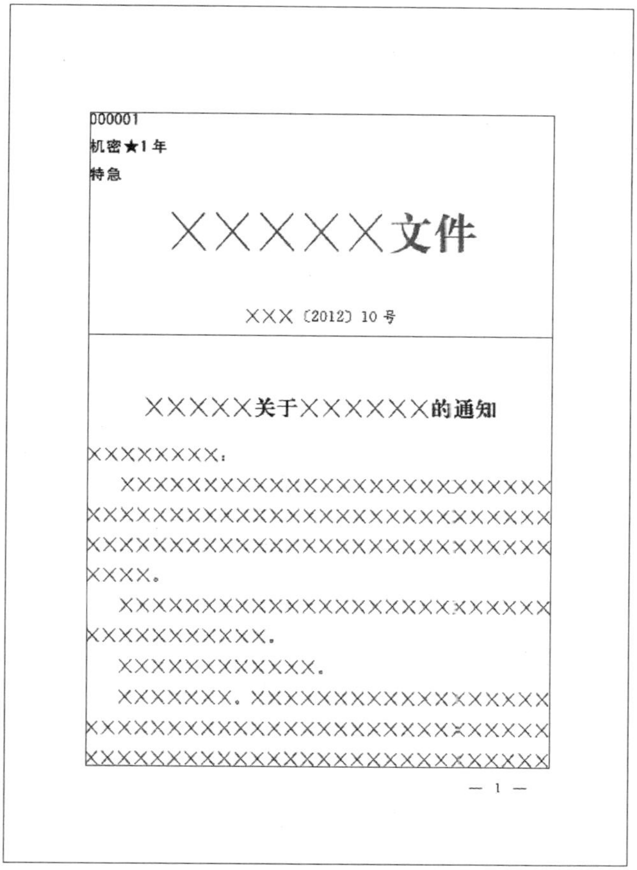
000001
机密★1年
特急

××××× 文件

×××〔2012〕10 号

×××××关于××××××的通知

××××××××：

××××××××××××××××××××××××××
×××××××××××××××××××××××××××
×××××××××××××××××××××××××××
××××。

××××××××××××××××××××××××××
×××××××××××。

×××××××××××××。

×××××××。××××××××××××××××××
×××××××××××××××××××××××××××
×××××××××××××××××××××××××××

— 1 —

图 2－1　单个机关行文首页版式

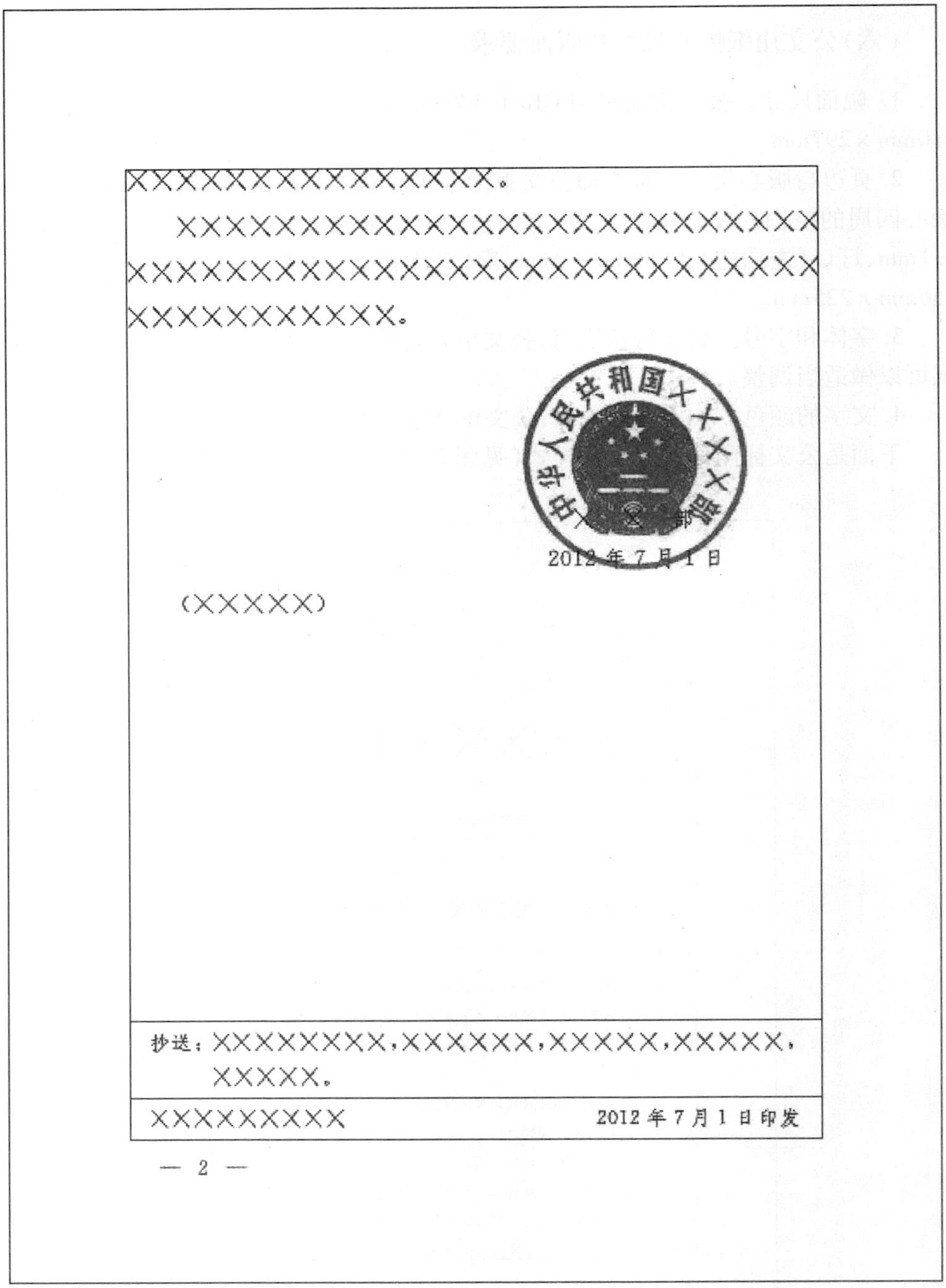
××××××××××××××××。

××。

2012年7月1日

(×××××)

抄送：×××××××××，××××××，×××××，×××××，×××××。

×××××××××　　2012年7月1日印发

— 2 —

图2－2　单个机关行文末页版式

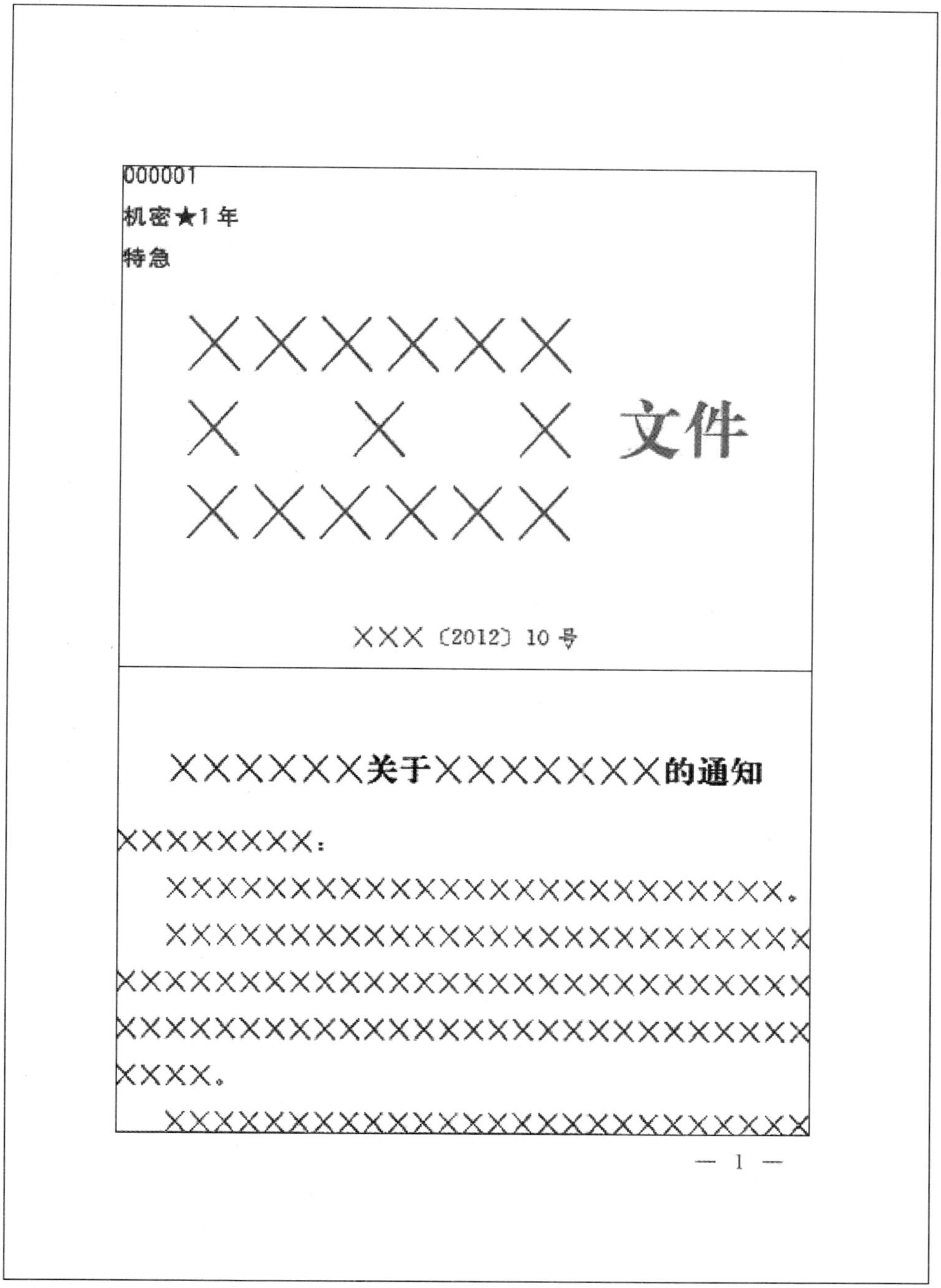
000001
机密★1年
特急

XXXXXX
X　X　X　文件
XXXXXX

XXX〔2012〕10号

XXXXXX关于XXXXXXX的通知

XXXXXXXX：

XXXXXXXXXXXXXXXXXXXXXXXXX。

XXXXXXXXXXXXXXXXXXXXXXXXXX
XXXXXXXXXXXXXXXXXXXXXXXXXXXX
XXXXXXXXXXXXXXXXXXXXXXXXXXXX
XXXX。

XXXXXXXXXXXXXXXXXXXXXXXXXX

— 1 —

图2－3　联合行文首页版式1

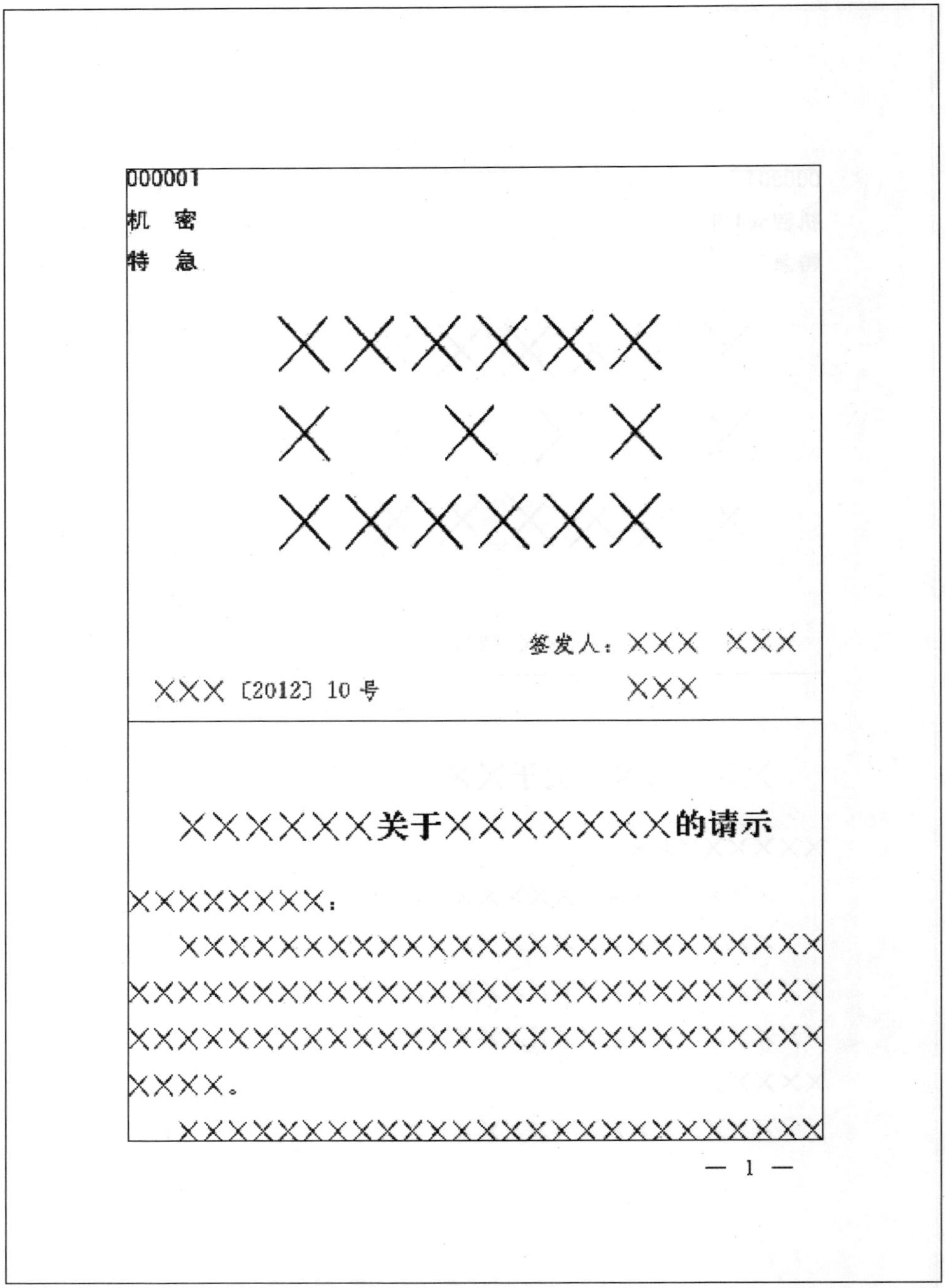
000001

机　密

特　急

××××××

×　×　×

××××××

签发人：×××　×××

×××〔2012〕10号　×××

××××××关于×××××××的请示

×××××××××：

　　×××。

　　××××××××××××××××××××××××××

— 1 —

图2－4　联合行文首页版式2

××××××××××××××××。

　　××××××××××××××××××××××××××××

××××××××××××××××××××××××××××××

××××××××××××。

2012年7月1日

（×××××）

抄送：××××××××，××××××，×××××，×××××，
　　　×××××。

×××××××××　　　　　　2012年7月1日印发

— 2 —

图2-5　联合行文末页版式1

××××××××××××××××。

××。

附件：1. ××××××××××××××××××××××××××××××

2. ××××××××××××××

×××××××

× × × ×

2012 年 7 月 1 日

（×××××）

— 2 —

图 2－6　联合行文不盖章附件说明页版式

附件2

XXXXXXXXXXXXXX

　　XXXXXXXXXXXXXXXXXXXXXXXXXXX
XXXXXXXXXXXXXXXXXXXXXXXXXXXXX
XXX。

　　XXXXXXXXXXXXXXXXXXXXXXXXXXX
XXXXXXXXXXXXXXXXXXXXXXXXXXXXX
XXXXXXXXXXXXXXXXXXXXXXXXXXXXX
XXXXXXXXXXXXXXXXXXXXXXXXXXXXX
XXXXXXXXXXXXXXXXXXXXXXXXXXXXX
XXXXXXXXXXXXXXXX。

抄送：XXXXXXXX，XXXXXX，XXXXX，XXXXX，
　　　XXXXX。

XXXXXXXXX　　　　2012年7月1日印发

— 4 —

图2－7　带附件公文末页版式

中华人民共和国XXXXX部

000001　　　　　　　　　　　　XXX〔2012〕10号

机　密

特　急

XXXXX关于XXXXXXX的通知

XXXXXXXX：

XXXXXXXXXXXXXXXXXXXXXXXXXXXXXXXXXXXXXXXXXXXXXXXXXXXXXXXXXXXXXXXXXXXXXXXXXXXXXXXXXXXXXXXXXXXXXXXXXXXXXXXXXXX。

XXXXXXXXXXXXXXXXXXXXXXXXXXXXXXXXXXXXXXXXXXXXXXXXXXXXXXXXXXXXXXXXXXXXXXXXXXXXXXXXXXXXXXXXXXXXXXXXXXXXXXXXXX。

XXXXXXXXXXXXXXXXXXXXXXXXXXXXXXXXXXXXXXXXXXXXXXXXXXXXXXXXXXXXXXXXXXXXXXXXXXXXXXXXXXXXXXXXXXXXXXXXXXXXXXXXXXXXXXXXXXXXXXXXXXXXXXXXXXXXXXXXXXXXXXXXXXXXXXXXXXXXXXXXXXXXXXXXXXXXXXXXXXXXXXXX。

图2-8　信函格式首页版式

第四节　公文写作

一、公文的文种和适用范围

《党政行政机关公文处理办法》规定的公文共15种:决议、决定、命令(令)、公报、公告、通告、意见、通知、通报、报告、请示、批复、议案、函、纪要。

(一)决议

决议适用于会议讨论通过的重大决策事项。凡实行合议制、表决制的会议,如各种委员会、董事会、理事会、代表大会,都可以使用决议这一文种。

决议大致有四种:一是批准性决议,用于批准在会议上所做的各种工作报告、请求会议审议的议案和计划等;二是工作性决议,用于就重要工作做出决策,要求有关单位贯彻落实;三是接纳性决议,用于表决通过要求加入组织的申请;四是政治性决议,用于特定的政治组织内部就形势、任务、政治纲领、行动策略等问题所形成共识。

(二)决定

决定适用于对重要事项做出决策和部署、奖惩有关单位和人员、变更或者撤销下级机关不适当的决定事项。决定按照产生的程序可分为两种:一种是经会议表决通过的决定,另一种是由首长签发的决定。

决议同决定都可以用于对重要事项做出决策,区别在于:决议必须经过会议讨论并表决通过,而决定既可以由会议表决通过,也可以经会议讨论后由首长签发。决议的内容比较原则,决定的内容比较具体。

(三)命令(令)

命令(令)适用于公布行政法规和规章,宣布施行重大强制性措施,批准授予和晋升衔级,嘉奖有关单位和人员。

命令是最具有强制性的公文文种。使用命令的主体是国家各级立法、行政、司法和军事机关,并且必须经首长签署。党的机关、企事业单位和人民团体不使用命令这一文种。

(四)公报

公报适用于公布重要决定或者重大事项。公报主要适用于党的机关,有时国家机关也可用公报向社会公布统计、审计、监测数据等。

（五）公告

公告适用于向国内外宣布重要事项或者法定事项。各级立法机关、国家行政机关以及股份制企业都可以使用，但只有在涉及重要事项或者法定事项时才可使用。滥用公告会削弱它的庄重性。

（六）通告

通告适用于在一定范围内公布应当遵守或者周知的事项。

通告与公告的区别在于：一是受众范围不同。公告面向国内外，通告适用于国内和法定组织内部。也就是说，公告的受众范围比通告广。二是内容重要程度不同。公告用于公布重要事项，如法律、法规和规章等。相对而言，通告的内容则比较具体和一般，凡是需要社会有关方面周知的事项均可用通告发布，因而使用的范围较广。三是发布目的不同。公告的目的在于让国内外公众周知所发布的信息，公告的内容本身并不一定要求受众遵守或执行。如需遵守或执行，一般通过附件发布法律、法规、规章或其他需要强制执行的事项。而通告既可以用于周知目的，也可以直接发布要求相关受众遵守执行的政策、措施，具有强制性。

（七）意见

适用于对重要问题提出见解和处理办法。与其他文种不同的是，意见既可以下行，也可以平行和上行。上级机关制定的意见可以直接发给下级机关遵照执行。下级机关如需向上级机关提出意见或见解，或者需要请上级机关批转各有关机关共同执行的事项，可以使用上行性意见，并按请示性公文的程序和要求办理。平行或不相隶属的机关之间也可以相互提出意见供对方参考。按内容性质，意见大致可分为：

1. 纲要性意见。用于就某一时期、某一方面工作的总体安排向下级机关提出原则性见解和要求。

2. 实施意见。一般是为贯彻落实上级机关某一重要决定或本机关中心工作所制订的方案。

3. 建议性意见。用于向上级或平级机关提出处理某项工作的意见和建议，也可请求上级机关予以批转。请求批转的意见与请示的区别在于：请求批转的意见所涉及的内容一般都是全局性或牵涉面较广的工作，必须由上一级机关批转方能开展。而请示所涉及的内容一般都是请示机关本身运转必须由上级批准同意才能解决的问题，如增施机构、追加经费、批准项目、内部改革等。

4. 质疑性意见。用于向上级、平级或下级机关（单位）提出对某个问题的不同看法和见解。

（八）通知

通知适用于发布、传达要求下级机关执行和有关单位周知或者执行的事项，及批转、转发公文。通知既可作为下行文，也可作为平行文。通知的使用范围较广，及使用通知时要注意以下几点：

1. 批转性通知专指由上级机关批准并转发下级机关上报的公文。公文一经批转，便代表批转机关的权威和意志。

2. 转发性通知用于转发上级机关和不相隶属机关的公文。下级机关对上级机关的来文，以及平行机关之间相互往来的公文不能用批转性通知来处理，只能使用转发性通知。

3. 发布性通知用于向社会公开发布由本机关制定并要求有关方面遵守的除行政法规和规章外的规范性文件。发布行政法规和规章应当用命令。

4. 印发性通知。用于在本系统内下发本机关领导的讲话、有关学习参考文献以及由本机关制订的内部工作计划和内部执行的规范性公文等。党内法规和学习文献一般用印发性通知。

通知与通告的区别是：一是适用范围不同。通知可用于向下级机关转发文书、布置工作、任免工作人员，通告则无这方面的功能。二是行文对象不同。通知的对象具有定向性，主送机关必须明确；通告的对象则具有多向性，无特定的主送机关。三是知晓范围不同。通知的内容往往有一定的限知性，有时还要确定密级；通告的内容则涉及社会各界或有关方面，因此必须公开。四是传递方式不同。通知主要通过法定渠道下发或机要交通系统传递，有时也可以根据需要公开发表；通告则必须通过媒体或张贴的方式发布。

（九）通报

通报适用于表彰先进、批评错误、传达重要精神和告知重要情况。

通报具有表彰先进、批评错误的功能，这一点同决定的表彰与惩处功能相似。二者的区别在于：一是作用不同。决定的作用偏重于对表彰和处罚事项进行决断，而通报的作用偏重通过对个别典型的表扬或批评，推动面上的工作。二是内容不同。通报中可以包含表扬或处分决定的内容，而决定中不能出现“予以通报”的内容。三是行文方式不同。通报属普发性下行文，要求传达到所有下级机关，基层单位亦可将通报直接予以公布；决定则不一定要传达、公布，可视具体需要而定。四是归档方式不同。表彰性或处分性决定既归入文书档案，也归入当事人的人事档案；通报则一般不归入人事档案，只归入文书档案。

通报与通知都属于普发性的下行文，二者的区别在于：一是功能不同。通报通过表彰、批评、传达，发挥激励、教育、警诫、沟通的功能，不布置具体工作；通知可以布置工作，而不具有表彰和批评的作用。二是传达知照的重点不同。情况性通报用于传达带有普遍性、倾向性，需要各方面引起重视、加以防范的情况；而通知知照的事项较为具体。

（十）报告

报告适用于向上级机关汇报工作、反映情况，回复上级机关的询问。

（十一）请示

请示适用于向上级机关请求指示、批准。

请示与报告虽然都属于上行文，但性质不同，区别在于：一是行文目的不同。请示的目的在于请求上级机关的答复而使自己明确所请示的事项能否办、如何办。报告的目的在于让上级机关了解本单位的工作和情况，或者答复上级机关的询问，并不要求上级答复。因此，报告中不能夹带请示事项。二是内容表达不同。请示必须严格做到一文一事，不得一文数事；报告中有一部分属于综合性报告，内容上要求全面系统。三是行文时间不同。请示一定要事先行文，报告则事前、事中、事后均可。四是语气不同。请示必须使用祈请性语气，报告则应当运用陈述性语气。

（十二）批复

批复适用于答复下级机关请示事项。批复分为肯定性批复和否定性批复两种：肯定性批复即批准、同意下级请示事项的批复；否定性批复即否定下级请示事项的批复。

（十三）议案

议案适用于各级人民政府按照法律程序向同级人民代表大会或者人民代表大会常务委员会提请审议事项。这里所说的议案不是会议活动中正式成员向大会提出的议案，而是专指各级人民政府向其所负责的权力机关提请审议事项的公文。议案不适用于党的机关。

（十四）函

函适用于不相隶属机关之间商洽工作、询问和答复问题、请求批准和答复审批事项。

在实际使用中，必须准确把握请求批准函与请示、批准函与批复的区别。请求批准函与请示的区别是：前者用于向无隶属关系、平级或级别低于本级但在职能上受其管理的机关（即有关主管部门）请求批准；后者则用于向具有隶属关系的上级机关或在某一职能上受其指导或管理的级别高于本级的有关机关请求批准。批准函与批复的区别是：批准函用于答复无隶属关系、平级或级别高于本级但在职能上受本机关指导或管理的有关机关的请求批准事项；批复则用于答复下级机关的请示。

下级机关向上级机关请示，如上级机关授权其职能部门（与请示机关平级）代为答复，职能部门在答复时应当用函而不能用批复。

（十五）纪要

纪要适用于记载会议主要情况和议定事项。在实际使用中，纪要的种类有：

1. 决策性纪要。这类纪要用于记载和传达领导机关通过各种会议做出的决定和决议事项，发至有关下级部门要求贯彻执行。

2. 合作性纪要。这类纪要用于记载或发布双边或多边会议、会谈所取得的共识以及议定事项，往往需要各方签字确认，对与会各方有一定的约束力。

纪要与决议都是会议中产生的文书，二者的区别在于：一是会议的性质不同。决议一般由具有法定程序的会议通过表决产生；纪要则较多地由专业性、协调性、座谈讨论性会议通过学习、交流、研讨、协商产生。二是内容覆盖面不同。决议是围绕某项会议议题而产生的，一个文本只记载围绕一项议题所做的决议，不记载不同意见，一次会议中的不同议题，应分别形成不同的决议文本；纪要则应当全面反映会议的内容和过程，因此除反映议定事项和主要精神外，有时还可以反映会议中的不同意见和观点，而且一次会议只能产生一个纪要。三是产生的程序不同。决议须经法定程序表决通过，一旦通过，文字上不得做任何修改。因此，决议必须在会议过程中产生，其通过的日期就是成文日期。而纪要的产生程序有两种：双边或多边性会议产生的具有约束力的纪要，必须在会议或会谈中达成一致并签字认可；而其他纪要一般在会议结束之后，根据会议记录整理而成，有时还需主办机关或上级机关领导人签发批准，故成文日期晚于会议日期。

二、常用公文的结构与写法

（一）决议的结构与写法

决议的结构由标题、题注和正文三要素组成。决议不写主送机关。

1. 标题。标题一般由会议名称（必须写全称）、决议事项和文种组成。

2. 题注。决议必须经会议表决通过，因此必须写明通过该决议的会议名称和具体日期。

3. 正文。决议正文的结构分为以下几种情况：

（1）批准性决议的正文一般分为批准事项和对被批准文书或事项进行评价两部分。批准事项部分要说明被批准、通过的文书或事项的名称、会议的名称、被批准或通过文书的生效或施行的日期；有的决议还应当写明出席会议和参加表决的人数是否达到议事规则所规定的人数以及表决的情况。评价部分要反映会议多数人的意志，常用“会议认为”“会议指出”“会议强调”等作为叙述人称。比较重大的决议，还可在最后提出希望，发出号召。

(2)工作性决议的正文由决议的因由、决议事项和执行要求三部分组成。因由部分写明做出此项决议的背景、目的和意义。决议事项部分要写明决议的具体内容,执行要求部分应概括明确。

(3)接纳性决议的正文要写明接纳对象的基本情况和现实表现,是否符合接纳条件及表决结果等。

(4)政治性决议的正文应当写明做出决议的背景、对时局的看法和判断、决议的具体内容等。

决议正文的结构可采取从头至尾用数码编号的形式,也可以不编序码,以自然段落表达。

决 定 写 作 实 例

第十一届全国人民代表大会第一次会议关于最高人民法院工作报告的决议

(2008 年 3 月 18 日第十一届全国人民代表大会第一次会议通过)

第十一届全国人民代表大会第一次会议听取和审议了肖扬院长所作的最高人民法院工作报告。会议对最高人民法院过去五年的工作表示满意,同意报告提出的 2008 年的工作安排,决定批准这个报告。

会议要求……

(二)决定的结构与写法

决定的结构有三类:

1. 由标题、题注和正文三要素组成,适用于需在法定会议上表决通过的决定。

(1)标题。标题由发文机关、决定事项、文种组成。如,《中共中央　国务院关于加强技术创新发展高科技实现产业化的决定》。

(2)题注。要求同决议。

(3)正文。正文包括决定因由和决定事项两部分。因由部分要交代决定的事实依据和法律、法规和政策依据以及决定的目的和意义。事项部分要具体说明决定的事项、贯彻的措施和要求等。因由部分和事项部分常用"特作如下决定"或"决定如下"等词语过渡。结尾时不必再写"特此决定"。

2. 由标题、正文、署名、成文日期四要素组成,主要用于向社会公开发布的决定以及对集体或个人进行奖惩的决定。

(1)标题。标题由发文机关、决定事项和文种组成。奖惩事项要写明奖惩对象名称或姓名。如,《中共中央　国务院　中央军委关于授予杨利伟同志"航天英雄"荣誉称号并颁发"航天功勋奖章"的决定》。

(2)正文。向社会公开发布的决定包括决定因由和决定事项两部分,写法同上一种决定。奖惩性决定的开头概括写明奖励或处罚对象的基本情况、主要事迹或错误事实,主体部分写明奖励或处罚的目的、意义和依据,结尾部分发出号召。对个人的处罚性决定可以省略结尾。

(3)署名。署名位于正文右下方,署全称或规范化简称。

(4)成文日期。成文日期位于署名下方,用阿拉伯数字书写。

3. 由标题、主送机关、正文、署名、成文日期五要素组成,适用于对下级机关发布重大决策事项或变更、撤销下级机关不适当决定事项的决定。

(1)标题。标题由发文机关、决定事项、文种组成。

(2)主送机关。普发性(即发到所有下级机关,下同)决定的主送机关写统称。针对某一地区或单位的决定,主送机关写单称。

(3)正文。正文包括决定因由和决定事项两部分,写法同上一种决定。

(4)署名。位于正文右下方,署全称或规范化简称。

(5)成文日期。成交日期位于署名下方,用阿拉伯数字书写。

决定写作实例

××市第十一届人民代表大会第四次会议关于设立法制委员会的决定

(2010年2月10日××市十一届人大四次会议通过)

××市第十一届人民代表大会第四次会议决定:××市人民代表大会设立法制委员会。法制委员会受××市人民代表大会领导;在市人民代表大会闭会期间,受××市人民代表大会常务委员会领导。

(三)公告的结构与写法

公告的结构由标题、正文、署名和成文日期四要素组成。公告不写主送机关。

1. 标题。标题一般由发文机关+事由+公告组成。

2. 正文。正文包括公告的依据、公告事项。如果是授权性公告,应说明受权于什么机关。如果是公开发布文书,应说明以下事项:所发布文书的名称,批准、通过文书的时间及会议名称,文书生效或施行的具体日期。如果是宣布重要事项或法定事项,应具体说明事项的性质、内容、批准或通过的法律依据以及法定程序。最后可用“特此公告”“现予公告”等词结尾,也可省略。

3. 署名。署名位于正文右下方,署全称或规范化简称。

4. 成文日期。成文日期位于署名下方,用阿拉伯数字书写。

公告写作实例

××股份有限公司第×次董事会议公告

××股份有限公司第×次董事会议于2013年3月3日在公司第一会议室举行。

经与会董事表决决定：因×××收受贿赂，构成犯罪，撤销其××股份有限公司副董事长职务。会议还决定：撤销其××股份有限公司董事职务，并提交下一次股东大会通过。

××股份有限公司董事会

2013年3月5日

（四）通告的结构

通告的结构由标题、正文、署名和成文日期四要素组成。通告不写主送机关。

1. 标题。标题一般由发文机关+事由+通告组成。单位内部的通告可省略发文机关，内容较简单的通告标题可省略事由。

2. 正文。正文一般先交代通告的目的和依据，常用“为了”“根据”等介词引导，要求简洁有力；然后准确清楚地说明通告的事项；最后可用“特此通告”结尾，也可用“以上通告，望遵照执行”予以强调。

3. 署名和成文日期。其要求同公告。

通告写作实例

××市航运管理所关于确保河道疏浚施工和航行安全的通告

各航运单位：

××路××货运码头河道自2014年×月×日至×月×日每日6时至19时进行疏浚施工，为确保施工和航行安全，特通告如下：

一、挖泥船艏、艉锚抛向上、下游各100米，八字开锚抛向对岸60米。开锚设有红、白浮标。

二、挖泥船应按规定显示信号，加强值班瞭望，随时采取安全措施。

三、锚泊区域内禁止其他船舶停靠。

四、航经挖泥区域的船舶应离挖泥船300米处鸣笛一长声，以便挖泥船松缆让航。

五、如因天气原因工程顺延，不再另行通告。

××市航运管理所

2014年3月15日

（五）意见的结构和写法

意见的结构一般由标题、主送机关、正文、署名和成文日期五要素组成。

1. 标题。标题由发文机关、意见事由和意见文种组成。

2. 主送机关。上行和平行的意见应当写明主送机关，下行的意见如果要求下级机关普遍执行，也可不写主送机关，但应在附注中注明发至范围。

3. 正文。正文有两种写法：一种写法是将全文分为两部分，前一部分是揭示背景、说明缘由、分析问题、发表见解、阐述目的和意义，要求做到概括而又深刻，为后一部分打好基础；后一部分提出解决问题的具体办法和对策，这是重点。另一种写法是将全文用序号和小标题分成若干层次，每一层次提出一条原则或具体办法。正文写作时应注意以下几点：

（1）明确性，即提出的建议或者意见要明确，不能含糊；

（2）系统性，即提出的各项建议或者意见要相互协调、配套；

（3）可操作性，即提出的建议或者意见应当切实可行，便于实施；

（4）预见性，即对在具体实施中可能会遇到的困难或出现的问题要有足够的估计，并有一套防范的对策和措施。

请求上级批转的意见的结尾应写"以上意见如无不妥，请批转××执行"。

4. 署名和成文日期。一般性意见的署名和成文日期标注要求与公告相同。要求下级机关普遍执行的意见如不写主送机关，可将成文日期标注于标题的下方。

意见写作实例

国务院关于加快发展节能环保产业的意见

各省、自治区、直辖市人民政府，国务院各部委、各直属机构：

资源环境制约是当前我国经济社会发展面临的突出矛盾。解决节能环保问题，是扩内需、稳增长、调结构，打造中国经济升级版的一项重要而紧迫的任务。加快发展节能环保产业，对拉动投资和消费，形成新的经济增长点，推动产业升级和发展方式转变，促进节能减排和民生改善，实现经济可持续发展和确保2020年全面建成小康社会，具有十分重要的意义。为加快发展节能环保产业，现提出以下意见：

一、总体要求

（一）指导思想……

（二）基本原则……

（三）主要目标……

二、围绕重点领域，促进节能环保产业发展水平全面提升

……

三、发挥政府带动作用,引领社会资金投入节能环保工程建设

……

四、推广节能环保产品,扩大市场消费需求

……

五、加强技术创新,提高节能环保产业市场竞争力

……

六、强化约束激励,营造有利的市场和政策环境

……

各地区、各部门要按照本意见的要求,进一步深化对加快发展节能环保产业重要意义的认识,切实加强组织领导和协调配合,明确任务分工,落实工作责任,扎实开展工作,确保各项任务措施落到实处,务求尽快取得实效。

国务院

2013年8月1日

(六)通知的结构与写法

通知的结构由标题、主送机关、正文、署名和成文日期五要素组成。不同种类的通知写法不同。

1.印发、发布、批转、转发性通知的结构与写法

(1)标题。这四类通知的标题应当标明发文机关、通知的类型、所印(转)发公文的名称和"通知"二字。如:"国务院关于批转《××××××××意见》的通知"。当被转发的文书亦为"通知"时,为避免标题中重复出现"通知"这一名称,可省去转发文书的"通知"二字并去掉"关于"二字,将标题由偏正结构改为主谓结构,如:"××市人民政府转发《国务院关于××××××的通知》"。

(2)主送机关。这四类通知一般作为普发性下行文,故主送机关多为统称。

(3)正文。正文部分应说明所印发、发布、批转、转发文书的名称及其意义,学习或执行这一文件的要求。

在开头的写法上常常有以下几种:

①印发性通知。如,"现将×××同志在××××会议上的讲话印发给你们,请认真组织学习",或"现将《×××办法》印发(发)给你们,请遵照执行"。

②批转性通知。如,"×××批准《××××××意见》,现转发给你们,请认真贯彻执行"。

③转发性通知。如,"现将《××××××××》转发给你们,请认真贯彻执行"。秘书部门(办公室)转发文书可写为"《××××意见》已经××××批准(同意),现

转发给你们,请遵照执行”。

(4)署名和成文日期。要求同公告。

2. 执行性、周知性通知的结构与写法

(1)标题。标题由发文机关、事由、通知三要素组成。

(2)主送机关。要求下级机关或有关单位普遍执行或周知的,写统称或统称加单称;要求某特定单位执行或周知的,写单称或并称。

(3)正文。开头写明通知的目的、意义,然后用“现将有关事项通知如下”等过渡语承上启下,转入主体部分。执行性通知的主体部分要求准确清楚地说明具体的任务、要求、方法、步骤,结尾处可写“以上通知,望认真遵照执行”。周知性通知的主体部分直接写明周知事项的具体内容,简明扼要,如无特殊要求,一般以“特此通知”结尾,但上文已有类似的过渡词,则干脆省去结尾,以免重复,亦显得干净利落。

(4)署名和成文日期。要求同上。

3. 任免性通知的结构与写法

(1)标题。标题由任免机关+任免事项+通知组成。如:“××市人民政府关于×××的任命通知”。当任免对象较多时,可以写成:“××××(发文机关)任免(命)通知”。

(2)主送机关。主送机关一般写与任免事项有关的机关名称。普发性任免通知也可省去主送机关。

(3)正文。正文写明任免对象的姓名和任免的具体职务。必要时,应当说明任免的程序和原因,如:“经××××××会议讨论决定,并报经××××××批准,任命……”。同时任免多人职务时,应当分行分段写明每人的任免职务。

(4)署名或签署。党的机关任免通知署机关名称,行政机关的任免通知应由正职领导人签署。

(5)成文日期。同上。

通知写作实例

××市人民政府办公厅关于进一步规范以市政府名义举办的会展活动的通知

各区、县(市)人民政府,市直机关各单位:

近年来,我市会展经济作为一个新兴产业迅速发展,各类大型展、会、节、演、赛等会展活动越来越多。特别是以市政府名义举办(包括主办、承办、协办、支持等,下同)的会展活动,不仅为各行业推广品牌、交流技术、洽谈贸易、寻求合作、拓展市场提供了有力的平台,也极大地促进了地方经济的发展,加快了城市建设的步伐。为更好地集中展示城市形象,规范会展活动管理,经市政府研究,现就进一步规范以市政府名义举办的各类会展及相关活动有关事项通知如下：
一、规范申办程序
（一）名义审定……
（二）申办方式……
（三）承办方责任……
二、切实做好安全保障
（一）安全责任……
（二）突出重点……
三、做好重大活动的安排
（一）领导活动安排……
（二）开幕式的组织……
四、建立办会联动机制
……

××市人民政府办公厅
20××年×月×日

（七）通报的结构与写法

通报的结构包括标题、主送机关、正文、署名和成文日期五要素。

1. 标题。标题除标明发文机关和文种外，还应表明通报性质与种类。

2. 主送机关。通报亦属普发性下行文，故主送机关亦用统称。基层单位向全体员工直接公布的通报，可省略主送机关。

3. 正文。通报的正文有两种结构形式：

（1）表扬性、批评性通报的正文由事实、点题、决定事项或处理意见、执行要求或号召四部分组成。被表扬或批评的事实应当真实、准确，具有典型意义。叙述时，时间、地点、人物（或单位）、经过、结果要清楚，材料的安排应当突出重点、详略得当。叙述方法一般为按时间发展线索顺叙，不做人物刻画和环境描写。点题即用议论的方法对发生事实的性质及其原因进行分析、解剖，揭示其深刻意义或者危害性。点题既要源于事实，又要高于事实，以帮助受文者从中提高认识，吸取经验或者教训。决定事项或者处理意见部分，应当明确提出处理的方式、方法，或提出处理意见，责成有关部门落实。由于通报是面向全体受文对象的，故最后应对全体受文对象提出希望和要求。

（2）情况性通报的正文由两部分组成。第一部分叙述所需传达的精神或者情况，第二部分提出学习和贯彻的要求或者应当注意的问题。最后可以“特此通报”结尾。

4. 署名和成文日期。要求同公告。

意见写作实例

××市教育局关于××学校
发布虚假招生广告的情况通报

各区、市、县、自治县教育局、招生办，市直属（管）学校、单位：

近日，市工商局对××学校发布虚假招生广告的行为进行了严肃查处，现将有关情况通报如下：

据调查，××学校在未经教育行政部门审批同意该校为“中外合作”办学机构的情况下，于20××年5月中旬印制了8 000份含有“（中外合作）××学校目前已同‘三国六方’外商联盟签订了3.5亿元的引资合作办学合同”等内容的招生广告单，对外从事招生宣传，共对外发送广告单3 000份。由于该校对上述内容不能提供有效证件，经市工商局认定，属于虚假广告宣传。目前，市工商局正在按照有关法律法规程序，对该校给予相应的处罚。

学校招生工作，是涉及千家万户切身利益和广大青少年成长成才的大事；招生宣传广告是引导广大考生科学选择求学成才道路的重要信息载体。××学校在未取得法定部门审批同意，以及不具备有效证明的情况下，擅自向社会发布上述内容严重失实的信息，严重违背了有关教育和广告的法律、法规以及教育行政部门关于招生宣传工作的规定，也违背了教育者的职业道德准则。该校负责人和相关责任人，要深刻反省，及时纠正这一错误行为，认真接受相关部门的教育和处罚。

全市各级各类学校要引以为戒，认真对照法律法规和国家、省、市招生工作的规定和要求，严格检查自身办学、招生行为，切实做到令行禁止、依法办学、诚信宣传、规范招生，努力办好让人民满意的教育。

各级教育主管部门要进一步加大招生工作的指导与监管力度，认真贯彻招生管理政策和各项规定，确保今年招生工作顺利推进和招生目标任务的圆满完成。

××市教育局
20××年×月×日

（八）报告的结构与写法

报告的结构包括标题、主送机关、正文、署名和成文日期五要素。

1. 标题。标题由发文机关、报告事项和报告组成。

2. 主送机关。要写明主送的上级机关名称,一般写单称,特殊情况下写并称或转称。

3. 正文。报告的种类不同,正文的结构安排也有所区别。

(1)工作报告的正文一般有两种结构方式:一是总分式结构,即先总括汇报一个阶段工作的主要成绩和问题,然后分成并列的若干方面具体展开。这种结构方式多用于综合性工作报告。二是递进式结构,即整篇报告分为工作的情况、取得的经验、存在的问题、今后的打算和措施等几个方面,前后衔接,层层递进。工作报告正文写作一要做到主题鲜明,脉络清楚;二要做到材料准确,详略得当;三要做到点面结合,重点突出。

(2)情况报告多为专题性报告,一般采用递进式结构方式,具体分为两种:一种为时间递进式,即按事件的发生、发展和最后处理的时间顺序来安排结构,适用于单纯汇报情况的报告。这类结构方式的报告写作时要做到情况清楚、内容集中、分析深刻;另一种是按情况、原因分析、处理意见和经验教训的逻辑次序排列结构,适用于既汇报情况又解决问题的报告。

情况报告正文写作要求做到:首先,开头部分一般要先总提所要报告的事项,以引出下文;其次,主体部分具体陈述时,何时、何地、何人、何事(过程和结果)等要素应当做到齐全、清楚;再次,分析原因应当全面、深刻,既要分别分析直接原因、客观原因和历史原因,更要揭示根本原因、主观原因和现实原因;最后,提出的措施要切实可行,既要治标,也要治本。

以上两种报告的结尾用语可用"特此报告""以上报告当否,请批示""以上报告,请审阅",但不能写"请批复"。如前面写有"现将有关情况报告如下"之类的过渡语,则可省去结尾用语。

4. 署名和成文日期。要求同通知。

报告写作实例

××铁路局关于××××号机车与××××次列车发生侧面冲突重大事故的报告

铁道部:

20××年×月×日,××分局管内××线××车站发生了一起机车与列车侧面冲突的重大事故。

事故发生后,我局主管机务的副局长×××同志带领机务、运输、车辆、工务、电务、安全、公安等处室的负责同志立即赶赴现场,组成事故调查委员会,对事故进行了全面调查分析。×月×日事故调查委员会召开会议,对事故发生的经过、原因以及对事故有关责任人的处理和应吸取的教训、应改进的措施进行了研究,现报告如下:

一、事故发生的经过和造成的损失(略)

二、事故发生的原因(略)

三、对有关人员的处理（略）

四、应吸取的教训和今后改进的措施（略）

特此报告

铁道部××铁路局

20××年×月×日

（九）请示的结构与写法

请示的结构包括标题、主送机关、正文、署名和成文日期五要素。

1. 标题。请示的标题除标明请示机关和请示文种外，应当突出请示事项。

2. 主送机关。请示只写一个主送机关，不能多头请示。其他需要知晓的机关可列为抄送机关。请示的主送机关也不能写成领导人姓名。

3. 正文。正文由三部分组成：

（1）请示理由。写请示理由既要摆情况，又要讲道理。摆情况必须实事求是，一是一、二是二，不堆砌、不夸大，突出重点，详略得当。讲道理应当理据相符、逻辑合理，不要空发议论、危言耸听。

（2）请示事项。这部分写作的要求一是主题明确、一文一事；二是请示事项的名称、数量、价格、实施方法等要表达清楚；三是用语得体，充分尊重上级领导。行文中应当用“拟”“望”“打算”“计划”表达自己的要求，切忌使用“应当”“必须”“务必”等带有强求口气的词语。

（3）结尾用语。请示的结尾用语具有表达请求愿望的作用，不能省略。书写时一定要另起一段，写“特此请示”或“以上请示当否，请批复”等，以示郑重。

4. 署名和成文日期的要求同通知。

请示写作实例

保安部关于更换危险品仓库灭火器的请示

总经理：

我公司危险品仓库常年存放酒精、乙醇等易燃工业原料××吨，现配备的灭火器大部分已超过有效期，必须报废，其余的也即将超过有效期。目前正值冬季，气候干燥，如万一发生火灾，将难以应急。上周五市消防局来我公司检查时，明确要求我们尽快更换这批灭火器。为此，我部拟购买××型灭火器××件，所需资金×万元人民币，请予核拨。

特此请示。

保安部

2012年12月30日

（十）批复的结构与写法

批复的结构由标题、主送机关、正文、署名和成文日期五要素组成。

1. 标题。批复的标题由批复机关、批复事项和批复文种构成。

2. 主送机关。由于批复是答复请示事项的，因此批复的主送机关就是原请示机关。答复联合请示的批复，主送机关应写明所有联合请示机关的名称。

3. 正文。正文可以分以下几部分来写：

（1）开头。由于批复属于回复性公文，因此开头一定要引叙来文标题和来文字号。如果来文的标题未写发文机关，可在来文标题前加上“你们”“你公司”“你局”等。引叙来文后，可用“现批复如下”转入主体。

（2）主体。主体部分具体表述批复意见和事项，写作要求一是态度明确，用“同意”“不同意”等明确语言表明批复的态度。如果使用“原则同意”一词，应表明“原则同意”之外的具体意见。部分同意的，必须将同意的事项和不同意的事项分别具体说明；二是不要重复请示理由，也可对请示理由做适当肯定，但不可重复请示中已经陈述的理由。如需对批复事项的意义进行阐述、发挥，应当比请示中的表述站得更高、看得更远、讲得更深；三是对重要问题的批复，要适当说明批复的依据或否定的理由，必要时还应写明批复的程序。批复意见和事项较多时，可以将每一条意见标号分段来写，以便于下级学习、贯彻、执行。如果批复事项较简单，开头和主体之间可不用过渡句，也可不分段，直接写批复意见。

（3）结尾。结尾可提出执行批复的希望、要求，有的较为简单的事项，则以“此复”结尾。如前面已有“现批复如下”的过渡句，则可省去结尾。

4. 署名和成文日期。要求同通知。

批复写作实例

××省民政厅关于同意××省公共关系协会成立登记的批复

××省公共关系协会筹备组：

你会2013年×月×日《关于成立登记××省公共关系协会的请示》（×公协〔2013〕1号）收悉。根据《社会团体登记管理条例》的规定，经审查，你会筹备工作符合要求，章程内容完备，具备成立社会团体的条件，特此批准成立登记，并依法取得社会团体法人资格，业务主管单位为××省文化厅。

你会成立登记后，要遵守宪法和有关法律法规及政策，按照核准的章程开展活动，自觉接受登记管理机关的监督管理和业务主管单位的业务指导，为发展公共关系事业、构建社会主义和谐社会做出贡献。

××省民政厅

2013年×月×日

（十一）函的结构与写法

函的结构包括标题、主送机关、正文、署名和成文日期五要素。

1. 标题。标题由发函机关、事由加上文种“函”组成。复函应当标明“复函”二字。

2. 主送机关。主送机关写明致函对象，一般用单称或并称。

3. 正文。正文的结构根据不同的行文要求而有所不同。

（1）开头。询问函、商洽函的开头要交代去函的目的和原因。请求批准函的开头要说明请求批准的理由。复函的开头要引叙来函，先引来函标题，再引来文字号。如对方来函无发文字号，可写明来函的日期。

（2）主体。主体写明询问、商洽或请求批准的具体事项。商洽函要采用“对方姿态”，即行文语气用词要尊重对方，并注意从对方的角度和立场来考虑和表述问题。复函的主体部分应当针对来函事项做出明确的答复。内容较复杂的函，可以分项标号。

（3）结尾。通知函的结尾可用“专此函告”等；询问函的结尾用“函复为盼”等；商洽函的结尾可用“望大力协助为盼”等；复函可用“特此函复”等。

4. 署名和成文日期。要求同通知。

函写作实例

××大学关于××公司技术人员进修的复函

××公司：

你公司2012年5月21日《关于选派技术人员进修的函》收悉。经研究同意你公司×××、×××、×××、×××四位同志分别来我校××系、××系进修一年。请他们于今年9月5日来我校教务处教师进修科报到，办理进修手续。进修费用按我校标准每人每年××××元人民币，请在报到时带转账支票一次性付清。

特此函复

××大学

2012年5月16日

（十二）纪要的结构与写法

决策性纪要的结构一般由标题、正文、成文日期三要素组成。合作性纪要的结构一般由标题、正文、签署、成文日期四要素组成。

1. 标题。决策性纪要由会议名称和文种“纪要”组成。如，《××公司办公会议纪要》《全国教育工作会议纪要》。纪要的标题可直接代替作为标印格式中的发文机关标志。双边或多边联席会议纪要的标题写明会议主题，再标明“会议纪要”，如《关于香港政府资产和负债交接安排问题的会议纪要》。

2. 正文。纪要的正文包括会议概况、会议内容和结尾三部分。

(1)会议概况部分。应当说明会议的名称、时间、地点,召集或主持会议的单位,会议主席(或主持人)、出席会议的单位和主要领导人,在会上做主要发言的单位及发言者的姓名、职务,会议讨论的主要议题和进行的主要活动,会议的基本成果等。

(2)会议内容部分。这部分是写作的重点,应当准确、全面地反映会议的主要精神和议定事项。写作方法主要有以下几种:①概述式,即把会议讨论的情况综合在一起,概括地加以叙述,适用于小型会议或问题较集中并且意见较一致的会议。②分列式,即把会议的主要精神和议定事项归纳成几个方面逐项叙述,每一方面可列出小标题或编上序号,以使条理清楚,适用于问题涉及面较广的会议和会谈。③摘记式,就是把与会人员的发言要点记录下来。一般在记录发言人首次发言时,在其姓名后用括号注明发言人所在单位和职务。为了便于把握发言内容,有时根据会议议题,在发言人前面冠以小标题,在小标题下写发言人的名字。一些重要的座谈会纪要,常用这种写法。

(3)结尾部分。结尾部分提出希望和要求,亦可省去不写。涉外会议和会谈纪要要写明书写的文字及其效力。

3. 签署。双边或多边联席会议纪要应当由各方代表共同签署并盖章。

4. 成文日期。会议纪要成文日期的确定有三种情况:专题工作会议纪要一般以领导人签发或上级机关领导人审批同意的日期为准;行政办公会议纪要和研讨会纪要一般以会议实际召开的日期为准,这种情况成文时间置于标题之下居中用圆括号括入;合作会议纪要和会谈纪要以各方共同签署的日期为准。

纪要写作实例

××市市长办公会会议纪要

2014年2月1日下午,××市人民政府于市政府第一会议室举行市长办公会议,市长×××主持了会议,副市长×××、×××、×××、×××和市府秘书长×××出席了会议,市府副秘书长×××、×××及有关方面负责人列席了会议。

会议讨论和决定了以下问题:

一、同意市安全生产领导小组代表市政府拟写的《××市人民政府关于进一步加强安全生产工作的通知》,可按会议讨论的意见修改补充后在《××日报》上发布,不另行文。

二、审查同意《××立交桥的设计方案》。有关施工的筹备问题,另外召开专门会议进行研究。

三、原则同意《××市经委、市商业局关于深化商业企业改革若干问题的意见》，文件按会议讨论的意见修改后以市政府名义批转下发。

××市人民政府
2014 年 2 月 2 日

第五节　其他文书写作

一、规范性文件写作

（一）规范性文件的含义

规范性文件是指用来规范人们行为的，具有法律、行政或纪律约束力，在一定时期内可以普遍、反复适用的文书，包括法律、法规、行政规章以及各级各类组织制定的各类具有约束力的文书。

（二）规范性文件的主要文种和适用范围

1. 章程。章程分为两种：

（1）组织章程。组织章程适用于规定某个法定组织的性质、宗旨、任务、内部机构、成员条件、活动规则等，普遍用于各种政党、社会团体、企事业单位等组织，是法定组织内部带有根本性质的制度，一般须经该组织的全体成员或代表会议讨论并通过，并报有关上级领导机关或主管部门批准、备案。

（2）活动章程。活动章程适用于举办大型活动时，对活动的目的、宗旨、规则、程序、参加条件和办法等做出全面的规定。活动章程属于该项活动具有根本性的规章，一般由活动的主办方制定，并报有关部门审批备案。

2. 条例。条例适用于对某些方面的事项或某些组织做出全面、系统的规范，具有系统性、全面性和稳定性的特点。党的机关、人民代表大会、企事业单位都可以制定条例。在我国国家行政机关中，国务院制定的行政法规才可以称为条例，国务院各部门和地方人民政府的规章不得称为条例。为具体贯彻实施上一级机关规范性文件而制定的条例称为“实施条例”。

3. 规定。规定适用于对特定范围内的工作和事务制定带有约束力的措施。同条例相比，规定有以下特点：

（1）涉及的范围较窄。规定一般针对特定范围的工作和事务，或者对其项工作和事务做出部分的规范。

(2)侧重于约束。条例既规定对象的权利,也明确对象的义务。规定则侧重于明确对象的义务,即规定什么可以做、必须做,什么不该做或不准做。

4. 办法。办法适用于对某项工作和事务的处理方法、程序和手续做出具体的规范。为具体贯彻实施上一级机关规范性文件而制定的办法称为“实施办法”。同条例和规定相比,办法具有以下特点:

(1)涉及事项较具体。办法所针对的工作和事务相对条例和规定来说,更加具体。

(2)操作性较强。如果说规定侧重于规范什么应该做或不应该做的话,那么办法则侧重于解决应当怎么做,也就是解决具体的方法、程序和手续问题。

5. 细则。细则是为完成某项工作任务或实施上一级机关的规范性文件而制定的具体标准和措施。细则是最微观、最具操作性的规范性文件。细则不再制定下位的实施性文件。

6. 规则。规则是指在一定范围内围绕某一事项或活动要求有关的组织和人员遵守的规定,如会议活动的“议事规则”。

7. 守则。守则是要求行业或者社会组织的全体成员共同遵守的行为规范。守则既可以由领导机构制定,具有强制性,也可以由全体成员共同约定,具有公约的性质。领导机构制定的守则应当用通知印发,公约性守则应在成员大会上通过。

(三)规范性文件的结构与写法

规范性文件的结构一般由标题、题注和正文三要素或者由标题、正文、署名和成文日期四要素组成。提交有关部门审批或会议表决通过,应当用圆括号标明“送审稿”“草案”“表决稿”等稿本。

1. 标题。标题由适用范围、事由和文种三要素组成,如《××市展览业管理办法》。

2. 题注。法定性会议通过或由政府机关发布的规范性文件,应标明题注,写明会议名称或发布机关名称、通过或发布日期。标明题注的规章,不再标注制定机关和日期。

3. 正文。规范性文件的正文结构体例应当采用章条法(详见本章第三节),总体安排上一般由总则、分则和附则三个部分组成:

(1)总则。总则放在开头,用以说明制定该项法规或规章的目的、指导思想、基本原则以及法律依据和适用范围,有的还应解释专用术语。内容较为复杂的规章,总则作为第一章,并标明“总则”二字。内容如较简单,全文可不分章,以第一条为总则,但一般不标“总则”二字。总则的内容较多的,也可分成几条分别表述。如果全文不分章,但条款较多,为了方便查阅,也可表述为:“第一条(总则)”,然后换一行写具体内容。

(2)分则。主体部分为分则,是对必须执行的各项规定的具体展开。分则一般要说明该项法规或规章适用的对象,对象的权利和义务及其履行的程序、方法,如果违反规定应负的法律责任以及相应的制裁方式等。分则一般分成若干章或若干条分别加以说明。

(3)附则。结尾部分为附则。附则用以说明与主体部分有关的事项,如该文件的解释权、生效或实施的时间、制定具体办法或实施细则的授权、比照执行或不适用的对象、与原来有关规章制度的关系等。附则一般作为最后一章。不分章的附则列于最后一条,亦可分列若干条。

4. 署名和成文日期。基层单位制定的规范性文件,应在正文右下方写明制定单位的名称和制定的日期。写明制定单位和日期的规范性文件无须标写题注。

二、计划、总结、大事记写作

(一)计划

1. 计划的含义与种类。计划泛指对未来工作或行动做出安排的文书。计划的具体名称和种类较多,各有特点。

(1)规划。规划是计划中最宏大的一种,其特点一是时间跨度长,一般五年以上;二是涉及范围广,大都针对全局性工作或涉及面较广的重要工作;三是写作线条粗,相对于其他计划类文书,规划在内容和写法上往往是粗线条的,比较概括,带有方向性、战略性、指导性和约束性。

(2)设想。设想的特点一是内容上具有初步性,往往是为制定某些规划、长期计划或具体方案做准备的;二是写法上具有概括性,无须细致具体;三是时间上可远可近;四是范围上可大可小。时间上较为长远些的可称为“设想”;范围上较为广泛的可称为“构想”;时间较短、范围也较小的可称为“打算”。

(3)要点。要点适用于对未来的主要工作或某项工作的主要方面做出安排,写作上线条可以较为粗略,突出工作的重点,具有指导性和约束性。

(4)计划。作为文种名称的“计划”是指在任务、要求、分工、时间进度等方面较为详细具体的操作方案,其特点一是时间一般在五年以内;二是涉及范围一般都是一个单位或一个部门特定时期内的整体工作或者某项专题性工作;三是内容和写法比较具体、细致。

(5)方案。方案是针对某项内容和工作环节较为复杂的专题性工作或活动的计划,一般不用于定期的综合性工作,如有关年度的工作计划不能称之为“方案”。方案在内容和写法上要考虑全面、周到,具有较强的操作性,和计划可以相互补充,如一些大型活动的总体方案往往需要通过具体的计划加以细化;一些综合性计划中提出的工作也必须通过制订具体的实施方案加以落实。为开展某项活动或者应对可能出现的危机而预先制订的方案叫预案。

(6)策划书。策划书主要用于举办需要在内容和形式上有所创新和突破的活动或者实施某项新的工作。策划书属于一种建议性文书,提供给领导机关或活动举办单位参考,本身并无约束性,只有被采纳确定后才转化为实施方案,具有约束性和指导性。在写作上,策划书要说明策划的背景和依据,具体分析策划对象,有时还要与以往的和其他单位的同类活动做纵向和横向的比较,以突出策划对象的特点和亮点。

2. 计划的结构和写法。计划的结构包括标题、稿本、题注、正文、署名和成文日期等要素。

(1)标题。标题一般由单位名称(适用范围)、时间期限、主题、文种四部分组成。如,《××公司2011年度工作要点》。专题性工作或活动计划可不标单位名称和时间期限,如《美国贸易谈判代表团接待方案》。

(2)稿本。有的重要计划需提交有关部门审批或会议表决通过,应当用圆括号标明"草案""修正草案""表决稿"等。

(3)题注。在会议上通过的计划,应当标明题注,要求同规范性文件。

(4)正文。开头说明制订计划的起因、缘由、目的和指导思想。内容复杂的规划或方案也可以"序言"作为开头。开头与主体往往用过渡句承上启下。主体部分是计划的核心,一般采取并列式结构,把这段时期所要做的各项工作按一定的小标题归并成若干方面加以表述,要求做到以下几点:一是在内容上做到目的清晰、任务清楚、分工明确、措施扎实、步骤稳妥、时限合理;二是在结构上要做到条理清楚、层次分明。内容表述顺序一般从虚到实(即先写目的,后写具体任务和要求)、先主后次(即全局性、政策性工作在先,局部性、事务性工作在后);三是在语言上要做到简明扼要,特别是涉及完成任务的数量、质量和时限要求的表述一定要准确、明白,不能含混笼统;四是在表达方式上应采用说明的方式,避免大段的议论,也不宜做逻辑上的推理。计划的正文一般只有开头和主体两部分,无须结尾,也不使用专门的结尾套语。

(5)署名。标题中已经写明制定机关名称的,一般可以省去署名,但如果标题中未写明制定机关名称,则应当在正文的右下方署名。

(6)成文日期。成文日期一般以制订该计划的机关或部门的领导人签发的日期为准。经会议讨论通过的计划也可以采用题注的形式标明通过的日期。

(二)总结

1. 总结的含义和种类。总结是在工作告一段落或者结束后进行自我回顾、分析和评价而形成的文书。总结按总结内容的范围可分为综合性总结和专题性总结。综合性总结要回顾、总结一段时间内所做的各方面的工作。专题性总结则专门针对某项特定的工作或者活动进行总结,往往不定期进行。

2. 总结的结构和写法。总结的结构一般由标题、正文、署名和成文日期等要素组成。

(1)标题。总结的标题较为灵活,主要有以下几种:

①由单位名称、时间范围、主题、文种构成。这类标题主要用于总结一定时间内的工作,如《××有限公司2013年员工培训工作总结》。

②由总结所针对的项目名称和文种组成。如,《2013"迎新年、回报消费者"购物节工作总结》《第三届××论坛接待工作总结》。

③由正题和副题组成。正题用一句或两句短语概括总结的基本观点、揭示总结的主题,副题说明总结的单位、时间范围、文种等。这类标题主要用于通过媒体、网络、简报等载体进行宣传、交流的总结。如,《坚持诚信理念,化解公关危机——××特大事故处理工作总结》《知名教授上讲台　教书育人放异彩——××大学德育工作总结》。写好这类标题的关键在于正题要准确地概括总结的主题思想、体现独特的工作思路,具有一定的高度和深度,语言表达简洁、工整、有力。

(2)正文。正文部分的写作要根据不同类型的总结确定内容重点和结构形式。

①开头。用非常简洁的语言概括说明开展某一阶段工作或某项活动的背景、依据、指导思想、工作或者活动的一般情况、基本效果和总体评价,等等。

②主体。主体有两种写法:一种是按"成绩—做法—经验(体会)—问题(教训)—对策(努力方向)"的递进式结构来安排。这种写法思维幅度较宽,总结的系统性较强,一些涉及全局性的工作以及比较重要的活动总结常采用这种写法,也可将做法和经验或者经验和问题揉在一块来写,夹叙夹议。另一种是采取并列式结构,即根据总结中需要突出的重点,或按工作及其做法(工作性总结),或按经验体会(经验性总结),或按问题教训(问题性总结)归纳成若干方面加以介绍、阐述、分析。

主体部分写作要求做到:一是立意要高,经验和体会的提炼和概括既要深刻又要恰当;二是问题要讲透,措施要扎实;三是材料要紧紧围绕主题,做到生动、翔实、重点突出,切忌报流水账;四是结构要严谨,层次要分明,具有较强的逻辑性;五是小标题和段旨能够概括工作的特色和经验。

③结尾。结尾用一小段文字或归纳主题、照应开头,或展望未来、表达决心。如主体的最后部分指出了努力方向和目标或提出了下一阶段的工作思路,则可省去结尾。

(3)署名。写明总结单位的名称,位置有两种:一种在标题的正下方,另一种在正文的右下方。

(4)成文日期。成文日期一般以总结单位领导人签发的日期为准。

三、领导讲话稿写作

(一)领导讲话稿的含义和种类

领导讲话稿是领导人在各种场合发表的各种讲话、发言、报告、致辞的统称。讲话稿用于口头表达,因此写作时要特别注重听觉上的效果。领导讲话稿在不同的场合有不同的名称,不能相互混淆。

1. 讲话。讲话一般用于领导人在重要会议上发表见解和政策。

2. 发言。凡在会议中以各种形式发表意见都可以叫作发言。狭义的发言一词仅用于身份平等的与会者之间的交流沟通，如领导人在上级机关主办的会议上以及合作性会议上所做的陈述、交流和宣示。

3. 演讲。演讲专指在论坛以及其他公众场合，针对某个问题公开发表见解和主张。

4. 报告。领导讲话稿中的报告和公文中的报告性质不同，泛指领导人在法定性代表大会或专题工作会议上所做的工作汇报、任期述职、传达动员等。

5. 致辞。致辞指专门用于各种仪式和典礼上领导人和来宾所做的开幕词、闭幕词、贺词、欢迎词、欢送词、祝酒词和答谢词等。

（二）领导讲话稿的结构和写法

1. 标题。领导讲话稿的标题有以下几种写法：

（1）写明单位名称、主题、文种。如，《××公司 2013 年度董事会工作报告》。

（2）写明会议名称、文种。如，《在亚洲博鳌论坛第十一次年会上的演讲》。

（3）正副标题。正题揭示主题，副题说明报告的场合和日期。如：

高举中国特色社会主义伟大旗帜　为夺取全面建设小康社会新胜利而奋斗
——在中国共产党第十七次全国代表大会上的报告

2. 报告日期或题注。标题下方标注讲话或报告的日期。如果会议报告已经获得会议表决通过，可以在标题下标写题注，注明通过的日期和会议名称。

3. 报告人。日期或题注的正下方注明报告人的身份和姓名。

4. 称呼。称呼的写法要根据文书的性质和称呼对象的身份、范围等情况确定，一般要把握这样几条原则：一是身份从高到低；二是先特称后全称；三是性别先女后男；四是尽可能覆盖全体参加对象。比如，提请代表大会审议的报告，应当称呼："各位代表"；欢迎会上的致辞，应当首先称呼欢迎对象，再称呼其他参加对象，如："尊敬的×××先生，各位来宾，各位同志，女士们，先生们"；介绍经验等一般性发言，应当先称呼领导，再称呼来宾，最后称呼代表，如："各位领导，各位来宾，各位代表"。称呼应顶格书写，后面加冒号。称呼对象较多时，可分类别称呼并分行书写。如：

尊敬的全国政协××副主席，
尊敬的省政协××副主席，
各位领导，各位嘉宾，
女士们、先生们、朋友们：

5. 正文

（1）会议报告的正文。开头一般先说明代表哪一机关向会议做报告，并提出审议请求;然后回顾总结所做的工作,所取得的主要成绩和经验。主体部分主要分析存在的问题和今后的打算、对策和具体措施。结尾部分发出呼吁或号召。会议上的工作报告常以“以上报告,请各位代表(委员)审议”作为结束语。

(2)开幕词正文。开头用简短的语言宣布会议或仪式开幕。主体部分回顾过去的工作、成绩、经验及教训,阐明本次会议或仪式的任务和意义,提出对与会代表的希望和要求。结尾部分预祝活动圆满成功。

开幕式如安排剪彩等方式象征活动开幕,则开幕词中一般不写“宣布开幕”的字样。如果开幕式上另安排领导人致欢迎词,可在仪式的最后由在场身份最高的人士宣布开幕:“我宣布:××(活动名称的全称)开幕!”这种开幕词简短有力,使开幕式的气氛达到高潮。

(3)闭幕词正文。闭幕词开头一般用简明的语言说明本次活动是在什么情况下圆满结束、胜利闭幕的。主体部分用叙述的方法回顾总结本次活动取得的成就,有哪些经验和意义,并提出贯彻会议精神或对办好下一届活动的要求和希望。结尾部分向支持活动举办的单位和个人表示感谢,向参加单位和个人表示良好的祝愿,并郑重宣布会议闭幕。有些活动的闭幕词只有一句话:“我宣布:××××(活动名称)闭幕”,无须专门成文。

6. 致谢。有些演讲、发言、致辞的最后可向各位听众表示谢意。

思考与练习

1. 试述文书、公务文书、公文的相互关系。
2. 文书有哪些特点和种类?
3. 上行文、平行文、下行文各有哪些文种?
4. 文书的各种稿本之间有哪些区别?
5. 文书写作的基本要求表现在哪些方面?
6. 文书的结构元素包含哪些方面?
7. 章、节、条、款、项、目应当怎样表述?
8. 试用计算机制作一份电子公文版式。
9. 试述公文的文种和适用范围。
10. 自拟事项分别写一份通知、报告、请示、函、纪要。
11. 规范性文件的正文有哪几部分组成?各自的功能是什么?
12. 自拟题目分别写一份计划和总结。
13. 领导人讲话、演讲、发言、报告、致辞有何区别?

第三章　文书处理

领会文书处理的含义、原则、行文关系；掌握行文方式和规则、发文和收文处理程序、文书管理的方法和要求、文书立卷方法和步骤、电子公文处理程序，并能够综合应用。

第一节　文书处理的含义和原则

一、文书处理的含义

文书处理是指围绕文书的运行所开展的一系列相互关联、衔接有序的工作。由于文书是现代管理信息的基本载体，因此，文书处理的根本目的就是运用现代化、科学化的手段，推动文书的运转，从而加快现代领导管理系统的信息环流，提高决策、指挥、协调的科学性和有效性。

二、文书处理的原则

（一）准确

准确是文书有效传递信息的基本保证。文书处理只有既迅速、又准确，才能体现其法定效用。准确性必须落实到文书处理的每一个具体环节，如拟稿时使用的材料和语言要准确；缮印和校对文书时文字内容及标印格式要准确；投递文书时受文单位要准确；等等。

（二）高效

文书是记载和传递管理信息的载体，同时又是实施管理的重要工具，其运转的效率，直接影响领导工作乃至整个机关或单位的工作效率。文书处理的高效性原则一是要求秘书人员树立强烈的时间观念和效率意识，具有雷厉风行的工作作风，及时准确地处理文书；二是要减少不必要的行文；三是尽可能消除重复的处理环节，缩短文书运转的周期；四是尽可能简化文字、篇幅、格式，以提高书写、输入、印制、阅读以及将来档案管理的效率；五是通过科学、合理的配置，使文书工作的组织形式、责任分工、人员组合始终保持最佳状态，从而从根本上确保文书处理工作的高效性。

（三）安全

文书处理必须以文书的安全为前提，包括信息安全和物质安全两个方面。信息安全是指要确保文书中的秘密信息不泄漏、不失密，为此必须建立严格的保密制度，采取切实的保密措施。物质安全是指要维护好文书的质地，避免各种因素对文书造成的损坏，延长文书的使用寿命，为文书发挥历史作用奠定基础。

（四）规范

文书，尤其是公文，是各级各类法定组织实施领导、履行职能、处理公务的重要工具，因此有必要在全国范围内实行文书名称、适用范围、行文关系、行文规则、标印格式以及相应技术规范的标准化、规范化，避免因文书工作的不规范而造成沟通障碍，同时也可以有效防止出现仿冒伪造公文的现象。

（五）统一

文书工作必须实行统一管理。秘书部门（办公厅、办公室或企业的行政部）是文书处理的管理机构，内部应当设立文书处理机构或者配备专职文书人员，主管本机关的文书工作，并且指导下级机关的文书工作。文书处理程序往往需要多部门参与，但对一些关键性的文书处理环节，如收发、登记、分文、拟办、审核、复核、用印等，应当由秘书部门统一负责。

第二节　行文方式和行文规则

一、行文方式

行文方式是指法定组织根据行文目的、行文关系、行文规则以及文书的性质和效力传递、发布文书的形式。行文方式可按不同的标准加以划分。

（一）按行文对象的层级划分

1. 逐级行文。逐级行文即向直接的上级机关（含在职权上受其领导和管理的上一级机关）或直接的下级机关（含在职权上受本机关管理的下一级机关）行文。逐级行文要求下级机关的文书一级一级上报，上级机关的文书一级一级下发，这是确保法定组织之间以及法定组织内部正常的上下级关系和工作秩序的基本行文方式。

2. 多级行文。多级行文即同时向几个层次的上级或下级机关行文。多级行文能使几个层次的机关同时了解和掌握文书的精神，免去了逐级转报或转发的环节，提高了行文效率。下行文中的多级行文的表述方法有两种：

（1）在文书的主送机关中使用递降称，直接标明几个层次的下级机关名称。如某省委下发文件，主送机关写为：“各市、县(区)委”，说明该文书直接发至地级市和县级市(含县)两个层次的下级机关。

(2)主送机关为直接下级机关，而在正文或附注中写明传达、发送、阅读的级别。比如，有写中共中央文件的主送机关为：“各省、自治区、直辖市党委”，而在附注中规定：“此件发至县团级”，说明该文书除了发给省部级机关之外，还应当发给地师级机关和县团级机关。

上行文中的多级行文极为少见，只是在遇到比较重大的问题，需要同时请直接上级和更高级别的上级了解情况或批复时才使用。

3. 越级行文。越级行文是一种在非常特殊的情况下越过直接上级或直接下级向更高的上级或更低的下级直至最高的上级或最低的下级的行文。符合下列情况之一的，可以越级向上行文：

(1)情况十万火急、如逐级上报会延误时机并给工作造成严重损失的重大事项，如战争、严重自然灾害等；

(2)上级机关或领导人交办并指定越级请示、越级上报的事项；

(3)多次请示直接上级但长期未得到解决，只有请示更高一级上级才能解决的事项；

(4)与直接上级之间有严重争议，无法解决而根据有关规定可以请更高一级上级出面裁定的事项；

(5)对直接上级的检举或控告事项；

(6)无须报直接上级的事务性工作，如调查、参观、运输、加工等。

上级向下级的越级行文较少。

4. 直达行文。直达行文即通过组织渠道，将文书直接发至最基层的单位，或内部传达到全体群众的行文。其方法一是主送机关写直接下级机关，正文或附注中说明此件发至基层组织；二是直接称呼本组织的全体成员，如“全公司共产党员”“全校师生员工”。

(二)按保密程度划分

1. 加密行文。加密行文即通过机要交通、机要通信、保密传真、数据加密网络、专人送达等保密渠道发送文书，主要用于涉密文书。

2. 不加密行文。不加密行文即在不加密的情况下按正常的组织渠道或通过普通的邮政、电信、网络手段发送文书。这种行文方式只能用于在内容上不涉及任何国家秘密、商业秘密或者组织内部秘密，无须保密也不需要公开的文书。

3. 公开行文。公开行文即通过新闻媒体或公开张贴的方式行文，其特点是传播速度快、范围广、效率高，适用于既无保密要求，也不限定阅读范围，需要迅速广为传播的文书。

公开行文与直达行文是两种不同的行文方式，二者的区别一是传播渠道不同。

公开行文通过新闻媒体的渠道或张贴方式进行，而直达行文是通过组织渠道层层下发文件。二是保密要求不同。公开行文不得涉及任何秘密事项，而直达行文可以是密件。

（三）按行文的方向划分

1. 纵向行文。纵向行文即向具有隶属关系的上级机关或下级机关，或者向在职权上具有管理关系的高级别机关或低级别机关发送文书。纵向行文必须使用上行文种或下行文种。

2. 横向行文。横向行文即级别平等的机关之间，或既不相隶属、又无职权上管理与被管理的级别不等的机关之间的相互行文。行文时，应使用通知、意见、函等平行文文种。

（四）按行文的主体划分

1. 单独行文。单独行文即一个机关单独向其他机关发文。

2. 联合行文。联合行文即两个或两个以上的机关共同发文，如联合请示、联合通知等。联合行文必须遵循相关的行文规则。

（五）按行文的名义划分

1. 直接行文。直接行文即发文机关以自己的名义直接向其他机关发送文书。

2. 授权行文。授权行文是指通过委托授权，由其他机关或个人代表本机关行文。授权行文的法定权威在于授权机关或授权人。授权行文有以下几种情况：一是授权秘书部门行文，如党政机关的办公部门经常根据党政机关的授权向下级党政机关行文；二是授权职能部门行文，如国务院可以授权某个部委答复某省政府的请示；三是授权新闻机构行文，如我国的新华社有时根据我国政府的授权向国内外发布公告；四是授权律师行文，如基层企事业单位往往授权律师公开发表声明。

3. 对口行文。对口行文即上下级机关的职能相同的部门之间相互行文。对口行文能减少由领导机关名义转发文件的环节，有利于加快文书运转的速度。

4. 批转行文。批转行文即上级机关批转下级机关的来文。批转行文具有权威性，下级机关不能批转上级机关或不相隶属的平行机关的来文。上级机关一般根据下级机关请求而批转文书。文书一经批转，便代表批转机关的权威和意志。

5. 转发行文。转发行文即一个机关转发上级机关或不相隶属的平行机关的来文。转发行文既可以是应来文机关的要求，也可以由转发机关根据实际需要主动转发。由秘书部门转发的文件往往代表领导机关的意志，受文机关应当按要求执行。

二、行文规则

(一)上行文规则

1. 原则上主送一个上级机关，根据需要同时抄送相关上级机关和同级机关，不抄送下级机关。

2. 机关的部门向上级主管部门请示、报告重大事项，应当经本级机关同意或者授权；属于部门职权范围内的事项应当直接报送上级主管部门。

3. 下级机关的请示事项，如需以本机关名义向上级机关请示，应当提出倾向性意见后上报，不得原文转报上级机关。

4. 请示应当一文一事。不得在报告等非请示性公文中夹带请示事项。

5. 除上级机关负责人直接交办事项外，不得以本机关名义向上级机关负责人报送公文，不得以本机关负责人名义向上级机关报送公文。

6. 受双重领导的机关向一个上级机关行文，必要时抄送另一个上级机关。

(二)下行文规则

1. 主送受理机关，根据需要抄送相关机关。重要行文应当同时抄送发文机关的直接上级机关。

2. 机关的办公厅(室)根据本级机关授权，可以向下级机关行文，其他部门和单位不得向下级机关发布指令性公文或者在公文中向下级机关提出指令性要求。

3. 需经机关审批的具体事项，经机关同意后可以由职能部门行文，文中须注明已经机关同意。

4. 机关的部门在各自职权范围内可以向下级机关的相关部门行文。

5. 涉及多个部门职权范围内的事务，部门之间未协商一致的，不得向下行文；擅自行文的，上级机关应当责令其纠正或者撤销。

6. 上级机关向受双重领导的下级机关行文，必要时抄送该下级机关的另一个上级机关。

(三)联合行文规则

1. 同级机关、机关与其他同级机关必要时可以联合行文。

2. 属于机关各自职权范围内的工作，不得联合行文。

(四)其他规则

1. 机关的部门之间依据职权可以相互行文。

2. 部门内设机构除办公厅(室)外不得对外正式行文。

第三节　文书处理程序

文书从拟稿开始产生最初的草稿到最后转化为档案或者销毁，必须经过一套完整的处理流程。这套流程又分成若干个环节。不同类型的文书，其具体处理环节会有所不同，但就一般文书而言，其处理流程在总体上是相同的。文书处理的总流程可用图 3－1 表示。

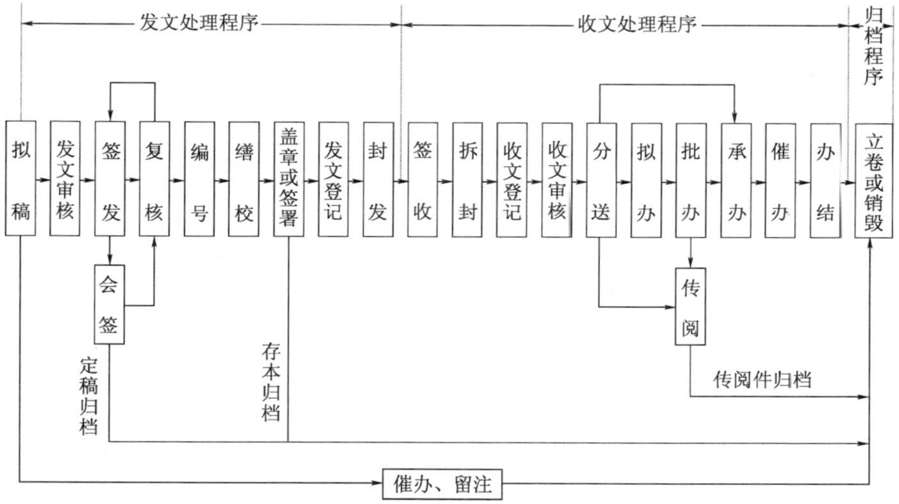

图 3－1　文书处理总流程

一、发文处理程序

（一）拟稿

1. 拟稿人和拟稿过程。拟稿（起草）是文书处理的起始环节，决定着文书质量的好坏高低。文书的拟稿一般有四种情况：一是重要文书由领导人亲自动手起草；二是专业性文书由职能部门拟写；三是全局性、综合性文书由秘书部门和秘书人员拟写；四是一些重要文书由领导者亲自挂帅，组织专门起草班子集体拟稿。秘书拟稿的一般过程为：领导交拟，秘书领会、吃透领导的意图，收集、组织材料，构思起草，讨论修改，送领导审阅。

2. 发文稿纸。文书拟稿应在按统一标准制作的发文稿纸（或称“拟稿纸”）上书写或打印。用计算机处理文稿时，可将发文稿纸的标准格式制成模板文档，每次使用时打开模板文档即可输入有关信息。发文稿纸的格式如表 3－1 所示：

表 3-1　××××××（机关名称）发文稿纸

发文字号	〔　　〕　号				
签发：			会签：		
主　送					
抄　送					
拟稿单位		拟稿人		审　核	
印　制		校　对		份　数	
附　件					
主题词					
标　题					
（正　　文）					

（二）发文审核

1. 发文审核的含义和意义。发文审核是指由本机关职能部门或经办人员拟写的、需由领导人签发的送审稿，在送请领导人签发之前，由秘书部门先行审查核准。发文审核应当由秘书部门统一负责，其意义在于：

（1）克服文牍主义。秘书部门审核文书的首要任务是确认行文是否必要。对不必文来文往或者可发可不发的文书，严加把关，这有利于杜绝不必要的发文，克服文牍主义倾向。

（2）促进政策协调。秘书部门直接辅助领导，能全面把握领导工作整体思路和具体的决策目标，能够在文稿审核中发现部门拟稿难免存在的部门主义倾向以及前后政策上的相互矛盾、重复和脱节的问题。秘书部门通过会商、协调和修改，能有效地纠正分散主义倾向，提高政策的协调性，促进组织的和谐发展。

(3)确保文书质量。通过秘书部门的审核把关,能够解决文稿在内容表述、文字运用和格式安排等方面的问题,提高文书的质量,使文书更加准确地传递机关的制文意图,有利于推动工作。

(4)减轻领导负担。秘书部门的审核,解决文稿中的政策和技术层面的问题,大大节省了领导人亲自审阅、修改文书的时间和精力,有利于领导人简政,提高领导工作效率。

2. 文书审核的重点

(1)程序方面:行文理由是否充分,行文依据是否准确;是否符合行文方式和行文规则;内容涉及的相关部门之间是否经过协商。

(2)内容方面:内容是否符合国家法律法规和党的路线方针政策;是否完整准确体现发文机关意图;是否同现行有关公文相衔接;所提政策措施和办法是否切实可行;反映的情况是否真实准确。

(3)格式与表述方面:文种是否正确,格式是否规范;是否做到概念准确、简明扼要、条理清楚、标点正确、语法规范;人名、地名、时间、数字、段落顺序、引文等是否准确;文字、数字、计量单位和标点符号等用法是否规范。

3. 文书审核的主要方法:

(1)把文稿内容同实际情况相比,检查有无脱离实际的内容;

(2)把文稿内容同上级(包括党和国家)、平行机关的有关文件精神以及本机关过去的有关规定相比,检查有无上下、左右、前后不协调的方面;

(3)把文稿的标题同文稿的内容相比,检查有无文不对题或者标题不能概括主题的情况;

(4)把领导制文意图同文字表述相比,检查有无词不达意或者有违领导意图的现象;

(5)把文稿同《党政机关公文处理工作条例》《党政机关公文格式》相比,检查有无不规范的地方。

4. 文书审核的步骤。文书审核一般分为两步。第一步为通读,初步掌握文稿的主要意图、脉络和存在的问题。如发现问题,先用铅笔做上记号,不直接做修改。情况不清楚的,应向拟稿部门或有关单位了解。第二步为正式审核,即对文稿逐字、逐句、逐条、逐项进行认真审核。审核中发现的问题,按以下情况处理:

(1)经审核不宜发文的公文文稿,应当退回起草单位并说明理由。

(2)符合发文条件但内容需做进一步研究和修改的,由起草单位修改后重新报送。

(3)对涉及其他方面工作,但未与有关部门协商一致的文稿,退回拟稿部门补办会签手续,也可由秘书部门出面组织有关部门会稿。

(4)对一些专业性较强的文稿,还可以向有关专家、学者咨询,或举行专家咨询会进行咨询、论证。

(5)对存在一般性文字错误,或者内容上虽需做较大改动但退回修改会耽误时间的文稿,在问明情况并征得拟稿部门的同意后,可由审核人员直接修改。

(三)签发

1. 签发的含义和作用。签发是指领导人在秘书部门审核的基础上,对送审稿进行最后审阅,确认可以发出后,在发文稿纸的签发栏内写明发文意见并签字的行为。文书一经签发,便由送审稿转化为定稿,具有法律和行政效力。

2. 签发的要求:

(1)公文应当经本机关负责人审批签发。重要公文和上行文由机关主要负责人签发。办公厅(室)根据授权制发的公文,由受权机关主要负责人签发或者按照有关规定签发。

(2)签发人应当在发文稿纸的签发栏内签署意见、姓名和完整日期;圈阅或者签名的,视为同意。

(3)联合发文或内容涉及其他部门的文书,由相关机关的负责人会签。一般由主办机关首先签署意见,协办单位依次会签。

(四)复核

已经发文机关负责人签批的公文,印发前应当对公文的审批手续、内容、文种、格式等进行复核;需做实质性修改的,应当报原签批人复审。

(五)编号

1. 编号的方法。这里所说的编号是指由秘书部门对需要发出的文书统一编排发文字号,方法有以下几种:

(1)按任职届别编号。在通过选举产生的领导机关中,需要由机关领导人签署并公布的命令或以机关名义发布的公告、通告,一般在机关领导人的任职期限内连续编号,换届选举后重新编号。标注为:"第 1 号""第 2 号"……

(2)按机关连续编号。在通过任命产生的领导机关中,需要由机关领导人签署并公布的命令或以机关名义发布的公告、通告,一般按机关不分年度、也不按届别连续编号。标注为:"第 1 号"……"第 478 号"……

(3)按年份编号。普通的公文在一个年度内连续编号,第二年度起重新编号。按年份编号具体有两种方法:①总流水编号法,即不论文书是由哪个职能部门制发,也不论文书的内容,一律编流水号。如:赣农发〔2013〕1 号、赣农计〔2013〕2 号、赣农宣〔2013〕3 号,余类推。该方法适用于规模较小、文书数量较少的机关。②分类流水编号,即根据发文的部门或文书的内容先分成若干小类,再按小类和年份编号。如:沪化办〔2013〕1 号、2 号、3 号……;沪化宣〔2013〕1 号、2 号、3 号……该方法适用于规模较大、内设部门较多、文书数量较大的机关。

2. 编号的要求

(1)编号工作应在复核之后、缮印之前进行。过早编号会因领导人的否决而导致空号,或者由于文书涉及问题复杂需要反复研究而拖延发文导致编号次序的混乱。

(2)发文字号中的机关代字由该秘书部门统一编制。机关代字一旦确定,应长期稳定。

(六)缮校

缮校包括缮印和校对两个环节。

1. 缮印。缮印即根据定稿制作正本的过程。缮印环节要求做到:

(1)排版、印制、装订严格执行《党政机关公文格式》的标准。

(2)分清缓急,注意保密。急件应先打先印,密件应指定专门的印刷单位或专人打印,必要时派人监印。印制密件的废弃纸张和校样要妥善处理,不得移作他用。

(3)委印和交割文书要办理签字手续并认真验收。

(4)严格按照确定的份数印制,不得擅自多印。

2. 校对。文书在正式开印之前,均应严格校对。

(1)校对的方法。校对方法有以下几种:①折校法,即把校样折叠起来,放在原稿上逐行校对。②交替法,即一手指校样,一手指原稿,逐字逐句左右交替校对。③读校法,需两人协作进行,即一人读原稿,另一人看校样。读稿人应读准每个字音,报清楚标点符号、字体、字号、空距、另起段等,遇有罕见字、同音字以及特殊要求时,应特别加以说明。

(2)校对的要求

①文字内容以原稿(即定稿)为依据。如发现原稿中确有错误需要改正,应当向拟稿人或核稿人提出,在拟稿人或核稿人做出修改或同意修改后,才能改动校样。除常识性错误外,校对人不得随意改动原稿的文字。

②普通文书实行两校一读,即校对两次后再通校一遍;重要文书至少实行三校一读。

③在校样上改动的字和校对引线要从行间牵出版心,引线不可交叉。校对符号及其用法应按《中华人民共和国国家标准——校对符号及其用法》(GB/T 14706－93)执行。

④重要文书应将清样(即最后一次校定、准备付印的校样)送领导人审批、修改。

⑤文书印好后,还应认真核对,确保万无一失。

(七)盖章或签署

盖章和签署必须符合《党政机关公文格式》的相关规定。

1. 盖章。需盖章的文书由秘书人员加盖机关的印章。秘书盖章必须注意以下几点:

(1)以机关领导人在公文原稿(即定稿)上的签发意见为依据。未经签发或不同意发出的公文不得盖章。

(2)印章上的印文与发文机关名称以及与签发人的职务要一致。

2. 签署。凡需领导人签署的文书,由领导人在文书正本的落款处亲署姓名。如印刷份数较多,可由秘书代盖领导人手书体签名章。签署的权限仅限于正职或代理正职的领导人,副职不联署。签署人应与签发人一致。

(八)发文登记

1. 发文登记的作用和形式。一切向外发出的文书,均需经严格的登记,以便于管理、查找、统计和催办。发文登记有簿式登记和计算机登记。

(1)簿式登记。簿式登记即以登记簿的形式记载所发文书的有关项目和数据。发文登记簿应当设封面,标明发文机关的名称、起止日期等项目,内页填写有关项目和数据。

(2)计算机登记。用计算机登记的,应建立专门的发文登记文件夹和发文登记文档,文件夹和文档的名称应当写明发文机关(部门)和登记期限,如文件夹名称为"上海××公司人力资源部2013年发文登记",文档名称为"上海××公司人力资源部2013年1月发文登记"。

2. 发文登记的项目

(1)顺序号,一般以发文的时间顺序按年度编排,发文数量较多的单位,可以分类编顺序号。编顺序号有利于统计发文数量和查找文书。

(2)发文字号。

(3)文书标题。

(4)附件,如附件同主件分开印制装订,则必须注明附件的名称。

(5)成文日期。

(6)密级和保密期限。

(7)缓急时限。

(8)份数。

(9)发送机关,应写明机关名称。

(10)发送方式,如注明"传真""电报""邮寄""计算机"等。

(11)发送时间,以公文版记中的印发日期为准,无印发日期的文书,以实际发出的日期为准,急件要注明发送的时、分。

(12)签收人。如果采取派人送文或请对方前来领取文书的方式,签收人应在发文登记簿上签字。如采取邮寄或机要交通的传递方式,可在收到对方的回执后,填上对方签收人的姓名。

(13)归档日期,在文书归档后填写。

（九）封发

1. 装封。除公开发布或以电信手段传递的文书外，其他文书均需在对外发送前用信封套装并封口。装封具有防止泄露文书内容，保护文书，避免磨损，便于携带递送的作用。装封时要做到：

（1）信封上的受文机关名称准确清楚，地址、邮编要详细无误。

（2）保密件、急件必须在信封上标明密级和紧急程度；亲启件要写明收件人的姓名并加上“亲启”字样。

（3）重要文书应填写“发文通知单”，并与文书一起递送，其内容包括文书标题、发文字号、份数、附件、清退日期等，并附上回执，请对方查对无误后签字、盖章并寄回。

（4）装封时要做到五查：查文书份数，查有无附件，查是否漏盖印章，查文书的受文机关与信封上的受文机关是否一致，查有无多发、重发或漏发的单位。

（5）封口要牢固，以避免文书在传递过程中滑出。保密件需用密封条封口，并在封口上加盖保密戳。

2. 传递。广义的传递包括文书处理所有环节之间的交接。这里所指的传递是狭义的，即文书印制后的传递。文书的传递有以下几种渠道：

（1）邮局寄发。邮局寄发用于传递普通文书，分为平信、挂号、快件等邮寄方式等。凡挂号与快递的文书，秘书应将有关单据妥善保存，以备查询。

（2）机要交通。机要交通是我国中央和省部级党政领导机关之间重要秘密文书的传递系统，中间环节少，保密制度严，可靠性强，用于少数密级较高、内容重要的文书。

（3）机要通信。机要通信机构是专门承担机要通信任务的系统，其设置形式有两种：一种设置于各级邮电部门内，另一种设置在县级以上党政机关的秘书部门内。除规定必须由机要交通传递的文书外，各级党政机关的秘密文书都要通过机要通信系统来传递。

（4）当面交接。发给机关或单位内设部门的文书，如果驻地集中，可采取送文上门或通知前来领取的方法当面交接，也可借集中开会的机会，向各部门代表分发。当面交接秘密文书要遵守保密制度。

（5）集中交换。在机关集中的地区或办公区域，可设文书交换站，各机关在规定的同一时间里相互交换、签收文书。设交换站集中交换文书，具有方便、快捷、成本低等优越性，适用于传递普通文书或密级较低的文书。

（6）电信发送。电信发送即用电报、传真和计算机传递文书。重要而且紧急的文书在用传真和计算机传递之后，还应发送纸质文书。用电报传递密件必须使用密码。用传真和计算机传递秘密级和机密级文书，应采取加密措施。传真和计算机不得传递绝密级文书。

(7)公开发布。公开发布即采用公开张贴、报纸、广播、电视等方式直接向社会和群众发布文书,适用于需要公开行文的文书。

二、收文处理程序

(一)签收

1. 签收的含义和作用。签收是指收文单位的经办人员收到文件时在发文单位提供的簿单上进行签字的手续,其作用在于确认收到文书并为明确交接双方的责任提供书面凭证。

2. 签收的方式。签收有以下几种方式:第一种是当面交接或专人送达时,在对方的送文簿(即对方的发文登记簿)上签字;第二种是通过邮递部门寄来的挂号件或通过机要交通部门传递的机要件,在文书投递单上签字;第三种是在文书拆封后,在信封内夹寄的发文通知单回执上签字;第四种是在设有外收发的机关中,当外收发向内收发交接文书时,收件人在外收发的收文登记簿上签字;第五种是收到传真件和电子文书后,以传真或电子邮件的形式回复加以确认。

3. 签收时应当履行的手续

(1)清点核对。对收到的公文应当逐件清点核对。①对有信封包装的文书,要检查核对所收文书信封上的收文机关和收文人是否与本机关一致,发现投递错误的不应签收,并及时退回。②检查信封是否有破损、开封等情况,如发现有破损和开封情况的,应及时查明原因。在确认信封内文书没有受损、缺件、缺页和泄漏后,方可签字。③认真核对所收文书同对方送文薄或发文通知单上填写的项目是否相符,确认无误后方可签字。

(2)签字盖章。签字盖章即在核对检查无误后,签署收件人姓名或盖章(亦可盖签收章),注明收到日期,收到急件应注明具体时间。

(二)拆封

1. 拆封的含义。文书处理工作中的拆封是指由指定的秘书人员拆取收到的公务文书。拆封必须指定专人,其他人员未经同意不得拆封。

2. 拆封的具体要求

(1)信封上标明送本机关或写明“办公室收”的文书,可直接拆封。

(2)领导人的亲启件未经特许,不得拆封。

(3)急件、密件应当先拆,以保证急件和密件得到优先处理。

(4)拆封后如发现信封内的文书误送或发文手续不全,应及时与对方联系,弄清情况,酌情处理。

(5)拆封时要用剪刀沿封口剪开,注意不能剪去邮票、邮戳、邮编、地址等标记,更不能损坏信封内的文书。拆封后,应取尽信封内所有的文书。

(6)经检查核对,确认收到的文书与发文通知单上注明的项目完全相符并且完好无损后,在发文通知单上签字、盖章(可盖签收章),寄回原发文机关。

(三)收文登记

1. 收文登记的范围和作用。收到重要文书应当登记,以便于管理、查找、统计和催办。为提高效率,下列文书可不必登记:

(1)公开的和内部不保密的出版物。

(2)一般性的简报。

(3)已被综合性文件详细包括的文书。

(4)事务性的通知、便函等。

(5)领导人的亲启件。但领导人阅后交办的,应予登记。

2. 收文登记章。收文登记前应先在所收文书的眉首上加盖收文登记章,简称收文章。收文章的作用在于沟通文书与收文登记簿、文书与档案之间的联系,以便日后查找。收文章的内容包括收文单位名称、收文号(一般按年度编总流水编号,如收文较多,亦可编分类流水号)、收文日期和归档号。收文章参考样式见图 3－2 所示。

(收文机关名称)			
收 文 号			
收文日期	年	月	日
存 档 号			

图 3－2　收文章参考样式

3. 收文登记的内容

(1)收文号。编号应与收文章上的收文号一致。

(2)收文日期。以该文书实际收到的日期为准,急件还应当具体到时、分。

(3)来文机关,即所收文书的发文机关。

(4)来文字号,即所收文书的发文字号。

(5)来文标题。如无标题,应根据来文的内容拟填摘要。

(6)密级和保密期限。

(7)缓急程度。

(8)份数。

(9)承办单位。承办单位由秘书人员在分文时填写。

(10)签收人。签收人由具体承办该文书的人员在分文时签名。

(11)复文字号,即答复性文书的发文字号,用于批复和复函。

(12)归卷日期。

(13)存档号。

以上内容有的必须在拆封后立即登记,有的则在文书运转过程中补充填写。

4. 收文登记的形式

(1)簿式登记。簿式登记即以登记簿的形式记载所收文书的有关项目和数据。收文登记簿也应当设封面,标明收文机关的名称、起止日期等项目,内页填写有关项目和数据。

凡采用簿式登记并需要具体办理的文书,在登记的同时还要填写文书处理单。文书处理单随文书一起运转,记载领导人的批办意见并留注文书办理情况,应当与文书一起归档。文书处理单的样式见表 3 - 2 所示。

表 3 - 2　××××(机关名称)文书处理单

收文号:__________

来文标题			
来文机关		来文字号	
批办			
拟办			
办理结果			

(2)联单式登记。联单式登记即一次填写三联单或四联单。第一联为文书处理单,黏附在文书上随文书一起运转;第二联为收文登记单,装订成册后代替收文登记簿;第三联为收文分送单,分文时送承办部门留存备查,减少承办部门的重复登记;第四联为文书催办单,作为催办记录。

(3)簿单结合式。簿单结合式即先将来文用收文簿登记,然后对需要办理的文书再填写二联单,一联为文书处理单,一联为催办单。

(4)计算机登记。用计算机进行收文登记,应建立专门的收文登记文件夹和收文登记文档,文件夹和文档的名称应当写明收文机关(部门)和登记期限,如文件夹名称为"上海××公司办公室 2013 年收文登记",文档名称为"上海××公司办公室 2013 年 1 月收文登记"。

5. 收文登记的方法

(1)总登记。收文数量较少的单位可采取总登记的方法,将所有收到的文书按年度、收文时间先后流水编号登记。

(2)分类登记。文书量多的单位可采用分类流水登记方法。分类的方法既可按来文机关的性质分,也可按来文的内容性质分。

收文登记的方法应同收文章中收文号的编号方法相一致。

（四）收文初审

对收到的公文应当进行初审。初审的重点是：是否应当由本机关办理，是否符合行文规则，文种、格式是否符合要求，涉及其他地区或者部门职权范围内的事项是否已经协商、会签，是否符合公文起草的其他要求。经初审不符合规定的公文，应当及时退回来文单位并说明理由。

（五）分送

收到的文书初审通过后，进入分送环节。分送前秘书人员应仔细阅读来文，根据文书的性质、内容和办理要求确定分送对象。内容重要或涉及全局性工作的批办性文书应先报秘书部门负责人拟办，再报领导人批办。一般性文书且承办对象和承办要求明确的文书，可直接转送有关业务部门承办。阅知性文书或者需要先传阅再办理的文书，可根据规定阅读范围直接组织传阅。

需退回存档的文书，分送时要在文书首页加注"阅后退回"的字样，限期退回的，写明退回的具体期限。

（六）拟办

1. 拟办的含义。拟办即由秘书部门负责人或经授权的秘书人员，在仔细研究文书的基础上，提出如何办理文书的初步意见或建议，供领导人批办时参考。下列文书需拟办：

（1）上级机关下达需要领导传阅或要求本机关办理落实的文书；

（2）下级机关和内设部门上报的需要领导阅知或本机关答复的文书；

（3）其他机关主送本机关需要答复的文书。

2. 拟办的要求。拟办是秘书部门辅助领导决策，当好参谋、助手的重要一环，也是秘书部门和秘书人员思想、政策水平和业务能力的集中体现，应予以高度重视。拟办时要求做到：

（1）了解机关或单位内部机构设置和具体职能分工，掌握每位领导人的职权范围，熟悉各项工作的流程和规则。

（2）在认真阅读文书、切实领会文书的精神实质和具体的办理要求的基础上，从本机关或单位的工作全局出发，尊重客观实际，提出切实可行的建议。必要时可向领导人提出多套方案以供选择。

（3）拟办意见力求简明扼要，语气应当是建议性、祈请性的。拟办人要亲署姓名，写明日期，以示郑重负责。

（七）批办

1. 批办的含义和权限。批办是领导人对来文由谁办理、如何办理做出决断，是领导人参与文书处理的重要环节。批办文书要分清职权：全局性、事关重大的文书由主要领导亲自批办；业务文书由分管领导批办；日常事务性文书也可由秘书部门负责人批办。部分文书在领导人批办、明确承办部门后，秘书要做好再分送的工作。

2. 批办的要求

（1）需组织传达和传阅的文书，要批明传达或传阅的范围、方法、时间。

（2）需本机关贯彻执行的，要提出具体的贯彻措施和步骤。

（3）需向下交办落实的文书，应批明承办部门或承办人员及承办期限和要求，如需两个以上部门办理的，应批明主办部门。

（4）涉及工作领域较多的文书，应实行有关部门或有关分管领导会批制度。会批中产生分歧难以协调的，呈送主要领导人批示。

（5）紧急公文应当明确办理时限。

（6）批办的语言要明确、清楚，姓名和日期要完整。

（八）传阅

1. 组织传阅范围的依据。收到参阅性文书或者需要先传阅再办理的文书，秘书要认真组织好传阅。组织传阅范围的依据一是来文中规定的阅读范围，二是领导人批办意见中提出的阅读范围。

2. 组织传阅的方式

（1）阅文室传阅。规模较大、收到文书较多、阅读范围较广的机关和单位，应当专门设立阅文室，以便于集中管理文书，也便于领导人和其他阅读对象随时抽空前来阅读。

（2）以人立户传阅。以人立户传阅即为每一位领导人设立一个文件夹，将一段时间内领导人需要阅读的文书组合在一起，呈送阅读。采取以人立户传阅的方法，必须填制“文书送阅单”，由领导人阅后签字。文书送阅单参考格式如表 3－3 所示。

（3）以文立户传阅。如果文书只有一份，而阅读范围较广，可将该文书立为传阅的户头组织传阅。以文立户传阅应填制“文书传阅单”，每位阅文人阅读后应在“文书传阅单”上签字。文书传阅单参考格式如表 3－4 所示。

表 3－3　××××（机关名称）文件送阅单

阅文人：________　　　　　　　　送阅时间：______年______月______日

序号	文件标题	来文机关	来文字号	密级	阅读范围
1					
2					
3					
4					
5					

续表

序号	文件标题	来文机关	来文字号	密级	阅读范围
6					
批示意见					

注:请于××××年××月××日前退回

阅文人签字:________________

签字日期:________________

表3-4 ××××(机关名称)文件传阅单

来文单位		来文字号	〔 〕 号
文件标题			
收文日期	年 月 日	收文号	
阅文人签名	阅文时间	阅文人签名	阅文时间
	年 月 日		年 月 日
	年 月 日		年 月 日
	年 月 日		年 月 日
	年 月 日		年 月 日
	年 月 日		年 月 日
备注			

3. 组织传阅的要求

(1)避免领导人之间绕开秘书自行横向传阅文书,以免造成文书的压误或丢失。

(2)随时掌握公文去向,不得漏传、误传、延误。

(3)对已经传递给领导人的文书,应加强催阅,以免压误。

(4)要将文书放在文件夹内进行传阅,避免直接磨损。

(5)如领导人对传阅件有批示,应及时办理。

(九)承办

1. 承办的含义。承办是指承办部门或承办人员根据领导人批办的意见和文书中的要求,对文书提出的事项具体办理落实。承办是文书处理程序的核心环节,也是文书发挥现实效用的基本保证。承而不办或办而不力,就会使文书处理工作前功尽弃,甚至延误时机,对各工作造成不利影响。

2. 文书承办的方式

(1)传达承办。对需要向下传达的文书,可以会议、电话或转发的方式进行传达。

(2)专案承办。对需贯彻执行的文书,指定专人或成立专门的工作小组(如专案组、调查组、督查组、起草小组等)进行专题研究,采取有效措施加以落实,或形成相应的文书,下发给下级部门和单位贯彻落实。

(3)答复承办,即以适当的方法答复对方的来文。答复的方法有电话答复、当面答复和复文答复等。

承办的过程往往需要拟制新的文书,如批转、转发文书时需要拟制通知,专案承办后往往要产生结案报告、处理决定,答复承办中的复文答复必须发出批复(针对下级的请示)、复函(针对不相隶属机关的问函)、报告(针对上级机关的询问)等。因此,承办往往是本机关发文程序的开始。

3. 文书承办的要求

(1)务求时效。承办部门收到交办的文书后,应当及时办理,不得延误、推诿。有明确办理时限要求的应当在规定时限内办理完毕,确有困难无法按时办理完成的,应当提前说明并获得同意。

(2)分清主办与协办。主办部门负责牵头、协调、拟稿,并与协办部门充分协商,取得一致;如果意见不一,应及时报请有关领导人裁定。

(3)区分复文与不复文。凡可以采取口头、电话、派人联系等方法解决的问题,不必书面答复,但需做好记录。

(十)催办

1. 催办的含义。广义上的催办是指对每道文书处理环节的催促;狭义上的催办是指对文书承办环节的督促、检查,提醒承办部门和承办人员及时办理,防止文书的积压。

2. 催办的范围和重点。催办分为对内催办和对外催办。对内催办是指对本机关或单位内部承办的文书进行检查督促,包括催阅、催批、催签、催印、催复。对外催办是指对向外机关或单位发出的文书进行催询、催复。对内催办与对外催办互相联系,由于对外催办总是要通过收文单位的内部催办而实现,对外催办的实效最终取决于各机关的内部催办,因此,从范围上说,对内催办是所有催办工作的重点,其中对急件、重要件的起草、签发、批办、承办等环节是催办工作的重中之重。

3. 催办的方法

(1)电话催办。文书发出后,秘书人员可用电话向承办部门或单位询问办理情况。每次电话催办的情况要记录在案。

(2)书面催办。重要文书在交办、转办或发出一段时间后,可发催办函或催办通知单督促对方抓紧办理。催办函或催办通知单可以临时书写打印,也可以制成统一格式。

催办通知单参考格式见图 3－3 所示。

××××（集团）公司办公室

催办文件通知单（存根）

××催字（_____）__号

被催办单位			
文 件 标 题			
催办文件字号		收 文 号	
交（转）办日期		催办日期	

××××（集团）公司办公室

催办文件通知单

××催字（_____）__号

____________________：

《____________________》（收文号____________）

已于________年_____月_____日交（转）给你们承办，

请将办理情况速告（集团）公司办公室文书科。

电话：××××××××

××××（集团）公司办公室

______年_____月_____日

图 3－3　催办通知单参考格式

（3）派人催办。机关之间驻地较近或事关重大而又紧急的对外催办，可派专人前往催促办理。

4. 催办的要求

（1）组织落实。催办工作是一项经常性的工作。在较大的机关，应设置催办机构或专人负责催办工作，一般的企事业单位也应当指定专人专管或兼管催办工作。

（2）制度完善。催办工作需要制度保证。这些制度包括：①记录制度，即要求将每一次催办的情况记录在案。②及时反馈制度，即根据文书的轻重缓急和领导批示的办理期限，要求承办部门及时办理，并及时向催办部门反馈办理的情况。

（3）分工协同。一份文书的具体承办，往往涉及若干部门和人员，因此，文书的催办既要分工负责，做到责任到部门、责任到人，同时各有关部门和人员要相互协同，共同做好催办工作。

（4）检查汇报。应经常检查催办工作的情况，做好统计分析，对逾期未办理结束的文书应当重点分析，找出原因，提出解决的办法，向领导人汇报。对内容重要而又屡催不办的文书，可请领导人亲自催办。

（5）做好记录。文书催办往往不是一次完成的，而是一个连续的动态过程，每次催办秘书都要做好记录，以便为总结办文的经验、分析办文中存在的问题提供数据。

（十一）办结

1. 办结的含义。文书的办结是指由具体承办人在文书处理单上留注承办的结果、方式和日期，表明文书办理的结束。

2. 办结留注的方式和要求。承办的方式不同，办结留注的要求也有所不同。

（1）以复文的方式承办的，应注明拟稿部门、复文名义、复文字号、复文标题、受文单位、复文的要点、复文的方式（传真、邮寄、电子邮件等）以及复文日期。

（2）以电话或面谈的方式承办的，应注明谈话人（通话人）姓名、通话或谈话的时间、谈话的地点、对方的单位名称、谈话（通话）对象的姓名和职务、谈话的要点。

（3）以传达、传阅的方式承办的，应注明何时何地在何种范围以何种方式传达或传阅。

（4）以专案的方式承办的，应注明调查结论和处理结果，并将有关结论性材料的名称（标题）、编号、承办机关或部门、承办人姓名、内容要点等一起留注。

（5）上级机关批示交办并查办的文书，应向上级机关书面报告承办结果。书面报告的发文名义、发文字号、主送机关、标题、成文时间等应当留注。

第四节 文书管理

一、文书质量管理

(一)文书质量管理的含义

文书的质量是指文书在内容、格式和印制方面的准确性和有效性。文书质量管理的目标就是要提高每一份文书(包括形成和使用过程中产生的各种稿本)在主题思想、政策界限、措施办法、文字表述、格式安排、缮印校对等方面的正确性、鲜明性、科学性、规范性和可操作性。

(二)文书质量管理的具体要求

1. 提高拟稿水平。文书拟稿总体上要做到主题正确、鲜明、集中,材料真实、可靠,结构完整、规范严密,语言准确、简要。具体还要符合下列要求:

(1)符合国家的法律、法规及其他有关规定。如提出新的政策、规定等,要切实可行并加以说明。

(2)文种应当根据行文目的、发文机关的职权和与主送机关的行文关系确定。

(3)拟制紧急文书,应当体现紧急的原因,并根据实际需要确定紧急程度。

(4)人名、地名、数字、引文准确。引用公文应当先引标题,后引发文字号。引用外文应当注明中文含义。日期应当写明具体的年、月、日。

(5)应当使用国家法定计量单位。

(6)文内使用非规范化简称,应当先用全称并注明简称。使用国际组织外文名称或其缩写形式,应当在第一次出现时注明准确的中文译名。

(7)文书用字必须按照国家语言文字工作委员会公布的《简化字总表》《异体字整理表》的要求执行。

(8)标点符号应按国家语言文字工作委员会和国家新闻出版署发布的《标点符号用法》执行。

2. 加强发文审核。发文审核要把好政策关、事实关、数字关和文字关,未经秘书部门统一审核的文书,不得缮印、下发。

3. 保证缮印质量。缮印文书把好校对关,要做到文字和格式规范,文面清晰、整洁,防止漏页、多页,避免出现正文与印章、成文日期分别印在两页的情况。

二、文书数量管理

（一）文书数量管理的含义

文书数量管理是指对一个机关或单位发文总量进行控制，其目标是精简文书，克服文牍主义。

（二）文书数量管理的具体要求

1. 内容空洞、无实际意义的文书坚决不发；
2. 可用电话、面谈或现场办公等方法解决的问题，可做好书面记录，不必另外专门行文；
3. 能够通盘解决或综合处理的问题，可一次性发文，不要零星行文；
4. 只要求特定单位执行的文书，不要普遍下发；
5. 面向基层的文书可采取多级行文或直达行文的方式，不要层层转发；
6. 面向基层或群众且不涉及秘密的文书，可采取公开行文的方式，无须另外行文；
7. 外单位发来的抄送件，不再转发下级机关。

三、文书时效管理

（一）文书时效管理的含义

文书时效管理是指对文书运行的周期进行控制，其目标在于缩短文书处理每道环节所花的时间，加快文书运转速度，提高行文效率。

（二）文书时效管理的具体要求

1. 紧急文书必须在拟稿之前就确定紧急程度，做到急件先拟、先审、先印、先发。
2. 拟办和批办紧急文书应当提出明确的办理时限，承办单位应按规定时限抓紧办理，不得延误。
3. 对不属于本单位职权范围或者不应由本单位办理的文书，应当迅速退回原发文机关或转寄应当收文的机关并说明理由，以免延误其他机关的办理时机。
4. 认真做好文书处理全过程的催办工作，如催拟、催签、催印、催发、催阅、催批等。对紧急而又重要文书的承办环节要重点督促检查，及时了解和反馈承办的情况。
5. 在确保秘密的前提下，尽可能运用自动化办公设备拟写、修改、校对、打印、传递文书。

四、文书物质要素管理

（一）文书物质要素管理的含义

文书的物质要素包括书面载体和显字材料两个方面。文书以纸张为主要书面载体，以油墨、墨汁和墨水为主要显字材料。文书物质要素管理的目标是：维护文书物质要素的完整性、牢固性和耐久性，延长文书使用的寿命，为立卷和档案管理打好基础。

（二）文书物质要素管理的具体要求

1. 文书拟稿用纸和印刷用纸，以及其他需要立卷归档的文书处理用纸（如文书处理单、文书传阅单）等，其质量必须符合永久保存的要求，纸幅规格应符合国家标准。

2. 文书的拟写、修改、审核、签发、缮印、拟办、批办、留注应当使用钢笔或毛笔，不得使用圆珠笔、铅笔等；墨水应使用不易扩散、便于保存的蓝黑、碳素墨水，不得使用纯蓝、红色等易于扩散、褪色、不宜保存的墨水。

3. 做好文书平时的维护工作，具体要求是：

（1）平时存放文书要有条理。已经办理完毕的文书应当按案卷类目的具体条款及时归卷，不能乱堆乱放，以免遗失；未办理完毕的文书可临时分类存放于硬壳容器，容器上应标注目录。

（2）运转过程中的文书，应放入文件夹，避免人为折叠、磨损。

（3）阅读、处理文书时，防止文书被茶水、饮料、墨水污染或遭受其他损坏。

（4）文书应存放于带有保险装置的铁皮文件柜中，室内严禁抽烟，并配备良好的消防安全设备。

（5）秘书人员对所管理的文书要勤整理、勤翻阅，发现缺件、缺页、破损等问题，要及时寻找原因，予以解决。

五、文书的借阅和翻印管理

（一）文书借阅管理

1. 文书借阅管理的含义。文书借阅是文书利用的基本方式，文书借阅管理就是通过控制借阅范围、强化借阅手续、督促按时归还来保证出借文书的安全，提高文书的利用率。

2. 文书借阅管理的具体要求：

（1）确定借阅范围。文书借阅的对象包括领导、职能部门以及其他有关部门和人员。文书出借之前，秘书要先确定借阅人是否属于该文书的阅读范围。一般情况下，借阅范围应当和阅读范围一致。阅读范围之外的有关部门或人员确需借阅文书，应当经领导批准。

（2）履行借阅手续。文书借阅必须办理借阅手续，由秘书人员在“借阅文件登记簿”上填写有关信息，并请借阅人签字。阅读范围之外的有关部门或人员借阅保密期限之内的秘密文书，应出具单位介绍信，并经领导人签字同意。

（3）遵守借阅制度。文书借阅制度包括按时归还制度、严禁翻印复制制度、不得转借制度等。秘书人员应当向借阅人交代各项借阅制度并跟踪检查，借阅人则应当自觉遵守。

（二）文书翻印复制管理

1. 文书翻印复制的含义。按照文书正本的内容和格式原样复制称为文书的翻印复制。翻印复制的文书有两种，一种是按原件重新排版打印的文书，称为翻印件，一种是用复印机或扫描仪复制的文书，称为复印件。

2. 文书翻印复制管理的具体要求

（1）上级机关下发的绝密级和注明不准翻印的文书，下级机关一律不得翻印、复制。

（2）上级机关下发的绝密级和注明不准翻印之外的文书，经本级领导批准，可以翻印、复制。

（3）下级机关上报的文书，收文机关经本级领导人批准可以翻印复制。

（4）下级机关经上级机关委托可翻印指定的文书。翻印件应当与原件的格式一致，版记末尾注明翻印的机关名称、翻印日期、份数和印发范围，并上报上级机关备案。

（5）经批准或委托翻印的文书与原件具有同等的效力，并按原件的要求进行管理。

（6）复印件作为正式文书使用时，应当加盖复印机关证明章。

六、文书的清退和销毁管理

（一）文书清退管理

1. 文书清退管理的含义。文书办理完毕后，将承办部门和承办人员暂存的文书收回到秘书手里就是文书清退。加强文书清退管理，能有效地防止文书查无下落和泄密，保证文书收集齐全完整，提高立卷质量。

2. 文书清退的范围。需要清退的文书包括：

（1）秘密文书；

（2）发现有重大错误、必须防止扩散的文书；

（3）征求意见用的各种稿本，如讨论稿、征求意见稿、草案等；

（4）送领导人或有关人员传阅的文书；

(5)未经本人审阅的讲话稿、发言稿；

(6)转交有关部门办理但必须由秘书部门立卷存档的文书；

(7)需要由秘书部门集中销毁的文书。

3. 文书清退管理的具体要求

(1)事先通知。除有重大错误、必须立即清退的文书外，一般文书的清退应事先发出通知，具体方法一是印发“文书清退通知”及“文书清退目录（或通知单）”；二是在需要清退的文书上盖上“阅后退回”戳记；三是会上分发并需清退的文书标明“会后退回”字样，同时在会上口头通知，予以强调。

(2)加强催退。清退期限将到之前，秘书要通过电话或口头方式提醒有关方面按时清退，过期未退的，要加强催退。

(3)清点核对。文书清退时要仔细清点核对，如发现缺少份数或与清退目录不符，要当场记下，以便做进一步催退。

(4)交接签字。文书清退交接时，双方应在清退凭证上签字。清退凭证一式两份，双方各保存一份备查。

（二）文书销毁管理

1. 文书销毁管理的含义。文书销毁是对文书的物质毁灭。文书销毁管理就是在清退的基础上，通过对文书保存价值的鉴定，有选择地销毁无保存价值的文书，提高文书管理的效率，同时有效地防止秘密文书的丢失和泄漏。

2. 文书销毁的范围

(1)归档文书的重份件。一般情况下，收到一式多份的文书，如有保存价值，只需一份立卷，其余重份可以销毁。

(2)无保存价值的文书。无保存价值的文书一律销毁。

(3)上级授权或指定要销毁的文书。

3. 文书销毁的具体要求

(1)广泛收集。销毁文书之前应先向有关方面发出通知，告知销毁文书的范围、截止收集的期限、送交地点等。

(2)鉴定造册。文书收集后，要认真鉴定文书的价值，留出需要立卷的文书。对要销毁文书的信息应逐一登记在“销毁文书清单”上。见表 3－5。

表 3－5　××××（机关名称）销毁文书清单

顺序号	发文机关	文书标题	发文字号	销毁份数	销毁原因	备注

续表

顺序号	发文机关	文书标题	发文字号	销毁份数	销毁原因	备注
审批人		销毁人			销毁日期	

(3)领导签批。销毁文书必须经领导人签批同意。

(4)专人监销。销毁文书,尤其是销毁秘密文书,应当有两人以上押运到指定的造纸厂并当场监督销毁。任何个人不得私自销毁文书,更不得将应销毁的文书当作废品出售。

第五节　文书立卷与归档

一、文书立卷的含义和意义

(一)文书立卷的含义

对已办理完毕、并且具有保存价值的文书,按其形成过程中的相互联系和规律组成案卷,叫文书立卷。

(二)文书立卷的意义

1. 有利于今后的查考和利用。文书立卷要对文书进行系统地收集整理,有规律地排列与组合,并且编制详细的检索目录,这就为今后的查考和利用提供了方便。

2. 有利于文书的安全与完整。立卷过程中,在收集齐全的基础上,按一定的方法,将一份一份文件组成案卷,加上封皮装订成册,这就保证了文书的系统性和完整性,又不易在查考利用中磨损和丢失,维护了文书的安全。

3. 为档案管理奠定基础。立卷前的文书与立卷归档后的档案,是相互联系的。因此,文书立卷直接关系到档案的管理。高质量的文书立卷,能为档案管理打下坚实的基础,使档案充分发挥历史凭证的作用,为将来的工作提供服务。

二、文书立卷的对象和范围

(一)文书立卷的对象

文书立卷的对象是指已经办理完毕、并且具有保存价值的文书(包括电报)。这里所指的办理完毕，是指文书在处理程序上办理完毕。具体可以从以下几方面掌握：

1. 涉及工作时间较长的规范性和行政指挥性文书，从发文机关来说，在文书发出后，就算办理完毕，便可将定稿和存本归卷；从收文单位来说，经过传阅、传达，并制定了本单位实行的具体措施、办法后，就算办理完毕，可以把来文归卷。

2. 不必办理或答复的文书，经有关负责人阅批和传阅后，便算办理完毕，可以归卷。

3. 相互往来的文书，如请示与批复、问函与复函，对于请示或询问单位来说，收到上级或对方的批复或复函并采取措施贯彻落实之后，才算办理完毕；对于批复或答复单位来说，在批复件或复函发出后，就算办理完毕，可以归卷。

4. 涉及面较广的综合性文书，往往又产生许多具体工作的文件。只要其中某一项具体工作结束，相应产生的具体文件就算办理完毕。

5. 信访案件、工程建设等专门性文件，一般在所涉及的案件或工作完结后，才算办理完毕。

（二）文书立卷的范围

1. 上级来文中针对本机关或本机关应当贯彻执行以及参照处理的文书。

2. 本机关活动中产生的反映本机关主要工作职能活动和基本情况，以及今后工作需要查考的文书，包括这些文书的定稿、重要的草稿、讨论稿、修订稿。

3. 下级机关报送的有关方针政策性、请示性的，或反映下级机关重要活动及重要情况的文书。

4. 平行机关与本机关业务有关的、相互协作的、有参考价值的来文。

文书立卷中，要反对两种倾向：一是该归不归，即文件材料残缺不齐，不能全面系统地反映机关活动的工作面貌；二是“有文必档”，即把无保存价值的文书，如一般的参考资料、重复的文件等，也立卷归档，造成无效劳动，浪费人力、物力和财力。

三、文书立卷的要求和方法

（一）文书立卷的要求

1. 遵循文书形成的规律，保持文书之间的历史联系，反映一定社会组织活动的真实面貌。每个社会组织在其公务活动中产生的文件，不是孤立的，它是这一社会组织本身工作活动历史的记录。文件与文件之间的自然联系，反映了特定的社会组织工作活动内在的历史联系，同时也体现了特定的社会组织之间的工作联系。只有把一个社会组织在一段时期内产生的全部文件和收到的全部文件收集齐全，在此基础上，根据文件自然形成的规律和文件之间的联系进行立卷，才能全面真实地反映这一社会组织工作活动的历史面貌以及它与其他社会组织的历史联系，才能为今后的查考、研究和利用提供完整、系统的历史凭据和历史资料。

2. 正确鉴定文书的价值和保管期限。每一份具体的文书，反映社会组织工作活动面貌的作用是不同的。作用不同，其价值也不同。因此，文书立卷，要在收集齐全的基础上，先鉴定每份文书有无保存价值。对没有保存价值的文书，应予剔除。然后对具有保存价值的文书，区别其保存价值的大小，同时确定其保存期限。确定文书保存价值和保管期限的原则是：

（1）凡是反映本组织主要职能活动和基本历史面貌，并且需要长远利用的文书，应当确定为永久保存。

（2）凡是反映本组织主要职能活动和基本历史面貌，并且需要在相当长时期内查考利用的文书，应当确定为长期保存（16 年至 50 年）。

（3）凡是反映本组织一般职能活动和历史面貌，需要在短时期内查考利用的文书，应当确定为短期保存（不超过 15 年）。

3. 便于保管和利用。便于保管和利用，既是文书立卷的目的，也是文书立卷的要求。为此，应当做到：

（1）采用适当的技术，按一定的要求，对立成的案卷进行加固，防止文书散落和直接磨损。

（2）编制详细的目录，以便于查找。

（3）限定卷内文书的数量，不至于太厚或太薄，一本案卷的厚薄一般不超过 200 张。卷内文书太少时，可与其他性质相似、特征相同的文书综合立卷。

以上文书立卷的三点要求，其中最根本的要求是保持文书的历史联系。当其他要求与此发生矛盾时，应当服从于这一根本要求。

（二）文书立卷的方法

文书立卷的方法就是把需要立卷的文书，按照它们相互之间的某些共同特征组合成案卷，这些特征通常称为“立卷特征”。

1. 按作者特征立卷，即将由同一作者（法定组织或其代表）制发的文书组成案卷。按作者特征立卷，便于反映同一作者的活动和文件的来源、行文关系、文件的重要程度。一般用于对上级来文和本机关制成的文书进行立卷。

2. 按问题特征立卷，即将反映同一问题的文书组成案卷。按问题特征立卷，能反映对某一方面或某一具体问题的处理情况。立卷时，应尽可能将问题确定得具体些，以便于今后的查找。但如果某一方面问题的文件不多，可以与同类性质的问题合并立卷。会议文件不能按问题分开立卷。属于同一问题的文书，如果保存价值相差悬殊的，应分开立卷。

按作者特征立卷实例

(1)上海和平汽车有限公司 2013 年干部培训工作计划
(2)上海和平汽车有限公司 2013 年干部培训工作总结
(3)上海和平汽车有限公司 2013 年员工培训工作计划
(4)上海和平汽车有限公司 2013 年员工培训工作总结

以上文件的共同特征之一是作者相同,因此可以按作者特征立卷。案卷标题为:

《上海和平汽车有限公司 2013 年干部、员二培训工作计划、总结》

按问题特征立卷实例

(1)嘉定市人民政府关于加快发展城镇绿化的意见
(2)嘉定市城镇绿化工作纲要
(3)嘉定市绿化工作委员会关于进一步做好城镇绿化工作的通知
(4)嘉定市绿化工作委员会关于城镇绿化工作的报告

以上文件的共同特征是问题,因此可以按问题特征立卷。案卷标题为:

《嘉定市人民政府、嘉定市绿化工作委员会关于城镇绿化工作的意见、纲要、通知、报告》

3. 按名称特征立卷,即将同一文种名称的文书组成案卷。由于不同文种具有不同的适用范围和功能,因此,按名称特征立卷,能反映机关活动的不同方式,也便于区分文书的不同保存价值。有些文书名称虽相同,但反映问题的性质和功能不同,或保存价值不同,不宜按此法立卷。

按名称特征立卷实例

(1)上海北海生物科技有限公司关于王震同志任职的通知
(2)上海北海生物科技有限公司关于徐海婴同志任职的通知
(3)上海北海生物科技有限公司关于免去张磊同志职务的通知
(4)上海北海生物科技有限公司关于免去徐华同志职务的通知

以上文件的共同特征是名称,因此可以按名称特征立卷。案卷标题为:

《上海北海生物科技有限公司关于任免王震、徐海婴、张磊、徐华同志职务的通知》

4. 按时间特征立卷，即将内容针对同一时间或同一时间内形成的文书组成案卷。按时间特征立卷可以反映一个机关或单位在不同时期的工作特点。时间特征适用于内容针对的时间性强，针对的时间比较明确的文书，如计划、总结等。当文书形成的时间与内容针对的时间不一致时，可按下列情况分别处理：

（1）一般文书以成文日期为准。

（2）年度计划、总结等时间针对性较强的文书，以内容针对的时间为准。具体来说，跨年度的计划，放在开始年度立卷；跨年度的总结，放在最后的年度立卷；总结与计划写在一起的，以内容的重点确定其立卷的年度。

（3）跨年度处理完毕的文书，以办结的时间为准。

（4）跨年度的往来性文书，如相距时间不长，可按本单位发文或复文的时间立卷。

（5）某些专业的文书，可按专门年度立卷。如，兵役年度、粮食年度、教学年度等。

按时间特征立卷实例

（1）沪江大学关于2013年度扩招本科生的请示

（2）沪江市教委关于同意沪江大学2013年度扩招本科生的批复

（3）沪江大学招生办公室关于做好2013年本科招生工作的通知

（4）沪江大学招生办公室关于2013年本科招生工作中要掌握好几个政策问题的通知

以上文件的共同特征是时间特征，因此可以按时间特征立卷。案卷标题为：

《沪江大学、沪江市教委、沪江大学招生办公室关于2013年本科生招生的请示、批复、通知》

5. 地区特征。按地区特征立卷，即将来自同一地区或内容针对同一地区的文书组成案卷。按地区特征立卷便于反映一个地区的工作情况，或对一个地区问题的处理情况，一般适用于对下级报送的文书的立卷。采用地区特征立卷，不应与作者特征相混淆。

6. 按通讯者特征立卷，即将本单位与外单位就某一个或某几个问题的相互往来文书组成案卷。如，问函与复函，请示与批复，就可采取按通讯者特征立卷的方法。

7. 按人物特征立卷，即将围绕同一人物产生的文书组成案卷，通常适用于人事档案。比如，将员工张志高亲自填写的“新进人员登记表”“毕业鉴定表”“入党志愿书”“入团志愿书”等文书材料组建为《张志高人事档案》。

按地区特征立卷实例

(1)中山区2013年学前教育情况调查报告
(2)中山区2013年基础教育现状调查报告
(3)中山区2013年文化基础设施调查报告
(4)中山区2013年群众性体育活动现状调查报告

以上文件的共同特征是地区特征,因此可以按地区特征立卷。案卷标题为:

《中山区2013年学前教育、基础教育、文化基础设施、群众性体育活动现状调查报告》

按通讯者特征立卷实例

(1)中国人民大学关于王海工作调动问题的函
(2)江南大学关于王海工作调动问题的复函
(3)中国人民大学关于刘晗工作调动问题的函
(4)江南大学关于刘晗工作调动问题的复函

以上文件的共同特征是通讯者特征,因此可以按通讯者特征立卷。案卷标题为:

《中国人民大学与江南大学关于王海、刘晗工作调动问题的来往文书》

8. 按会议名称或类型立卷,即将围绕同一会议上产生的文书组成一个案卷,适用于会议文书的立卷。比如,把在一次职工代表大会上行政领导人所做的工作报告、工会主席所做的工作报告、大会主席团名单、会议议程以及通过的各项决议组成《××公司第×次职工代表大会文件》。

文书之间的联系是多方面的,具体立卷时,为了使案卷更加准确,常常以一个特征为主,结合其他若干特征,综合运用。如:《××公司2009年度产品销售合同》,这一案卷在立卷时,以"产品销售"这一问题特征为主,结合运用了作者特征、时间特征和名称特征。

四、立卷和归档的步骤

(一)编制案卷类目

案卷类目是在年初根据本单位文书形成的规律,对一年内可能产生和收到的文书,按立卷的要求和方法,预先编制的立卷方案。编制案卷类目是做好平时文书归卷工作的前提，也是文书立卷的重要基础。案卷类目由类和条款组成。

1. 类。编制案卷类目，先要确定类别。确定类别的方法有两种：

（1）按文书内容所反映的问题分类。这种方法较适用于内部机构不太稳定、文书种类较多的单位。以企业为例，案卷类目一般可以设综合、生产、人事、财务、技术、供销等类别。按文书内容所反映的问题分类，应当注意类别之间的界限划分要清楚，不能出现相互交叉、相互包含的情况。

（2）按单位内部的工作部门分类。以工作部门的名称为类别名称，适用于内部机构比较稳定的单位。如，党委机关的文书，可以按职能部门确定类别，分成综合类、组织类、宣传类、统战类、纪检类等。

一个单位内部案卷类别的确定只能按照统一的标准或方法进行，而且还要与档案管理部门的案卷分类方法相一致。规模较大或文件数量较多的机关，在类之下，还可以设属类。

2. 条款。类之下设条款。条款是年初预先拟制的一组文书的标题，有了这一条款，平时就可以将相关的文书归入其下。拟制条款应当运用立卷的特征，一般应反映出文书的作者、问题和名称，如《××公司 2013 年销售计划、合同》。条款拟好后，要按类别编号。

（二）平时归卷

平时归卷是指平时将已经处理完毕的文书，有计划地收集，并依据案卷类目准确归卷。这样做，既有利于平时查阅文书，又可以及时发现文书收集中的问题，采取措施，加以解决。对具备立卷条件的文书，还可以提前立卷，以尽量减轻集中立卷时的工作压力。平时归卷的具体要求如下：

1. 准备好文书归卷的容具，如卷夹、卷盒、文件柜等，将拟好的条款名称和编号填入标签，粘贴于卷夹、卷盒和文件柜的正面，竖放的卷夹、卷盒还要在卷脊处贴上标签，以便文书“对号入座”。

2. 根据文书立卷归档的范围，做好平时收集工作，做到收集一份，归卷一份。

3. 对已归卷的文书，要定期进行检查。发现归卷不准确的，要及时纠正；年初确定的案卷类和条款如与当年实际产生和收到的文书不相符合的，要及时调整、修改、补充。

4. 对相关的工作已经全部结束并已收集齐全的文书，可以提前立卷。

（三）组合案卷

1. 调整案卷。经过平时归卷和整理的文书，在正式立卷之前，还要进行案卷调整。调整的任务是检查同一条款内的文书是否已经收集齐全，是否有多余或重复的文书，文书之间是否保持了内在联系，文书组合是否体现了立卷的特征，保存价值是否一致，数量是否适当。

2. 排列次序。案卷调整后，要根据文书之间的联系，确定卷内每份文书的先后次序。其方法有：

（1）时间排列法，即卷内文件一律按成文时间的先后次序排列。这种方法适用于严格按名称、作者和问题特征立卷的案卷。

（2）重要程度排列法，即按照卷内文件所反映问题的重要程度排列次序。其具体做法是：重要文书在前，次要文书在后；政策性文书在前，业务性文书在后；主件在前，附件在后；存本在前，定稿在后（如系重要文件有多次草本的，按草本产生的顺序排列）；转发件（包括发布、印发、批转件）在前，被转发件在后；结论性、决断性、判决性文书在前，依据性、证据性材料在后；在上级单位，本单位的批复在前，下级的请示附后；在下级单位，本单位的请示在前，上级的批复在后（但如涉及人事、机构设置等重要问题，则批复在前，请示在后）；不相隶属单位之间的函件往来，问函在前，复函在后。

（3）问题—时间排列法，即先将卷内文件按问题的重要程度分成若干组，每组再按成文时间的先后排列次序。这种方法适用于由若干个小问题构成的大问题，或由几个不同问题组成的案卷。

（4）地区—时间排列法，即先将卷内文件按地区分成若干组，每组再按成文时间的先后排列次序。这种方法适用于由涉及几个地区的文书组成的案卷。

（5）作者—时间排列法，即先将卷内文件按作者分成若干组，每组再按成文时间的先后排列次序。这种方法适用于由几个作者产生的文书组成的案卷。

（6）通讯者—时间排列法，即先将卷内文件按通讯者特征分成若干组，每组再按成文时间的先后排列次序。这种方法适用于与两个以上单位往来的文书组成的案卷。

（7）问题—作者—时间或作者—问题—时间排列法，即先将卷内文件按问题或作者特征分成几个大组，每个大组再按作者或问题特征分成若干小组，最后按成文时间的先后排列每个小组文件的次序。这种方法适用于由几个作者、涉及几个问题的文书组成的案卷。

（8）姓氏笔画排列法，即将卷内文件按姓氏笔画的多少排列次序。这种方法适用于处理人民来信来访的案卷。

3. 拟写案卷标题。案卷标题是对卷内文书特征的概括，其作用是帮助档案利用者查找具体的文件，并为档案的整理编目、登记及编制档案检索工作提供依据。拟写案卷标题，要求内容概括、确切，文字精练、准确，结构统一、完整。

案卷标题的结构一般应当由作者 + 问题 + 名称三部分构成，如：《××市××局关于物价管理的报告、请示、规定、通知》。运用地区特征的，要标明地区；运用时间特征的，应标明年度；运用通讯者特征的，应标明通讯者名称。作者、问题、名称较多时，可以适当概括或用“等”字省略，如：《同济大学等十所高校关于 2013 年招生工作的计划、总结、招生名单等》。

案卷标题拟好后,另纸书写,同案卷别在一起,待案卷装订后正式填写在案卷封面上。

(四)编目定卷

编目定卷工作必须执行国家标准《文书档案案卷格式》(GB/T 9705－2008)。

1. 填写卷内目录。凡永久和长期保存的案卷都要填写卷内目录,以便于查阅和统计。短期保存的案卷,视其重要程度而定。卷内目录的项目包括:

(1)顺序号,又称件号,即卷内每份文书所排列的序号。

(2)文号,即发文机关的发文字号。

(3)责任者,即发文机关。领导人署名的文书,如领导人的批示、信函等,填写领导人的姓名。

(4)题名,即文书标题,应照实抄录。如无标题或标题不能说明内容的文书,可由立卷人员自拟标题,外加方括号"〔 〕"。

(5)日期,即文书的成文日期。用阿拉伯数字填写,可省略"年""月""日"。时间以8位数字表示,其中前4位表示年,中间2位表示月,后2位表示日。月日不足2位的,前面补"0"。如:"20130818"。

(6)页号,即卷内每份文书所在之页。

(7)备注。留待对卷内文书变化时做说明之用。

2. 填写备考表。内容包括:本卷情况说明、立卷人、检查人、立卷时间。本卷情况说明应填写卷内文书的缺损、修改、补充、移出、销毁等有关情况,备考表由立卷人填写,注明填写日期并签字。

3. 填写案卷封面和卷脊

(1)案卷封面。案卷封面上的项目包括:①全宗名称,即立档单位名称,应写全称或规范化简称,不得将本单位的名称简称为"本部""本委"。②类目名称,即全宗内分类方案的第一级类目名称。③案卷题名,即案卷标题。④时间,即卷内文书所属的起止年月。⑤保管期限。⑥件、页数。装订的案卷填总页数,不装订的案卷填总件数。⑦归档号,即文书立卷部门向档案管理部门归档移交时所编的案卷顺序号,又称文书处理号。⑧档号。档号由全宗号(档案馆指定给立档单位的编号)、目录号(全宗内案卷所属目录的编号)、案卷号(目录内案卷的顺序编号)组成,由档案部门填写。

(2)卷脊。卷脊项目包括:全宗号、目录号、年度、案卷号、归档号。案卷封面和脊背的填写,一律要用碳素墨水或蓝黑墨水字迹材料,字迹要求工整。

(五)案卷的归档

凡属立卷范围的文书,立卷后一律移交档案部门保管。归档时间一般在次年的上半年。移交时应编制案卷目录,其项目包括:①顺序号;②案卷标题;③起止日期;

④页数;⑤保管期限;⑥备注。

案卷目录最后应附有案卷移交备考表,写明移交案卷总数和移交时间,在交接时由移交人和接收人双方签字。案卷目录要一式三份,一份经双方签字后留立卷部门存查,另两份由档案部门保存。

案例分析

王秘书的困惑

广州白云山文化传播公司是一家新建单位,文书工作从无到有,刚刚起步。该公司王秘书刚从大学新闻传播系毕业,应聘录用后负责公司的文书工作。王秘书笔头功夫不错,老板欣赏有加,可他对文书的平时管理和立卷工作却知之甚少。起初,他把所有文件都塞在一个文件柜中,可半年不到,柜子里的各种文件就塞得乱七八糟。有一次,老板急着要查一份合同正本,王秘书竟然花了半个多小时才找到,让老板等得好着急。事后,老板狠狠训斥了他一顿,还责令他限期改进工作。王秘书苦思冥想了好几天,终于想出了一个办法,他将全公司的文件分为两类,一类命名为“收来文件”,另一类命名为“发出文件”。从此,他就把所有文件按这两个类别归卷保存。到了第二年初,王秘书打算将这两类文件分别立卷装订,结果发现每一类别中的文件数量实在太多,如此立卷归档,今后借阅、查找肯定会产生很多麻烦。他想给文件再加以细分,但却想不出分类的好办法。

分析:看来王秘书确实要补一下秘书实务这门课。文书处理常识告诉我们,文书的平时归卷保管应当有条有理,每份文件的存放既要方便文书的查阅,又要有利于将来整理立卷。要做到这一点,就必须事先制订一套平时归卷的方案,也就是确定每份文书的存放地址,这种方案叫作案卷类目。王秘书想做的就是这件事,但他不知道,“收来文件”和“发出文件”只说明文书的大致来源,不能作为编制案卷类目的依据。编制案卷类目要先给所有文书进行分类,分类的方法有两种:一是按组织机构分类,一是按问题分类。因为类比较宽泛,分类后,每一个类下面还要设条款。条款应当体现作者、问题和名称三个立卷特征。这样,按条款收集的文书就比较集中,立卷后查找也非常方便。王秘书所在的文化传播公司是个新建单位,内部机构可能还不太稳定,可以先把公司的所有文书按所涉及的问题分成若干类,如综合类、广告策划类、活动咨询类、教育培训类等类别,再结合作者、问题、名称等立卷特征制定具体的条款,比如,广告策划类可下设“广州白云山文化传播公司广告策划书”、“广州白云山文化传播公司广告策划合同”等条款。有了这样的立卷方案,王秘书平时存放文书就可以对号入座,一旦公司领导或其他部门人员需要查阅,就可以根据类别和条款,快捷、准确地找到目标文件,非常方便。年终只要对每个条款下面的文书作适当调整就可以立卷了。

第六节　电子文书处理

一、电子文书概述

（一）电子文书和电子公文的含义

电子文书（文件）是指机关、团体、企事业单位和其他组织在处理公务过程中，通过计算机等电子设备形成、办理、传输和存储的文字、图表、图像、音频、视频等不同形式的信息记录。电子文书包括电子公文和其他电子公务文书，其中电子公文是指通过由特定的发文机关统一配置的电子公文传输系统处理后形成并传输的、具有规范格式的电子公务文书。电子公文在计算机显示时，外观格式与纸质文书相同，拷贝的纸质副本的标印格式与纸质公文完全一致，并具有与纸质公文同等的法定效力。其他电子公务文书一般无规定的格式。

（二）电子文书的特点

与纸质文书相比较，电子文书具有以下特点：

1. 以数字编码的形式存在。电子文书是数字化信息技术的产物，运用计算机生成和处理，其信息形态是数字化的。人们在计算机屏幕上看到由文字、图形等构成的电子文书形态只不过是电子文书的某种输出形式而已。而在计算机内部，无论是传输还是存储等处理，电子文书均是以数字编码的形式存在。

2. 对设备的依赖性。电子文书的形成处理直至归档保存都是在计算机硬件平台的支持下完成的，离开计算机等设备，电子文书既看不见也摸不着。

3. 物理结构与逻辑结构的非对称性。文书的物理结构是指其信息存储于载体上的位置及分布情况，例如文书的标题、正文、附件、印章等结构元素各自在载体上的存诸位置。文书的逻辑结构是指信息自身的结构，如文书中的文字排列、结构体例、页面顺序等。纸质文书的信息物理结构与逻辑结构是一致的，而且是直观的。排错了页码，就不仅破坏文书信息物理结构，也同时破坏了逻辑结构。电子文书的信息物理结构和逻辑结构往往不对称。同一份电子文书中的结构元素可以不在载体上连续存放，甚至可以存放在不同的载体上，而不影响其正常地显示输出。在电子文书信息的处理过程中，其物理结构经常发生变化，而其逻辑结构却可以保持不变。

4. 信息与载体的分离性。电子文书的存放位置不是固定的，而是可以变化的，甚至可以在不同的载体之间相互转换，其内容信息却不发生任何变化。一些有保密要求的网络，还把电子文书分解后分别通过不同的途径传递，存放在不同的设备上，当需要时才临时组装起来。这个特征给电子文书的保管带来许多新的问题，处理不好,会直接影响其真实性、完整性和可靠性。

(三)电子文书管理要求

1. 统一管理。电子文书形成单位应当对本单位电子文书管理工作进行统筹规划,建立管理制度,明确管理职责,规范工作流程,落实保障措施,对具有保存价值的电子文书实行集中管理。各单位文秘和业务部门负责电子文书日常处理;档案部门负责归档电子文书管理;信息化部门负责为电子文书管理提供信息化支持;保密部门负责涉密电子文书的保密监督管理。

2. 全程管理。对电子文书形成、办理、传输、保存、利用、销毁等实行全过程管理,确保电子文书始终处于受控状态。

3. 规范标准。制定统一标准和规范,对电子文书实行规范化管理。

4. 便于利用。发挥电子文书高效、便捷的优势,对有价值的电子文书提供分层次、分类别共享应用。

5. 安全保密。按照国家有关法律法规和规范标准的要求,采取有效技术手段和管理措施,确保电子文书信息安全。电子文书的安全包含两方面的具体要求:

(1)信息安全。电子文书的优点之一就在于它能够给社会提供快速、透明的信息服务,但其又是机关和企事业单位实行内部信息交换的手段,经常会涉及商业秘密和国家秘密,因此从技术上要处理好信息公开和信息保密的关系。

(2)物理安全。一是要对重要文书、数据、操作系统及应用系统进行定期备份;二是要针对可能发生的网络突发事件制订应急预案,保证突发事件处理工作的及时、有效;三是要做好重要系统的灾难备份建设,制定系统数据灾难恢复的措施;四是对重要文书要同时制作电子和纸质两种版本,确保在电子设备无法启用时能够使用纸质文书。

二、电子文书的处理

(一)电子文书形成与办理

1. 电子文书在形成和办理过程中,应当具备国家法律法规规定的原件形式,并符合下列要求:

(1)能够有效表现所载内容并可供调取查用;

(2)能够保证电子文书及其元数据完整无缺、来源可靠,未被非法更改;

(3)在信息交换、存储和显示过程中发生的形式变化不影响电子文书内容真实、完整;

(4)涉密电子文书的原件形式应当符合国家有关保密法律法规的规定。

2. 电子文书应当采用符合国家标准的文书存储格式,确保能够长期有效读取。

3. 电子文书形成单位应当对电子文书形成的过程稿及其相关信息的留存和安

全保密等做出明确规定。

（二）电子文书的传输

1. 电子文书传输时必须区分普通文书和涉密文书，涉密文书不得在非密级网上传输，绝密级文书不得以电子文书的形式传输。

2. 电子文书发送后，发送单位应当在24小时内对所发电子文书的接收情况进行查询；对接收单位退回的电子文书应及时签收，发现问题应及时与接收单位联系。

3. 对电子文书传输、交换过程予以记录。

（三）电子文书的归档

1. 电子文书归档范围和保管期限的划定与纸质文书相同。

2. 电子文书一般应在办理完毕后即时向机关档案部门归档；定期归档应当在第二年6月底前完成。

3. 具有永久保存价值或者其他重要价值的电子文书，应当转换为纸质文书或者缩微胶卷同时归档。

4. 需要永久和长期保存的电子文书，应在每一个存储载体中同时存有相应的符合规范要求的机读目录。

5. 电子文书的收发登记表、机读目录、相关软件、其他说明等应与相对应的电子文书一同归档保存。

6. 电子文书形成单位应在所属的办公业务资源网电子邮件系统平台上进行电子文书的归档。

7. 电子文书形成单位应在运行电子文书处理系统的硬件环境中设置足够容量、安全的暂存存储器，存放处理完毕应归档保存的电子文书，以保证归档电子公文的完整、安全。

8. 电子文书形成单位应在电子文书处理系统中设置符合安全要求的操作日志，随时自动记录对电子文书实时操作的人员、时间、设备、项目、内容等，以保证归档电子文书的真实性。

9. 电子文书形成单位应在电子文书归档时对相关项目进行检查，检查项目包括与纸质公文核对内容、签章，审核电子文书收发登记表、操作日志及相关的著录条目等，确认电子文书及相关的信息和软件无缺损且未被非正常改动，电子文书与相应的纸质公文内容及其表现形式一致，处理过程无差错。

10. 电子文书应当以国家规定的标准存储格式进行归档，属于国家秘密的电子文书应当使用专用保密存储介质存储，并按保密规定办理归档手续。

11. 归档的电子文书，应按本单位档案分类方案进行分类、整理，并拷贝至耐久性好的载体上，一式3套，一套封存保管，一套异地保管，一套提供利用。

思考与练习

1. 文书处理的原则有哪些？
2. 文书的行文方式有哪几种？
3. 机关之间相互行文要遵循哪些规则？
4. 发文处理程序的环节有哪些？
5. 发文审核的重点有哪些？
6. 收文处理程序的环节有哪些？
7. 试述秘书如何做好拟办工作。
8. 秘书如何组织好文书的传阅？
9. 秘书如何做好文书的催办工作？
10. 秘书怎样做好文书的数量、质量、时效和物质要素管理？
11. 文书立卷有哪些要求？
12. 文书立卷有哪些方法？
13. 试述文书立卷的步骤。

第四章　会议准备工作

领会会议的特征、要素、作用、种类、领导体系、会务工作系统的含义,以及会务工作、会议物品准备、会议经费预算的原则;掌握安排议题、议程、对象、规模、程序、时间、地点、名称、分组活动、专题会议、发言、日程、程序的技巧并综合应用;能够根据对象选择和制发会议通知,拟写和处理会议文件,布置会场和制定会议预案。

第一节　会议概述

一、会议的含义和特征

(一)会议的含义

会议是一种围绕特定目的和议题开展的、具有一定组织形态的、以口头交流为主要方式的群体性社会交往活动。

(二)会议的特征

1. 会议是一种围绕特定目的和议题而开展的活动。无论是远古氏族部落,还是当今国际社会,任何会议的举行,无一不是为了满足人们交往和沟通的客观需要,解决人类活动面临的共同矛盾和问题。因此,会议自它产生的第一天起,就具有鲜明而又强烈的目的性。从古至今,任何会议活动都必须事先制定非常明确的目的,解决为什么开会的问题。没有目的的会议事实上是可能不存在的。

会议的目的不是抽象的,它通过会议的议题及其相关的议程和会议结果来统领会议的全过程,既体现组织者的愿望,也反映全体会议成员的共同期盼,因而是会议活动最基本的驱动力。会议目的和议题正确合理与否,决定着会议的发展方向和可能发挥的实际作用,制约着会议的规则和进程。目的正确、议题合理,会议往往能够圆满成功,并能有效地推动实际工作;目的错误,议题脱离实际,或者与大多数会议成员的愿望相违背,会议就可能无功而返,即使开成会议,形成决议,也可能对实际工作产生不利的影响,甚至起破坏作用。

2. 会议是一种具有组织形态的活动。会议是一种有目的的活动,但会议的目的不可能自发实现。即便是正确合理的目的,也必须依靠有效的组织和管理而实现。从这个意义上说,会议是一种特定的组织形态。会议活动的组织形态表现在有明确的会议组织者、有会议的领导和管理服务体系、有会议规则和会务工作程序等若干方面。会议活动只有具备了一定的组织形态,才能确保会议的各项组织管理工作科学、有效,才能使报告、演讲、辩论、审议、讨论、谈判、表决等会议活动纳入正常有序的轨道,才能使会议成员之间开展有效的沟通和交流,才能最终达成共识、形成决议,实现会议的目的。

3. 会议是一种以口头交流为主要方式的活动。会议既然是一种社会交往活动,期间就必然会有各种形式的交流。报告、演讲、辩论、审议、讨论、谈判等口头交流方式,是会议成员传递信息、交流思想、阐明立场、表达意志的主要手段,也是会议活动的基本方式。"会议"乃"会"而"议"之,"会"而不"议"则非"会议"。从汉字的角度分析,"议"是个形声字,从言,义声,其本义是"以口头的方式商议、讨论"。因此,区别一次社会活动是会议还是非会议,关键就是看其交流的方式是否以口头交流为主。一次社会活动如果没有围绕特定议题的口头交流,或者不是以口头交流方式为主,就不属于会议活动的范畴。当然,会议活动也可以辅之以书面和声像交流的方式。在一些特殊情况下,会议也可以采用书面、电子邮件和声像的方式进行交流,但并不能改变口头交流作为会议活动的基本方式和基本特征这一事实。

4. 会议是一种群体性的社会交往活动。人们在同自然界和社会交往的过程中,经常会产生一些个人的能力无法企及的目标或愿望,遇到一些必须解决但个人能力又难以解决的矛盾和无法战胜的困难。于是,人们通过集体讨论、商议、交流,相互启迪智慧,共同制定办法,协调相互关系,融洽彼此感情,依靠集体的力量来解决矛盾、战胜困难、达到目的。会议正是为了满足人们的这种社会需要而产生的,并且随着这种社会需要的发展而发展。因此可以说,群体性是会议活动与生俱来的基本特征。

对群体性标准的掌握,应当根据会议的类型和性质有所区别。如果是主持人与其他与会者之间存在领导与被领导或管理与被管理关系的纵向关系会议,与会者必须至少 3 人。也就是说,上下级之间的两人谈话不能视作会议。而如果是与会各方地位平等、不存在领导与被领导或管理与被管理关系的横向关系会议,即便是两个组织领导人之间的单独会见或会谈,只要有明确的目的,事先商定议题,经过双方的安排,或有文字记录,符合会议的基本特征,应当视作会议。

二、广义会议和狭义会议

从严格意义上来说,上述定义属于狭义会议的定义。社会的不断进步和发展,促进了社会交往领域和交往需求的不断扩大。与之相适应,会议活动的功能与形式也在日益拓展，与其他社会交往方式的交汇融合越来越紧密，新的会议活动样式层出不穷。比如，在举办一些展览、节庆、表彰、宴请、表演、比赛乃至宗教活动时，人们常常把会议的要素融入其中，创设出或典雅庄重或绚丽多彩或简约质朴的开幕式、闭幕式、欢迎宴会、颁奖仪式、庆祝典礼等活动。这些活动没有特定的议题，也不要求与会者围绕议题进行专门的报告、讨论、审议、质询、表决，不符合上述狭义会议定义中的议题性和口头交流为主的特征，因此不属于狭义会议的范畴。但由于这类活动样式源自于狭义会议，也具有目的性、组织性、口头性和群体性这些会议的主要特征，而且又往往是会议活动的重要组成部分，因此我们将其列入广义会议的范畴。概括起来说，凡是围绕特定目的开展的、具有一定组织形态的、使用口头交流方式的群体性活动，都属于广义会议的范畴。

在会议管理的实践中，判断一次活动是狭义会议还是广义会议，首先是看其有无特定的议题。目的明确并且具有特定议题，同时符合组织性、口头性和群体性特征的活动，就属于狭义会议范畴，如报告会、研讨会、工作例会等；有目的而无特定的议题的活动，只要符合组织性、口头性和群体性的特征，就属于广义会议范畴，如开幕式、闭幕式、颁奖仪式、开业仪式等。其次是看其是否以口头交流为主要方式。以口头交流为主要方式的活动只要符合目的性、议题性、组织性和群体性的特征，属于狭义的会议；而以展览、演示、宴请、观摩、表演、签约、颁奖为主要方式的活动，只要其中安排围绕特定议题的致辞、讲话，就属于广义会议的范畴。

当然，广义会议与狭义会议这两个概念并不构成外延相互排斥的矛盾关系或反对关系，二者之间是包含和被包含关系，也就是说，广义会议包含狭义会议，狭义会议属于广义会议的一部分。

三、会议活动的要素

（一）会议组织者

会议是一种有目的的、高度组织化的社会活动，需要有人发起并出面组织和协调。我们把发起、策划、主办、承办、协办会议活动的机构或个人统称组织者。

会议的组织者可以是机构，也可以是个人。机构发起并组织会议必须具备合法的资格，个人发起并组织会议应当符合法律和法规。会议的组织者并非都是单一的机构或个人。在一些规模较大的会议活动中，组织者具有强大的阵容，相互之间也有不同的角色、分工与职责。一般而言，组织者由主办者、协办者、承办者组成。

1. 主办者。主办者是指对会议活动的组织、管理、协调负主要责任的机构或者个人，是会议活动最重要、最关键的组织者，在会议举办过程中起决定性的作用。会议主办者有以下几种类型：

（1）具有领导和管理职权的机关。从管理学的角度看，会议是实施管理的一种手段。负有领导和管理职权的机关在实施领导和管理过程中，往往需要通过会议了解信息、征求意见、研究决策、传达指示、通报情况、布置工作、总结表彰。这类会议主办者同与会者之间具有上下级关系或管理上的相对关系。社会组织的内部会议以及公共管理机关在自己的管理权限内举行的会议,其主办者属于这一类情况。

(2)会议活动的发起者。一些协作性、交流性的会议,如论坛活动、多边的会谈等,往往由某个或若干个机构发起,发起者承担主办会议的责任。

(3)特定组织的成员。很多合作性和学术性组织都有召开经常性会议或例会(如年会)的制度,每一个成员(包括国家、地区或非政府组织)都有主办会议的权利或义务。

(4)通过一定的申办程序获得主办权的组织。有些重大的会议活动,由于具有较大的政治、经济、学术等方面的影响,同时也为了提高会议的质量,往往通过申办竞争程序来确定主办者。

2. 承办者。承办者即具体承担会议组织工作的机构或个人。一般的会议,主办者可以直接承担会议的组织工作,无须另外确定承办者。而有些会议,因主办者缺乏具体承办的能力,或者因会议的某些特殊需要,主办者可以将会议的具体组织工作交给承办者。会议主办者与承办者的关系有两种情况:一种是上下级的领导与被领导关系,即上级机关把承办会议的任务下达给某个下级机关,下级机关在上级机关的领导下开展会议的各项组织工作;另一种是合同关系,即主办者把会议的全部或部分组织工作以签订合同的形式委托给承办者,而承办者则获得相应的报酬。不管二者的关系性质如何,承办者都必须对主办者负责,并承担相应的法律或行政的责任。承办者的具体职责由主办者决定或通过协商谈判后以合同或协议书的形式加以确定。

3. 协办者。在组织会议的过程中,主办者可以根据需要,确定若干协办者。协办者就是协助主办者做好会议的组织工作的机构或个人。专门设承办者时,协办者协助承办者做好组织工作,但对主办者负责。主办者和协办者之间必须以协议的形式明确相互关系、权利和义务。一般情况下,协办是有偿的。协办者也可以要求在会议活动的有关广告、海报、会标以及其他会议资料中宣传自己,作为有偿的形式。会议协办的主要方式有:

(1)经费资助,即协办者向主办者提供一定的经费支持。

(2)名义使用,即协办者允许主办者使用自己的名义。这类协办者一般具有较高的知名度和美誉度,他们参与协办,能大大提高会议活动的影响力。

(3)智力支持,即协办者向主办者提供咨询、策划等智力支持。

(4)物资援助,即协办者向主办者提供举办会议必需的物资。

(5)人力协助,即协办者向主办者提供举办会议所需的会务人才支持,包括临时借调工作人员、招募志愿者等。

(6)工作分担,即协办者分担主办者的一部分组织工作。这种情况下,主办单位与协办单位的分工必须明确。

(7)宣传造势,即协办者运用自身的宣传优势为会议做宣传。比如,媒体参与会议的协办,一般都依靠自己的宣传优势。

4. 与组织工作相关的机构。这是指不直接参与组织工作,也不直接承担会议的法律或行政责任,但对会议的筹备和举办具有直接或间接帮助的机构。

(1)赞助者。"赞助"一词原意是"支持和帮助",而在现代经济和社会生活中,则专指对特定的对象提供资金和实物支持的行为,其实质是双方资源或利益的交换与合作。举办大型会议,尤其是一些具有公益性质和品牌效应的会议活动,赞助是获取经费和实物支持的有效办法。赞助者可以是国际组织、政府机构、企事业单位、非政府组织,也可以是个人,又称赞助商、合作伙伴等。

其实从广义上说,赞助也是一种协办。之所以要把这二者区分开来,主要是三点原因:一是赞助更强调资金或实物(包括场地、设备和其他会议用品等)的支持;二是赞助者不像协办者那样,并不参与会议的具体组织工作,不属于组织者;三是协办者和赞助者在法律责任上应有所区别,前者根据其参与协办的具体情况可能需要承担一定的法律和行政责任,后者则不需要承担任何责任。

会议赞助的性质分为两种:一种是单务赞助,即赞助者在提供赞助后,只要求享有赞助者的荣誉,不要求有其他回报,这种赞助实际上是一种捐赠行为;另一种是双务赞助,即会议主办者(有时也可以是承办者)与赞助者之间本着互利互惠、互有所得的精神进行协商,赞助者向会议提供一定的赞助,同时获得一定的回报,如获得会议的冠名权,会议名称、会徽、吉祥物等无形资产的使用权以及在会刊上和会场中免费发布广告的权利。

(2)支持者。支持者也叫支持单位,其模糊性较大。从广义上看,协办者和赞助者都可以看作是支持者。但从狭义上看,支持者一般为无偿支持,或者因身份特殊不宜叫作协办者和赞助者时,则均可称为支持者。政府机关、媒体、非政府组织等都可以作为支持单位。从会议运作角度而言,支持者对会议的举办可以发挥一定的具体的作用,如新闻报道,也可以仅仅借助其名义来提升会议的影响力。

(二)与会成员

1. 与会成员的含义和类型。会议成员是指有资格参加会议的对象,是会议活动的主体,一般可分成四种资格,资格不同,其在会议中的权利和义务也不同。

(1)正式成员,即具有正式资格,有表决权、选举权、发言权和提案权,必须遵守会议决议的会议成员,也是会议活动的主要成员。

(2)列席成员,即不具有正式资格,有一定的发言权,但无表决权、选举权和提案权的会议成员。在多边会议活动中,列席成员不受会议最终决定的约束。是否需要列席成员参加会议,哪些对象应当作为列席成员,列席成员参加会议中的哪些活动,由会议的组织者根据会议的实际需要来确定,或者通过制定相应的规则加以明确。

(3)特邀成员,即由会议的主办者根据会议的需要而专门邀请的成员,如主办单位的上级机关领导人、协作单位的代表、社会知名人士、外国来宾、报告人等。这类成员的地位较特殊，其在会议中的权利和义务可由会议主办者或会议的领导机构来确定。

（4）旁听成员，即受邀请参加会议，但不具有正式资格，既无表决权，也无发言权的会议成员。

2. 相关术语

（1）代表。人们习惯上把参加会议的成员都称之为“代表”，而严格说来，会议活动中的“代表”一词具有以下特定的含义：一是指由一个国家、一个地区或一个组织正式委派的与会人员，联席性会议、双边或多边会谈以及国际会议的出席者便属于这类“代表”。二是指由一定范围的选民或群众通过一定的程序选举或协商产生的与会人员。三是指代表其他个人的与会者，比如股份制企业举行股东大会，股东可以委托他人参加会议并代其履行权力。在举行重要会议时，应将代表和非代表这两种会议成员作明确的区分，不能混淆。

（2）观察员。观察员是国际会议中的一种特殊身份，相当于会议的列席成员。享有观察员身份的国家、地区或组织可以派代表参加会议，也可以在会上发言，但无表决权，也不受会议决议的约束。

（三）会议信息

1. 会议信息的含义和类型。会议活动是特定时间和特定地点的信息交流活动。会议中的报告、演讲、讨论、对话、展示，其目的都是为了传播信息、获取信息。会议信息是会议内容的主要成分，体现了会议活动的目的和结果，贯穿会议的全过程。

会议信息要素主要有三类：一类是引导会议方向、引导和制约会议信息交流的会议目的、任务、议题、主题；另一类是通过与会者的发言所阐述的立场、观点、知识、政策、经验等，或者通过与会者的展示、演示所发布的技术、产品、形象等；再一类是记载会议过程和成果的简报、记录、纪要、决定、决议、公报、声明、协议、备忘录等。

2. 相关术语

（1）会议主题。一次会议中贯穿各项议题的主线叫会议主题。主题应当统率各项具体的议题。

（2）中心议题。会议的目标有主次轻重之分。目标的主次轻重决定了议题的主次轻重。中心议题就是指体现会议中心目标或主要目标的议题，是相对于次要议题而言的。

（3）动议。在会议期间临时提出的议题，称之为动议。动议所涉及的事项一般都较为紧急，常常是针对某项已经列入议程的议案而提出的修正性或者反对性议题。

（4）最后文件。最后文件即在会议结束时记载会议结果的书面文件，包括各种决议、决定、纪要、公报、合同、协议、条约、协定、谅解备忘录、声明、宣言、计划、纲领等。会议最后文件可以具有法定约束性，也可以是倡议性的。双边或多边会谈中共同签署的最后文件又称共同文件。

（四）会议的时间

1. 会议时间的含义。会议的时间要素包括以下三个方面的含义：一是举行会议的时机；二是会议所需的时间量；三是系列性会议前后两次会议之间固定的时间跨度。

2. 相关术语

（1）会期。会期一是指会议从正式开始到结束的时间量。会期同会议的效率有密切关系，效率越高，则会期越短。二是指周期性会议召开的固定时间，如我国的全国人民代表大会就定于每年3月份举行。

（2）会议周期。会议周期是指同一性质和同一系列的两次会议之间的时间跨度。

（3）休会。休会一般是指会议过程的中止或会议期间的休整。具体来说有三种情形：一是会议活动受到外界因素的影响或会议暂时无法达成协议而被迫中断活动的过程，直至复会。二是为了让与会者有足够的时间来进行会外的研究、沟通和磋商，以便会议的最后文件获得顺利通过而宣布休会。这种休会是一种积极的休整，常常是会议的主持艺术或协调与斗争策略。三是会议期间的正常休息，目的是消除与会者的疲劳，提高会议效率。

（4）复会。复会专指会议在休会之后的继续，因此又称续会。

（5）闭会。与休会不同，闭会是指在正常情况下完成各项议程后结束会议。大型会议的闭会可称为闭幕。同一性质和系列的两次会议之间的正常间隔期称为“闭会期间”。

（五）会议的地点

1. 会议地点的含义。会议的地点是指会议存在的地理位置与空间，具体包括两个方面：一是会议举办地，即会议现场所处的地区、国家、城市；二是会议场馆及其配套设施。

2. 相关术语

（1）主会场。主会场一是指大型会议活动的主要场馆，是相对于会议的辅助场馆（如分组讨论的会场、新闻中心、秘书处所在地以及与会者和工作人员住宿的宾馆等）而言的。会议活动的开幕式、大会报告、投票选举、闭幕式等主要议程和活动都安排在主会场。二是指中心会场，是相对分会场而言的。当会议规模较大无适当的会场时，或者需要举行远程会议时，就必须设主会场和分会场。

（2）分会场。分会场是相对于主会场（中心会场）而言的。分会场的设置有以下几种情况：一是当主会场的容量不足时，通过设分会场来解决；二是当一个会议由多方共同主办时，除设主会场外，可在其他主办方分别设分会场；三是举行视频会议时，除主会场外参加会议的各方应设分会场。

（3）虚拟会场。在计算机技术和网络技术高度发展的今天，与会者只需要配备通信系统的终端（如计算机、手机等），在网络覆盖的任何一个地方，都可实时参加会议。这种无须实地会场的网络会议平台称之为虚拟会场。

（六）会议方式

会议方式是指举行会议的方法和形式，是为实现会议目标、完成会议任务、提高会议效率服务的。任何会议的举行都要依赖一定的方式。会议的目标、任务和性质不同，会议的方式也不相同。研究会议方式，使之与会议的目标、任务、性质相适应，是开好会议的重要保证。会议方式要素主要由以下几方面构成：

一是沟通方式。会议是人们相互沟通的特定形式，但具体到每一次会议，沟通的方式各种各样。比如，按信息沟通的反馈情况来分，可以分为单向沟通、双向沟通和多向沟通。单向沟通是指主持会议的一方或发言者向与会者发送信息，而不要求与会者反馈信息，如报告会、传达情况会、工作布置会、不接受提问的信息发布会等。双向沟通是指会议主持方或发言者不仅发布信息，还要求或允许与会者对发布的信息提出问题、发表看法，相互问答、磋商、对话，如调查听证会、咨询论证会、答辩会、质询会、双边联席会、双边谈判、记者招待会等。多向沟通是指与会各方都可以在会议上发送信息和反馈信息，与会者之间共同讨论、审议、协商、表决，如座谈会、恳谈会、讨论审议会、表决审批会等。

二是发言形式。发言是会议区别于展览、宴请等其他社会活动交往的重要特征。凡是会议总有一定的发言形式，如口头发言和书面发言、自由发言和指定发言等。采用何种发言形式，取决于会议的性质和目标。

三是座位格局。座位格局即会场内与会者座位的形状结构。座位格局有专设主席台的上下相对式、不设主席台的围坐式、与会者分成若干组围坐的分散式等。座位格局的实质，是传递会议的性质，反映与会者的相互关系（如上下级关系、平等协商关系），对创设会议的特定气氛（如严肃庄重的、轻松和谐的）、引导与会者心理有一定的作用。

四是物质与技术手段。会议的物质与技术手段是指举办会议活动、传播会议信息所必须具备的场馆、仪器、设施、用品、动力、技术等。物质与技术手段是会议活动赖以进行的基本保障。会议的各项要素最终都要通过物质手段才能相互结合、相互作用。比如，会议的信息必须通过有效的物质载体和技术支持才能在与会者之间传递、接收和反馈，与会者也只有在具备必要的设施、用品的场馆中才能举行会议。高科技对于会议的支持作用日显重要。多媒体、计算机、网络等高科技在会议领域的广泛运用，使会议的方式与手段层出不穷，大大提高了会议的效率。

四、会议的作用

(一)沟通信息

现代社会是资讯高度发达的社会,人们召开会议或者参加会议,其共同目的就在于传递或者获取信息。因此,会议的基本作用就在于沟通信息。用会议这种群体性社会活动的方式来沟通信息,具有面广、直接、灵活和高效的优点。

(二)发扬民主

通过会议活动来发扬民主,这是现代会议的一项重要作用。首先,会议活动起着上下沟通的作用,便于管理者直接了解下情和民意,使其做出的决策更加符合实际和人民的愿望。其次,会议活动确保现代民主制度中的集体领导原则得以实现。现代社会各种"董事会"、"委员会"、"理事会"、"执委会"等领导机构,普遍实行集体领导原则。会议活动通过集体讨论、投票表决,根据少数服从多数的民主原则做出决定,从而避免了个人滥用权力。从这个意义上说,会议活动是保证集体领导原则得以实现的一个重要手段。

(三)科学决策

现代决策越来越依赖于集体的智慧,即使是在实行首长负责制的组织中,首长的决策也越来越多地由各种"智囊机构"和"智囊人员"先行谋划、酝酿、论证,然后决断。现代决策活动的形式很多,但其中最主要的便是会议活动的形式,如通过调查会、汇报会、研讨会、咨询会、论证会、听证会、决策会等会议形式,收集情况,发现问题,分析原因,确定目标,制订方案,征询意见,做出决策。可以说,科学的决策离不开会议活动。

(四)协调关系

当今世界在发展的同时,不同的国家、地区、民族、社会组织和利益集团之间,在政治、经济、军事、资源、贸易等各个领域的竞争也在日益加剧。这种竞争处理得好,可以促进世界的发展,但如果处理不当,也会带来矛盾和冲突,阻碍世界经济的发展。会议活动为世界上不同的国家、地区、民族、社会组织和利益集团提供了对话与合作的平台,通过沟通与协商,签订协议,制定规范,互利共赢,以推动社会的协调发展。

(五)联络感情

会议活动是一种互动性的交往方式,在交流思想、互通情况的同时,还有助于感情上的融合。有时,我们还可以将联络感情作为会议活动的主要目的,比如举行联谊会、茶话会、团拜会、招待会等,对内可以增强组织的凝聚力,对外能够树立组织的良好形象。

(六)推动工作

会议活动也是实施行政领导和指挥的重要手段之一。任何组织的领导机关都要通过会议来传达决策意图、布置落实任务、统一思想认识、协调各种关系、督促检查工作、总结交流经验、表彰弘扬先进、批评鞭策后进,从而推动工作,实现组织发展的目标。

五、会议的种类

(一)按会议的性质划分

1. 法定性会议,即根据有关法律与法规规定必须举行的会议,以及特定组织为履行法定职责而举行的会议。前者如各级人民代表大会、企业的董事会议和股东大会等,后者如各种法定组织的领导人办公会议等。

2. 非法定性会议,即法律和法规允许的、法定性会议以外的会议。如,学术研讨会、新闻发布会、交流恳谈会、经贸洽谈会等。

(二)按与会者来自或代表的地域范围划分

1. 国际性会议,即与会者来自或代表不同的国家或地区的会议。

2. 全国性会议,即与会者来自或代表全国各地或各条战线的会议。

3. 区域性会议,即与会者来自一个国家的同一区域或代表同一区域内若干单位的会议。这里的“区域”,既可以是行政区域,也可以是自然区域或经济合作区域。

4. 单位性会议,即在一个特定组织内部召开的会议。

(三)按与会者的相互关系划分

1. 纵向关系会议,即由上级组织或领导人召集下级组织或群众参加的会议,主办者或会议主持人同与会者之间具有上下级关系或行政上的管理与被管理关系。一般的工作性会议(如领导办公会议、布置传达会议、总结表彰会议等)都属于这一类。

2. 横向关系会议。这类会议有两种情况:一种是在会议期间与会者之间具有相同的身份和平等的权利的会议,如我国的各级人民代表大会和党代表大会、实行集体领导的各种委员会和理事会会议、国际上双边或多边的会议及会谈等。另一种是会议主办者同与会者之间身份不同也无相互隶属关系的会议,如新闻发布会、记者招待会等。

(四)按会议的保密程度划分

1. 保密性会议,即会议内容涉及国家秘密或商业秘密,并采取严格的保密措施的会议。

2. 内部性会议,即会议内容属于组织内部事项,不涉及国家的秘密,但也不作公开报道,可以根据需要在组织内部进行传达的会议。

3. 公开性会议,即允许公众旁听、记者可以自由采访并公开发表最后文件的会议。

(五)按会议的方式划分

1. 现场会,即在事件发生现场召开并参观考察现场的会议。现场会有助于说明会议主题,强化会议效果。

2. 演示会,又称展示会。这类会议与单纯性的展览不同之处在于,与会者在观摩操作演示之后,还要相互切磋交流或者进行洽谈。

3. 电话会,即利用电话系统连接各分会场而召开的会议。

4. 视频会,可分为单向传播和双向传播两种:单向传播视频会即利用电视实况转播,组织各分会场的与会者收听收看,分会场无法参与主会场的活动;双向传播视频会即通过视频系统将主会场和分会场连接起来,实现图像和声音双向传递和多向传递,又称电视电话会议。

5. 广播会,即通过有线或无线广播召开的会议。

6. 计算机会,即用计算机和网络系统举行的多媒体会议。

7. 座谈会,即以围坐交谈的方式召开的会议。

8. 茶话会,即略备饮料、水果、茶点的会议。

9. 招待会,即以宴请的方式招待客人、商谈工作或发表演说的会议,如欢迎宴会、早餐会、午餐会、晚餐会等。

10. 普通会议,即会场中专门设有主席台或讲台进行上下交流的会议。

第二节　建立会议管理系统

一、会议的领导机构

小型会议的组织领导工作较为简单,由单位的负责人或主管人员召集会议即可,而大中型会议由于组织领导工作繁重,必须建立一定形式的组织领导与管理机构,以确保会议各项组织工作的落实和会议目标的顺利实现。

(一)组织委员会

组织工作较为复杂的大中型会议,以主办单位为主体成立组织委员会(简称组委会)作为最高决策管理组织。组委会对主办者负责,对会议活动实施全面和全过程的管理,其职责主要体现在以下几方面:

1. 制定会议活动的目标、任务、主题、规划、规则、程序和各项具体实施方案,对有关重大问题做出决策;

2. 确定会议的举办时间和地点;

3. 组建会务工作班子,任命工作人员,明确分工,做好各项筹备工作;

4. 负责新闻宣传和公关,扩大国内外的联络,提高会议的影响力;

5. 开发会议资源,筹措活动经费,严格财务管理,努力降低成本;

6. 提供会议服务,掌握和协调会议活动的进程,确保会议活动顺利进行和圆满结束;

7. 做好善后工作,总结会议工作经验;

8. 处理相关的法律事务,承担相关的法律责任。

(二)筹备委员会

筹备委员会简称筹委会,规模较小的会议活动则称之为筹备工作领导小组,简称筹备组,其职责与组织委员会大体相同。但筹备委员会只负责会议的筹备工作,一旦会议产生出领导机构(如主席团),筹备委员会的使命就宣告结束。

(三)主席团

主席团是在会议举行期间按照议事规则和既定的程序主持会议,决定会议中的重要事项,对会议活动实施集体领导的机构。主席团由全体成员大会(预备会议或第一次全体会议)根据组织的章程或专门的议事规则选举或协商产生,至会议结束时完成使命。主席团的一般职责是:

1. 召集并主持会议;

2. 确定议题并组织与会者讨论或审议会议报告;

3. 提出并组织代表审议通过选举办法;

4. 提出提交会议选举或表决的候选人名单;

5. 审查各项动议并确定是否列入会议议程;

6. 提出会议最后文件的草案并提交会议审议通过;

7. 讨论决定会议的有关重大事项;

8. 决定由会议议事规则或会议授权的其他事项。

二、会务工作系统

（一）会务工作系统的主要职责

会务工作系统是在会议领导机构（大会主席团或组委会）的直接领导下完成会议具体组织、协调和善后工作并为与会者提供全面服务的工作系统，其主要职责是：

1. 提供信息和建议，为会议领导确定会议的目标和议题起参谋作用；

2. 根据会议领导确定的议题、时间和形式，提出会议的议程、日程以及程序的草案，呈会议领导审批；

3. 根据会议领导的要求拟写会议的报告、讲话、最后文件的草案，审查与会单位或与会者提交的会议发言材料；

4. 确定会议通知的适当形式并及时制发；

5. 根据会议的要求安排会议的场地并布置会场；

6. 做好会议活动的接待工作；

7. 做好会议的各项记录；

8. 做好会议对内和对外的宣传工作；

9. 注意搞好会议活动的综合协调，及时处理各种突发性事件，保证会议顺利进行和圆满结束；

10. 处理好与会者的提案、议案和各项书面建议；

11. 做好会议精神的传达和反馈工作；

12. 收集会议文件，做好立卷归档工作；

13. 总结会务工作的经验教训。

（二）秘书长

秘书长既是会议活动的领导成员，又是会务工作系统的最高负责人。一般说来，秘书长具有以下几方面的职责：

1. 在筹备阶段，协助会议领导机构负责人（组委会主任、理事长等）开展工作，执行领导机构的各项决定和决议；

2. 根据会议领导机构的授权，审查批准会议活动的各项具体预案，并组织落实、检查指导和统筹协调；

3. 向会议领导机构及时汇报筹备工作的进展情况，指出存在的问题并提出改进措施；

4. 法定性代表大会的秘书长，在预备会议之后，主持召开第一次主席团会议，选举或协商产生主席团常务主席和执行主席；

5. 领导秘书处，处理会议活动举办期间的日常工作，签发各种文件；

6. 负责领导会议的善后工作。

（三）秘书处

秘书处是秘书长领导下的具体实施会务和展务工作的机构，其内部分工大致如下：

1. 文件组，又称秘书组，主要负责各种会议文件的准备、起草、印发、清退、立卷归档工作。

2. 组织组，主要承办代表资格审查工作和选举方面的工作。如，起草代表资格审查报告和选举办法，编制代表名册、选举程序，设计和印制选票，印发候选人情况介绍或简历等。

3. 联络组，主要负责会议主席团与各代表团之间的传达、反馈等联络工作，有时也负责做会议记录。

4. 提案组，主要负责受理会议期间与会者提出的各种提案和议案。

5. 宣传组，主要负责会议的对外宣传工作，包括：制定会议的宣传与公关工作计划并组织实施，组织、安排、协调记者的采访活动，统一向媒体提供会议的新闻稿，承办新闻发布会或记者招待会，负责会议音像资料的录制和管理工作等。

6. 简报组，主要负责编写和印发会议简报、快报。

7. 总务组，又称后勤接待组，主要负责会议的接站、报到、签到、票务、食宿、参观游览、文娱活动、车辆调度、会场安排与布置、设备保障、用品发放与管理、经费预算与筹措、财务管理、现场急救等方面的工作。

8. 保卫组，主要负责会议期间的安全保卫工作。

会务工作机构结构图见图4－1所示。

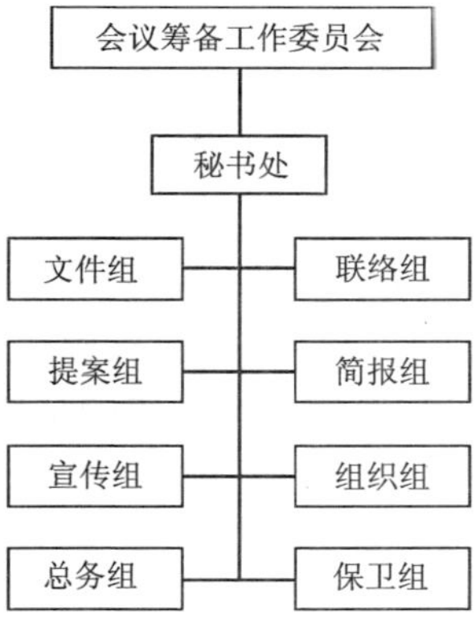

图4－1　会务工作机构结构图

三、会务工作的原则

(一)准备充分原则

准备充分原则具体要求做到:

1. 思想准备。会议秘书必须高度重视会务工作,明确会议的目标和要求,为投入紧张的会议管理工作做好思想上、心理上的充分准备。

2. 信息准备。会议秘书要围绕会议的目的,进行深入细致的调查研究,在充分收集和掌握信息的基础上,向会议领导机构提出开好会议的建议和方案,当好会议领导机构的参谋。会前需要收集和掌握的信息包括:

(1)议题性信息,即需要列入会议议程,进行讨论、研究或需要解决的问题和工作。

(2)指导性信息,即对确定会议的内容与形式,开好会议具有指导意义的信息。如,党的方针政策、有关的法律法规、上级机关的有关精神等。

(3)参考性信息,即围绕会议活动所收集的背景性、资料性信息。这主要包括:下级机关、人民群众、社会的舆论围绕即将召开的会议所形成的意见、建议、要求以及动向,能够帮助说明和阐释会议文件的有关资料以及与会者需要了解的信息等。

3. 经费和物质准备。这主要包括经费预算和筹集、会场设施及会议用品准备、会场布置等。

4. 方案准备。会议活动的各项具体安排事先要有周密的计划和方案,包括实施方案、应急方案。重要的会议活动方案还应当进行科学的咨询与论证,做到集思广益。

(二)分工协调原则

分工协调原则具体要求做到:

1. 分工明确。会议活动每一项组织工作、每一个环节都要落实到人,做到岗位职责明确,任务要求明确。

2. 统筹协调。会务工作涉及方方面面,统筹协调不可缺少。要通过建立协调机制、明确协调责任、强化协调意识,使会务工作机构成为一个相互协调、相互配合的团队,使各个岗位和各项具体工作合成一个有机的整体。

(三)服务周到原则

服务周到原则具体要求做到:

1. 服务全面。会议服务涉及文书服务、后勤服务、信息服务、翻译服务等诸多方面,既要为会议领导服务,同时还要为与会者以及前来采访的记者提供全方位的服务。

2. 服务及时。会议秘书要及时准确地了解领导和与会者的需求，尽快满足他们的愿望。反应迟钝，服务滞后，必然会给服务对象造成不良印象，甚至影响会议的正常进行。

3. 服务超前。会议秘书要尽可能超前做好各项服务工作。比如，根据上届会议活动的信息资料，掌握参加对象的某些特殊要求，事先做好接待安排以及其他各项服务的准备。

4. 服务细致。服务的细致性是服务质量的核心。通过细致、细致、再细致的服务，让与会者处处放心、事事称心。

（四）确保安全原则

这里所指的"安全"包括：

1. 人身安全。具体要求如下：

（1）对有重要人物参加的活动，事先应对现场进行安全检查，布置好安全保卫工作；

（2）大型会议的现场应配置足够的安全设备，设有安全门和安全通道，配备医护人员和救护设备，确保发生紧急情况时能及时救护和疏散；

（3）集体就餐以及举行宴会，要采取严格的卫生措施，防止集体食物中毒，确保饮食安全；

（4）用车辆接送参加对象，要事先对司机进行安全行车的教育，并切实做好车辆检查，及时排除安全隐患，保证行车安全。

2. 信息安全。会议活动中，凡内容涉及国家秘密、商业秘密的信息，要从会场的安排、设备的选用、文件的印发和保管、人员的进出等方面采取严格的保密措施，防窃听、防文件丢失、防外人混入会场，确保信息安全。

3. 财产安全。大型会议活动往往人数多，流动量大，但也难免鱼龙混杂，对会议举行期间的财产安全构成一定的威胁。因此，一定要采取有效手段，加强现场安全管理。对重点财产要采取严密的防火、防盗、防破坏措施，严加保护。

（五）节约环保原则

会议本身是一项消耗资源、消耗经费的活动。贯彻节约环保原则，不仅能降低会议活动的成本，更重要、也更有意义的是给会议活动树立一种绿色环保的形象。具体要求做到：

1. 严格执行财务预算，加强资金监管，努力降低成本。

2. 科学合理配置和最大限度地利用资源，采取切实有效的措施杜绝浪费，以最少的资源换取最大的效益。

第三节　安排议题和议程

一、安排议题

（一）安排议题的要求

1. 服从会议目标和主题。凡与会议目标和主题无关或偏离的议题都应当撤去。

2. 讲求高效。具体要求做到：

（1）凡拟提交会议讨论的议题必须确有必要而且是需要立即讨论的，避免让那些没有必要的问题分散与会者的精力和占用会议时间。

（2）一次会议议题的数量要适度，避免因议题过多导致会议时间冗长，会议效率下降。如果需讨论的议题确实较多，可采取分段开会的办法。

（3）分清议题的主次轻重，明确中心议题或主要议题，以保证与会者能够把主要精力集中于最重要和最需要认真思考的问题上。

（4）议题准备一定要充分，在拟定议题的同时，还要提交相关的背景材料，有的还要形成两个以上的备选方案，以便与会者在讨论和决策时参考。

3. 议题要符合会议权限。任何一种会议都有一定的权限范围，特定的议题只能在特定的会议上讨论或做出决定。

（二）议题的处理

1. 议题的收集。议题（议案）由秘书部门或专门的会务部门在会前或会议中统一收集、整理、登记、汇总，然后提交给会议的领导或大会主席团进行审查。

2. 议题的审查。议题可由秘书部门先期审查，法定性代表大会可设立议案审查委员会进行审查。审查的重点是：

（1）该议题及针对该议题可能做出的决定是否符合组织的管理目标并属于本次会议的职权范围；

（2）该议题主题是否鲜明，理由是否充分，相关材料是否可靠；

（3）该议题提出的时机是否成熟，是否必须在本次会议上讨论；

（4）该议题提出的程序是否符合有关规定；

（5）议题之间是否重叠，能否合并。

3. 议题的确定。议题的确定有以下几种情况：

（1）纵向性会议以及由一个单位发起并主办的会议，一般将议题直接提交给主办会议的领导机关或领导人确定。

（2）实行表决制的会议，其议题要经过全体成员表决方能确定。

（3）实行磋商机制的会议，如会谈和联席会议，其议题一般要通过双边或多边的磋商才能最后确定。

4. 未确定的或者经审查未能通过的议题,可按下列办法处理:

(1)撤题。属于下列情况之一的议题应当撤回:①不符合本组织管理目标或不能体现会议目标、任务的;②不符合上级领导机关或本级领导机关有关政策和精神的;③在分管领导或部门职责范围内可以决定而不需要拿到本次会议上讨论的。

(2)转题,即把不属于本组织或本次会议职权范围研究决定的议题,转给相关的领导机关或相关的会议去研究处理。

(3)缓题,即对那些情况复杂一时难以搞清楚,解决问题的时机尚未成熟,或者相关材料准备不足,需要充实情况的议题,采取缓议的办法,等时机成熟后再议,或退回有关部门进行补充后提交下一次会议讨论。

(4)并题。如果议题之间相互重叠,可考虑加以调整合并,然后再重新提交审查。

(5)协调,即对内容涉及诸多部门和单位的议题应在会前充分协调,使各方的立场趋于一致,并能形成一个初步方案,再提交会议正式通过。

二、安排议程

(一)议程的含义

会议活动基本上可以分为两类:一类是议题性活动,即针对会议的各项议题所展开的报告、讲演、辩论、商讨、审议、选举和表决等活动,是会议的主要活动;另一类是仪式性活动,即围绕会议主题进行的颁奖、授勋、签字、揭幕、剪彩、奠基、升旗等程式性较强的活动,属于非议题性活动。会议议程是对议题性活动的程序化,即把一次会议的各项议题按照主次、轻重的原则以及先报告、再讨论审议、后表决的次序编排起来并确定下来。

(二)会议议程的书面结构

1. 标题。标题由会议全称加上“议程”二字组成。

2. 稿本。如系须提交大会表决通过的草案,则应在标题后面或者下方居中用圆括号注明“草案”二字。

3. 题注。议程一经大会通过,则去掉“草案”二字,在标题下方注明通过的日期、会议名称,并用圆括号括入。

4. 正文。正文简要概括地说明会议每项议题性活动的顺序,用序号标注,句末一般不用标点。

5. 制定机构和制定日期。由主办者直接制定的议程可在正文右下方写明制定机构的名称(如秘书处)和制定日期。

会议议程实例

××××公司行政办公会议议程

（2010年3月4日）

一、×××总经理传达集团公司2010年度销售工作会议精神

二、听取和讨论销售部2010年度销售工作计划

三、讨论和决定销售部部分人员职务变动事项

四、讨论并落实公司新招聘员工上岗培训计划

第四节　确定会议对象和规模

一、确定会议对象

（一）确定会议对象的几种程序

1. 领导确定。纵向性会议（如，表彰会、经验交流会等）和部分横向性会议（如，学术研讨会、经贸洽谈会、调查会、联谊会等）的参加对象一般由会议领导者根据会议的目的、性质和议题来确定。

2. 规则确定。各种法定性会议（如，党代表大会、人民代表大会、政府会议、董事会议以及各种国际性会议组织等）的会议成员必须根据组织章程或议事规则确定。

3. 磋商确定，即由会议的发起者、主办者或成员之间根据会议目的和议题，通过平等协商确定各方参加会议的代表人选。会谈和谈判、国际多边会议等即如此。

4. 选举确定，即根据一定的规则，通过选举程序产生代表作为会议成员。首届代表大会的成员、临时性代表会议的成员一般要通过选举的办法产生。

（二）确定对象的具体要求

1. 合法性，即会议对象的确定必须符合法律、法规、规章以及组织章程、议事规则的有关规定。

2. 必要性，即要求根据会议的目的、议题确定对象。对于必须参加的单位和个人，一个也不能遗漏。而可参加可不参加会议的单位和个人，则不应当列入参加范围。

3. 明确性，即要求明确规定对象的职务或级别以及对象的资格，严格区分“出席”（正式成员）、“列席”（列席成员）和“旁听”。

4. 代表性。与会者是否具有代表性，是会议能否真正发扬民主、集思广益的关键因素。因此，代表大会、调查会、听证会等等，应充分考虑参加对象的代表性。

二、确定会议规模

（一）会议规模的含义

会议的规模一般是指会议动用的人和物的总和，其中主要因素是参加会议的总人数。

（二）确定会议规模必须综合考虑的因素

1. 效果因素。会议的规模应与会议的预期效果相适应。有的会议保密性较强，必须严格控制与会人数，以防会议内容的扩散。有的会议必须达到一定的规模才能形成声势，扩大影响，产生效果。但需注意的是，片面追求规模，会产生不良影响和效果。

2. 效率因素。在会议结果不变的情况下，会议规模与会议效率成反比关系。同样的会议结果，会议规模越小，所花的时间就越少，会议效率就越高；反之就越低。

3. 成本因素。会议规模与会议成本成正比关系，规模越大，消耗的人力、物力、财力就越多，会议成本也就越高；反之则越低。

4. 场地因素。规模决定场地，但由于场地的限制，规模必然受到相应的限制。因此，决定会议规模之前应先考察场地条件。

第五节　确定会议时间、地点与名称

一、确定会议时间

确定会议时间涉及两个方面：一是把握时机，即何时开会最为合适；二是确定会期，即会议需要多少时间。

（一）确定会议时间应当把握的几条原则

1. 时机原则。具体包含三方面要求：

（1）举行会议的时机必须成熟。只有当讨论、解决问题的条件充分具备，时机完全成熟时，适时召开会议，才能水到渠成，瓜熟蒂落。否则，会议的效果就得不到保证，甚至还会适得其反。

（2）时机成熟的会议应当及时召开。拖而不议，则会错失良机，延误工作。

（3）选择合适的会议时间。会议时间的合适一是指会议召开的时间富有意义，能配合会议的主题。比如，纪念性会议放在纪念日举行最能突出其主题；庆祝性、招待性会议安排在相关节日前夕召开效果最佳。二是指会议召开的时间有利于推动工作。比如，总结工作、安排计划的会议应当在工作完成之后、计划开始之前举行；

工作性例会，如党委、厂长经理办公会等，一般安排在周一或周五举行。

2. 需要原则。会期的长短要依据会议的实际需要来确定，一般要考虑这样几个问题：

(1) 会议的各项议程是否能够完成；

(2) 会议的发言是否充分，与会者能否充分表达意见；

(3) 会议中是否会有临时动议提出，如果提出动议，大致需要花多少时间进行讨论和表决；

(4) 是否需要留出一定的机动时间，以应不测。

3. 成本和效率原则。一般情况下，会议时间越短，成本越低，效率越高。因此，在满足需要原则的前提下，适当、合理地压缩会议的时间，是降低会议成本、提高会议效率的有效手段。具体要求做到：

(1) 会前要对会期做好预测，在确保会议效果的前提下，尽量做到长会短开。

(2) 准时开会、准时散会。

(3) 适当限制发言时间。

(4) 已散发的书面文件不必照本宣读。

(5) 严格控制与会对象，可参加可不参加的就不要通知其参加。

(6) 能以局部性会议解决的问题，就不要召开全局性会议。对确实需要召开的全局性会议，要建立报请审批制度。

(7) 建立候会制度。有些工作性会议，往往议题较多，涉及面较广，需要请有关方面的人员参加。如果从会议一开始，便通知所有涉及的单位和人员参加，而真正讨论每一单位的事项所花时间并不多，这样就造成了不必要的陪会，而且容易使会议的内容相互扩散。为此，有必要实行候会制度。具体做法是：秘书事先了解会议的议题和议程，估计每项议题开始的大致时间，然后通知有关单位的人员提前在休息室等候，当会议讨论到该单位的事项时，再通知其进入会场。

4. 协调原则。会议活动往往是领导人的主要活动形式，安排会议，特别需要注意协调领导人之间参加会议的时间，以免相互冲突。如果是多边会议、联席会议，或者会议是共同主办的，还应当与其他方面协商确定举行会议的具体时间。

5. 合法合规原则。法律法规以及组织章程或议事规则明确规定会期的会议，应当严格按规定的会期召开，非特殊情况不得提前或推迟。

(二) 确定会议时间要注意的几个具体问题

1. 会议的主要领导人、嘉宾、报告人是否能在这一时间参加会议。

2. 与会者是否有足够时间准备提交相关文件或发言材料，如学术性会议的论文、招标性会议的标书、论证会的论证报告、听证会的证词等。

3. 会议的各项组织和准备工作是否有足够的时间完成。

4. 会议的具体日期是否具政治上、外交上、宗教上、民族风俗上的敏感性。

二、安排会议地点

会议地点安排一是指选择合适的举办地，如国际性会议要考虑选择在什么国家或地区以及什么城市举行；二是指选择合适的场馆（包括会场、住宿的宾馆饭店等）。

（一）安排会议地点的要求

1. 能够推动举办地的政治、经济和社会发展。现代会议的地点选择已经超越了会议本身的意义，越来越具有浓厚的政治和经济色彩。举办重要会议，主办者应当考虑能否推动举办地的政治、经济、文化等方面的发展，是否能从举办地获得最佳的政治、经济和社会效益。

2. 能够突出会议的主题。理想的会议地点不仅能够吸引与会者，而且可以突出会议的主题，提高会议的效果，有利于实现会议的目标。具体可以采取以下几种办法：

（1）选择当前事件现场。如，在创造先进经验和发生重大事故或事件的现场举行“经验交流现场会”、“安全生产现场会”，通过现场观摩和察看，使与会者产生深刻的印象，从而强化示范或警示的作用。

（2）选择与会议主题密切相关的历史遗址举行会议，使会议更具有教育意义和纪念意义。

（3）选择工作现场。在工作现场召开办公会议或协调性会议，是当前领导干部改进作风，深入实际的体现。选择这样的地点，能够帮助领导干部及时了解第一手情况，当场解决工作中的问题，提高会议及工作的效率。

3. 能够营造良好的会议气氛。比如，我国在举办 2001 年 APEC 贸易部长会议时，将上午的会议安排在上海国际会议中心举行，下午则移师被誉为“中国第一水乡”的周庄，在一艘名为“周庄舫”的大型湖船上继续举行，其用意是：一方面向世界显示，一个国家在积极参与经济全球化和对外开放的同时，仍然可以很好地保留民族文化、民族传统和民族的价值观念；另一方面创造轻松的会议环境，以便使与会各方更容易达成一致。

（二）安排会议地点应当综合考虑的几个具体问题

1. 会议的举行地是否具有足够的接待能力。如，举行大型会议就必须考察候选地点是否具有会议必需的场馆、餐饮条件、机场、道路、交通设施等。

2. 会议的场馆及其周边环境是否能够确保会议的安全，包括人身安全、信息安全和财产安全。

3. 环境是否适宜。会场的环境包括空气质量、气候影响、噪声大小等因素。应当尽量选择气候适宜、环境幽静的会场，保证会议取得满意的效果。

4. 会场大小是否适中，过大或太小都会影响会议的气氛和效果。

5. 会场内的设备（如电梯、音响、空调、照明、同声翻译等设备）是否能够满足会议的实际需要。

6. 会议所在地是否具备必要的通信设施以满足新闻采访和报道及时性的要求。

7. 会场距离是否适当。会场距离一是指主办者驻地与会场之间的距离。一般说来,主办者离会场太近,会议容易受主办单位内部事务的干扰,太远则照顾会议不便,因此以适中为好。二是指会场与住宿的宾馆之间、主会场与分组讨论的会场之间的距离,这种距离当然是越近越好。

8. 会场规格是否适当。会场规格越高,支出的费用越大,直接影响会议的经济成本。

9. 是否可用现代通信手段召开会议。在有条件的情况下,尽可能运用电话、电视、计算机网络召开会议,以虚拟会场取代实地会场。

三、确定会议名称

(一)会议名称的含义和作用

会议名称是指会议活动的正式称谓,是会议活动基本特征的信息标志。会议名称的作用在于:

1. 揭示会议的主题、性质、范围等具有基本特征的信息。

2. 便于对会议进行宣传报道,使人们了解会议和认识会议,扩大会议的影响。

3. 便于制作会标,悬挂于会场内醒目之处,增强会议的庄重气氛。

4. 便于各种会议文件的记述。

5. 便于立卷归档和今后的查考利用。会议文件是按会议名称立卷并归档的,如无名称,则给立卷归档以及今后的查考利用造成不必要的麻烦。

(二)确定会议名称的方法

1. 突出会议主题。如:“国际性金融危机防范对策学术研讨会”。

2. 揭示会议主办者。如:“中国科学院知识创新试点工作咨询座谈会”。

3. 强调会议功能。如:“××审批大会”、“××产品鉴定会”、“××表彰大会”、“××总结交流会”等。

4. 体现与会者身份。如:“中国共产党第××次全国代表大会”,会议名称表明与会者的身份是党员代表。

5. 说明与会者来自范围。如:“第四次世界妇女代表大会”、“××××国际学术研讨会”、“全国××工作会议”等。

6. 反映会议时间和届次。年度性会议和系列性会议必须揭示时间和届次特征,如:“××公司2010年度工会工作人员先进集体和先进工作者表彰大会”这一名称揭示了年度特征;“第22届万国邮联大会”、“国务院第8次常务会议”揭示了届次特征。

7. 标示会议地点。如:“1999《财富》论坛 · 上海”、“上海国际贸易洽谈会”等。地点特征往往反映出会议的东道主,有时也间接反映主办者。

8. 表明会议方式。如:“××座谈会”、“××茶话会”、“××××现场会”、“××××电视电话会议”等。

一次会议的名称可以同时从几个方面揭示特征性信息。所揭示特征的多寡,应当根据会议的实际情况来确定。会议目的、要求和类型不同,会议名称所揭示的特征也各有侧重。如,“北京2000年第六届世界大城市首脑会议”这一名称就揭示了地点(北京)、时间(突出世纪之交)、届次(第六届)、出席范围(世界大城市)、与会者身份(大城市首脑)若干特征。

(三)使用会议名称的注意事项

1. 正式场合、正式文件、会议记录应当用会议全称,以示庄重,以便于日后查考。

2. 在会议简报和宣传报道中可以使用会议简称,但必须是规范化、习惯性简称,如“十一届三中全会”。滥用会议简称会造成名称重复甚至误会。

第六节　安排分组活动、专题会议与发言

一、安排分组活动

分组活动和专题会议能提高会议的机动性,增加发言的机会,扩大信息交流面,加深议题的研究程度。

(一)分组的方法

1. 按与会者所在的单位编组。如,机关或企事业单位召开大会,可以按下属的部门或单位分组。

2. 按与会者所在的行业或系统编组。如,全省、全市性大会可以按农业、工交、教育、卫生等行业或系统分组。

3. 按与会者所在的地区编组。如,全国性会议可以按大区和行政区划分组,也可以按自然区域或经济区域分组。

4. 按界别编组。如,我国的政协开会,就是按文艺界、学术界、企业界、体育界、宗教界等界别进行分组。

5. 按法定规则分组。有些法定性会议,有关法律或法规对分组有规定的,要照法律、法规执行。

6. 混合编组,即不按上面介绍的几种方法编组,而是有意让不同单位或地区、不同行业或系统、不同界别的与会者交叉混合编组。这种编组的方法有利于扩大与会者的视野,接触和了解多方面的信息。

(二)安排分组活动要注意的问题

1. 组的数量和规模要适中。

2. 会议的领导要参加各组的讨论,并尽可能分散到各组,不要集中在一两个组。

3. 为了加强对各组的领导,应当指派组织和协调能力较强的人担任组长或召集人,并建立组长或召集人会议制度。

4. 法定性代表大会的代表团团长应当根据有关规定由代表民主选举产生。

5. 会议的领导机构可向各小组或代表团派出联络员,以便及时沟通信息,掌握会议动态。联络员工作由会议秘书处统一管理和协调。

二、安排专题会议

专题会议也叫配套会议,这是当前大型会议、特别是国际性大会常见的一种活动形式。

(一)专题会议的种类

1. 专题报告会。专题报告会又称专题论坛、专题演讲,由指定的发言者介绍自己对相关专题的分析以及研究成果。报告后也可安排提问。

2. 专题座谈会,又称圆桌会议、讨论会。与会者均有机会发言。

3. 专题发布会,又称新闻发布会、情况通报会、政策说明会、成果(技术)发布会等。它既可以是单向发布,不安排提问,也可以是双向沟通,即在发布后回答与会者的提问。

4. 专题演示会,即现场演示并介绍有关的产品和技术。

5. 专题洽谈会,即与会者之间就共同感兴趣的领域洽谈合作意向,签订有关协议。

(二)安排专题会议要注意的问题

1. 设计好专题会议的主题,并与大会主题配套。

2. 适当控制场数,不要冲淡大会。

3. 协调好各场专题会议的时间,尽可能减少撞车,以便让与会者有更多的选择。

4. 专题会议的会场不要远离主会场。

三、安排会议发言

(一)发言的申请和确定

1. 会前报名,即由与会者事先提出发言请求,由会议的组织者或领导者根据议事规则或会议实际情况确定。

2. 临时申请,即在会议进行过程中提出发言的请求。临时要求发言,应经会议主席允许。

3. 领导指定,即由会议的组织者或领导者在会议召开之前指定发言者的名单,也可以在会议上由主持人点名发言。

4. 自由发言,即主持人宣布开始发言后,与会者可以自由发言,无须事先提出申请。

(二)组织会议发言要注意的问题

1. 发言内容必须符合会议的目标,紧紧围绕议题,具有真实性、思想性、先进性和典型性。

2. 尊重与会者的发言权。一般来说,正式成员都具有发言权;列席成员具有一定的发言资格,视会议的具体情况而定。与会者的发言权应当尊重,法定性会议的正式成员所具有法定的发言权受法律保护,任何人不得剥夺。

3. 注重发言的效果。发言效果的决定因素是发言人的发言能力。报告会、演讲会的发言人要精心挑选。

4. 照顾发言的代表性。大型会议由于参加会的人数较多,而每个人发言的机会则较少。因此在安排发言时,必须考虑发言的代表性,尽可能照顾到方方面面。

5. 合理控制发言的人数。合理控制发言人数,既可以满足交流的需要,又能够提高会议效率。

6. 限制发言的时间。合理限制发言的时间,一方面是提高会议效率的需要,另一方面是为了让更多的与会者有机会发言。限制发言时间应当坚持公平、公正原则。

(三)安排发言顺序的方法

1. 按确定的议题顺序(即议程)安排发言的先后顺序。

2. 按报名的时间先后安排发言的先后顺序。

3. 按身份从高到低或从低到高安排发言的先后顺序。一般情况下,开幕式上的发言从高到低,闭幕式上的发言从低到高。

4. 按发言者的姓氏笔画或代表团的名称笔画,国际会议则按英文国名的首字母顺序安排发言的先后顺序。

5. 通过抽签决定发言顺序,以示公平。

6. 随机指定,即由会议主席在会上临时点名指定发言顺序。

7. 发言者自由决定发言顺序,座谈会的发言往往运用这种方法。

以上发言顺序的安排方法可以混合使用。比如,学术报告会可以先根据议题先后指定主要报告人的发言顺序,然后留出一定的时间给与会者自由发言。

第七节　制定会议日程和程序

一、制定会议日程

（一）会议日程的含义

会议日程是指每天的各项会议活动按单位时间的具体落实安排。会议日程不仅细化议程框架内的全部议题性活动，还要具体安排会议过程中仪式性活动，有时还可以包括其他的辅助活动，如招待会、参观、考察、娱乐等。

（二）会议日程的作用

1. 保证会议议程的具体实施。会议议程总的来说较为原则、概括，具体实施时必须将其时间化。会议日程将议程的各项内容落实到具体的时间单元，这对圆满完成全部议程起到了时间上的保证作用。

2. 方便与会者。会议日程制定后要发给每个与会者。由于会议日程在会议内容、时间、地点、出席范围等方面的规定准确清晰、一目了然，使与会者既能了解会议的总体安排，又可事先知道每项具体活动的时间、地点和要求，这就给他们提供了极大的方便。

3. 提高会议的效率。科学的会议日程能够使各项会议活动形成一个和谐有序的整体，能够充分激发与会者的热情和斗志，合理分配精力和注意力，同时也能对各项活动的时间做必要的限制，最大限度地节省会议的时间和费用。因此，制定会议日程是提高会议效率的重要手段。

（三）制定会议日程的方法和要求

1. 全面准确地把握会议的议程、仪式性活动和其他辅助活动的关系，突出会议的议程安排，同时注意各项活动之间的协调性。

2. 对完成各项具体活动所需要的时间进行预测。预测的依据主要是：

（1）上届会议上同样的活动所花的实际时间；

（2）本次会议的议题和其他活动的增减情况；

（3）每项议题发言的人数和发言时间；

（4）每项仪式性和辅助性活动大致所需的时间；

（5）中间休息的时间。

3. 既要贯彻精简、高效的原则，又要科学、合理，做到紧中有松，劳逸结合，符合人体生理和心理活动的规律，以提高会议活动的质量。

（四）会议日程的书面结构

1. 标题。标题由会议全称或规范化简称加上"日程"或"日程安排"、"日程表"组成。

2. 稿本。会议日程如果要在大会上或主席团会议上通过，应写明"草案"。

3. 题注。在大会上或主席团会议上通过的会议日程，应当写明题注，具体写法同会议议程。一般会议的日程如在标题中已经显示会议年份信息的，则可省去不写；如标题中未显示年份信息，在其他部分也未显示的，应标明年份，以便阅读者了解会议是哪一年举行的。

4. 正文。正文部分有两种格式：

（1）表格式。其优点在于各项安排清晰明了，适用于需要交代各项具体信息的会议。项目包括会议的日期和单位时间（上午、下午、晚上）、具体活动的名称和内容、主持人（召集人）、参加对象、活动地点、活动要求（备注）等。

（2）日期式，即按日期及时间顺序排列会议的各项活动。

5. 制定机构。标明题注的会议日程无须落款，其他会议日程一般由会议的秘书处落款，也可省去。

6. 制定日期。该项也可省去。

会议日程的参考格式见表 4－1 所示。

表 4－1　××××大会日程

2010 年 3 月 2 日—3 月 3 日（会期一天半）

时　　间		活动名称	内　　容	地点	参加对象	主持人
3 月 2 日上午	8:00－11:00	××××	①××××××××× ②××××××××× ③××××××	××××	××××	×××
3 月 2 日下午	1:30－5:00	××××	①××××××××× ②××××××××× ③××××××	××××	××××	×××
3 月 3 日上午	8:00－11:00	××××	①××××××××× ②××××××××× ③××××××	××××	××××	×××

二、制定会议程序

（一）会议程序的含义

会议程序是指在一次相对独立的会议活动中将所有的工作环节和活动细节按照时间先后加以排列的顺序。需要制定程序的会议有两类：一类是大会中的单元活动，如大会的开幕式、闭幕式、选举、表决等；另一类是单独举行的仪式，如签字仪式、颁奖仪式、开工仪式等。

（二）会议程序的特点和作用

会议程序的特点是详尽性、明确性和可操作性，详细列明从会议开始到结束的每项发言、每个活动细节的名称、发言人的身份和姓名，有的程序还规定每项活动细节和发言的限定时间。会议程序既可以发给与会者，使其了解会议活动的具体安排，同时也是会议主持人掌握会议进程的操作依据。

（三）会议程序的书面结构

1. 标题。标题由活动名称（全称或规范化简称）加上“程序”或“顺序表”组成。

2. 题注。题注标明活动的具体日期、地点、主题（标题中已显示主题信息的可省去）、主办单位等信息。

3. 正文。会议程序的正文有两种格式：

（1）序号式，即用汉字或阿拉伯数字标引各项具体活动，列出相应的活动步骤和细节，要求详细、明确。

（2）时间序列式，即把各项会议活动以较为精确的时间排列先后，其优点是容易控制各项活动的时间。

4. 制定机构。一般写会议秘书处，也可省去。

会议程序实例

××公司2010年度先进集体和先进个人颁奖大会程序

（2010年12月30日）

一、司仪宣布：请参加今天颁奖大会的领导上主席台

二、司仪宣布：今天的颁奖大会由公司副总经理×××主持（当主持人身份较高时，可先由司仪做介绍）

三、主持人宣布：××公司2010年度先进集体和先进个人颁奖大会开始，全体起立，奏国歌

四、公司总经理×××作主题讲话并宣读《××公司关于表彰2010年度先进集体和先进个人的决定》

五、公司董事长、副董事长、总经理、工会主席向先进集体颁发奖状和奖杯

六、公司董事长、副董事长、总经理、工会主席向先进个人颁发奖状和奖杯

七、先进集体代表×××发言

八、先进个人代表×××发言

九、公司董事长、党委书记×××讲话

十、主持人宣布：××公司2010年度先进集体和先进个人颁奖大会结束

三、议程、日程和程序的区别

会议议程、会议日程和会议程序都是关于会议活动顺序的安排，它们之间的区别在于：会议议程是整个会议议题性活动顺序的总体安排，不包括会议期间的仪式性、辅助性活动，其特点是概括、明了，一旦确定，不得任意改动；凡有两项及以上议题的会议，都应当事先制定议程。会议日程是将各项会议活动（包括仪式性、辅助性活动）落实到单位时间，凡会期满 1 天（即两个单位时间）的会议都应当制定会议日程。会期半天以内、且都是议题性活动的会议，只需制定议程，而不必制定日程。会议程序则是一次单元性会议活动或单独的仪式性活动的详细顺序和步骤。规模较大、活动较多、会期较长的会议，往往同时制定会议的议程、日程和程序，以适应不同层次活动的需要。以举行颁奖、选举、揭牌等仪式为主的会议活动，一般只制定会议程序，不制定议程。

第八节　制发会议通知和证件

一、制发会议通知

（一）会议通知的种类

1. 按通知的形式可分为口头通知和书面通知。口头通知具有方便、快捷、即时的优点，但容易遗忘。书面通知尽管需要打印、分发或者邮寄，手续较多，时间较慢，但显得严肃、庄重，而且具有备忘的作用。重要会议应当使用书面通知。

2. 按通知的性质可分成预备性通知和正式通知。预备性通知先于正式通知发出，其作用主要是请与会者事先做好参加会议的准备。凡需要事先征求与会者的意见，或者需要与会者事先提交论文、报告、答辩和汇报材料，或者先报名然后确定与会资格的会议，应当先发预备性通知，议程、时间、地点以及与会资格正式确定后，再发正式通知。

3. 按通知的名称分为会议通知、邀请信（函、书）、请柬、海报、公告等。

（1）通知适用于主办者同与会者之间具有上下级关系，或者是管理与被管理、指导与被指导关系的会议活动。具体的发送对象是：①会议的当然成员和法定成员。②本机关或本单位内部的工作人员。单位内部会议一律使用通知。③下级所属单位。④受本机关或本单位职权所管理的单位。

（2）邀请函一般用于横向性的会议活动，具有礼节性，发送对象是不受本机关职权所制约的单位以及个人。一般召开学术研讨会、咨询论证会、技术鉴定会、贸易洽谈会、产品发布会等，以发邀请函为宜。

（3）请柬主要用于举行仪式性、招待性会议活动，如大型会议和展览活动的开幕式和闭幕式、大型工程的开工和竣工仪式、重要项目的签字仪式、招待会、晚会等等，发送对象一般都是上级领导、知名人士、来访客人、兄弟单位等，多使用书面语，语言恭敬儒雅。

(4)海报具有公开性，通常采用招贴的方式，主要用于可以自由参加的会议活动，如学术性报告会。

(5)公告专门用于股份公司召开股东大会时，通过登报发布举办会议的信息。

(二)会议通知的内容

1. 会议名称。会议名称一定要写全称。

2. 主办者。联合主办的会议，要写明所有主办者名称。

3. 会议的内容。它包括会议的目的、意义、主题、议题、讨论的提纲、议程安排等。报告会应当写明报告人姓名、身份和报告主题。

4. 参加对象。如果通知是发给单位的，应当说明参加会议的人员的具体要求，如职务、级别，专题工作会议应要求分管领导到会。会议通知也可以直接发给与会者个人。与会者资格不同，通知中应分别用“出席”、“列席”、“旁听”、“参加”等词语来表达。有的会议为了达到一定的规模，通知中还规定每个单位参加会议的人数。

5. 会议的时间，包括报到时间、会议正式开始和结束时间、会期。

6. 会议的地点，应具体写明会场所在的地名、路名、门牌号码、楼号、房间号码、会场名称。

7. 其他事项。如，参加会议的费用、报名的方式和截止日期、有关论文撰写和提交的要求、入场凭证以及组织者认为必须说明的事项。

8. 联络信息。如，主办单位或会议筹备机构的地址、邮编、银行账号、电话和传真号码、网址、联系人姓名等。

(三)会议通知的书面格式

1. 文件式，即使用正式文件的格式标印会议通知，并通过正式文件的传递渠道发送，用于召开重要会议。

(1)标题。标题一般由主办者名称、会议的名称和“通知”组成。由多家单位联合举办的会议可省去主办者的名称。

(2)主送机关。文件式会议通知一般都发给单位，这里的单位称为主送机关。

(3)正文。通知的正文部分可以按通知的内容分成若干层次和段落，开头部分写明会议召开背景和目的；主体部分写明通知的具体内容；结尾处写明联系信息和联络方式，也可用“特此通知”收尾。

(4)发文机关。发文机关就是会议的主办单位或大会组委会。发文机关要写全称。联合主办的会议，每个主办单位都要写上，并加盖公章。

(5)成文日期。写明具体的年、月、日。

文件式会议通知例文

中共××市委组织部文件

×组发〔2009〕15 号

中共××市委组织部
关于召开××市 2009 年度组织工作会议的通知

各区、县、委、办、局党委或党组组织（干部）部门：

为了认真总结我市一年来组织工作的经验，布置今年组织工作的主要任务，决定于 2009 年 1 月 15 日至 16 日上午（会期一天半）召开××市 2009 年度组织工作会议，现将具体事项通知如下：

一、出席对象：各区、县、委、办、局党委或党组组织（干部）部门正副部长（处长）。

二、会议地点：××宾馆三楼会议厅。

三、会议时间：2009 年 1 月 15 日上午 8:30 报到，9:00 会议正式开始。

四、日程安排：

1 月 15 日上午：大会，市委组织部常务副部长×××代表市委组织部总结工作、提出任务，三个单位交流经验；

1 月 15 日下午：分组学习江泽民同志“三个代表”重要思想以及江泽民同志有关做好党的组织工作的论述，讨论×××讲话和有关文件；

1 月 16 日上午：大会交流，市委组织部部长×××讲话，市委副书记×××讲话。

五、郊区同志如需住宿，请报到后与会务组联系。

中共××市委组织部（章）
2009 年 1 月 5 日

主题词：组织工作　会议　通知

××市委组织部办公室　　　　2009 年 1 月 6 日发出

2. 书信式,即以书信的格式写作的邀请信,其结构要素如下:

(1)信头。书面邀请信可在信笺版心的顶端用醒目字体标志主办者全称,称为信头。

(2)标题。书信格式的邀请信多以“邀请函”作为文种,标题由会议名称直接后加“邀请函”组成。

(3)称呼。①邀请信发到单位的,写单位名称,但必须写单称,因为邀请信只能逐个邀请,以示礼貌和尊重。②邀请信直接发给会议对象个人的,应当写个人姓名,前冠“尊敬的”敬语词,后缀“先生”、“女士”、“同志”等。

(4)正文。正文载明邀请信的具体内容。

(5)落款。落款有两种:以主办单位名义发出的邀请信,署主办单位名称;以领导人的名义邀请专家或知名人士,由领导人亲署姓名,以示郑重。

(6)成文日期。写明具体的年、月、日。

会议邀请函例文

××市社会科学院

“知识经济与可持续发展战略”学术研讨会

邀　请　函

×××先生:

以知识资本和知识产品的高增值为标志的知识经济的兴起,使知识成为最具扩展能力的资本和最具市场潜力的产品。为了探讨知识经济与可持续发展战略,我所定于2010年2月6日至10日在海南海口市召开“知识经济与可持续发展学术研讨会”,特邀请您出席。现将有关事项告知如下:

一、会议主题:知识经济与可持续发展

二、主要议题:

1. 知识经济与人才发展战略

2. 知识经济与我国现代化进程的互动关系

3. 我国的科技、教育和经济如何应对知识经济的挑战

三、会议日期:会期5天(含报到时间1天),2月6日报到,2月7日上午开幕。

四、报到地点:海南海口市××路××号××宾馆(电话:×××××××)。

五、有关事项:

1. 与会者须提交论文,在2009年12月20日前邮寄或传真给会议秘书处1份;由会议学术委员会审评确定大会交流的论文,另请打印××份,

报到时交给会议秘书处。

2. 与会者的交通费、食宿费一律自理，另交会务费×××元人民币。

3. 与会者务必将“报名表”填妥后同论文一起邮寄或传真给会议秘书处。

4. 2月6日在海口机场全天接站。

联系人：×××

联系地址：×××××××××××××

邮编：××××××

电话：×××××××

传真：×××××××

××市社会科学院（章）

2009年9月12日

3. 表格式。表格式通知具有清晰明了的特点，用于经常性的例会。表格式会议通知示例见表4－2。

表4－2 ××××公司总经理办公会议通知

日　期	星　期	时　间	地　点
2010/9/6	星期一	上午9:00—11:00	11楼第1会议室
主持人	总经理　王思远		
出　　席		列　　席	
张××	区××	朱××（销售部）	贾××（公关部）
王××	赵××	厉××（财务部）	
李××	钱××	齐××（保卫部）	
会议议程	1. ×××××××××××××××× 2. ×××××××××××××× 3. ××××××××××××××××××		

4. 备忘录式。备忘录式通知内容较为简单，仅用于事务性会议或例行性会议。在格式上，以“会议通知”作为标题，正文部分只要列明会议名称、时间、地点即可。如图4－2所示。

5. 请柬式。请柬式会议通知可以用市售的请柬填发，也可以另行拟稿打印。由于请柬式通知的对象都是上级领导、兄弟单位、合作对象、社会知名人士等，因此，语气用词一定要恭敬、委婉、恳切。格式如图4－3所示。

> **会 议 通 知**
>
> ×××同志：
>
> 兹定于××月×日上午9:00—10:30在××会议室举行×××××会议，请准时出席。
>
> ××××办公室
>
> 2010年2月5日

图4－2 备忘录式会议通知

> **请 柬**
>
> ×××先生：
>
> 兹定于××月×日×午×时×分在××××××举行××××工程竣工仪式，敬请拨冗光临。
>
> ×××××公司
>
> 总经理 ×××
>
> 二〇一〇年一月十日

图4－3 请柬式会议通知

以单位名义发出的请柬盖单位公章，以示郑重。以领导人名义发出的请柬，应当由领导人签署，以表诚意。

（四）回执或报名表

1. 回执和报名表的作用

（1）预计参加会议的人数。寄回回执和报名表的对象一般具有参加会议的意向，会务工作机构可以此为依据，预计会议规模，准备会议的场馆。

（2）收集和反馈与会者的基本信息和要求，以便安排好会议的接待工作。

（3）根据回执和报名表提供的信息，确定与会资格。

（4）确认对方收到会议通知。法定性会议为了切实保证会议通知发到每一位与会者，要求对方在收到通知后，在回执上签字并寄回，相当于履行签收的手续。

2. 回执和报名表的格式。二者的格式大致包括标题、正文、具名、盖章和日期几部分。一般性会议回执的正文制成表格形式，其填写项目可根据会议的具体要求设计。签收性回执要写明通知的标题和随寄文件的名称,要求对方填写是否能按时参加会议并签字。见表4－3和图4－4。

表4－3 ×××会议报名表

姓　　名		性　　别		年　　龄	
民　　族		职　　务		职　　称	
工作单位				联系电话	
通讯地址				邮政编码	
回程票预定	(请写明回程票的时间、班次、到站和具体要求)				
备　　注					

公　　章:

填表日期:　　　年　　月　　日

×××××会议通知回执

×××××办公室:

你处发来的《××××会议通知》及会议文件《××××××》、《××××××》各1份已收到,经检查无误。

我将(在下列选项的方框中打√)

□按时参加会议。

□延期至　　　日　　　时抵达。

□请假。(说明:　　　　　　　　　　)

签名:__________

年　　月　　日

图4－4 会议通知回执参考格式

(五)制发会议通知的注意事项

1. 重要会议的通知当面送达与会者时,应请对方签收。其他人代为签收的,通知人事后要追踪落实,确保通知到人。

2. 邮寄通知和封信封时,要检查信封上的收信人或单位与通知上的对象是否相符,不能“张冠李戴”。

3. 无论是口头通知还是书面通知,都要仔细核对通知的名单,避免遗漏和重复通知。

4. 把握好会议通知的提前量,以便与会者安排时间,做好准备。重要会议在会议临召开前,再用电话提醒。

二、制作会议证件

（一）会议证件的作用

会议证件包括出席证、列席证、旁听证、来宾证、记者证、工作证、随从证、保安证、配偶证、电子签到证、车辆通行证等，其作用是：

1. 表明会议期间各种人员的身份，便于接待和会场的管理；

2. 便于代表之间的相互辨认和联系、交流；

3. 凭证出入会场，保证会议安全；

4. 便于统计出席人数；

5. 给与会者留作纪念。

（二）会议证件的格式

1. 会议名称，必须写全称。

2. 会徽。会议如有会徽，可将其印在会议证件上，如党徽、国徽。纪念会可以用画像代替。

3. 姓名。

4. 照片。半身免冠照片。

5. 证件种类，即标明“出席证”、“列席证”等等。要用较大的字号，醒目标志。

6. 组别或代表团名称。以国家或地区名义派出的代表团，还要写明国家或地区的名称。

7. 证件编号。

8. 会议日期。

有特殊要求的会议证件还可以设计一些特殊的标记。

会议证件参考样式见图 4－5 所示。

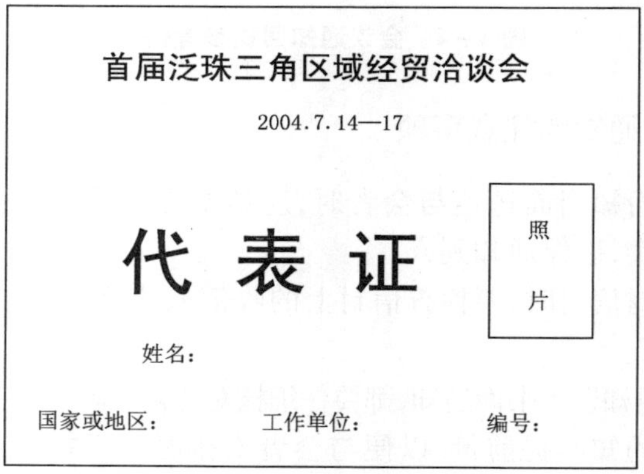
首届泛珠三角区域经贸洽谈会

2004.7.14—17

代 表 证

照片

姓名：

国家或地区：　工作单位：　编号：

图 4－5　会议证件参考样式

（三）会议证件制作的几点注意事项

1. 为了便于辨认会场内各种人员的身份，同一会议的不同证件应当用不同的颜色和字体相区别。

2. 会议证件的设计格调要与会议的性质和气氛相适应。例如，庆祝会、代表大会的代表证可以采用红色衬底，以体现喜庆的气氛；学术性会议可以采用蓝色衬底。

第九节　准备会议物品和预算筹集经费

一、准备会议物品

（一）会议用品的种类

1. 常用文具，如笔、墨、纸、簿册等。

2. 印刷设备，如打字机、打印机、扫描仪、复印机等。

3. 会场基本设施，如桌椅、照明电器、通风机、卫生用具、安全门、消防设施等。

4. 会场装饰用品，如花卉、旗帜、会标、会徽、画像、标语口号等。

5. 视听器材，如扩音机、幻灯机、投影仪、黑（白）板、电子书写板、摄像机、录音机、磁带、软盘、光盘、同声翻译系统等。

6. 通信设施，如传真机、电话机、电视机、计算机以及相应的通信网络设施。

7. 交通工具，如轿车、大巴士等接送与会者的车辆。

8. 生活卫生用品，如茶水、茶杯、毛巾以及其他食宿用品。

9. 专门用品，即专门性会议上所使用的物品。如，颁奖会的奖品与证书，选举会的选票、投票箱，开幕式剪彩时用的彩球和剪刀等。

（二）会议用品准备的原则

1. 周密计划。会议秘书应制定会议所需物品和设备的详细计划，作为会议预案的附件，报请领导审定。计划一般应当写明：

（1）物品和设备的清单，包括名称、型号、数量；

（2）物品和设备的来源，如租借、调用、采购等；

（3）所需的费用。

2. 专人负责。会议物品和设备的准备、安装、调试和使用是一项责任性和技术性都很强的工作，准备是否充分，安装调试是否到位，对会议能否顺利进行影响甚大，不能有半点差错。因此，一定要落实专人负责此项工作，必要时应配备一定数量的技术人员。

3. 提前准备。会议用品应当在会前准备妥当，分发到位；有关设备和设施应在会前完成安装、调试工作。

4. 实用节约。要严格按照会议的经费预算执行，以实用节约为本，反对追求豪华、奢侈。

二、预算和筹集会议经费

（一）会议经费的预算

1. 会议经费预算的构成

（1）场地费，即租借会场的费用，包括租借会场内基本设施的费用。

（2）会场装饰费，包括制作会标、会徽，购买或租借花卉、彩旗、气球等的费用。

（3）设备费，包括购买或租借印刷设备、视听设备、通信设备的费用。

（4）交通费，包括与会人员赴会的差旅费和会议期间安排的接待、参观所需要的交通费。

（5）人工费，即支付给与会者和工作人员的补贴或报酬，如：报告人的酬金、专家的咨询费或鉴定费、临时借用人员的报酬等。

（6）茶水食宿费。时间较长的会议要考虑茶水、饮料的费用，需要住宿的会议还要计算与会人员和会务工作人员、志愿者的伙食费、住宿费。

（7）文具资料费，即制作筹备、宣传会议以及完成会议议程所必需的各类文件的费用以及相应的文具费。

（8）其他费用。

2. 会议经费预算的原则

（1）科学合理。会议经费的预算要严格遵循勤俭办会的宗旨，根据实际需要科学合理地分配各项开支。

（2）总量控制。一次会议的经费应当有一定的限度，不能无限制地增加，因此必须加强总量控制。所有的支出都应当控制在适度范围之内，不得突破总量。

（3）确保重点。在实行总量控制的前提下，或当经费不足时，要确保重点，让有限的经费确实用在刀刃上。

（4）精打细算。对会议的每一项支出都要严格审核，能减则减，能省则省，在做到科学合理的同时，尽可能节省经费。

（5）留有余地。由于会议活动的过程会产生一些事先无法预料的情况，需要临时支出一些经费，因此，在预算时要适当留有余地。

（二）会议经费的筹措

1. 单位内部会议一般从行政经费中开支。

2. 由几个单位共同发起并共同主办的会议，主办者通过协商分担经费。

3. 与会者的交通费、食宿费、补贴等费用可由与会者个人或其所在的单位承担。

4. 有些会议可通过有效的公关活动，从社会各界获得资助。

5. 一些大型的会议活动由于意义重大，影响深远，本身就是一种巨大的无形资产。如，会议的名称、会徽、吉祥物等，具有很高的商业价值。充分利用会议本身的无形资产，通过合法手段有偿转让，不仅可使商家因此而受益，而且还可以为会议活动筹得可观的资金。

第十节　准备会议文件

一、会议文件的含义、作用和种类

（一）会议文件的含义和作用

会议文件，又称会议文书，是围绕会议活动产生和在会议活动中使用的书面文字材料的总称。会议文件的作用从根本上说是记载会议信息，这是会议文件最基本的功能。此外，它还具有以下作用：①实施对会议的领导和管理；②向与会者提供会议信息；③掌控会议的方向和进程；④促进与会者之间的交流与沟通；⑤记录会议的过程和成果；⑥便于宣传和贯彻会议精神。

（二）会议文件的种类

1. 指导性文件，如上级下发的政策性和工作部署性文件，会议上所做的开幕词、闭幕词、领导讲话、主题报告等。

2. 审议性文件，如政治报告、工作报告、述职报告、议案以及决定、决议、议程、日程、主席团名单、任免名单等会议文件的草案。

3. 成果性文件，如决定、决议、任免名单、会议纪要、会谈纪要、合同、协议书等，其中一部分是从审议性文件转化而来的。

4. 记录性文件，如各种会议、会谈、会见的记录。记录性文件以文字记录为主，辅以音像记录。

5. 交流性文件，如事迹报告、经验介绍、学术论文、会议简报等。

6. 参考说明性文件，如统计材料、调查报告、说明和其他背景性材料。

7. 传达宣传性文件，如会议纪要、会议公报、会议简报、会议消息以及配合会议宣传的广告、招贴等。

8. 程序规范性文件，如议事规则、会议议程、会议日程、会议保密规定、选举办法、表决程序等。

9. 会务管理性文件，如会议预案、会议通知、出席人员名单（包括分组名单）、签到簿、报到登记表、作息时间、文件清退表、会议总结等。

二、会议文件的印制与分发

（一）编号

会议中分发的涉密或需要清退的文件应当编制印制顺序号，以便于登记、核对。

（二）确定印刷份数

确定印刷份数时要考虑下列因素：
1. 与会参展单位数或总人数。
2. 参加对象的身份。参加对象的身份不同，发给的文件种类很有可能也不同。
3. 留用数和存档数。
4. 机动数。

（三）登记

对每一份发出的会议文件要做好登记工作，以利于文件的管理、查找、清退、统计和催办。

（四）分发

需要在会上审议、表决的文件应尽可能在会前发出。现场分发文件要事先做下列准备：
1. 按人头分装，会议人数较少时，文件袋上写上与会者姓名。

2. 重要会议上分发的文件，文件袋上要注明“××××会议文件”等字样。规定会后清退的，应注明“会后清退”字样。必要时打印一份“文件清退目录”放入文件袋。

3. 如果与会者按身份和资格领取不同的文件，则文件袋上要有明显的特征，或以颜色，或以文字加以区别，以免搞错。

4. 准备好堆放文件的场地以及签收时使用的桌椅、笔墨、登记簿（表）等。

5. 到会人数较集中时，应分设几个摊点同时分发文件。每个摊点应树有明显标志，并配备足够的工作人员，以免因分发文件速度缓慢而造成与会者长时间等候，影响会议活动的准时举行。

第十一节　布置会场

一、设计会场座位格局

（一）会场总体座位格局的类型

1. 上下相对式。这种座位格局的主要特征是主席台和代表席采取上下面对面的形式，从而突出了主席台的地位。由于专门设立了主席台，整个会场气氛就显得比较严肃和庄重，适合召开大中型的报告会、总结表彰会、代表大会等。如图4－6、图4－7所示。

2. 全围式。这种座位格局的主要特征是不设专门的主席台，会议的领导和主持人同其他与会者围坐在一起，这样容易形成融洽与合作的气氛，体现平等和相互尊重的精神，有助于与会者之间相互熟悉、了解和不拘形式地发言和插话，使与会者畅所欲言，充分交流思想、沟通情况，适用于召开小型会议以及座谈性、协商性等类型的会议。见图4－8至图4－13所示。

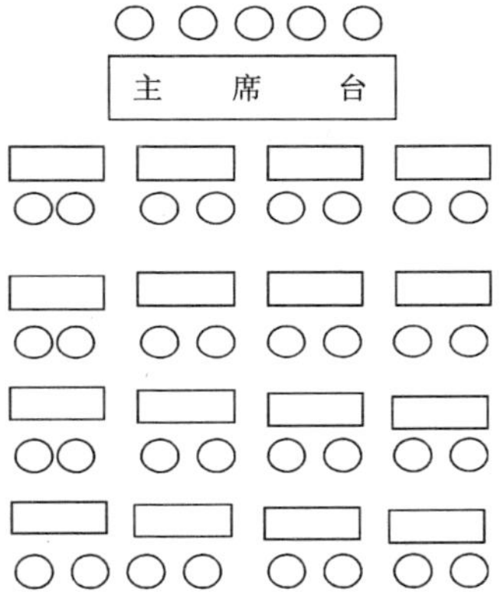

图4－6　上下相对式·而字形1

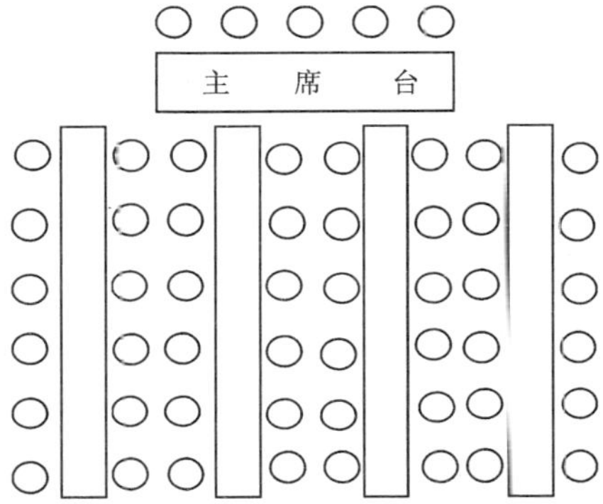

图4－7　上下相对式·而字形2

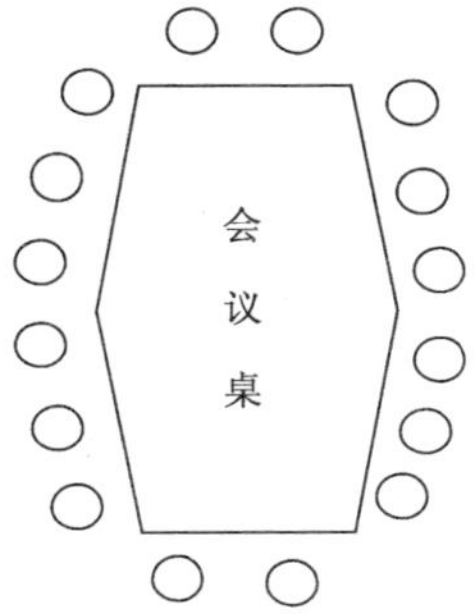

图4－8　全围式·多边形

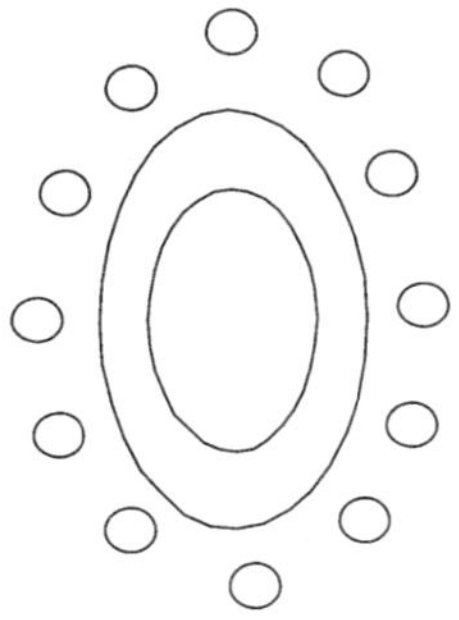

图4－9　全围式·椭圆形

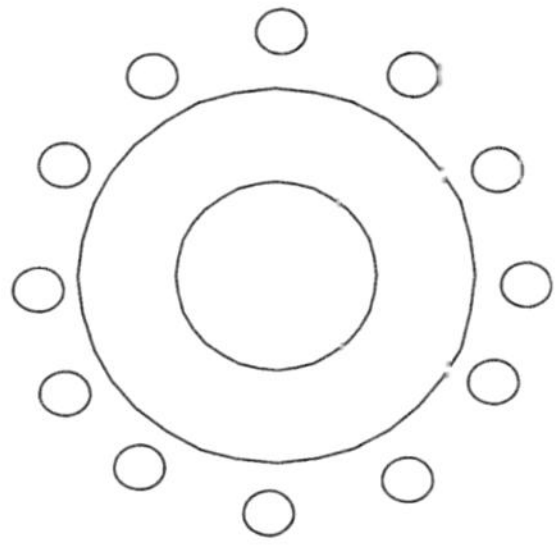

图4－10　全围式·圆形

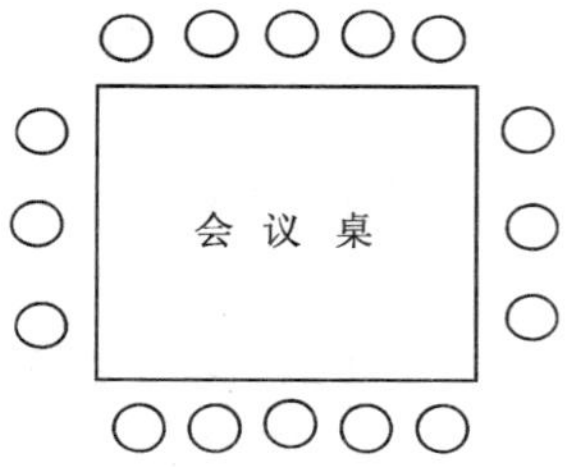

图 4 – 11　全围式 · 长方形

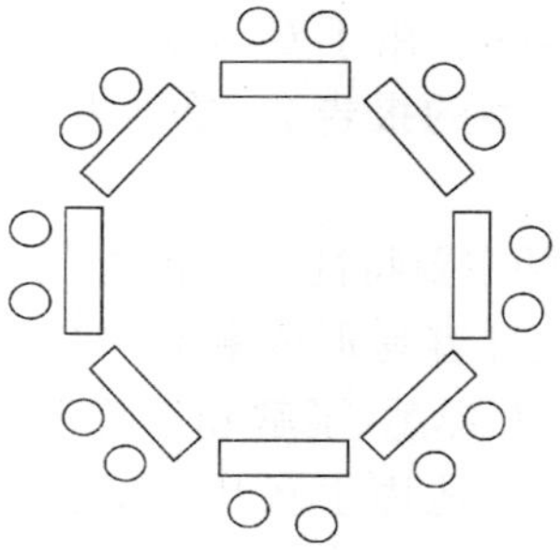

图 4 – 12　全围式 · 八角形

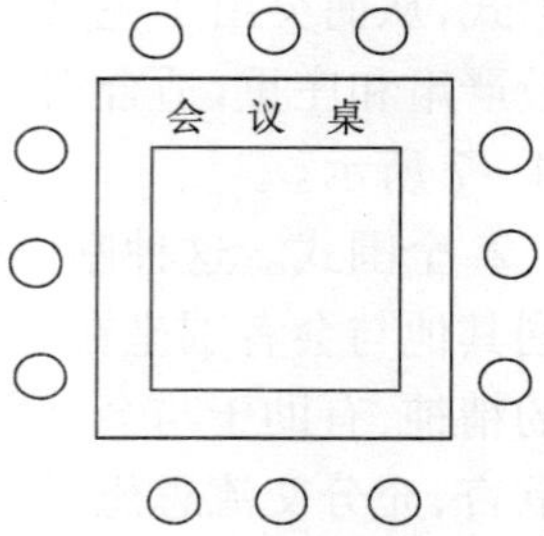

图 4 – 13　全围式 · 回字形

3. 半围式。这种座位格局介于上下相对式和全围式之间，即在主席台的正面和两侧安排代表席，形成半围的形状，既突出了主席台的地位，又增加了融洽的气氛，适用于中小型的工作会议等。半围式中的桥形格局较特殊，桥面是主席台或评委席，对面是质询、述职、考评、听证、面试对象的座位，给对象的心理压力较大。见图 4 – 14 至图 4 – 17 所示。

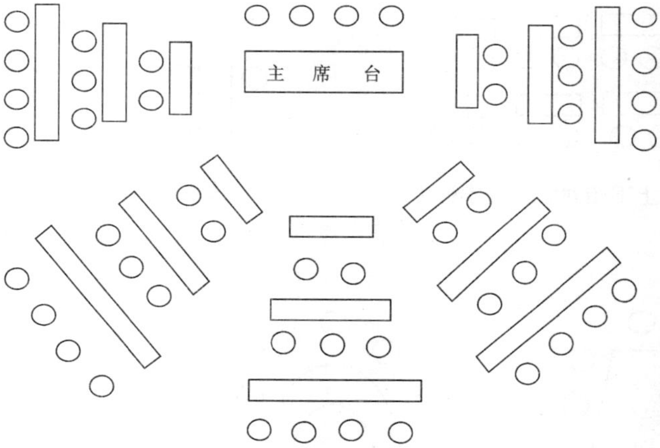

图 4 – 14　半围式 · 五边形

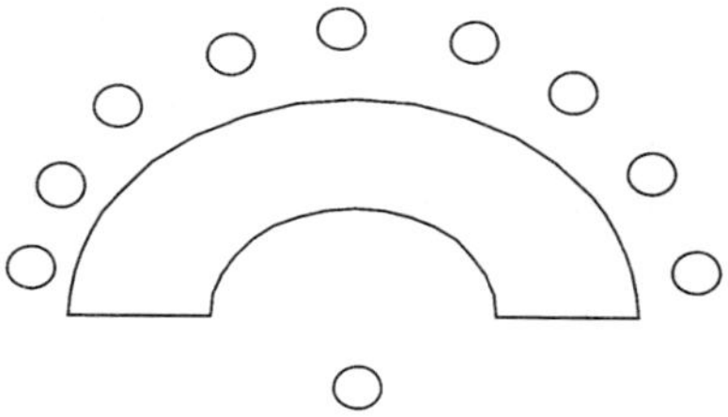

图 4 – 15　半围式 · 桥形

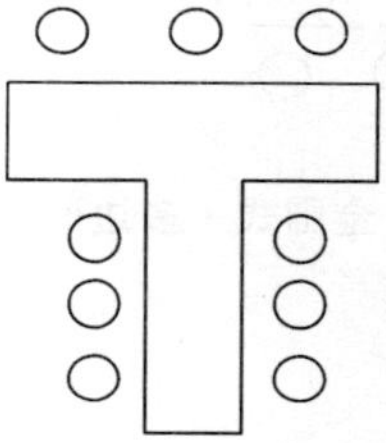

图 4 – 16　半围式 · T 字形

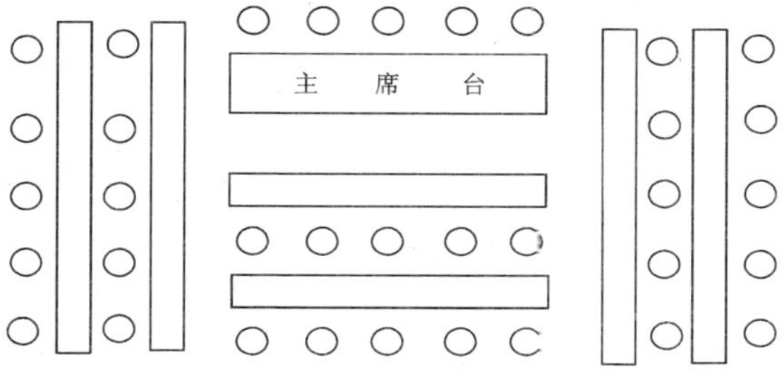

图 4－17 半围式 · 出字形

4. 分散式。这是将会场座位分解成由若干个会议桌组成的格局，每一个会议桌形成一个谈话交流中心，与会者根据一定的规则安排就座，其中领导人和会议主席就座的桌席称为“主桌”。这种座位格局既在一定程度上突出主桌的地位和作用，同时，又给与会者提供了多个谈话、交流的中心，使会议气氛更为轻松、和谐。分散式格局适合召开规模较大联欢会、茶话会、团拜会等。见图 4－18、图 4－19 所示。

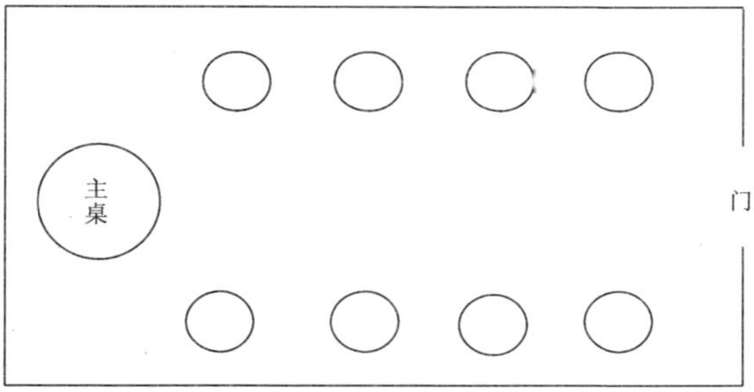

图 4－18 分散式 · V 字形

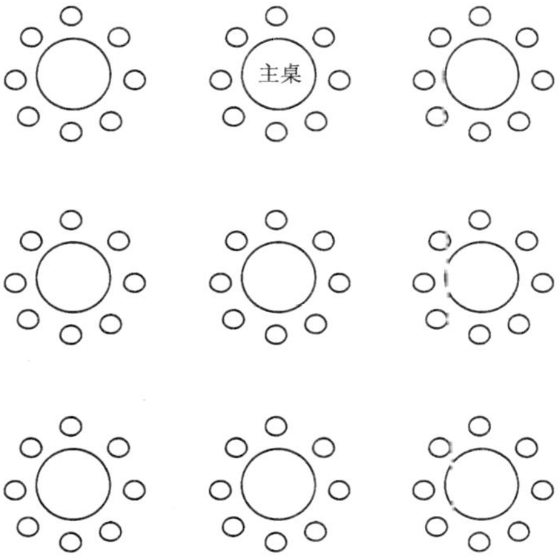

图 4－19 分散式 · 圆桌形

5.并列式。并列式用于双边会见和会谈,即将双方的座位排列成面对面的并列式、侧面并列式或弧形并列式。详见“第七章接待工作”。

(二)主席台座位格局

主席台的座位格局一般都采取横式,面向与会者。设多排座位的,前排必须排成通栏,后排有时也可分栏,中间留出通道。主席台上每排桌椅之间要空开适当的距离,以方便领导人入席与退席。如设讲台,一般设在右侧(以主席台的朝向为准)。如设在中央,位置应低于主席台,以免报告人挡住主席台上领导人的视线。一些特殊的会议(如辩论会、联合记者招待会等)可不设主席台,只设两个讲台。会议活动如穿插揭幕仪式(如揭碑、揭牌、揭像等),可在主席台的左侧设揭幕架,与讲台左右对称。

主席台座位格局示例见图4-20、图4-21所示。

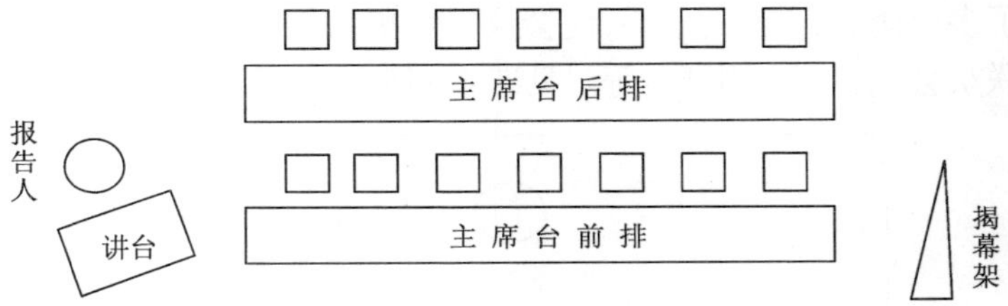

图4-20 横式·通栏形(讲台在右侧,揭幕架在左侧)

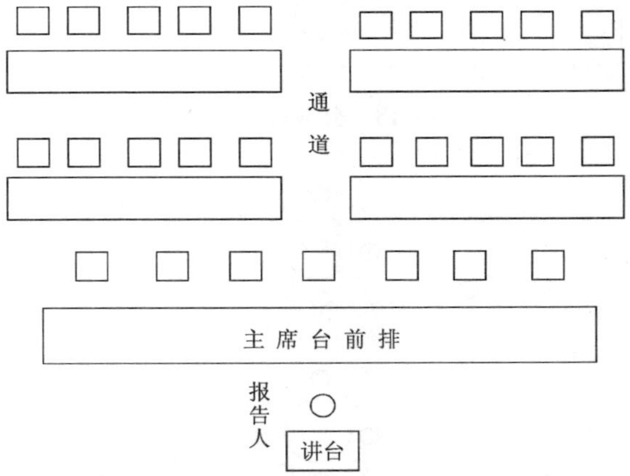

图4-21 横式·分栏形

学术报告会的主席台也可在讲台的左边,只放几张椅子或沙发,供报告嘉宾就座,如图4-22所示。

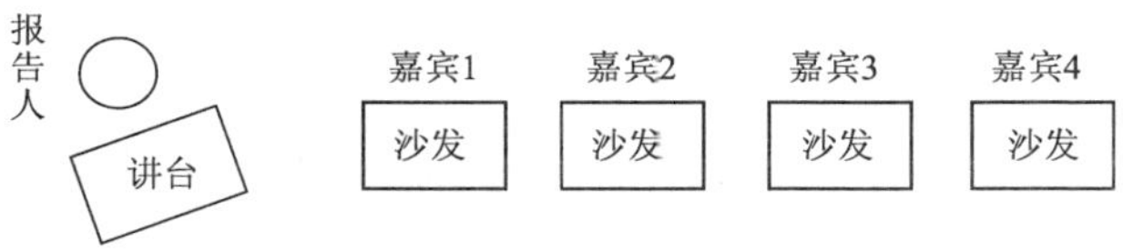

图 4－22　学术报告会的主席台座位格局

（三）设计会场座位格局应注意的问题

1. 会场大小与人数多少。会场大小和与会人数多少是制约会场座位格局设计和安排的两个重要因素。会场小而人数多，则应当将座位安排得紧凑一些；反之，则可安排得宽松一些。因此，在设计和安排座位格局之前，应事先进行实地考察，根据主席台就座人数和代表人数以及会场内必需的活动空间和安全性因素，确定座位的疏密程度和结构形状。

2. 会场座位格局的政治意义。会场的座位格局与政治有着密切的联系，这已经成为不争的事实。比如，"圆桌会议"这一提法，就是因会议座位的圆形格局而产生的，"圆桌会议"已经成为各派政治力量平等对话与协商的会议的专用名词。

3. 会场座位格局的气氛和效果。不同的座位格局所形成的会议气氛和产生的心理效果是不同的。比如，座谈会一般都采取围坐的格局，不设专门的主席台，主持人与其他与会者围坐在一起，从而使会议气氛非常融洽。报告会则需专门设主席台或讲台，以突出报告人的主导地位。

二、划分座区与排列座位

所谓座区，是指按会场内一定规则划分和排列的座位区域。规模较大、人数较多、代表资格不同，或者以团组、单位的名义参加的会议，往往需要将会场中的座席划分为若干个区域，让与会者按代表团、小组、单位以及代表性质分区集中就座。不分团组的会议，有时也需要排列与会者的座位次序。

（一）按与会者的资格划分和排列座区

凡有不同资格的与会者参加的会议，应当首先将所有与会者按特邀、正式、列席、旁听的资格加以划分，然后再按资格分别排列座区。一般做法是：正式代表的座区在前或居中；列席代表安排在后排或两侧；特邀的嘉宾，人数较少的，就座于主席台上；人数较多时，主要的嘉宾就座于主席台上，其他应安排就座在前排，以表示尊重和欢迎；如允许旁听和记者采访，则在会场两侧或后排专设旁听席和记者席。

（二）按团组划分和排列座区

按团组划分和排列座区，要先按一定的原则确定团组排列的先后次序，然后再按一定的方法确定具体的座区。

1. 确定团组先后次序的方法

(1)全国性会议各代表团的先后次序依据《中华人民共和国行政区划》规定的顺序排列。

(2)按代表团、小组、单位名称的笔画确定,首字笔画数相同的,根据汉字部首的先后顺序;首字相同的,根据第二字的笔画数确定,余类推。

(3)按代表团、小组、单位名称的汉语拼音的字母顺序来确定,第一个字母相同的,根据第二个字母确定,余类推。

(4)国际性会议则按国际礼宾次序排列,详见《接待工作》一章。

2. 安排团组座区的方法

(1)横向排列法,即把每个代表团、小组、单位的座席从前向后排成纵向的一列,按组别顺序以代表座席的朝向为准,从左到右依次横向排列。见图 4 – 23 所示。

(2)纵向排列法,即把每个代表团、小组、单位的座席排成横向的一行,再按团组顺序从前向后依次纵向排列。见图 4 – 24 所示。

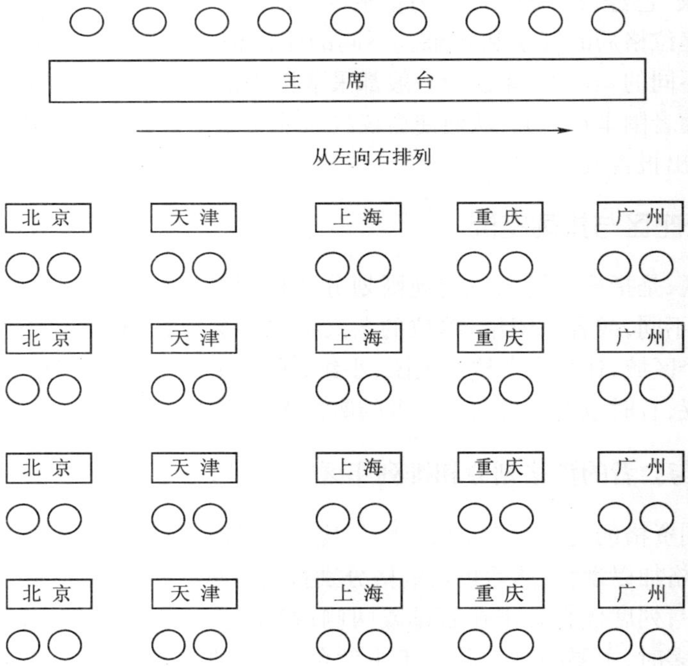

(代表团顺序为:北京、天津、上海、重庆、广州)

图 4 – 23 横向排列法示例

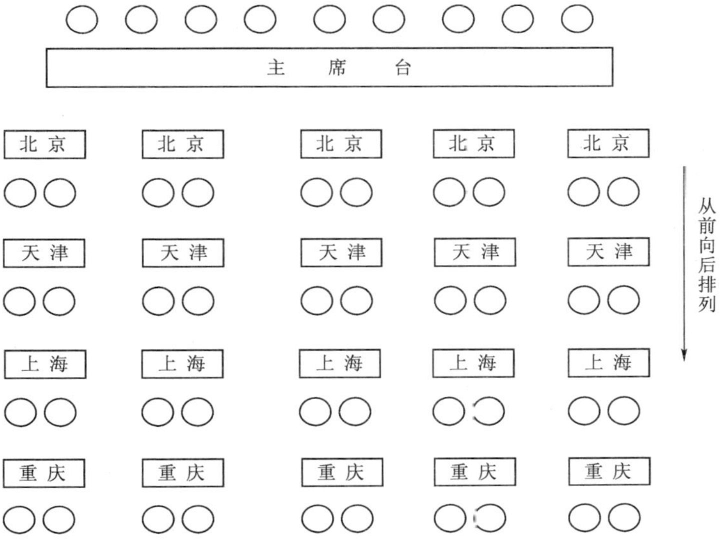

（代表团顺序为：北京、天津、上海、重庆）

图 4－24 纵向排列法示例

（3）左右排列法，即把代表团、小组、单位的座席安排成纵向的一列，以会场的中心线为基点，将顺序在前的排在中间位置，然后先左后右向两侧横向交错扩展排列其他团组。见图 4－25 所示。

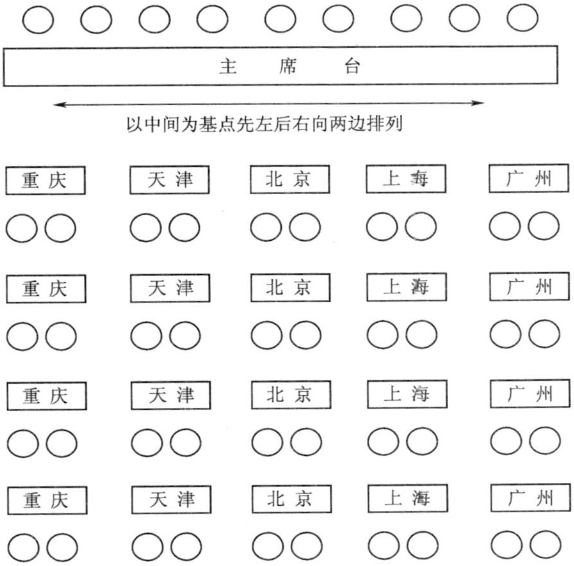

（代表团顺序为：北京、天津、上海、重庆、广州）

图 4－25 左右排列法示例

（4）纵横排列法。当会议规模和会场较大、团组数量和会议人数较多时，如单纯按上述三种方法排列，可能会出现一个团组的代表座位排得过于横宽或狭长，以至相互联系和统计人数很不方便。这时可先将会场从前向后和从左到右分成若干个大的矩形座区，再按团组顺序先横后纵或先纵后横依次排列，使每个团组的座区相对集中。

（三）安排主席台和与会者座位

1. 确定与会者的名单顺序。安排主席台和与会者座位先要确定领导人和其他与会者的名单顺序，常用的方法有：

（1）按与会者职务高低排列。

（2）按与会者姓氏笔画排列。

（3）按上级批复或任命通知中的名单次序排列。

（4）各单位派代表参加时，可按所代表的单位的名称笔画排列。如参加会议代表的职务高低不同，也可先按职务高低排列，再按单位名称笔画排列。

（5）国际性会议则按国际礼宾次序排列，详见《接待工作》一章。

2. 主席台的座次安排。国内会议主席台座次安排的通常做法是：

（1）按照事先确定的主席台就座人员名单次序安排座次。

（2）身份最高的领导人（有时也可以是声望最高的来宾）安排就座于主席台前排中央。

（3）其他领导人按先左后右（以主席台的朝向为准）、一左一右的顺序排列，即以名单上第一位领导人（居中）为准，其左侧是第二位领导人，右侧是第三位领导人，余类推。

（4）主席台上就座的人数为偶数时，前两位领导人共同居中就座，第一位领导人坐在第二位领导人的左侧，第二位领导人坐在第一位领导人的右侧。

（5）主持人的座次按其身份高低安排。

（6）双方共同主持的会议采取交叉间隔排列的方法。

主席台座次示例见图 4－26 至图 4－28 所示。

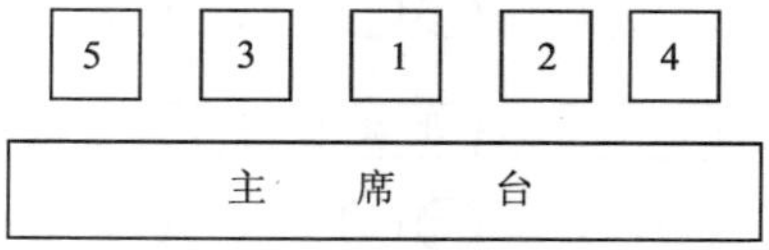

（主席台领导人为单数，序号表示领导人身份的高低）

图 4－26　主席台座次示例 1

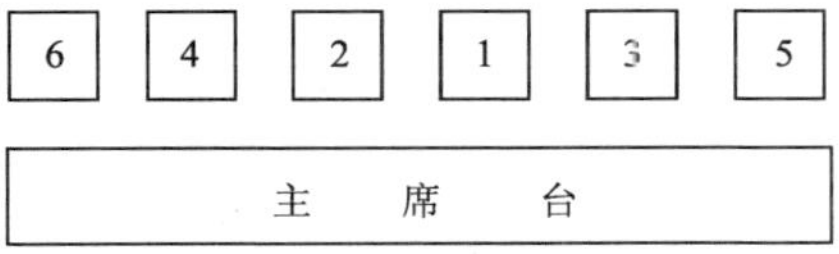

（主席台领导人为双数，序号表示领导人身份的高低）

图 4－27 主席台座次示例 2

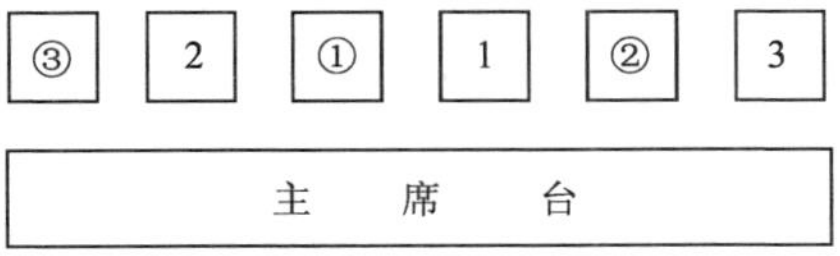

（双方共同主持的会议双方领导人交叉间隔排列，1，2，
3 表示甲方领导人身份高低，①，②，③表示乙方领导人身份高低）

图 4－28 主席台座次示例 3

3. 普通与会者座位根据名单顺序采取横排法和左右排列法，可参照安排团组座区的方法。

三、会场装饰

会场装饰是指运用文字、图案、色彩和实物等突出会议主题、烘托会场气氛的手段。

（一）会标

会标是会场内面向与会者，揭示会议名称和其他会议主要信息的文字性标志。会标制作和悬挂必须做到：

1. 格调与主题相一致。会标的格调是由色彩、字体、构图、材质等因素综合构成。会议的性质和主题决定会议的会标格调，如代表大会的会标格调应当凝重，联欢会的会标格调应当活泼。

2. 具有视觉冲击力。会标的制作形式和显示的位置应当醒目，有时也可以辅以背景性图案，使其具有较强的视觉冲击力，从而给人以深刻的印象。室内会议的会标既可用横幅的形式悬挂于主席台上方的沿口，也可用计算机制成幻灯图片，映射于天幕上，以增强会议的现代感。室外活动可布置大型的布景板。

3. 体现会议主要信息。如果会议名称揭示的主要信息较全面，可以直接作为会标的内容；如会议名称较为简洁，也可以在名称下面标出会议的主办者、承办者、赞助者以及会议的时间、地点。

会标示例见图 4－29、图 4－30 所示。

全球气候变暖成因及防范对策国际学术研讨会 **中国•上海** 主办：××××× 协办：××××× 2005.6.15

图4－29　会标示例1

Boao Forum for Asia Inaugural Ceremonial 博 鳌 亚 洲 论 坛 成 立 大 会

（国际性会议的会标可以用中文和外文同时书写，也可以用英文书写）

图4－30　会标示例2

（二）会徽

会徽是体现或象征会议精神的图案性标志。比较庄重的会议一般将会徽悬挂在主席台的天幕中央，形成会场的视觉中心，具有较强的感染和激励作用。其他会议会徽的悬挂则比较灵活，可和会标一起设计。会徽一般有两种来源：一种是以本组织的徽志作为会徽，如党徽、国徽、团徽、警徽、司徽等。另一种是向社会公开征集，选择最能体现或象征会议精神的图案作为会徽。会徽的设计要求是：

1. 体现会议活动的宗旨；
2. 适合于各种场合和长期固定使用；
3. 会徽图案新颖独特，寓意深刻，色彩明快，易于识别，引人注目，具有时代感；
4. 便于对其进行平面图像或立体表现形式的复制，便于相关载体的生产、加工，便于组委会对其进行开发、使用或采取保护措施。

（三）标语

把会议口号用醒目的书面形式张贴或悬挂起来，即成为会议的标语，包括宣传、烘托会议主题的主题性标语和以表达热诚欢迎和热烈祝贺之意的礼仪性标语。标语制作和悬挂的要求是：

1. 切合主题。标语口号是为宣传会议主题服务的，制作时一定要切合主题，体现会议的目标。

2. 亲切感人。标语口号要亲切随和,喜闻乐见。

3. 富有号召力。标语口号要有强烈的鼓动性和号召力,使人看后精神为之一振。

4. 简洁工整。简洁的标语更能引起与会者的视觉注意,也更容易记忆和流传。

5. 悬挂得法。一是悬挂的数量要适当,太多的标语不仅达不到好的宣传效果,反而会产生视觉污染,使人感到压抑和厌烦。二是悬挂的位置要适当,主席台一般不悬挂标语,以免冲淡会标的效果。会场两侧和会场外面可适当悬挂。三是悬挂的方式要别致新颖,如横幅、直幅、广告牌、气球吊挂等。

(四)人物画像

会议活动悬挂人物画像可以烘托会议的主题和气氛。会议的画像主要有两类:一类是领袖人物,如国家领导人、组织创始人;另一类是纪念或追悼的对象。画像一般悬挂在天幕中央,也可和会标一起设计。

(五)旗帜

会场中的旗帜有以下几种:

1. 国旗。重要会议的会场升挂国旗,有的还要举行升国旗仪式。重要的国际会议应当同时升挂与会国国旗。

2. 会旗或司旗。合法组织举行会议时可悬挂本组织的会旗或司旗。

3. 红旗。气氛庄严的会议,如党代表大会、人民代表大会等,在主席台上以红旗衬托会徽。

4. 彩旗。彩旗有两种:一种是用各种单纯颜色的旗帜组成彩旗,另一种是印有会议的吉祥物、会徽、口号等会议活动标记的彩旗。庆祝性、表彰性的会议可在主席台及会场内外升挂彩旗,以增加会议隆重、热烈、喜庆的气氛。

(六)模型标志

模型标志是一种矗立在会场内或会场周围、象征会议精神、表达深刻寓意、具有较强的视觉冲击力的造型。如,第一届中国艾滋病性病防治大会为了宣传防治艾滋病的重要性以及突出防治艾滋病的有效方法,特地在会场上竖立起一个高约5米、用黄色塑料制成的安全套模型。由于采用了拟人化的表现手法,该模型趣味盎然,寓意深刻,有力地烘托了会议的主题,是会议模型标志的成功典范。

(七)花饰

会场内外适当布置鲜花,能衬托会议主题,烘托会议的气氛,给人一种清新、活泼的感觉,并能减轻与会者长时间开会的疲劳。布置花饰要注意以下几个问题:

1. 花卉的品种与颜色要符合会议的整体格调。气氛热烈的庆祝会以红、黄等颜色较为浓烈的花为主,如圣诞红、月季、玫瑰等;庄重严肃的会议应当以常青观叶类花卉为主,如君子兰、棕榈、万年青等;座谈会等气氛比较轻松的会议,可摆放月季、扶桑一类观赏性花卉和米兰、白玉兰、茉莉等赏香型花卉,以增加和谐融洽的气氛。

2. 花饰的形式。花饰的形式有花篮、花环、盆花等。花篮主要表达庆贺的意思,用于开幕、开张等仪式。花环主要表达欢迎的意思,用于欢迎大会。盆花主要起点缀作用,各种会议均可使用。

3. 花饰的位置。花饰的位置包括主席台台口、讲台、会议桌、会场入口处。大型会议的主席台台口、会场入口处是花饰布置的两个重点区域。

(八)灯光

灯光的强、弱、明、暗及颜色,会给会场带来不同的视觉效果。灯光布置要注意以下几个问题:

1. 一般性会议,宜使用白炽灯或日光灯作为会场的照明光源。而喜庆色彩较为浓烈的会议,或者以晚会形式举行的颁奖仪式等,可适当使用彩色灯光。

2. 主席台是会场的中心区域,其照射光线的亮度应当比主席台下稍强些,以利于集中与会者的视线,突出主席台的地位。

3. 投射在主席台后面天幕上的光线不能太亮,否则会使主席台处于逆光的效果,造成主席台上领导人正面形象的模糊,同时也容易造成主席台下与会人员的视觉疲劳。

4. 一般不要开启低角度的光源,因为低角度的光源会改变甚至歪曲人物的形象。

(九)会场的整体色彩与色调

不同的色彩与色调能对人产生不同的心理感受。比如,红、橙、黄等颜色给人以热烈、辉煌、兴奋的感觉。青、绿、蓝等颜色给人以清爽、娴静的感觉。因此,时间较长的会议,会场可用绿色、蓝色的窗帘,布置绿、蓝色的花草、树木等,以消除与会者的疲劳。代表大会、表彰庆祝大会,会场的色调布置要鲜亮、醒目一些,以显示热烈、庄严、喜庆的气氛。如,在主席台摆一些五彩缤纷的鲜花,两侧顺列鲜艳的红旗,周围悬挂一些红底黄字的标语等。

四、会场指示标志

(一)座位号

会场内每个座位都要标志排号和座位号,大型的会场还要标志楼层和区号。

(二)团组或身份标志

一个代表团、小组或与会者身份的座位区域标志,可以制作落地指示牌,写明团组名称或与会者身份的类型，置于该座区首座的前方或两侧，或制成台式标志，放置在该座区首座的桌上。与会者身份可按首长席、正式代表、列席代表、来宾席、旁听席、记者席分别标写。

（三）席卡

席卡即每个与会者桌上放置的写有姓名的标签，也可称为名签、坐签。席卡通常两面书写姓名，一面朝外，一面朝向与会者自己，这样既便于与会者寻找自己的位置，又方便相互辨认、结识。国际性会议的席卡，也可以用中外文两种文字书写国名或组织的名称。大型会议的主席台放置席卡，台下一般只放置团组标志。

（四）桌签

桌签即用序号标明桌次的标志。大型宴会、联欢会等采用分散式座位格局的会场，由于桌席较多，要用序号标志桌次。

（五）指示牌

大型会议为方便与会者寻找座位，要在会场门口和场内悬挂或放置指示牌，表明各座区的方向和方位。

（六）座次图

座次图即标明全场或主席台的座位分布及具体座次的图表，使每位与会者心中有数。座次图也可张贴或悬挂于会场入口处，主席台的座次图则悬挂在休息室。

第十二节　制订会议预案

一、会议预案的含义、作用和种类

（一）会议预案的含义和作用

会议预案是会议活动的筹划、组织工作及其安排的各种书面文件的总称，是会议文件的一类。它除了具有会议文件的一般作用之外，还具有：

1. 决策依据作用。会议预案属于会议决策的备择方案，它是建立在科学预测、理性分析和周密安排的基础上的，对于会议的主办者或者领导决策机构具有建议和提供决策依据的作用。

2. 指导执行作用。会议预案一旦经会议主办者或者领导决策机构确认定案，就转化为实施方案，对会议活动的各项筹备工作具有指导作用，会议筹备工作部门应当贯彻执行。

(二)会议预案的种类

按会议预案的内容覆盖面分,可以分为整体预案和专项预案。

1. 整体预案。整体预案是对一次会议活动的全面计划安排,比较原则,有时需要专项方案配套。

2. 专项预案。专项预案即针对会议活动的某一方面制定的工作预案,如接待方案、广告招商方案、会场布置方案以及各种应急预案等。

二、会议预案的内容和格式

(一)会议预案的一般内容

1. 会议的目标、指导思想和会议名称;
2. 会议的议题、议程和日程安排;
3. 准备邀请的有关领导、贵宾,出席和列席会议的人员,会议的规模以及会议的分组方法;
4. 会议的起讫时间、报到时间;
5. 会场的地址、规格及布置要求;
6. 拟设立的会议组织机构,如主席团、组织委员会、执行委员会、学术委员会、秘书处、筹备组等;
7. 会议的方式和技术手段;
8. 会议的后勤保障措施以及配套、余兴活动的安排,如参观、游览、娱乐、聚餐等;
9. 会议的宣传方式,如召开新闻发布会、编写会议简报、邀请记者采访、发送新闻稿件等;
10. 会议经费的预算以及筹集经费的渠道和方式;
11. 其他应当说明的事项。

以上内容可根据会议活动的实际情况和需要确定其详略程度。

(二)会议预案的格式

1. 标题。标题应当写明会议活动的全称并加上文种名称。

2. 正文。正文部分应当逐项载明预案的具体内容。每个项目列一个小标题。如有附件,要写明附件的名称。

3. 落款或署名。落款署提交预案的部门名称。如果文案是由具体承办人员拟写的,由拟写人员具名。

4. 成文日期。要写明具体的年、月、日。

会议预案实例

××市2001年教育工作会议筹备方案

一、会议指导思想和目标

以江泽民总书记"三个代表"重要思想为指导，认真学习江泽民总书记关于教育问题的几次重要讲话，贯彻落实全国教育工作会议精神，总结、分析本市教育改革和发展的成果、经验和问题，理清思路，确定2001年本市教育工作的目标和重点，并征求对《2001～2005年××市教育发展五年规划(草案)》的意见。

二、会议时间和地点

会议拟于×月×日至×日(会期共3天)在××××饭店举行。×日下午和晚上报到。

三、参加对象和会议规模

各区县局党政正职和分管教育的党政副职，各大专院校党政负责人，市教委正副书记、正副主任出席会议。

邀请市人大、市政协有关部门负责人列席会议。

会议规模200人左右。

四、会议日程安排

第一天：上午由市长主持会议，市委书记传达中央领导同志关于教育问题的重要讲话和全国教育工作会议精神，市教委负责人做2000年本市教育工作的总结报告并提出2001年的工作要点；下午分组讨论。

第二天：上午分组讨论；下午，大会集中，由副市长×××主持会议，各组交流讨论情况，市教委负责人介绍《2001～2005年××市教育发展规划(草案)》的总体思路和起草过程。然后继续分组讨论。

第三天：上午分组讨论；下午，举行大会。由市委副书记×××主持会议，市长做会议总结，市委书记讲话。

五、会议准备

会议准备工作由市委秘书长×××负责，由市委办公厅、市府办公厅、市教委办公室抽调部分人员参与准备工作，并组成会议秘书处。

1. 会议文件工作由×××负责；
2. 会议分组联络工作由×××负责；
3. 会场布置及会议接待工作由×××负责；
4. 会议的安全保卫工作由×××负责。

六、会议宣传工作

会议第一天和最后一天的大会由市委宣传部落实宣传报道。分组讨论和大会交流不对外报道。

七、附件：

(略)

市委办公厅、市府办公厅

二〇〇一年一月三日

思考与练习

1. 试述会议的特征和要素。
2. 会议有哪些作用?
3. 法定性会议与非法定性会议、横向性会议与纵向性会议有哪些区别?
4. 会议领导机构有哪些名称?
5. 会务工作机构有哪些分工?
6. 会务工作的原则是什么?
7. 以熟悉的会议为例,拟写一份会议议程或日程。
8. 以熟悉的会议为例,拟写一份会议通知。
9. 秘书如何在会议现场分发文件?
10. 会议的气氛渲染有哪些手段?
11. 以某公司举行年终总结表彰大会为内容,拟写一份较为详细的会议预案。
12. 分析下面的实例:

某公司举行首届职工代表大会,会期共3个单元时间。第一个单元时间为开幕式和大会报告,第二个单元时间为代表团审议大会报告,第三个单元时间为投票表决各项决定和决议,并举行闭幕式。会议筹备之初,筹备处秘书组拟写了一份较详细的会议日程,准备提交预备会议通过。后来,有关领导在审查会议日程时,指出职工代表大会只制定一份日程不规范,也不科学,要求秘书组立即改正。请说说秘书组应如何改正,为什么要改正。

第五章　会议服务工作

领会接站、报到、签到、值班、返离、选举、评选、表决、议案、提案的含义；掌握报到、签到、返离、安排食宿、会议记录、会议简报、选举和表决、议案和提案处理、会议文件收集的基本方法和要求，并能够综合应用。

第一节　接站、引导、报到与签到

一、接站、引导和报到

（一）接站

接站是跨地区、全国性和国际性会议活动接待工作的第一道环节。会议活动的接站同一般接待活动的接站在许多方面具有共同之处，但由于会议活动的接待对象人多面广，因此要特别注意以下两点：

1. 要通过汇总回执、报名表以及打电话等渠道，充分掌握与会者的姓名、性别、年龄、职务，抵达的具体时间和地点（机场、车站）等信息，以避免错接和漏接。

2. 接站现场以及交通工具上要有醒目的标志，以便与会者辨识。

（二）引导

引导是指会议活动期间会务工作人员为与会者指引会场、座位、展区、餐厅、住宿的房间以及指示与会者问询的路线、方向和具体的位置。引导虽然看似小事，但却能给与会者提供许多方便，使他们感到亲切。

引导工作贯穿于整个会议期间，每一位会务工作人员都应当履行引导的义务。但在大型会议报到以及进入会场时应当派专人负责引导，这类专职引导人员常常称为礼仪人员。

负责引导的礼仪人员要统一着装，熟悉会场的布局以及各种配套设施的情况。大型会议活动的礼仪人员还要了解本地的交通、旅游、购物等情况，以备与会者随时咨询。国际性会议的礼仪人员还要掌握外语会话能力。

（三）报到

报到是指与会者在到达会议活动所在地时所办理的登记注册手续。与会者报到时，秘书人员要做好以下工作：

1. 查验证件，确认与会者的参会资格；

2. 请与会者在登记表上填写个人姓名、性别、年龄、单位、职务、职称、联系地址、电话等有关信息。

3. 统一接收与会者随身带来的需要在会上分发的材料，经审查后再统一分发，以免由于与会者在会场上自行分发而影响会议和展览秩序，同时也可防止自行分发材料可能造成的其他不良后果。

4. 分发会议文件。重要文件必须履行签收手续，保密和需要清退的会议文件还要发给与会者文件清退目录，嘱其妥善保存，会后退回。

5. 预收会务费、食宿费、资料费等费用，当场开具收据。

6. 安排与会者住宿。

二、签到

（一）签到的作用

会期较长、具体活动较多、内容较重要、需要集中接待的会议活动，与会者除了办理报到手续外，还要在每一场会议活动的签到簿上签名，表明其参加了这一次会议。会议签到有以下作用：

1. 便于统计实到人数，以确定法定性会议的有效性。

2. 检查缺席情况，以便及时通知有关人员到会，或通知缺席对象另行补会。

3. 庆典仪式、纪念性和追悼性会议活动的签到簿可以珍藏，留作永久的纪念。

4. 与会者的亲笔签名是第一手签到记录，是其参加会议活动的书面证明，可为日后的查考提供历史凭据。在一些法定性会议上，签到还是一种法律行为。

（二）会议签到的方式

1. 簿式签到。签到簿装帧精美，宜于保存，具有纪念意义，常常用于各类庆典和仪式。会议活动规模较大、与会者较多并且集中到达时，可采取分头、分册签到的方法，以避免签到时拥挤的现象，影响会议活动按时进行。签到簿的封面或扉页上应当写明会议活动的名称、时间和地点，以便将来查考。

2. 表式签到。表式签到即采用格式规范的表格签到。规模较大、参加人数较多的会议活动，要多准备一些签到表，采取分头签到的方法，会议结束后，再装订成册。特别要避免用白纸或普通信笺签到，这样既不方便统计人数、检查缺席情况，也不利于将来查考。

3. 电子签到。电子签到即采用非接触式电子签到卡签到，系统自动记录和显示与会者的姓名、性别、年龄、单位、职务、职称、代表性质、组别、代表证编号等信息，并自动进行统计分析，在显示屏上显示出到会和缺席的情况等一系列数据。电子签到卡可以和代表证组合制作，使用更加方便。

（三）签到表的格式

同一个单位或同一类会议的签到表应当统一格式。

1. 标题。普通的会议写“会议签到表”即可。重大的会议还应当写明会议的名称。经常性的会议，标题可以固定化，如“××××办公会议签到表”。

2. 正文。签到表的正文应载明下列项目：

（1）会议名称。如标题中未写明会议活动名称，则在表格内写明。

（2）主办单位。应当写全称或规范化简称。

（3）举行时间。写明具体的年、月、日、时、分。

（4）举行地点。写明举行会议的宾馆名称、楼号、房间号码。

（5）应到单位名称或应到人姓名。这一栏秘书人员要事先填好，经常性会议活动参加的单位和人员相对固定，可在制表时将应到单位和应到人一起印出，以便与会者对号签名。这样做可对缺席情况一目了然，同时也便于统计参加人数。如有列席对象，应与出席对象分栏签到。

（6）与会者签名。在应到单位名称或应到人姓名后面设置相应的空格，供与会者签名。

签到表参考格式见表5-1、表5-2所示。

表5-1　××××会议签到表

时　间	年　月　日　时　分		
地　点			
出　席		列　席	
姓　名	签　到	姓　名	签　到
张　维		李　明	
王永康		李　伟	
王善祥		钟杰书	
施福生		×××	
钱雅娟		×××	
席为民		×××	

（表5-1用于领导办公会议等经常性召开、会议名称固定的会议）

表5-2 会议签到表

会议名称			
主办单位			
时　间		会议地点	
出席单位	签　名		
×××			
×××			
×××			
×××			
×××			

（表5-2用于一般性会议）

第二节　安排食宿、余兴活动和作息时间

一、安排饮食

（一）安排会议饮食的要求

1. 卫生安全。要按照有关食品卫生的要求和规定，采取得力措施，实施严格管理，确保饮食安全，从而保证会议活动的顺利进行和圆满结束。

2. 规格适中。会议活动中的饮食一定要根据经费预算确定就餐标准来安排。饮食标准应当由会议活动的领导机构确定，并贯彻勤俭节约的原则。

3. 照顾特殊。与会者中如有不同饮食习惯的少数民族代表、外宾或其他有特殊饮食要求的代表，要特别予以照顾，尽可能满足他们的需要。

（二）安排饮食工作的程序

1. 制定饮食工作的方案。会期较长的大型会议活动，要事先依据会议活动整体要求制定一套详细的饮食工作方案，主要内容包括：

（1）就餐标准。就餐标准要分解到早、中、晚三餐的具体支出中。

（2）就餐时间。就餐时间一般要同会议活动的作息时间综合考虑。

（3）就餐地点。如果人数较多，要多安排几个就餐地点。

（4）就餐形式。这是决定采取分餐制还是合餐制。

（5）就餐人员组合方式，即就餐时是自由组合还是按会议活动编组的方式组合。

（6）就餐凭证，即凭就餐券入场还是凭会议证件入场就餐。

（7）保证饮食安全的具体措施。

2. 预定餐厅。餐厅的选择要考虑以下几点：

（1）餐厅大小是否能够容纳会议活动的全部就餐人员，就餐人员中包括与会者和工作人员两部分。

（2）餐厅的卫生条件是否达到规定的标准。

（3）饭菜品种和质量能否满足要求。

（4）餐厅与会场和代表住地的距离是否适当。

（5）价格是否合理。

3. 印制和发放就餐凭证。就餐凭证一般采取两种办法：一种是印制专门的会议活动就餐券，另一种是凭会议证件进入餐厅就餐。

4. 统计就餐人数。方法一是根据会议签到的实际人数，二是分组统计，然后汇总。就餐人数应包括工作人员。

5. 商定菜谱。要在经费预算的框架内，尽可能与有关餐厅商定一份科学、合理的菜谱，并尽可能满足少数民族代表以及一些有特殊饮食习惯的代表的需求。

6. 餐前检查。就餐之前，要对饭菜质量、份数、卫生状况等进行必要的检查，发现问题，及时纠正或者调整。

7. 餐后反馈。与会者就餐后，要注意听取他们对饭菜质量以及餐厅服务态度的意见，以便及时改进服务。

二、安排住宿

（一）安排住宿的要求

1. 与会者住地要相对集中，这既有助于信息沟通和事务联系，也便于休会期间与会者之间进行非正式的沟通和交流。

2. 与会者住地要尽量靠近主会场，最好是会场和住宿的房间在同一个宾馆，这样既方便与会者，又可以节省时间和交通费用。

3. 房间内基本设施齐全并且确保使用安全。

4. 身份相同的与会者，其住房标准要大体一致。代表自费出席会议，对房间有特别的要求，也应当尽可能予以满足。

5. 要根据会议活动的实际需要来确定所住宾馆的规格，不要盲目追求高规格，尽量节省住宿的费用。

（二）安排住宿工作的程序

1. 制定住宿安排工作方案。大型会议活动的住宿安排需要事先制订方案，内容一般要包括所住宾馆的地点、规格、费用、房间分配原则等。这一方案也可以同饮食安排方案一起制定。

2. 统计住宿人数。可分为两步，第一步根据会议活动通知的回执、报名表、申请表统计到会的大致人数，并据此预算预订的房间数量；第二步是统计实际报到的人数,这一数字比较准确,是最后落实房间和床位的依据。住宿人数应当包括需要住宿的记者、与会者的随行人员以及会务工作人员。

3. 分析与会者的情况。如,分析与会者的性别、年龄、职务、职称、专业以及生活习惯、相互关系等。一般情况下,应当适当照顾女性、年长者和职务较高者。如果安排两人一间房间,专业相同或相近的与会者同住一间,有利于他们之间进行交流。与会者如果带随行工作人员,可将他们安排在一起或相邻的房间,以便于他们开展工作。但有专门规定的除外。

4. 预订房间。

(1)预订房间的数量既要考虑与会者的人数和他们的具体情况,同时也要根据会务管理和服务的实际需要。

(2)房间最好集中在一个宾馆内。大型会议住宿人数较多,一个宾馆容纳不下,可预订几个宾馆,但宾馆之间的距离要尽量靠近。

(3)房间的布局尽量集中。

(4)房间内的生活设施应齐全并且完好。

(5)价格合理。

三、安排余兴活动

会议活动期间适当安排余兴活动,如观看文艺表演,组织舞会或文艺晚会,安排参观、考察、游览等等,可以丰富会议活动期间的业余生活,做到劳逸结合,同时也有助于提高会议效率。

(一)确定余兴活动的内容和形式

确定余兴活动的内容和形式要注意以下几点:

1. 配合会议活动的主题。余兴活动可分为两类,一类是教育性的,另一类是娱乐性的。但具体安排时应配合会议活动的主题,以教育性的为主。

2. 适当照顾与会者的兴趣。余兴活动在某种意义上说,是对与会者的一种慰劳,适当照顾他们的兴趣和要求也是理所当然的。要根据与会者的兴趣确定余兴活动的形式,如舞会、电影、体育比赛、文艺演出、参观游览等。

3. 尊重与会者的宗教信仰和风俗习惯。要特别注意审查节目和影片的内容,避免因政治内容或宗教信仰、风俗习惯等问题而引起与会者的不快。

4. 体现民族特色和传统文化。国际性会议活动的文艺招待要尽可能选择能够体现主办国民族特色的节目。双边会议活动的文艺招待可适当安排客方国家的民族传统节目,以体现对客方的尊重和友好。

(二)安排具体时间

余兴活动的时间安排一般应在会议预案中有所考虑,会议开始后可根据实际情况做适当调整。余兴活动应安排在休会期间，如晚上或休息天，不应影响会议活动的进行。如安排参观游览活动，要事先确定参观游览的线路和具体时间表。

（三）做好各项组织工作

1. 参观游览活动的计划确定之后，应及时与接待单位取得联系，以便提前做好接待、介绍工作的准备。组织观看电影、文艺表演活动，要预订座位。自娱自乐的活动要准备好场地、器材等。

2. 组织外出的余兴活动应当集体行动，因此要事先统计好人数，安排好来回接送的车辆，并注意上车后清点人数，避免漏接、漏送。

3. 时间较长的参观游览活动，要安排好食宿。

4. 准备必要的资金和物品，如摄像机、摄影机、手提扩音机、对讲机、团队标志、卫生急救药品等。

5. 参观游览活动的人数较多时，要事先编组并确定组长，也可为每个小组配备一名会务工作人员，负责具体的事务工作和安全工作。

6. 组织外出考察、参观、游览应当派有一定身份的领导人陪同。必要时应配备导游和翻译。

四、安排作息时间

（一）会议作息时间的构成

1. 就餐时间，包括每天早、中、晚三餐的时间；

2. 每天上午、下午会议活动的开始、结束和休息时间；

3. 会议辅助活动的时间，如晚上的余兴活动时间安排。

（二）安排会议作息时间的要求

1. 服从会议议题性活动的需要，这是制定会议活动作息时间表的基本要求；

2. 劳逸结合，充分安排休息时间，保证与会者有充沛的精力参加会议活动；

3. 作息时间表应在与会者报到时分发，如有变化应及时通知到每一个参加单位和每一位与会者。

（三）作息时间表的格式

1. 标题。会议活动名称（可用简称）+“作息时间”或“时间安排”。

2. 会议活动举行日期，位于标题之下居中，写明年份和开始、结束日期，外加圆括号。

3. 正文。会议作息时间表一般以时间为线索，写明就餐、开会、休息以及辅助活动的具体时间。

4. 说明或备注。

5. 落款。一般写“××会议秘书处”。

6. 制定日期。

会议作息时间表示例

××××国际学术研讨会作息时间

(2010 年 5 月 5 日—8 日)

7:00—7:45	早餐
8:00—9:45	举行会议
9:45—11:15	咖啡时间
11:15—12:00	举行会议
12:00—12:45	午餐
12:45—14:00	午休
14:00—15:30	举行会议
15:30—16:00	咖啡时间
16:00—17:30	举行会议
17:30—18:30	晚餐
18:30—21:30	电影、座谈、娱乐、自由活动

会议秘书处

2010 年 5 月 4 日

第三节　会议值班和返离工作

一、会议值班

会议值班是指在会议期间成立专门机构或安排专门人员处理需要临时办理的事项,以满足会议领导和与会者的临时性需求。

(一)总值班

总值班是大型会议期间对会议值班工作负全面责任的岗位,一般应当安排会议领导管理机构的领导人担任。总值班的主要职责是:

1. 决定会议期间临时性、突发性事项的处置方法。

2. 协调好会务工作部门之间的关系,避免相互扯皮,提高会议服务的效率。

3. 根据组委会或秘书处的授权处理值班期间的日常事务。

(二)安全值班

安全值班的职责是:

1. 入场时检查会议证件,防止无关人员进入会议现场。

2. 随时指挥和安排好与会者用车的进出与停放，并保证会议期间行车和停车安全。

3. 定时对会议现场和与会者住地进行安全巡逻，重点检查用电安全情况、重要设备的运行情况以及防火和防盗的措施等。

4. 组织和安排医务人员现场值班，并配备必需的医疗急救器械和设备，随时应付可能出现的医疗急救事件。

5. 事先制定各种突发性事件和突发性事故的应急方案，准备好相应的器材和物资，落实并培训专门人员，实行24小时值班，以应不测。

6. 保密会议要做好会场保密工作。

（三）用品和设备值班

用品和设备值班的职责是：

1. 向与会者提供茶水、毛巾、纸、笔等会议常用品。
2. 检查各种仪器设备的使用和运行情况，及时排除故障。

（四）接待值班

接待值班的职责主要有以下方面：

1. 安排好与会者临时租用的会议室、会客室。
2. 安排好与会者的临时用车。
3. 安排好与会者的临时用餐和住宿。
4. 为与会者的出行、旅游、购物提供咨询和必要的帮助。
5. 帮助与会者解决好个人生活上的特殊困难。

（五）综合服务值班

综合服务值班的职责是：

1. 完成会议领导机构和领导人临时交办的事项。
2. 制发会议活动期间临时性的会议和活动通知。
3. 采办会议活动急需的物品。
4. 随时为与会者提供文印服务。
5. 及时向与会者印发决议草案、会议简报、会议服务手册和其他资料。
6. 协调处理会议活动期间各项工作的关系。
7. 掌握与会者迟到和离退场的情况，并做好记录，以便会后联系补会。

二、返离工作

返离工作即闭会后安排与会者离会和返回的工作。

(一)预定返程票

返程票是与会者最为关心的问题之一,因为这直接关系到与会者能否按时返回单位开展工作。提前做好这项工作,能解除与会者的后顾之忧,使与会者安心参加会议活动,有利于提高会议活动的效率。预定返程票要注意以下几点:

1. 在汇总会议活动回执、报名表的同时,仔细登记与会者对回程票的具体要求,具体包括回程的交通工具(飞机还是火车)、返程日期、航班或车次、舱位或座卧等级、抵达地点等内容。

2. 及时同有关票务部门联系订票事宜,用暂借款支付购票款。

3. 与会者报到时,进一步确认其订票要求,如有变化及时与票务部门联系更改。

4. 交割回程票时要做好记录,并同时收取购票款。

(二)结算费用

报到时如预收了有关费用,在与会者离会之前,要结清必须由与会者承担的费用。结算时要做到:①列清每项开支;②多退少补;③如预收时出具的是收据,则应以收据换正式发票。

(三)检查会场与房间

与会者离会时可能会在会场或房间里遗忘一些物品和文件,会务人员要仔细检查,一旦发现,及时上交或归还。

(四)告别送行

与会者离会时要热情告别送行,具体要求是:

1. 会议活动的主要领导人尽可能安排时间出面告别。告别的形式可以是到与会者住宿的房间走访告别,也可在会议活动闭幕式结束后到会场门口道别。重要的与会者还应当安排一定身份的领导人亲自到机场或车站送行。

2. 安排好车辆,将与会者送至机场或车站。

第四节　会议记录工作

一、会议记录的含义、作用和种类

(一)会议记录的含义、作用

会议记录是会议客观进程原始、真实信息的记载,其作用有以下几方面:

1. 为日后查考、研究会议提供第一手材料。

2. 在一些法定性会议中，会议记录经发言者和会议领导人确认签字后，具有法律效力。

3. 便于领导及时、全面了解和掌握会议的进展情况和动向。

4. 为形成决定、决议、会议纪要等最后文件打好基础。

5. 经会议领导和发言者同意，可散发会议记录整理稿，以便传达和学习会议精神。

6. 图像类会议记录还可以用于会议宣传报道。

（二）会议记录的种类

1. 按会议记录的手段可分为：

（1）手工记录，即由会议秘书用文字或记录符号在纸面上进行记录。

（2）机器记录，即借助各种记录信息的机器设备进行记录。常用的记录机器有照相机、录音机、录像机、摄影机、计算机等。

2. 按记录的载体可分为：

（1）书面记录，即将会议信息记录在纸质材料上。

（2）音频记录，即用录音带、磁盘等记录会场内的语音信息。音频记录能完整记录与会者的发言内容，便于整理，也是书面会议记录的重要补充。重要会议常常采用录音的方法，以便使一些重要讲话和精彩的报告得以原汁原味地保存。

（3）视频记录。视频记录有两种：①动态视频，即运用摄像机等视频设备将会议活动的场面记录在录像带、摄影胶片和计算机储存器中。动态视频记录能记录会场内的活动场面，并能直观地再现。②静态图像，即使用照相技术拍摄会议的现场，是书面会议记录的补充形式。

3. 按记录使用的符号可分为：

（1）汉字速记，即对汉语字、词、句、段加以合理精简、缩略和符号替代，以草书的快写方法进行记录。

（2）拼音速记，即运用声符和音符两种速记符号组成音节符号（音符），加上合理的省略进行记录。

以上两种记录要用规范的文字进行整理才能归档。

二、会议记录的格式和内容

（一）标题

会议记录的标题有以下两种：

1. 专用性标题。其格式为会议名称＋记录，如：“××公司行政办公会议记录”。如果标题中需体现会议的届次，可将届次空出，记录时用手工填写，如：“××学会第（　　）次理事会会议记录”。大中型会议往往有主席团会议、代表团团长会议、分组讨论或审议会等,可使用格式统一的记录用纸,标题格式为:“××(单位)第×届××代表大会第×次全体(或主席团)会议记录”。

2. 通用性标题。通用性标题适用于一般的会议,标题只写“会议记录”4个字即可。如果在本单位内部各部门通用,可采用写明本单位名称,如“×××(单位)会议记录”,会议名称则写在首部的表格中。

(二)首部

会议记录的首部要求用表格的形式,详细记载会议概况,具体包括:

1. 会议的名称。会议记录中的会议名称一定要写全称,以便于后人查考。

2. 会议时间,包括开始时间、结束时间和中间休会时间。时间要具体到时、分。

3. 会议地点。地点应具体到会场名称或房间号码。

4. 会议主席,即会议的召集人或主持人,要写明姓名和职务。联席会议、多边会议还应当写明主持人所在的单位名称。

5. 参加人员,包括出席人、列席人、旁听人,不同性质的与会者要分别记录,并写明姓名、单位、职务。

6. 缺席人员。记载缺席情况既可以了解缺席情况,也可以清楚地反映会议应该出席的范围,这对日后查考和研究会议十分重要。

(三)主体

主体部分记载会议的进程,具体包括:

1. 会议的议程和议题。议题的记录要完整。如果是讨论或审议某一项文件,应写明文件的完整标题。以口头方式提出的临时动议,可以作为发言来记录。

2. 发言情况。发言情况是会议记录的重点,包括发言人姓名和发言内容两部分。发言人的姓名要求记录全名,发言内容可根据记录的方法确定详略程度。详细记录要求有言必录,并记录插话、争论、表态等情况。摘要记录则记要点。

3. 会议结果。会议结果包括对议题的通过、缓议、撤销、否决情况。如果经表决通过或否决了某个议题,要记录表决对象的名称、表决的方式(如口头表决、举手表决、投票表决、表决器表决等)、表决的结果(同意、反对、弃权的情况)。如实行多轮投票,每轮投票的情况都要记录在案。

4. 会场情况,即指会议期间会场内所发生的与会议进程有关并且具有记录价值的情况。记录会场情况可以更加全面反映会议的气氛以及与会者的情绪和态度,如与会者的掌声、笑声、迟到、早退、中途退场以及其他影响会议进程的情况。

(四)尾部

尾部用于各项署名。署名是对记录的真实性郑重负责的体现。以下四种人需要署名:

1. 记录人。会议记录人必须在会议记录上签字，以示负责，同时也便于日后核实情况。

2. 审核人。重要的会议记录应由会议主要领导人对其进行审核，确认无误后签字。审核人对记录的真实性负领导责任。

3. 发言人。论证会、鉴定会、听证会以及国际性组织的重要会议，与会者的发言常常是决策、定案的重要依据，因此可以要求发言人会后对记录进行核对并签字。

4. 法定的签字人员。如，《中华人民共和国公司法》明确规定，各类公司的股东会、董事会应当对所议事项的决定做会议记录，出席会议的股东、董事应当在会议记录上签名。

署名置于尾部，用以表示记录的完整性，同时也避免有人在正文部分私加文字。一般性会议记录也可以将记录人、审核人置于首部，但必须在结尾处写明“会议结束”的字样。发言人签署应当置于尾部。

专用性会议记录格式见表5－3至表5－5所示。

专用性会议记录格式1·首页

表5－3　××学会第(　　)次理事会议记录

时　间	年　月　日　午　时　分至　日　午　时　分	
地　点		
主　持		
出　席		
列　席		
缺　席		共　页
(发言人姓名)	(会议进程记录)	

第　页

专用性会议记录格式1·末页

表5－4　专用性会议记录末页格式

(发言人姓名)	(会议进程记录)
	记录人：
	审核人：
	审核日期：

第　页

专用性会议记录格式2·首页

表5－5　××市第九届人民代表大会第三次会议的分组会议记录

代表团名称				
时　间				年　月　日　午　时　分
地　点				
主　持				
出　席				
列　席				
缺　席				
审　核		记　录		共　页
（发言人姓名）	（会议进程记录）			

第　页

通用性会议的记录格式见表5－6、表5－7所示。

通用性会议记录格式·首页

表5－6　××公司会议记录

会议名称				
主办部门				
时　间	年　月　日　时　分		地　点	
主持人				
出　席				
列　席				
缺　席				
审　核		记　录		共　页
发言人	（发言内容及决议）			

第　页

通用性会议记录格式·末页

表 5-7　通用性会议记录末页格式

（发言人姓名）	（会议进程记录）
	发言人签署：×××　　×××
	×××　　×××
	×××　　×××

第　页

三、会议记录的方法和要求

（一）会议记录的方法

1. 详细记录。重要会议的记录要求做到有言必录，全面反映会议的全过程。详细记录要求秘书掌握熟练的速记技能。必要时可以由几个秘书同时记录，会后共同核对整理。整理稿必须经每个秘书签字。如领导者同意，也可使用录音的办法，然后根据录音整理。

2. 摘要记录。摘要记录适用于一般性的会议。做摘要记录时，会议概况部分必须详细全面，但会议进程部分只需记录议题、发言人姓名、发言的要点和会议结果。除特别重要的情况外，一般的会场情况可不做记录。摘要记录可直接用规范的文字进行记录，使会议记录一次性成文，经领导人审核和发言者确认后直接归卷，省去了会后整理的工作程序。此外，还要做到“取其精华”，保持发言者的发言风格。

3. 简易记录。简易记录除了记录会议概况外，只要求记录会议的议题、议程和会议的结果，不必记发言的内容和经过。简易记录由于不能较全面反映会议的过程，查考研究利用的价值较低，故仅限于对较为简单的事务性会议的记录。

（二）会议记录的要求

1. 人员落实。会议记录一般都由秘书来做。重要会议为保证记录全面，可以有几位秘书同时记录，会后共同整理汇总。记录人员应当熟练掌握速记技能，反应敏捷，具有较强的听知能力和保密意识。

2. 准备充分。其具体包括：

（1）事先了解会议的目的、议题、程序、方式和手段，对一些专业性较强的会议，还应当事先阅读会议文件、掌握有关的专业知识，熟悉主要的专业术语，确保记录时得心应手。

（2）会前熟悉与会人员的姓名、职务、相貌特征、口音特点、说话习惯，以提高记录的准确性。

（3）备好必需物品。一是备好纸和笔。会议记录用纸应尽可能统一印制，格式规范。记录所用的笔墨应当符合归档的要求。如有分组会议，要事先将记录纸和笔分发到组。二是备好必要的器材。如果会议允许做录音记录，要事先安装并调试好录音设备，确保录音质量。采用摄像机记录的，要事先选好机位和角度，配好灯光。用计算机记录的，要准备好电脑及电脑桌椅，接好电源。

3. 客观真实，全面准确。客观真实、全面准确是会议记录最基本的要求，具体要做到：

（1）记录时注意力高度集中，全神贯注，用心听取每人的发言，仔细观察发言者的表情、手势和口型，做到反应迅速，判断准确，以提高记录的全面性和准确性。

（2）会议结束后要及时核对，有的会议记录还应当请发言者本人进行核对和确认。

4. 清楚规范。会议记录是立卷归档的重要材料，一般都列为永久保存，因此一定要用钢笔或毛笔记录。录音记录、速记和多人同时记录，会后要整理、誊清，并签字，以示负责。整理后的记录稿，要做到字迹清楚，文字规范，语法正确。

案例分析

秘书强伟的会议记录

强伟是新洁公司董事长的秘书，他做记录不仅速度快，而且直接用汉字书写，不用事后整理，因此，公司的许多会议都由他做记录，对此，强伟常常颇为自豪。可是强伟做记录却有一个很大的毛病，会议记录的开头部分往往信息残缺不齐，不是没有会议的名称，就是忘了记录会议的时间；与会人员的姓名每次都做了记录，却看不出哪些人是出席，哪些人是列席；至于缺席情况他是从来不记的。有一次，董事长要查上半年一次销售工作会议的记录，结果强伟花了很长时间，才在好几份会议记录中鉴别出来。还有一次，董事长要查看前年他自己还未调来时的行政办公会议记录，在与会人员姓名中看到一个陌生的名字，便问强伟此人当时是不是副总经理，强伟说他只是市场调研部的一个项目主管，当时他列席会议，向办公会议汇报项目的进展情况。董事长听了立即责问强伟为什么会议记录中没有反映这些情况，强伟无言以对，只得承认自己有错，表示今后一定改正。

分析：公司的会议记录是公司各项决策过程的原始记录，具有查考价值，因此应当完整地记载会议活动的相关信息。强伟作为会议秘书，理应掌握会议记录的基本要求和基本规范，不光要做到记录快，更重要的是，还必须保证会议信息的齐全。强伟应当这样改进：将会议名称、与会者姓名及其参加会议的资格（出席还是列席）、会议时间和地点等反映会议信息的各项要素，以表格栏目的形式制成会议记录专门用纸，每次记录时，按栏目逐一填写有关信息，既方便操作，又可以避免遗漏会议信息，提高会议记录将来的查考利用价值。

第五节　编写会议简报

一、会议简报的含义和作用

（一）会议简报的含义

会议简报是反映会议活动的动态、进程和主要成果的内部性简要报道。会议简报也常常称为“会议信息”。会议简报大多是在会议活动进行中编写的，有时也可在会议活动结束后编写。

（二）会议简报的作用

1. 掌握会议动态。会议简报是一种迅速反映会议动态的信息载体，是会议活动主办单位的领导人了解会议情况、掌握会议动态的重要渠道。

2. 交流会议信息。会议简报常常报道大会分组活动的信息，转载与会者在分组会上发表的重要意见，促进其在会议内部交流沟通。尤其是在大会交流时间有限的情况下，会议简报可以作为书面交流的补充形式。

3. 辐射会议影响。会议简报也可以在会议活动结束后，通过内部渠道发送给上级机关、平行机关和其他有关单位，以辐射会议信息，扩大会议的影响。

二、会议简报的编写方法

会议简报的编写方法一般分为报道式和转发式两种。

（一）报道式

报道式即采取新闻报道的方式，介绍会议活动以及分组活动的情况。

1. 报道式会议简报的种类

（1）综合性报道，即对会议活动的方方面面做较为全面的报道。

（2）专题性报道，即对会议活动的某一侧面，如就分组讨论中代表们对某一问题的看法做较为深入的报道。

（3）动态性报道，即迅速及时地反映会议最新情况、最新动态的报道。

2. 报道式简报的结构

（1）标题。标题要求概括、醒目、简短、富有吸引力，居中以较大的字体书写。格式上为单行式标题或双行式标题。单行式标题如：

我公司第一届职工代表大会隆重开幕

双行式标题由主标题和副标题组成，如：

高校扩招要慎重(主标题)

——××小组讨论侧记(副标题)

双行式标题也可以由肩题和主标题构成,如:

与时俱进,共创未来(肩题)

××区精神文明建设经验总结交流暨表彰大会隆重举行(主标题)

(2)导语。报道式会议简报的导语有两种写法:

①概述式导语,即采用叙述的方式概括介绍会议活动的概况或主要信息。如,介绍会议的名称、时间、地点、主持人、与会单位和主要与会者、会议的气氛等。综合性会议简报常使用这种导语。

②点题式导语,即简报一开头便直截了当切入主题,常用于专题性会议简报。如,"高校扩招问题成了这两天代表们在会内和会外的热点话题"。又如,"第三届××贸易展示洽谈会成交额创历史新高"。

(3)主体。主体部分介绍会议的过程和主要精神。这部分是会议简报的主要内容,要围绕主题、突出重点。

会议简报一般省略结尾。

动态性会议简报写作实例

××区第×次党代会预备会议圆满结束

×月×日上午,××区第×次党代会在区政府大礼堂举行预备会议,240名党代表出席了会议。会议由区委书记×××主持,以举手方式通过了《××区第×次党代会代表资格审查报告》、第×次党代会主席团和主席团常务委员以及大会秘书长和副秘书长名单、第×次党代会议程。

根据大会日程安排,××区第×次党代会将于×月×日上午开幕。

专题性会议简报写作实例

代表建议:市民带薪接受终身教育

参加××市政协×届×次会议的许多代表对科学构建学习型城市,推进市民终身教育的问题表示出极大的关注。

××委员认为,我市终身教育不断升温,社区学校日益红火,这是我市新世纪发展的必然选择,符合国际潮流。随着我国加入世界贸易组织和我市经济社会大发展,构建学习型城市将成为大趋势。

> 民进市委的一份提案对如何构建学习型城市，推进市民终身教育提出了以下建议：建立由政府部门负责人和行业组织、社会团体代表组成的学习型城市建设推进委员会，制定建设学习型城市的总体规划。
>
> 建立和完善终身教育制度，还需推进立法。×××、××等委员建议，我市应尽快建立市民带薪教育休假制度，企事业单位、行政机关和个体工商者，均有责任鼓励、组织职工学习。×××委员认为，应当建立校外学习成就认可制度，将非正规教育学习成果与正规教育体系相衔接，并可作为申请正规学校入学资格的参考。这样，我市的终身教育将富有活力。

（二）转发式

转发式会议简报的主要功能是转发在分组活动中具有代表性或重要价值的发言或书面建议。

1. 转发式会议简报的种类

（1）全文转发式。对篇幅不长、内容精彩的发言或书面建议可以全文转发。

（2）摘要转发式。篇幅较长的重要发言或书面建议可以采取摘要转发的办法。摘要转发要抓住发言或书面建议的中心和要点，尽可能保持发言的原来风格。

2. 转发式会议简报的结构

（1）标题。转发式会议简报的标题一般要反映发言者姓名和发言的主题。如：

王建和代表呼吁设立学生帮困基金

（2）按语。按语又称编者按，一般根据会议活动领导机构的意图起草，用以说明转发目的，提示内容，引起注意和重视。按语可分为说明性按语（说明转发原因和目的）、提示性按语（提示内容的重点和要点）、评述性按语（对转发的发言和建议发表意见、表明态度）。按语的字体字号要与正文有明显区别。

（3）正文。刊载所转发的发言或建议的具体内容。

三、会议简报的形体样式

（一）报头

报头位于简报首页的上方约占三分之一至四分之一的版面，包括下列项目：

1. 编号，即每份简报的印制顺序号，带有密级的简报必须编号，以便于登记、签收和清退。编号标注于简报的左上角。

2. 保密要求。带密级的简报，应在右上角注明密级；会议内部文件则注明“注意保密”或“会后清退”。

3. 简报名称。由会议名称＋简报组成，如，“××××投资说明会简报”。简报名称要居中,其中简报二字字号要大,以示醒目。

4. 期号。期号按编发顺序排列,标注于简报名称下方居中。

5. 编印机构。编印机构一般写会议秘书处,标注于期号的左下方。

6. 印发日期,即简报实际发出的日期,用阿拉伯数字标注于期号的右下方。

(二)报身

报身包括标题、按语、正文三部分。上文已有介绍,兹不赘述。

(三)报尾

报尾的位置在简报某页的下方,主要标明报、送、发的对象。报是上报的意思,送的对象是平级机关和不相隶属的机关,发指下发的意思。有时还可注明印刷份数。

简报参考样式如图 5－1 所示。

会议简报参考样式

编号:005　　　　　　　　　　　　　　　　　　　　会后清退

××大学教师代表大会

简　　报

(第×期)

大会秘书处编　　　　　　　　　　　　　　××××年×月×日

王建和代表呼吁设立学生帮困基金

编者按:近年来,我校部分大学生因家庭经济困难,学习受到影响,这一问题已引起许多代表的关注。××学院教授王建和代表在代表团会议上,强烈呼吁我校有关方面设立学生帮困基金,为贫困学生解除后顾之忧,受到许多代表的热烈响应。现将王建和代表的发言摘要如下。

据我了解,我校部分大学生因家庭经济困难,平时省吃俭用,还是无法购买必需的学习用品,有的不得不花许多时间外出打工,严重影响了他们的正常学习。为此,我呼吁校有关部门设立专项基金,专门帮助那些家庭经济确有困难的学生。具体建议如下:(略)

报:×××,×××××,×××××××××。

送:××××××,××××××,×××××××××。

(共印××份)

图 5－1　会议简报参考样式

四、会议简报的编发程序和要求

(一)信息收集

会议秘书要通过以下渠道广泛收集会议信息：

1. 各种会议记录,如主席团会议记录、团长会议记录、分组会议记录等。
2. 召集各团组联络员碰头会,汇总情况。
3. 收集代表的提案、发言稿、书面建议等。
4. 统计分析与会者的签到、报到信息。

(二)信息筛选

编入简报的信息必须按照以下原则进行筛选：

1. 真实性。真实性是简报的生命,因此必须对写入简报的有关事件的发生时间、地点、人物、语言、数据及其来龙去脉、前因后果进行严格的核实,确保简报的真实性本色。

2. 典型性。会议简报是具有导向性的内部报道,其内容除了真实性,还必须具有典型性:一要反映会议的主要活动和主要事件,二要反映与会者反响强烈的问题,三要反映代表性较为广泛的意见,四要反映与会者的新观点、新建议。

(三)简报编发

简报编发包括拟稿、编辑、审核、打印、校对、登记和分发等环节。具体要求是：

1. 语言简洁,篇幅简短。一般情况下,会议简报的字数应控制在 1 000 字以内。
2. 一事一报,主题突出。
3. 校对严格,格式规范。
4. 注意保密,严格登记。涉密简报必须编号,逐分登记,分发时要履行签收手续。
5. 编印迅速,分发及时。简报的拟稿、编辑、审核、打印、校对、登记和分发等各项环节要迅速及时,做到上午的简报下午发,当天的简报次日发。

第六节　选举、评选和表决工作

一、选举、评选和表决的含义

选举是指选举人根据少数服从多数的原则以及选举的有关规则,以投票、举手等方式对特定的人选进行差额遴选的过程。选举的对象主要有两类:一类是各种组织的领导机构和领导人;一类是各类代表。选举既可以作为会议活动的一项程序,也可以单独举行。

评选是指评选人根据少数服从多数的原则以及有关评选的规则和标准，以投票、举手等方式在特定范围内评比、推举、遴选最佳或最劣对象的过程。评选的对象广泛，可以是特定的组织和人物，也可以是特定的事件、项目或者形象。

表决是指具有表决权的会议成员依据少数服从多数的原则以及表决规则，以投票、举手等方式对特定的人选和事项表达赞同、反对、弃权意志的过程。表决是会议活动通过决议、做出决策所常用的民主手段，也是各种选举、评选活动的基本方式。从会议决策来看，表决的对象有两种：一是决定特定的人选；二是决定某个事项。

二、表决的方式

会议决策和选举、评选都是通过表决这一形式来体现与会者、选举人和评选人的意志的，而不同的表决方式具有不同的表达意义和效果。表决的方式有下列几种：

（一）按表决的手段分

1. 书面表决，即通常所说的投票。书面表决要事先制作选票或者表决票，由选举人、评选人或表决人以画符号的方式表达个人意志。

2. 口头表决，又称唱名表决，即当会议主席点到选举人或表决人的名字或其所代表的国家、组织的名称时，选举人或表决人以口头的方式表达个人或己方的意志。

3. 体态表决。体态表决是一种以肢体语言的形式表达意志的表决方式，包括举手、起立、鼓掌等。由于鼓掌表决的方式无法进行准确的计票，因此一般只能用于程序性问题或事务工作的表决，而不能用于选举和重大事项的表决。

4. 表决器表决，即通过按表决器进行表决的方式。表决器上分别设有同意、反对和弃权三个按钮，并具有自动计票、迅速显示计票结果、自动保存数据等功能，适用于大型会议的表决。

5. 通信表决，即通过邮寄通信的方式进行的远程投票方式，是书面表决方式的变化。通信表决时间长，但成本低，对投票者的要求高。如奥斯卡电影奖的评选，每个评委都是在家里完成评选工作，然后将选票寄往奥斯卡奖组委会。

6. 网络表决，即通过计算机网络进行的远程投票方式，具有覆盖面广、投票迅速、成本低廉的优势。

7. 短信表决，即用手机发短信的方式来投票，仅用于面向社会大众的评选活动。

（二）按保密与否分

1. 名义表决。名义表决即选举人或表决人以个人或所代表的国家、组织的名义表明态度，并记录在案。书面表决、举手表决、唱名表决都可以是名义表决。

2. 不记名表决。这种表决方式不记载表决人的姓名和所代表的组织的名称，又称为无记名投票。不记名表决有利于保护选举人和表决人，选举和重大问题的表决都应当采取不记名投票的方式。

三、制定选举、评选和表决办法

（一）选举、评选和表决办法的含义

选举、评选和表决办法是在举行选举、评选和进行表决活动时，规范选举、评选和表决的程序以及规范组织者和选举人、评选人、表决人的行为的具体规章。

（二）选举、评选和表决办法的内容

1. 制定的依据。必须写明所依照的有关法律、法规和本组织章程的有关规定。

2. 目的和任务。写明选举哪一级、哪一届、哪一种组织的领导人或者代表及其人数，决定什么名称的重大事项，评选哪一类、哪些等级的先进或者奖项，等等。

3. 提名和确定候选对象的原则及其程序、办法。

4. 表决的方式、程序与步骤。

5. 对选举、评选和表决有效性以及有效票的规定。一般要规定以下几方面：

（1）选举、评选和表决有效性的确认。一是确认出席选举、评选或表决会议的正式成员是否达到法定人数，达到法定人数的为有效人数，可以进行选举、评选或表决。如未达到规定的有效人数，则不得进行选举、评选或表决，即使进行也属于无效。二是确认是否出现违反规定的程序和要求的情况。如确认存在违反规定的程序和要求的情况，则选举、评选或表决的结果无效。如回收的选票或表决票多于实际发出的选票或表决票，就应认定为选举、评选和表决无效，必须重新组织选举、评选和表决。

（2）有效票的确认。有效票是指选举、评选和表决时回收的选票和表决票中符合规定要求的选票和表决票。确认选票和表决票的有效性应当把握以下几点：①每张选票和表决票填写的赞成数必须等于或少于规定的赞成数，其余的则为无效票。②选票和表决票上表达意志的符号是否符合规定，是否清楚，不符合规定和不清楚的为无效票。③选票和表决票上有无违反规定的内容，如有违反规定的内容，应做无效票处理。

（3）对有效性争议的解决程序。必要时办法中应当写明当选务和表决工作人员对选票和表决票的有效性产生争议时，如何解决争议的办法和程序。

6. 确定当选对象的原则及方法。一般要说明以下几点：

（1）当选的必要条件。无论是选举、评选还是决定重大问题的表决，选举和表决对象都必须获得多数票，但如果在计算“多数”的具体原则和方法上的规定不够明确，就会产生矛盾和争议，导致无法确定当选对象。计算“多数”通常有以下几种方法：①投赞成票的人数超过应到会议的有选举权或表决权的正式成员的一半；②投赞成票的人数超过实到会议的有选举权或表决权的正式成员的一半；③投赞成票的人数超过回收的有效票数的一半，即赞成票数必须大于反对票数和弃权票数之和；

④赞成票数超过反对票数,即在计算“多数”时,先扣除弃权票数,只要赞成票多于反对票即为“多数”。

(2)得票过半数的对象超过应当选数的解决办法。一般都采取以得赞成票多少为序,至取足应当选名额为止。

(3)得票数相等不能确定当选对象时的解决办法。一般应就得票相等的选举或表决对象重新投票,直至确定当选对象为止。

(4)得票过半数的对象少于应当选数时的解决办法。一般采取不足的名额从未当选的得票多的选举对象中重新选举或表决。如接近应选名额,经半数以上选举人、评选人或表决人同意,也可以减少名额,不再选举、评选或表决。

7. 候选对象、当选对象的名单排列顺序,必须体现公平和公正的原则。具体方法大致有以下几种:

(1)按候选人的姓氏笔画排列,这是排列候选人名单最常用、最基本的方法。按此方法排列顺序,应首先比较候选人姓名首字的笔画数,笔画数少的排列在前;如笔画数相等,则根据汉字的部首顺序排列;如果姓氏相同,则比较姓名第二个字的笔画数,余类推。遇到姓氏相同的候选人的名字字数不一时,则可采取两种做法,一种是按字数多少排列,字数少的排列在前。如“王刚”和“王一凡”两位候选人,由于“王刚”的名字字数少于“王一凡”,因此应当排在“王一凡”之前。另一种做法是一律按名字字符的顺序比较笔画数的多少来确定排列先后。不管采取哪种做法,必须事先约定。

(2)按组织或地区的名称笔画排列,用于我国国内评选先进个人和集体,具体方法同上。

(3)按项目名称的笔画排列,用于项目评选、评审。

(4)按上一轮选举、评选或表决的得票数多少排列。

(5)按上级领导机关批准的顺序排列,这是党内选举地方各级委员会书记和副书记时的特例。

8. 选票和表决票的设计要求。

9. 监票人和计票人的职责和产生办法

(1)总监票人的主要职责:①负责监督选举、评选和表决的全过程;②对监票人员进行合理分工并协调他们之间的工作;③负责审核参加投票的人数以及发出的票数和收回的票数;④对有争议的选票或表决票进行鉴别或做出裁决;⑤审核投票结果并签字;⑥向会议主席或主席团报告选举、评选和表决结果。

(2)计票人的主要职责:①在监票人的监督下分发、收回、清点选票或表决票,并进行唱票和计票;②将计票结果写成书面报告,并在报告上签字。

(3)监票人和计票人的产生程序。监票人一般是由选举人、评选人或表决人从不是候选人的选举人、评选人或表决人中推荐,经全体选举人、评选人或表决人表决通过,一般采取鼓掌表决的形式。计票人一般由大会秘书长从会议工作人员中或者从非候选人的正式成员中提名，经会议主席团确认。必要时也可提交全体正式成员以鼓掌的方式通过。

10. 选举、评选和表决的纪律。

四、选举、评选和表决活动的准备

（一）制作选票和表决票

1. 项目和符号设计。一般可以分为以下两种情况来考虑：

（1）以赞成票数超过有效票数半数（包括超过应到会或实到会正式成员半数）为“多数”的，无论是差额制还是等额制，一般只需设“同意”一项即可，因为投弃权票等于持反对态度，另设“反对”和“弃权”的项目在统计上无实际意义。选举人或表决人只需在自己赞成的候选人或候选项上画规定的同意符号即可，无须填写反对和弃权的符号。

（2）以赞成票数超过反对票数为“多数”的，投弃权票具有中立的性质，弃权票数对于投票结果具有很大影响时，计票时必须先扣除弃权票数，因此，票面上应当设“同意”、“反对”和“弃权”三项，并设计三种不同的符号以相对应。符号形状必须有明显的区别，即使画得非常潦草时也能清楚地辨认。

2. 选票和表决票的格式

（1）标题。①正式选举活动选票标题由会议名称 + 选举的目标职务 +“选票”组成，如：《中共××县第×次代表大会中共××县第×届委员会委员选票》。②评选活动选票标题由活动名称或奖项名称 +“选票”组成，如：《第 27 届大众电影“百花奖”选票》。③表决票标题一般由表决对象 +“表决票”组成，如：《××市××××年度科技一等奖表决票》。

如果候选或表决对象要经过反复多次地推荐和遴选，可在初选阶段以“推荐票”或“推荐名单”代替“选票”或“表决票”。

（2）候选或表决对象名单。候选或表决对象名单必须按一定的规则排列。如果是多轮遴选，也可以按前一轮推荐时的得票多少排列。名单一般采用表格的形式。允许另选他人或其他对象的，候选对象名单后面应留出适当的空格，供选举人、评选人或表决人填写。每个候选或表决对象姓名（名称）的边上应有空格供填写表达意见的符号。

（3）填写注意事项。具体包括：①每张选票可以填写赞成数的上限；②是否可另选他人；③表达意见的方式及符号。

（4）印制机构。印制机构一般是选举或评选的组织机构，如代表大会的主席团、选举委员会或评选活动的组委会等。

（5）选举日期。选票上的日期应当是选举或评选的日期，而不应当是印制选票的日期。

(6)盖章。选票应当盖有主办机构的公章,公章应当压住日期。

(7)封面。如候选或表决对象较多,选票或表决票需分成若干页打印,可专门设一封面。封面上印有标题和日期,并加盖公章。

选票参考样式见表5－8所示。

表5－8　中共××县第×届委员会第一次会议常务委员会委员选票

丁××	王××	李××	张××	周××	钱××	黎××		

注意事项:

1. 以上候选人名单按姓氏笔画排列;
2. 请在您同意的候选人姓名下方空格内填"○";
3. 同意的人数不得超过5名;
4. 如另选他人,请在候选人名单右侧空格内填写姓名并在下方填"○"。

中共××县第×届委员会
2004年×月×日

表决票参考样式如表5－9所示。

表5－9　××市××××年度科技一等奖表决票

编号	项目名称	表决意见		
		同意	反对	弃权
1	×××××××××			
2	×××××××××			
3	×××××××××			

注意事项:

1. 以上项目名称按项目负责人姓氏笔画排列;
2. 请在表决意见栏内选择您的意见,并统一画"○";
3. 同意数不得超过2个。

××市××××年度科技奖评选委员会
××××年×月×日

3. 制作选票和表决票的注意事项

(1)每张选票和表决票的格式必须完全统一。

(2)同一次会议上有不同选举或表决目的的选票或表决票,颜色应当有明显区别,以免混淆。

(3)严格按照应到会的代表人数或具有表决权的人数印制,不得多印或少印。

(4)重要选举和表决应当准备两套选票和表决票,以备应急。

(5)重要的选举和表决,选票和表决票应当使用防伪标志,加盖公章后应立即封存。

（二）现场准备

1. 准备投票箱。要注意以下几点：

（1）放置的位置应便于投票和监票人进行监督，因此要根据会场的座位格局和投票的进行路线综合考虑；

（2）大小适中，方便搬运；

（3）数量适当，可根据参加投票的人数以及会场的大小而定；

（4）牢固并且可以密封和开启；

（5）外形要庄重大方，有条件的可以镶嵌会徽。

2. 准备计票用品。计票用品如黑板（白板）、粉笔、水笔、纸张、小型计算器、计算机等。有条件的会场可采用计算机计票并通过显示屏公开计票的过程和结果。

3. 会场布置。进行选举、评选和表决的会场除按会议的性质布置会场外，还要注意以下几个方面：

（1）设计好投票时的顺序和路线。

（2）根据投票的路线放置投票箱，主席团成员的投票箱应放在突出的位置。

（3）安排好计票的地点，一般应当设在投票现场，以便当众唱票和计票；大型选举、评选和表决活动可以另设专门的计票点，但不应远离会场。

（4）采用表决器表决的，应指定精通技术、忠实可靠的人员对表决系统进行检查、调试，确保正常使用和计票的准确性。

（5）重要的投票，投票人座位之间应留出一定的空距，保证选举、评选或表决的隐秘性。有条件的会场还应当设置秘密写票处。

五、选举、评选和表决的程序

选举、评选和表决的程序实际上就是表决程序，因为选举和评选活动最终还是要落实到表决程序上来。表决程序根据表决的方式可以分为书面表决程序、口头表决程序、体态表决程序、按表决器表决程序等。

（一）书面表决程序

书面表决就是投票表决，具体程序如下：

1. 大会工作人员清点到会的具有选举权或表决权的人数，并向大会主席报告，重要的选举应当写出出席情况的书面报告。

2. 大会主席向大会报告本次选举或表决的应到人数和实到人数。如实到人数达到规定的有效人数，则宣布选举大会或表决程序开始。

3. 宣读选举或表决办法草案并以举手表决的方式通过。

4. 通过总监票人（副总监票人）和监票工作人员名单，宣布总计票人和计票工作人员名单，也可将计票工作人员的名单提交大会通过。一般采用举手或鼓掌的方式通过。

5. 由大会主席或选举和表决工作领导机构负责人报告候选人或表决事项产生的过程，宣布正式候选人名单和表决事项，介绍正式候选人或表决事项的情况，必要时可安排候选人演说或有关事项当事人答辩，以便选举人或表决人充分了解情况。

6. 监票人当众检查投票箱，然后当众密封。

7. 计票人在监票人监督下核对会议秘书处移交的选票或表决票的数量是否与实到会人数相等。一般情况下，选票和表决票是根据应到人数印制的，如数量缺少，必须查明原因。因缺席而多余的选票和表决票必须封存。

8. 计票人分发选票或表决票，检查实发选票或表决票与实到人数是否相等，并由总监票人向大会主席报告。

9. 大会主席或总监票人（也可由大会工作人员）宣读填写选票或表决票的注意事项。

10. 选举人或表决人填写选票或表决票。

11. 大会主席宣布投票的方法、顺序和路线，选举人或表决人在工作人员引导下进行投票。先由主席团成员投票，再由监票人和计票工作人员中的正式代表投票，最后由其他正式代表投票。

12. 在监票人的监督下，计票人当场清点选票或表决票，确认选举或表决是否有效。

13. 计票人在监票人的监督下计票。计票时，应当检查每张选票或表决票的有效性。计票结果应形成书面报告，并由计票人或总监票人签字，以示负责。

14. 总监票人向大会主席团和大会报告计票结果。

15. 大会主席宣布当选人名单或表决结果。

（二）口头表决程序

口头表决即唱名表决，具体程序如下：

1. 会议主席宣布唱名表决的依据，一般在议事规则中有明确规定。如某一成员临时要求实行唱名表决，则会议主席应当征求全体成员的意见。

2. 会议主席根据一定顺序点名。

3. 唱名点到的每一成员应回答“赞成”、“反对”或“弃权”。

4. 对没有应答的成员应再次点名。

5. 会议秘书（这种情况下一般不设监票人员和计票人员）逐一记录每一成员的表决态度。

6. 会议主席当场宣布表决结果。

（三）体态表决程序

体态表决中较为常用的是举手表决，具体程序如下：

1. 会议主席宣布举手表决的依据，一般以议事规则为准。如某一成员临时要求将书面表决改为举手表决，则会议主席应当征求全体成员的意见。

2. 会议主席请持赞成意见的有表决权的成员举手。秘书（人数较多的举手表决应设监票人员和计票人员）逐一清点举手的人数并记录在案。

3. 会议主席请持反对意见的有表决权的成员举手。秘书逐一清点举手的人数并记录在案。

4. 会议主席请持弃权意见的有表决权的成员举手。秘书逐一清点举手的人数并记录在案。

5. 秘书向会议主席提交统计结果，会议主席当众宣布表决结果。

（四）按表决器表决程序

按表决器表决程序的具体程序如下：

1. 会议主席依据议事规则宣布按表决器进行表决。

2. 有表决权的会成员按下表决器。

3. 计算机系统自动将表决结果显示在屏幕上。

4. 会议主席根据屏幕显示宣布表决结果。

第七节　议案和提案处理

一、议案和提案的含义

（一）议案和提案的含义以及相互区别

1. 议案的含义。议案是指法定的机关或具有正式资格的与会者，在会议期间向会议的领导机构提出的、请求在会议上讨论审议的单项正式书面议题。

2. 提案的含义。广义上说，会议期间提出的议案都可以叫作提案。在国际性会议中，议案和提案并没有严格的区分，这两个术语常常互用。在我国，提案是指特定组织中具有一定资格的成员在自己的职权范围内对某方面工作提出的意见、主张、批评或建议。提案有时也称为书面建议。

3. 议案和提案的区别。在我国，议案与提案虽然都是会议期间有关组织或与会者向会议提交的正式书面建议和方案，但却存在下列区别：

（1）目的和效力不同。议案是在会议期间提出的、请求在会议上讨论审议的书面议题，其本质特征就是“议”。因此，提出议案的目的就是为了使其列入议程，成为本次会议的议题。议案一经会议审议通过,便具有法律和行政效力。

提案是对某方面工作提出的意见或建议,可以在该组织举行会议时集中提出,但一般不要求列入会议的议程对其进行审议和表决,因此不具有约束力。当然,提案可以起民主监督的作用,有关方面应当认真接受、认真办理。

(2)提出的时间和程序不同。议案一般应当在会议召开之前和会议期间向会议的议案处理机构以书面的方式提出,并须经会议的领导机构审查、同意,才能列入会议议程。有些会议还要求议案必须达到所规定的附议人数。如全国人民代表大会召开时,30 名代表联名,可以向大会提出议案。

提案也要求以书面的方式提出,但一般没有时间限制,会前、会中、会后均可以。提案可以个人名义提出,也可以联名方式提出,还可以团组或党派的名义提出,但不规定附议人数。如,我国政协委员的提案就实行"三不限制"的原则,即政协委员提出提案的时间不限、内容不限、人数不限,也就是说,政协委员可以随时通过提案的形式反映自己的意见和建议。

(3)内容范围不同。议案的内容范围有较严格的限制,必须是本次会议职权范围内的事项,否则就不得列入会议议程。

提案的内容范围较为宽泛,一般不受限制,凡是与会者关注的问题都可以意见、主张、批评或建议的形式提出。

(二)相关术语

1. 代表议案。代表议案专指由法定机关和人大代表依照法定程序,提请本级人民代表大会会议或人大常委会会议审议、表决的议案。人大代表的议案如未列入人大会议的议程,可转化为书面意见转交给有关部门办理。

2. 代表建议。代表建议专指由人大代表向本级人大或人大常委会提出的对各方面工作的书面看法、意见、批评和建议。人大代表书面意见可以在人大会议期间集中受理,也可以在闭会期间提出,可以联名提出,也可以个人提出。

3. 政协提案。政协提案专指由政协的参加单位和委员向政协全体会议或常务委员会提出的意见、主张、批评或建议。它又称"委员提案"。政协提案经提案委员会审查立案后,交付有关单位办理。

4. 政协建议案。政协建议案专指由政协的参加单位和委员向政协全体会议或常务委员会提出的,经政协全体会议、常委会议或主席会议审议通过,以政协的名义向有关方面提出的建议。

5. 职代会提案。职代会提案是指企事业单位的职工代表大会代表以及全体职工提出的,由职工代表大会讨论、决定,由工会组织办理或者转交给有关职能部门办理的意见和建议。

二、议案和提案工作机构

(一)议案审查委员会的主要任务

1. 审查议案的提出人是否具有提案权;
2. 审查议案的联名人数或附议人数是否符合规定,有无重复签名;
3. 审查议案的提交日期是否在规定的期限内;
4. 审查议案涉及的问题是否属于本次会议的职权范围;
5. 审查议案的内容是否符合法律、法规、规章以及议案(提案)工作条例;
6. 提出议案审查意见并形成书面报告,呈送大会主席团审议;
7. 负责议案的交办、转办、督查;
8. 对上一次会议的议案办理情况进行总结并向大会做出书面报告。

(二)提案审查委员会的主要任务

1. 制订提案工作方案和提案委员会年度工作计划。
2. 依照规定的程序,组织、征集提案。
3. 对提案进行审查立案,确定承办单位。
4. 对提案办理进行检查和督促。对办理不符合要求的,及时商请承办单位重新办理。
5. 向全体会议、常务委员会议、主席会议报告工作。
6. 对提案进行综合分析,反映重要信息。
7. 组织提案工作的宣传报道。

三、议案和提案处理程序

在会议期间,议案和提案工作机构和工作人员,应当做好下列工作:

(一)会前预告

在向具有提案权(包括议案和提案)的会议成员发出会议通知时应预先告知议案和提案的截止期限和要求,并在会议开始时再次强调。

(二)议案和提案的受理

议案和提案要在规定的截止日期之前做好受理工作。议案和提案的书写应当使用统一印制的议案纸和提案纸,做到一事一案。联名提出的议案和提案,领衔发起人签名应当列于首位。以党派、团体名义提出的提案,须有该组织负责人签名并加盖公章。

议案和提案的格式一般有以下几部分组成:

1. 案由,即标题。如:“关于××××问题的议案(提案)”。

2. 提案人。个人提出的署提案人的个人姓名;联名提出的,除署领衔人姓名外,每个附议人都要署名。以团组或机构的名义提出的,填写团组或机构的名称,并由负责人签名。

3. 提交日期。写明正式提交的日期。

4. 联系方式。写明单位地址、邮编、电话、电子信箱。

5. 正文。正文一般分为案据和方案两部分。案据部分应当开门见山,直指问题的要害,并做简要、精辟的分析,解释提出议案的理由;方案部分提出解决问题的方法或建议。

6. 审查意见。由议案或提案审查委员会负责人填写审查结论,并签字。议案(提案)纸参考样式见表 5 – 10。

表 5 – 10　××第×届××大会 第×次会议代表(委员)议案(提案)

编号:______________

<table>
<tr><td>案　　由</td><td colspan="4"></td></tr>
<tr><td>领衔代表姓名</td><td>代表团</td><td>通信地址</td><td>邮编</td><td>电话</td></tr>
<tr><td></td><td></td><td></td><td></td><td></td></tr>
<tr><td>附议代表姓名</td><td>代表团</td><td>通信地址</td><td>邮编</td><td>电话</td></tr>
<tr><td></td><td></td><td></td><td></td><td></td></tr>
<tr><td></td><td></td><td></td><td></td><td></td></tr>
<tr><td></td><td></td><td></td><td></td><td></td></tr>
<tr><td></td><td></td><td></td><td></td><td></td></tr>
<tr><td></td><td></td><td></td><td></td><td></td></tr>
<tr><td></td><td></td><td></td><td></td><td></td></tr>
<tr><td></td><td></td><td></td><td></td><td></td></tr>
<tr><td>提交日期</td><td colspan="4"></td></tr>
<tr><td>审核意见</td><td colspan="4"></td></tr>
<tr><td colspan="5">案　　文</td></tr>
<tr><td colspan="5"></td></tr>
<tr><td colspan="5"></td></tr>
<tr><td colspan="5"></td></tr>
<tr><td colspan="5"></td></tr>
<tr><td colspan="5"></td></tr>
<tr><td colspan="5"></td></tr>
</table>

（三）议案和提案的分类整理

收到议案和提案后，要按一定方法分类整理，以便进行分析和登记。分类的方法一般有两种，一种是按代表团和提案机构分类，另一种是按案由所涉及的问题分类。前一种分类便于统计各代表团的提案数，后者则便于分析议案和提案的内容分布，了解代表们所关注的热点，并有助于确定交办和转办的责任单位。分类后在议案（提案）纸上填入分类号。

（四）议案和提案的登记

议案和提案一般采用簿式、卡片式和计算机登记，登记的项目包括：

1. 编号。按每份议案或提案收到的时间顺序编号，以便于统计议案或提案的数量，又方便查找和引用。

2. 提交日期。以实际收到的日期填写。此日期不得超过规定的截止日期。

3. 案由。填写议案或提案的标题或主题。如果收到的议案或提案未写案由，登记人员应予补填。

4. 提案人。如联名提案，一般只填写第一提案人。以代表团或其他机构、团体名义提出的议案或提案，填写代表团、机构或团体名称。

5. 附议人数。属于联名提案的，应填写提案人以外的附议人数。

6. 所在团组。代表以个人名义提出的提案，应填写该代表所在的团组。

7. 审查意见。审查意见即大会主席团或专门机构对议案或提案进行审查后所提出的意见。

8. 立案号。如果经过审查，议案或提案列入会议议程，或者作为建议立案办理，应填写立案的编号，以便今后查找。

9. 承办单位。如议案或提案立案后转交给有关责任单位办理，应填写承办单位的名称。

10. 签收人。由具体承办单位的收件人签字，表示收到文件。如果是通过邮寄或机要通信渠道转发，则在交办单或转办单的回执收到后，填写对方收件人的姓名。

11. 答复情况。将议案和提案处理的情况告知提案人，并记录告知的方式。如采用书面答复，则应登记复文的编号。

12. 存档号。存档号即归档时的编号，在归档时填写。

（五）议案或提案的送审

登记后的议案或提案应当适时送议案或提案审查委员会进行审查，职代会的提案则送提案工作小组审查。

(六)议案或提案的会后处理

议案经大会审议通过后形成决定或者决议正式下发执行。未列入会议议程的议案则转化为书面建议进入会后处理程序。提案在会议中集中受理后,除少数通过审议转化为建议案之外,大部分提案则进入会后处理程序。

1. 立案、交办。议案如经会议通过形成了决议,从会务工作的角度来说,则视为办理完毕。有的议案和提案虽未列入会议议程,但对工作确有推动作用,经主席团或专门委员会审查同意后,可作为工作建议予以立案。会务工作人员应当根据会议领导的批示或审查意见,及时做好交办工作。

2. 答复。议案或提案立案交办后,会议提案工作机构要及时答复提案人。答复的内容包括,交办的时间、承办单位、办理的程序等。答复一般应当用统一的书面形式,并加盖公章,以示慎重。

至此,从会务工作的角度来说,议案和提案工作的任务基本结束,其后的承办、催办、报告和反馈等工作转由常设的秘书部门以及具体承办部门负责。

第八节　会议文件的收集与归档

一、会议文件的收集

(一)会议文件收集的目的和要求

1. 会议文件收集目的。会议文件收集的目的无非是两个方面:一是回收不宜扩散和保密的文件,防止泄密;二是为会议文件的立卷归档做准备。

2. 会议文件收集的要求

(1)齐全。凡是有保存价值的会议文件在会议结束后都要立卷归档。

(2)及时。由于会议活动有明显的期限性,而大量的文件又分散在与会者、会议领导者以及会务工作人员手中,如不及时收集,会给收集工作带来许多不便和麻烦,甚至会导致收集不全,影响立卷工作以及会议档案的查考价值。对于秘密文件来说,收集清退不及时,还容易造成文件内容扩散、会议机密泄露。

(二)会议文件收集的范围

1. 有关请求审批举办会议活动的文件,如请示;

2. 有关开展筹备工作的文件,如策划书、预案、会议通知等;

3. 有关会议内容的文件,如议程、讨论提纲、各种报告和发言材料、会议记录、议案、决定决议、参考资料等;

4. 有关会议活动宣传报道的文件,如会议简报、新闻稿(包括报刊上刊登会议新闻的版面）、新闻发布会上的介绍材料等；

5. 有关会议管理与服务方面的文件，如各种名单、票证、表格、簿册、会议总结、承办合同、日程安排等；

6. 有关会议活动的照片、录音和录像磁带、计算机软盘、光碟等；

7. 会议文件的定稿（即经领导签发的发文稿纸和会议通过的文稿），存本，重要文件的草稿、讨论稿、修正稿、送审稿、草案、修正草案、表决稿等。

（三）会议文件收集的方法

1. 确定收集清退的重点对象。文件收集的对象包括全体与会者和工作人员，但重点是会议领导人、小组召集人、发言人、记录人、拟稿人。抓住文件收集的重点，就能基本保证会议文件收集的齐全性。

2. 印发收集清退目录。规模较大的会议，可事先印发会议文件的收集清退目录，要求每位与会者在会议结束时，根据目录整理好应清退的文件，统一交至秘书处；或由各组秘书（联络员）收齐后交给秘书处。

3. 现场收集清退。小型会议可由会议领导在会议结束时要求与会者将需要收集清退的文件当场留下。

4. 个别收集催退。对提前离开的参加对象或工作人员，如果手中有必须清退的文件，要及时进行个别催退。

（四）收集清退会议文件应当注意的问题

1. 严格查对。保密文件，要按会议文件的清退目录和发文登记簿逐人、逐件、逐项检查核对，以免出现死角。

2. 严格登记。与分发文件一样，收集会议文件也要履行严格的登记手续。

二、会议文件的立卷和归档

会议文件收集齐全后，应及时整理并立卷归档。

（一）会议文件立卷的方法

由于会议活动的种类、性质以及产生文件的数量差别较大，对一次具体会议活动来说，立卷方法应根据实际情况确定。以下几种方法可供参考：

1. 一般性会议，如专题工作会议、法定性代表大会、洽谈会等，应当一会一卷。

2. 大型综合性会议由于配套活动多，文件数量大，可依据活动的类型分别组卷。比如，举办大型经贸洽谈会，可分别按展览展示活动、高层论坛活动、投资说明会活动等分别立卷。

3. 日常工作会议，如领导办公会议等产生的文件，可根据每份文件的性质确定如何归卷。比如，属于业务部门工作的文件，经会议讨论同意后，可由业务部门按问题特征与其他相关文件一起立卷。会议记录、会议纪要、决定、决议则按会议性质和会议名称集中立卷。

4. 联合举行的会议活动，由主要的主办单位负责收集归档。

（二）会议文件立卷要注意的问题

会议文件立卷除了遵守普通文件立卷的要求外，还要注意以下几点：

1. 由于会议文件通常一会一卷，而一次会议的文件，既有需要永久和长期保存的，也有只需短期保存的。在组卷时，可以采取下面两种办法解决文件之间保存价值和保存期限不一致的问题：一是以其中最高保存价值的文件为准，确定组成案卷的保存期限；二是复制部分文件，以便按各档保存期限组卷时，能使各卷保持文件之间的有机联系。

2. 卷内文件的次序排列可采取以下方法：

（1）议程顺序排列法，即卷内文件一律按会议议程进行的先后顺序排列。这种方法便于反映一次会议的自然进程。

（2）重要程度排列法，即按照卷内文件所反映的议题的重要程度排列次序。

（3）问题—时间排列法。有时会议讨论的议题较多，组卷时，先按议题将所有文件分成若干组，根据议程顺序或议题的重要程度确定每组文件的先后顺序，再按讨论或表决的时间先后排列每组文件的内部次序。

第九节　会议的宣传、总结和反馈

一、会议的宣传工作

（一）会议宣传的意义和作用

1. 及时传递会议信息，增强会议透明度，尊重群众的知情权。

2. 使会议的目的和意义深入人心，调动广大群众的积极性，为贯彻落实会议精神及各项决策创造良好的舆论环境。

3. 树立领导机关或主办单位良好的社会形象，提高会议知名度和影响力。

（二）会议宣传的方法

1. 媒体沟通法。注意与媒体沟通，是会议宣传主要的、也是首选的方法。具体办法是：

（1）设立会议新闻中心或新闻发言人，择机召开新闻发布会或记者招待会，邀请各新闻单位和有关方面参加，向外界发布信息，并回答记者的提问。

（2）由会议秘书处拟写新闻稿，送请有关新闻机构编发。

（3）邀请记者前来采访会议。

2. 内部宣传法。内部宣传法即运用组织内部的宣传渠道和宣传形式进行宣传，如通过单位内部的广播、有线电视、内部计算机网络、简报、内部刊物等载体宣传会议的精神。

3. 群众工作法。群众是会议宣传的主要对象。做好会议期间的群众工作，有利于加强与群众的密切联系，调动群众的积极性，扩大会议的影响力。具体做法有：

（1）邀请群众旁听会议。近年来，邀请群众旁听立法会议、决策会议和调查听证会议的做法受到广泛的欢迎和好评，收到了很好的社会效果。

（2）认真慎重受理会议期间的信访工作。有些会议（如人民代表大会、职工代表大会）举行期间，群众的参与热情高涨，围绕会议活动的来电、来信、来访和电子邮件会明显增多。可设立专门的会议信访工作部门，积极、认真、慎重地受理群众的来电、来信、来访和电子邮件，解答群众提出的问题，满足群众的合理要求，接受群众的正确意见和建议，解决群众的实际困难，这不仅有助于开好会议，同时也是履行会议的职责。

4. 气氛渲染法，即在会议举行前和会议举行过程中，充分运用宣传媒体和各种宣传手段表现会议的主题和意义，渲染会议气氛。其方法有刊登会议广告、张贴会议海报和宣传画、进行网上传播、举行讨论会、发表评论文章等。

二、会务工作的总结

会议结束后，秘书人员应当协助领导做好会务工作的总结，通过发现问题、分析原因、总结经验、发扬先进、激励鼓劲等来提高办会水平，为做好以后的会务工作提供借鉴和动力。会务工作总结应当及时、全面、公正、客观、准确。

（一）会务工作总结的主要内容

1. 检查会议预案所制定的各项会务工作是否准确到位，有无脱节现象。

2. 检查会务工作机构各部门之间的协调状况。

3. 检查每个会务工作人员是否达到最佳工作状态。

4. 总结在提高会议效益方面，无论是组织还是个人，还可以有哪些改进。

（二）会务工作总结的方法

1. 会务工作人员会后进行个人书面小结。

2. 各会务工作部门分别进行小组总结和相互评议。

3. 必要时进行大会交流、总结、表彰。

4. 有质量的书面总结或研讨可以用简报的形式散发，并收集、整理、归档。

三、会后信息反馈工作

会后信息反馈是将会议精神在传达、贯彻中产生的影响和结果等信息向主办会议的领导机关做及时的汇报。秘书人员在会后应当协助领导做好这项工作。

(一)会后信息反馈的主要内容

1. 下级机关传达学习和贯彻落实会议做出的决定、决议以及有关精神是否迅速及时。

2. 下级机关在贯彻落实会议精神方面有哪些经验。

3. 下级机关在贯彻落实会议决定、决议时遇到哪些困难和问题,这些困难和问题是什么原因造成的。

4. 会议做出的决定、决议是否需要进一步加强或做某些调整。

(二)会后信息反馈的形式

1. 通过电话向有关方面口头催询,了解情况,然后向领导机关汇报。

2. 要求有关方面提交书面报告,经秘书部门汇总整理后呈交领导机关。

3. 秘书部门派人深入有关单位实地检查和催询,了解情况,写出调查报告呈交给领导机关。

4. 经领导批准,一些贯彻会议精神的好经验、好方法可以采用简报的形式予以推广。

思考与练习

1. 会议报到工作有哪几方面内容?
2. 试制作一份会议签到表。
3. 怎样安排好会议的食宿?
4. 会议的值班工作有哪几方面?
5. 怎样做好会议的返离工作?
6. 试为某家公司制作一份统一格式的会议记录。
7. 试述会议简报的编发程序和要求。
8. 怎样确定选举和表决的有效性?
9. 选举和表决中计算“多数”通常有哪几种方法?
10. 试述书面投票表决的程序。
11. 收集会议文件有哪些方法?
12. 会议宣传的方法有哪几种?

第六章　安排领导活动

领会安排领导活动的原则和一般程序；熟悉领导活动各种方案的写作格式；掌握安排领导考察访问、慰问、会议、仪式、典礼、庆祝、纪念等活动以及组织展览和参展的基本方法、程序和要求并能综合应用。

第一节　安排领导活动概述

一、领导活动的含义和种类

（一）领导活动的含义

从领导科学的角度来看，领导活动泛指领导人实施管理的过程；而秘书工作中所安排的领导活动则是指事先计划安排的、具有明确目的的、领导人在工作范围内的交往和交流活动。

（二）领导活动的主要种类

1. 参观考察活动，包括到基层视察、检查、调研以及到外单位、外省市、国外参观、访问、学习和考察等。参观考察活动有助于领导人开阔视野，加强对外联系和交流，了解第一手信息，使决策更科学、更准确。

2. 走访慰问活动。对于领导人来说，适时开展各种走访慰问活动，能起到关心下属、凝聚人心、鼓舞士气、弘扬正气的效果，如逢年过节或遇酷暑严寒慰问坚守在生产、科研、服务第一线的人员，辞旧迎新之际慰问离退休干部、职工、劳模、伤病员、外国专家、驻军、军烈属等。

3. 接待礼仪活动。作为一个或一级组织的法定代表，领导人常常要通过迎送、宴请、看望、接见、谈话、陪同等形式接待应酬各种客人（包括内宾和外宾），或出席各种仪式、典礼，以加强对外联系，提高组织的知名度和影响力。

4. 会议会谈活动。在工作中，领导人经常要召集主持或参加各种会议，以沟通信息，掌握情况，布置任务，推动工作；也要经常举行双边或多边会谈，洽谈业务，谋求对外合作等。

二、安排领导活动的原则

(一)必要性原则

必要的领导活动是领导机关和领导人开展工作、履行职责的手段。但如果仪式类活动和应酬活动过多过滥,不仅分散领导人的精力,影响正常工作,而且败坏领导人的形象。秘书作为领导的助手,有责任、有义务对领导人的活动进行把关。对那些领导人不必亲自参加的活动,在征得领导人同意后,予以挡驾,并向主办单位说明情况,取得谅解。

(二)统筹性原则

领导活动牵涉面广,涉及人多,影响力大,秘书在安排领导人活动时一定要统筹兼顾,具体要注意以下几点:

1. 全局性活动,应安排主要领导出面;
2. 业务活动,以分管领导为主,其他领导适当分担;
3. 社会活动多安排老同志、德高望重者参加;
4. 特别重大的活动,可安排党政一把手同时出席;
5. 外事活动,一般优先于内事活动安排;
6. 联系群众的活动安排优先于一般的应酬性活动;
7. 全局性活动安排优先于局部性活动。

(三)简化性原则

即使是领导人必须参加的活动,也应当坚持简化性原则,反对形式主义,提高领导活动的效率。具体要求是:

1. 领导人外出考察访问不搞迎送仪式;
2. 轻车简从,不搞前呼后拥;
3. 简化有关领导活动的新闻报道。

(四)合理性原则

安排领导活动要科学合理,具体应当注意以下几方面:

1. 围绕领导机关的中心工作合理安排领导活动;
2. 根据领导人的工作风格和办公习惯合理安排领导活动;
3. 遵循劳逸结合的规律科学合理地安排领导活动。

三、安排领导活动的一般程序

（一）掌握情况，明确要求

安排领导活动首先要掌握领导工作的总体思路、领导人每项活动的目的、任务、形式、目的地、涉及人员以及具体意图和要求，这样才能有针对性地安排好每一项领导活动。

（二）精心策划，拟订方案

在掌握情况、明确要求之后，秘书要为领导人精心策划最佳活动方案。活动方案应当载明活动的内容、形式、参加人员、时间、地点、线路等，并报经领导人审批确定。

（三）准备落实，搞好协调

方案确定后，秘书要围绕方案的每一个细节认真做好领导活动前的各项准备，包括准备文件、购置物品、通知联系、安排车辆等。对涉及多方面的重要活动还应当开好协调会，向各有关单位交代任务、落实责任；如果是现场活动，秘书还应当亲自到现场进行查看，沿着领导活动的路线边走边查、计算时间，估计可能遇到的问题，制订应对的方案。

（四）现场服务，确保顺利

领导活动进行过程中，秘书要随时提供现场服务和随从服务，发现问题要及时协调解决，保证领导活动顺利进行和圆满成功。

（五）总结经验，形成报告

领导活动结束后，秘书要总结领导活动安排的经验和教训，不断提高安排领导活动的水平；重大的活动安排还应形成书面总结报告，以便日后借鉴。

四、制订领导活动方案

（一）领导活动方案的类型

领导活动方案可分为两种：

1. 活动时间表。这类活动方案是把领导人一段时期内的各项活动按时间顺序安排落实，以便管理和协调领导活动的时间，提高领导活动的效率。这类方案可按年（半年）、月、周、日进行具体安排。

2. 专项活动方案，即针对某项重要的领导活动专门拟写的策划方案，如出访活动方案、接待活动方案等。专项活动方案需经领导人批准或提交领导办公会议讨论同意方可执行。

(二)领导活动方案写作格式

1. 领导活动时间表的格式。领导活动时间表一般有以下几部分组成:

(1)标题。写明单位名称或领导人姓名加上“活动安排”或“日程安排”,年度安排和月安排一般还要写明年份、月份。

(2)题注。周安排和日安排可在标题下写明针对的具体时间。

(3)正文。年安排和月安排既可采用日期式,也可制成表格,周安排和日程安排多采用表格的形式。正文的内容包括:

①时间。按时间先后安排各项活动,具体要求是:年安排写明各项活动所在月份和大致日期;月安排写明活动的具体日期;周安排写明活动的具体日期及上下午,最好写明具体时间;日安排应写明开始和结束时间。

②活动内容。写明活动的名称,没有名称的写事由,文字应简明扼要。

③活动形式。如,写明座谈会、宴请、会谈、签字仪式等。也可和活动内容写在一起。

④地点。写明具体的地点。

⑤参加人员。参加人数较少的可写姓名,人数较多的可写范围,如,“各部门经理”。

⑥备注。写明其他需要注意的事项。

以上内容可根据具体情况确定详略,一般说来,年度和月度安排较为粗略,而周安排(见表6-1)和日程安排(见表6-2)则较为详细。

领导活动年安排实例

韦玉董事长2009年主要活动安排

1月5日~13日	公司2009年度销售工作会议
1月24日	2009年度新产品发布会
2月4日	美国GL公司来访,洽谈有关合作生产××××系列产品
……	
5月18日	公司成立15周年庆典
7月11日~25日	赴欧洲考察
……	

领导活动周安排实例

表 6－1　××公司会议和活动安排

（2010 年 5 月 21 日～2010 年 5 月 25 日）

时间	地点	内容	主持人	参加范围
星期一（5 月 21 日） 上午 8:30	第一会议室	总经理 办公会议	王××	正、副总经理 各部门经理
星期二（5 月 22 日） 下午 2:00	第二会议室	××产品 开发协调会	张××	市场部 计财部 科技部 （人员另行通知）
星期五（5 月 25 日） 下午 3:00	多功能会议室	企业文化建设 总结表彰会	李××	（人员另行通知）

领导活动日程安排实例

表 6－2　王政和总经理日程安排

（2010 年 8 月 14 日星期六）

时间	内容与形式	地点	参加人员	备注
8:30	会见××公司总经理××× 协商××产品开发事宜	会客室	××副总经理	张秘书做记录
10:00	主持计财部人员招聘面试	会议室	××副总经理 人力资源部、 计财部经理	由人力资源 部具体安排
14:30	主持集团公司机关中层干部会 动员和布置机关机构改革工作	集团公司 会议室	各部门经理	由行政部 具体安排

2. 专项活动方案的格式。专项活动方案的格式一般包括以下几部分：

（1）标题。写明活动名称加上“方案”、“预案”、“策划书”或“计划”。预案即预备性方案。需要在内容与形式方面有所创新的领导活动，可以采用策划书这一名称。计划是在任务、要求、时间进度等方面较为详细具体的操作方案。

（2）正文。正文一般可分为两部分：开头部分写明安排这项活的目的、意义、指导思想、原则；主体部分写明活动的内容、形式、时间、地点、出席范围、活动的程序以及准备工作的各项要求。专项活动方案一般可不写结尾部分。

领导专项活动方案由秘书或由秘书会同有关部门起草后提交本级领导或领导办公会议审批，领导人签批同意的，按批示件办理，领导办公会议审批通过的，应形成会议纪要。如需提交上一级领导机关批准，则应以请示这一文种为主件，专项活动方案则作为附件。

专项活动方案实例

××董事长一行赴美国访问工作方案

为加强国际市场调研，开辟新的国际市场，扩大我公司××系列产品的对美出口，经美国××商会、××等公司邀请，我公司××董事长将于11月5日至12日带领×××、×××、×××、×××共五人赴美国访问。

一、××系列产品目前在美国的销售情况及市场前景

（略）

二、这次访问的目的和任务

1. 主要进行市场调研，研究扩大××系列产品出口美国的可能性及应采取的对策。

2. 积极联系客户，宣传××系列产品。

3. 在条件成熟的情况下，相机组织成交。

三、行程安排

11月6日抵纽约，住××酒店。

11月7日访问××公司总部，与对方董事长举行会谈并参观该公司。

11月8日在××中心举行××系列新产品发布会。

（下略）

四、准备工作

1. 资料准备（包括宣传资料、产品介绍、订货合同等）

2. 器材准备（包括手提电脑、手机、文具等）

3. 经费落实（略）

4. 接待准备。××董事长一行在美期间的接待由美国××商会、××公司安排落实。

五、谈判中几个具体问题

1. 价格掌握（略）

2. 付款条件（略）

3. 计价结算的使用货币问题（略）

第二节　安排考察访问和慰问活动

一、安排考察访问活动

（一）出行前的准备工作

1. 摸清领导人考察访问的目的、意图、时间、地点及单位、拟带随行人员等情况，做到心中有数，以便在领导人外出考察访问期间当好参谋与助手。

2. 紧紧围绕领导人考察访问的具体任务和课题，通过文献、档案、网络等途径了解被考察访问国家、地区和具体单位的有关情况，以便随时向领导人提供咨询服务，也可编印成参考资料分发给有关领导参阅。

3. 同各有关方面联系、协调后，为领导设计一条活动的路线，拟写一份活动方案或行程安排表，呈交领导审核批准。行程表实例如表 6-3 所示。

4. 方案批准后，立即开始为领导准备外出旅行的有关文件、证照、物资、器材、交通工具和携带用品，并准备适量的备用金。出国访问或赴外地考察，要事先定好机票，安排好宾馆。

领导考察访问行程表实例

表 6-3　××总经理赴广州、深圳考察访问行程表

（2010 年 5 月 5 日 ~7 日）

日期	时间		活动安排	备注
5 月 5 日 星期三	上午	8:30	乘上海到广州的东航××次航班	行政部张秘书随行 总经理助理朱×送行
		10:00	抵达广州，住××宾馆	广州分公司林总接机
	下午	1:00	听取广州分公司工作汇报，视察生产现场	广州分公司林总及全体副总经理、部门经理参加
	晚上	6:00	与广州分公司全体中层干部共进工作晚餐	

5月6日 星期四	上午	8:00	乘车前往深圳办事处	广州分公司林总陪同
		10:00	听取深圳办事处胡主任汇报工作	
	中午	12:00	与深圳办事处全体员工共进工作午餐	
	下午	2:00	出席2005深圳××交易会开幕式	深圳××会展中心
		3:00	会见美国××公司总裁××	深圳××会展中心5号会客室
		4:00	会见日本××公司总裁×××	深圳××会展中心5号会客室
	晚上	6:30	出席2005深圳××交易会欢迎晚宴	晚宴后下榻深圳××酒店
5月7日 星期五	上午	9:00	慰问我公司参加2005深圳××交易会代表团成员	地点:2005深圳××交易会展厅
		10:00	拜访深圳××公司总经理并参观该公司,商谈有关合作开发××产品的事宜	由深圳××公司安排工作午餐
	下午	3:00	乘车返回广州	
		6:00	乘广州到上海的东航×××次航班	广州分公司林总同机回上海

5. 安排随行工作人员,明确随行服务的任务。

6. 领导人抵达前通知考察访问单位做好接待准备,必要时可派人打前站,但领导人进行暗访的除外。

(二)出行中的服务工作

1. 安排协调好各项活动。领导人考察访问活动期间有很多具体的活动形式,如实地考察、听取汇报、访贫问苦、个别谈话、会见会谈、参加仪式、参观游览等。每一项活动由哪一方组织和邀请,参加的范围有多大,需要花多少时间,领导人有什么要求,是否需要讲话或表态,对诸如此类的问题,秘书都要事先掌握、稳妥安排。有时尽管事先已准备了若干方案,但实际过程中总会有所变化,因此发现问题要及时协调解决。

2. 认真受理群众来访。领导人考察访问活动本身就是调查研究、掌握情况的过程，群众利用这一机会向领导人集中反映问题、提出建议、检举揭发、申诉冤情，完全合情合法。秘书人员要善于接近群众，对主动找领导反映问题的群众要给予热情接待，做领导与群众的桥梁，以便领导及时掌握第一手情况。

3. 认真做好各项记录。随行秘书要围绕领导考察访问活动认真记录有关信息，包括基层单位的汇报、群众的反映、领导人的讲话和指示、会谈双方的发言，领导考察访问活动的实际行程和路线以及期间所发生或遇到的重要事件等。

4. 及时办理领导交办的事项。领导考察访问期间的交办事项事关考察访问活动的成败，秘书应当及时稳妥地办理并做好记录。

（三）善后工作

1. 考察、视察、检查、调研活动结束后，秘书要起草纪要、简报、报告，经领导人过目同意后印发。

2. 考察、视察、检查、调研过程中发现的问题，办公室要会同有关方面提出整改措施；领导人所做出的指示，要及时传达贯彻并做好督查反馈工作。

二、安排慰问活动

（一）选好慰问对象

领导慰问的对象主要有英雄人物、劳动模范、节假日或在恶劣环境下坚持在第一线工作的人员、因公负伤的人员，长期患病者、生活困难者、在重大事故和灾难中参加抢险救助医疗的人员、军烈属以及其他因公殉职人员的家属等。选好慰问对象对于鼓舞士气、树立典型、联系群众具有重要作用。秘书要根据领导意图认真挑选，提出建议名单，提交领导做最后的决定。

选好慰问对象要把握好以下几点：

1. 必要性。所谓必要性，就是要从工作的实际需要和对象的实际情况出发，确实需要慰问的对象一个不能漏，但也不搞形式主义。

2. 代表性。领导亲自出面慰问的对象要有一定的代表性，能通过慰问产生一定的影响力。

3. 层次性。有时（如过年过节）需要慰问的对象较多，可采取分级慰问的办法，安排本级领导慰问比较重要、代表性较强的对象，其他对象则可由下属单位的领导人出面慰问。这种情况下，秘书要注意做好协调工作。

（二）安排慰问时间

安排合适的慰问时间能使领导人的慰问活动取得良好的政治效果和社会效果。具体要考虑以下几方面：

1. 不同的慰问对象应安排不同的慰问时间。如，节假日多安排慰问在一线工作的人员,而慰问抢险救灾的工作人员则安排在抢险救灾最紧要的关头,以鼓舞士气。

2. 与领导人其他活动的时间相协调。如,领导人事前已经有其他安排,秘书要做比较分析,看哪一项活动在时间上更为迫切。一些时间性很强的慰问活动可优先安排,但要尽可能做到两不误。

3. 事先安排好每次慰问所需要的时间。如,一次慰问要去几个地方,要计算好每个地方逗留的时间。

(三)确定慰问的地点

慰问地点的安排具有很强的象征意义和社会效果。比如,慰问节日期间坚持生产的煤矿工人,在办公室里慰问和在地下矿井中慰问效果明显不同。因此,秘书要精心安排,在考虑现实可能性的前提下,力求最佳效果。

如果一次慰问要去几个地方,要事先设计好慰问的路线和顺序。

(四)策划慰问的方式

慰问活动一般都采取现场慰问和领导亲自慰问的方式,只有当路途较远,或领导人外出访问时,可以发慰问信或慰问电,也可委托其他人代为慰问。

(五)准备慰问品

慰问活动以精神鼓励为主,也可适当赠送一些慰问品和慰问金。慰问品要根据慰问对象和慰问活动的目的来准备。比如,慰问生活困难的群众,可准备一些生活必需品和适量的慰问金;慰问高温酷暑下挥汗工作的建筑工人,应送上防暑降温的用品。

(六)通知被慰问单位

领导人慰问前,秘书要先通知被慰问的单位或部门,并要求有关负责人陪同慰问。

(七)联系新闻报道

如需要对领导人的慰问活动做宣传报道,要事先与新闻媒体或内部报刊、内部电视台取得联系,做好安排。

(八)安排好慰问的程序

慰问活动的程序因慰问的对象和内容而异,但应力求简化。以慰问困难群众为例,一般程序如下:

1. 领导人到达慰问现场时,当地负责人要向慰问对象介绍前来慰问的各位领导人。

2. 领导人与慰问对象亲切握手、交谈,必要时可安排座谈。

3. 赠送慰问品或慰问金。

4. 领导人与慰问对象合影。

5. 有时可安排领导人发表讲话。

第三节　安排领导会议活动

一、安排办公会议

（一）办公会议的含义和特点

1. 办公会议的含义。办公会议泛指特定组织的领导班子全体成员为实施管理而举行的工作性例会。

2. 办公会议的特点

（1）实行首长负责制。办公会议由行政首长负责召集，领导班子全体成员集体议事，除特别重大事项采取投票表决外，日常工作由行政首长（如部长、局长、校长、院长、经理等）最后拍板决定。这一点与其他许多会议形成明显的区别。

（2）周期相对较短。办公会议需要及时解决本单位管理中的各种问题，因此基本上都以例会的形式定期举行，周期较短，一般每周一次，或者每两周一次。在特殊情况下，也可以举行临时性办公会议或紧急会议。

（3）以程序性决策为主。领导机关的决策可以分两类：一类是程序性决策，即对重复出现的问题，依据现成的经验、规范和办法进行决策。这类决策是大量的、经常性的。非程序性决策是对当前出现的新问题、新情况，无法依据现成的经验、规范和办法来解决，必须做大量的、深入细致的调查和科学的研究，依靠复杂的决策技术来进行决策。办公会议当然要进行非程序性的决策，但主要还是进行程序性决策，因而会议的议题常常较多，涉及范围较广。

（二）办公会议工作要点

1. 收集好议题。每次会议之前先要收集必须在会上讨论解决或通气的事项。议题收集工作可由办公厅（室）负责，收集的对象主要有三类：第一类是向领导班子成员收集，请他们提出议题；第二类是向各职能部门收集，看看职能部门有没有需要通过办公会议解决的问题；第三类是向下级机关收集，如下级机关的请示、报告以及需要提请审议的事项等。

2. 协调好议题。议题收集的同时，还要注意对议题进行协调，以避免在会上扯皮。议题协调工作可以分为以下三个层次进行：

（1）凡拟在办公会议上讨论的议题，一律请主办部门主动与有关部门先行协调会商，使各方达成共识。未经协调的，除非情况紧急，原则上不提交会议讨论。

（2）部门之间一时难以协调的问题，可请分管领导批示，提出意见，批转有关部门负责人进行协调。

(3)对一些比较复杂、意见分歧较大的问题,建议分管领导直接出面协调。协调意见基本一致的,提请办公会议讨论、拍板;经协调意见仍不一致的,由负责协调的领导人提出倾向性意见,供领导办公会议决策时参考。

3. 准备会议文件。会上要讨论的文件应在会议前印好装订,并按领导人数分装。需仔细研究的文件,要在会前分发。

4. 落实会议通知。办公会议的通知要及时到位。定期举行的会议应列入领导活动或机关会议日程表,另发备忘录式的会议通知,写明主要议题,使参加者做好准备。临时性或紧急会议,除书面通知外,还要用电话落实。必要时请领导人签收会议通知。对可能缺席的领导成员或重要的列席人员应事先掌握,以免影响议题的讨论。

5. 安排好候会。有时办公会议讨论的问题较广,列席会议人员也较多。为了避免"陪会",也为防止会议内容交叉扩散,要安排好列席人员的候会。为此,会议秘书要事先估算每项议程大致所花的时间,通知有关列席人员提前在附近的休息室等候。当会议讨论某项议题时,请有关的列席人员进入会场参加会议。

6. 提供文印服务。办公会议常常要临时复制文件,会议秘书应随时待命,及时完成任务。

7. 防止干扰会议。办公会议一般都在单位内部举行,有时常常会受本单位琐事的干扰。为此要建立挡驾制度,采取有效措施,防止对会议的干扰。如,秘书做好来电记录和来访登记,以便领导成员会后办理。会议室的电话机可设置"免打扰"功能,或者设置"转移呼叫"功能,将电话转移至有秘书值班的办公室。这样既可防止电话铃声的干扰,又能使来电得到值班秘书的及时处理。

8. 做好会议记录。办公会议记录是形成会议最后文件的依据,也是会议情况的原始、真实的反映,会议秘书要聚精会神地做好记录。

9. 起草和印发最后文件。办公会议的最后文件包括决定、决议、会议纪要以及会议通过的通知、通报、批复、条例、规定、办法等。这些文件有的在会前已经拟写,提交审议后要做修改,有的则在会议结束后根据会议记录起草,经主要领导签发后印发给有关方面贯彻执行。

10. 反馈会议信息,即把会议精神传达贯彻的情况,向领导机关和领导人反馈,以便发现问题,为下一次工作会议进行再决策做好准备。

二、安排委员会议

(一)委员会议的含义和特点

1. 委员会议的含义。委员会议在这里是一个泛称,凡是实行领导成员集体讨论、集体表决制度的会议都可以视作委员会议,如党委会议、理事会议、董事会议等。

2. 委员会议的特点

(1)与会者权利平等。参加会议的每一个成员只要具备正式资格,就具有法定的表决权,而且人人平等,会议主席也不例外。

(2)少数服从多数。委员会议实行少数服从多数的基本原则,通过各种表决方式决定问题、集体决策,任何人都不能凌驾于这一原则之上。这是委员会议的基本特点。

(3)会议程序规范。委员会议对程序有极其严格的要求,通常要制定成文的议事规则,来规范和制约会议主席以及全体成员的行为。

(二)委员会议工作要点

委员会议与领导办公会议工作要点在很多方面相同,但以下几点是安排委员会议必须要注意的:

1. 事先告知会议议题。委员会议通常要讨论一些重大问题,通过表决做出一些重大决策,为提高决策的质量和会议的效率,同时尊重与会成员的知情权,必须在会前将会议议题告知每个与会成员。程序性议题可在会议通知中说明,讨论决定重大事项应将有关书面文件提前发给每个与会成员。

2. 会议通知一定要落实。参加委员会议是每个正式成员的法定权利,会议通知落实到位,是对每个委员与会权的尊重,同时也可保证会议的有效性。

3. 一定要由与会者本人签到。委员会议的签到是一种法定行为,由与会者本人签到才具有法律效力。

4. 准备好投票用品。委员会议常常要以投票的方式决定问题,因此会前要根据投票对象的具体性质和内容设计并印制好表决票备用,具体方法参见第五章中的“选举、评选和表决工作”一节。

三、安排联席会议

(一)联席会议的含义和特点

1. 联席会议的含义。联席会议是指若干组织或单位为协商确定某些工作或为达成某项协议而举行的双边或多边会议。

2. 联席会议的特点

(1)平等性。联席会议的与会者不是以个人身份参加会议,而是代表一级特定的组织,这些组织之间一般不具有相互隶属关系。因此,与会各方的地位和权利是相互平等的,应当相互尊重。这是联席会议最根本的特点。

(2)协商性。联席会议以磋商协调为会议的基本宗旨,以一致通过为决定问题的机制。这一点与办公会议完全不同。联席会议因各方权利平等,必须采取磋商协调的方式来达成共识。有时联席会议也可能是由某个主管部门召集主持,具有一定的影响力,但最后还是要靠协调各方的立场和平衡各方的利益来解决问题。

(3)约束性。联席会议所达成的共识、所商定的协议,一般要以文件的形式记载下来,并由与会各方共同签署、盖章。文件一旦签署盖章,便产生法定效力,对各方具有约束力。

(二)联席会议工作要点

联席会议除做好一般会务工作之外,还要注意以下几点:

1. 议题要协商。联席会议的议题和议程应当由与会各方共同商定,也可由会议牵头一方提出议题和议程草案,经各方协商后确定。

2. 范围要全面。确定联席会议的对象范围时要考虑全面,和议题有关的单位都要出席,不能遗漏。

3. 代表要全权。每个与会单位应当委派全权代表出席会议,以便能在实质性问题上当场表明态度,避免因一方需要回去请示无法当场表态,而迫使会议中途休会。

4. 发文要提前。联席会议一般都要形成最后文件,主办单位要在会前准备相关文件草案,以便会上进行讨论磋商。讨论的问题如果专业性较强,或者容易产生分歧,主办单位还要在会前准备好足够的参考性和背景性资料,并尽可能提前分发到位,以帮助与会者掌握信息、统一认识。

5. 签到要细致。与会者必须亲自在签到表上签字,以证明其参加会议。签到表要同会议文件一起立卷归档。

6. 记录要准确。联席会议的记录是形成或修改会议最后文件的依据,会议秘书要认真全面做好会议记录。如果会议达成口头协议,应当要求各方在会议记录上署名,以便将来查考。会议记录一般由主办方或召集单位保存。

7. 签署要规范。联席会议形成的文件,如会议纪要、合作备忘录、协议书、联合宣言等,要由各方全权代表签字,必要时可举行签字仪式。正本要按与会单位的数量印制,每一方各执一份。

四、安排听证会

(一)听证会的含义和特点

1. 听证会的含义。听证会是立法或行政主体在职权范围内就特定问题听取有关人士或组织代表意见或作证的会议。

2. 听证会的特点

(1)法定性。根据我国有关法律法规的规定,立法机关和国家行政机关在立法或决策时,可以举行或者必须举行听证会。因此,听证会是一种法定的会议形式。

(2)广泛性。听证会的主体必须具有广泛的代表性,这是由听证会的性质决定的。否则,听证会就会丧失它的作用,成为一种纯粹的形式。

(3)公开性。听证会是民主管理、民主决策的有效形式,除涉及国家秘密事项等特殊情况外,应当公开举行,允许市民旁听,允许记者采访。

(二)听证会工作要点

1. 确定听证会成员。听证会成员包括:

(1)听证人,即组织听证会的机关。在我国,听证人既可以是立法机关,也可以是国家行政机关。举行听证会时,听证人派代表出席。

(2)主持人。主持人由听证人指定,其职责是:①宣布听证会程序、听证会纪律;②介绍听证会代表;③维护听证会秩序;④保证申请人和听证会代表应有的发表意见的机会和时间;⑤对听证会进行总结。

(3)听证申请人,即提出听证请求的机构或个人,又称提案人,如提出价格调整的政府管理部门。有的听证会无听证申请人,由听证人根据需要直接组织听证会。

(4)听证参加人。听证参加人即听证会代表。听证参加人应当具有广泛的代表性,主要包括:①与听证事项有利害关系的当事人,如经营者和消费者代表;②与听证事项有关并提供相关事实的其他单位和个人;③政府有关部门和司法机关的负责人及其他有关人员;④了解听证事项的专家、学者、律师;⑤人大代表、政协委员以及民主党派、无党派人士。

(5)旁听人。公开举行的听证会必须保证有一定数量的旁听代表。

2. 确定听证内容。听证内容即听证会的主要议题。在我国,听证内容无非两个方面,一是征求对某项法案(包括法律、法规和规章)的意见,二是征求对某项行政决策的意见。凡涉及下列情形之一的,可以举行听证会:

(1)对经济和社会发展有重大影响的法案或决策事项;

(2)对广大人民群众切身利益有重大影响的法案或决策事项;

(3)内容存在重大意见分歧的法案或决策事项;

(4)其他需要广泛听取意见的法案或决策事项。

3. 公告听证内容。一般情况下,听证会是公开举行的,因此内容确定后,听证人应当向社会发布公告。公告的内容包括:

(1)听证人名称。

(2)听证的目的。

(3)提案人和提案的内容,必要时可将提案文本公布。

(4)听证会的规模,听证参加人的范围、名额分配。

(5)听证参加人及旁听人的报名条件、报名方法、截止日期、遴选程序。

(6)听证会举行的时间和地点。时间和地点也可另行公告。

4. 发出通知。听证会的时间、地点、内容、参加对象确定后要及早发出听证会通知,通知的方式如媒体上发布公告、邮寄会议通知等。必要时可将参加听证人和旁听人名单向社会公布。

5. 布置会场。听证会会场的座位格局一般安排成全围式或半围式，但应突出听证人的中心位置。发言人在前排就座，周围可设旁听席和记者席。会场正面要有会标，会场装饰要简朴。规模较大的要设置扩音设备。

6. 举行听证会。举行听证会时要做好以下工作：

（1）掌握好听证会程序。听证会程序如下：①主持人宣布听证会开始，说明会议的目的和法律法规依据，介绍参加听证会的人数，宣布会议注意事项和发言的规则；②提案人介绍法案或决策方案；③听证人宣读对法案或决策方案的初审意见；④参加听证会的代表发言；⑤提案人最后陈述意见；⑥主持人做听证会总结。

（2）控制好会议进程。由于参加听证会的代表来自各个方面，各自的观点、立场和利益诉求不同，会上难免会发生争辩，有的代表还会延长发言时间或要求多次发言。因此，主持人一定要善于控制会议进程，适时运用会议规则进行调节，既要保护健康合理的辩论，因为辩论往往是听证会中最精彩的一笔，它有利于弄清事情的真相，又要尽可能让每个与会代表都有机会发表意见。

（3）做好会议记录。听证会记录是形成听证报告的基础，记录全面与否关系到报告能否全面反映听证参加人的意见，因此一定要安排足够的记录人员。记录人的座位安排要合理，以使他们能听清每个人的发言。

（4）确认会议记录。在会议结束前，主持人应要求发言人会后留下，核查自己的发言记录，确认后签署姓名。有发言稿的，可请其留下发言稿，附在会议记录后一起归档。

7. 形成听证报告。会议结束后，工作人员根据会议记录撰写听证报告，上报听证机关领导，作为立法或决策时的参考。听证报告的格式大致如下：

（1）标题。由听证会名称＋报告组成。如：

2002年广东省春运公路客车价格听证报告

（2）开头。记述听证会的基本情况，包括听证会的目的、内容、听证人、听证参加人的范围和人数、时间、地点、发言人数等情况，要求简明概要。然后用“现将听证情况报告如下”一句转入下文。

（3）主体。一般采取按发言者的观点进行分类，分若干层次表述。每一层次可设小标题，概括这一层次的主要观点。每一观点都要列举发言内容，并说明发言人单位和姓名。

（4）小结。报告最后要对本次听证会进行小结，概括听证代表的意见和要求，提出听证人的处理意见和建议，供立法会议或决策会议参考。

听证会实例

会议名称:2002 年广东省春运公路客车价格听证会

听证机关:广东省物价局

会议时间:2001 年 12 月 8 日上午 9 时 30 分

主持人:广东省物价局局长

会场布置:见图 6 – 1。

证件颜色:

正式代表(红),旁听代表(蓝),记者(粉红),工作人员(黄)。

会议程序:

1. 主持人宣布:2002 年广东省春运公路客车价格听证会开始。
2. 主持人说明会议的法律依据和本次会议的目的。
3. 主持人宣布听证会注意事项(代表发言不超过 5 分钟、保持安静)。

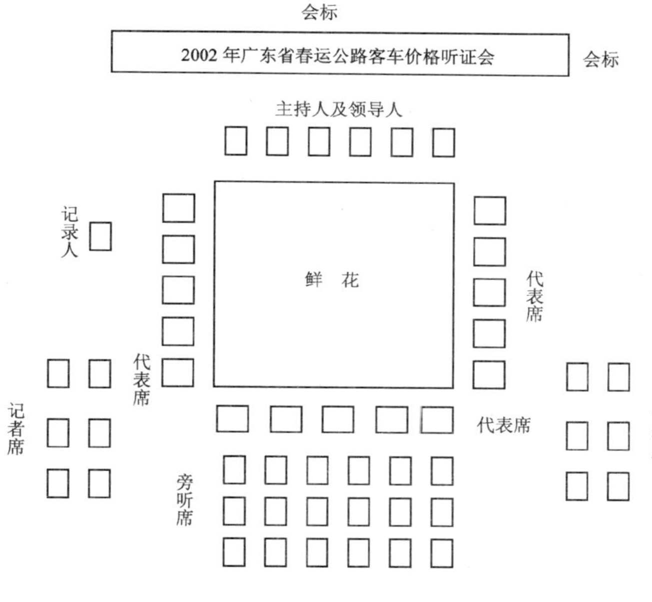

图 6 – 1　听证会会场布置图

4. 主持人介绍会议代表的组成(33 人)。
5. 申请人代表广东省交通厅副厅长介绍申请方案《2002 年广东省春运公路价格上浮建议方案》。

6. 广东省物价局副局长宣读初审意见。
7. 咨询机构代表宣读调查情况。
（稍作休息，准备发言）
8. 听证代表发言。（会场内大型电脑显示屏显示每位发言者的证件及照片）
先后发言的有：消费者协会代表、消费者代表、经营者代表、省总工会代表、省人大代表、省经贸委代表、律师代表、深圳市劳动局代表、省交通厅代表、专家学者代表、学生代表等。
9. 申请人代表省交通厅副厅长陈述意见。
10. 主持人做听证会小结。
11. 主持人请发言的代表留下在会议记录上签字。
12. 主持人宣布会议结束。

五、安排座谈会

（一）座谈会的含义和特点

1. 座谈会的含义。座谈会是一种与会者自由平等发表意见、交流切磋的小型围坐式会议。

2. 座谈会的特点

（1）用途广泛。座谈会的用途广泛，可用于咨询论证、调查取证、纪念追思、学习取经、交流总结、庆祝表彰等，对内对外都可以举行，因此，座谈会使用频率极高。

（2）规模较小。既然是座谈会，就应当使每个与会者都有机会发言。这样，会议的人数就不宜过多，十几个人或几十个人足矣，特殊情况也至多上百人。

（3）形式简便，气氛轻松。座谈会的形式十分简便，大都采取围坐的形式，除主持人外，常常不排座次，随意就座，主持人的位置也并不十分起眼，其目的就是创造一种非常轻松、自然、平等的气氛。在这样的气氛中，与会者心情愉快，畅所欲言，容易取得良好的会议效果。正因为如此，也可将座谈会称之为恳谈会。

（二）座谈会工作要点

1. 目的和主题要明确。座谈会尽管形式简便，但目的必须明确，主题必须鲜明。

2. 通知要清楚到位。座谈会通知除了时间、地点外，要明确告知与会者会议内容，有时还要告知与会者同时还有哪些人参加会议，以便做好思想准备和发言准备。

除了发书面通知外，还要用电话跟踪落实。人数较少的座谈会，要及时掌握请假情况，以便及时对出席人员进行调整，防止出现因出席人员过少而无法开会的尴尬局面。

3. 会场布置要灵活。座谈会的形式非常灵活，会场布置也要相应灵活多样，可以采取圆形、方形、长方形、椭圆形、六角形等围坐式座位格局，特殊情况下也可以设计成半围式。但有一点必须注意，会场座位尽量不要摆成上下对应式或分散式，否则就会使座谈会的气氛变得严肃、拘谨，影响会议的效果。桌上应放置茶水。较为重要的座谈会可以悬挂会标，揭示会议的主题，渲染会议气氛，也便于摄影和电视报道。

4. 发言要安排落实好。座谈会的发言形式有两种：一是自由发言，即事先不规定每人都要发言，也不规定发言顺序。与会者发不发言、什么时候发言，完全由与会者自己决定。二是事先确定若干主要发言者，也可以编排好他们的发言顺序，会上先发言，然后由其他与会者自由发言。安排发言要注意以下问题：

(1)发言要紧扣会议主题，不开“无轨电车”，对此，主持人要善于引导和控制。

(2)避免“冷场”。座谈会上有时难免会出现暂时的“冷场”，这时主持人应分析“冷场”的原因，及时采取措施，激发与会者的思路和热情。

(3)必要时可以点名发言，但这只能是一种启发和鼓励，不能搞强制性发言。强制性发言会使与会者发表违心的言论。

(4)保护健康的争论。座谈会出现一些争论属于正常现象，只要是对会议主题的积极探讨，这种争论应当加以鼓励和保护，它有利于打破僵局，活跃会议气氛，激发与会者的热情和思路。当然，会上如出现无谓的争论且影响会议正常进行，主持人应及时引导。

5. 对与会者要表示感谢。座谈会可以分为两种：一种是横向型座谈会，即与会者同举办者无隶属关系，这种座谈会结束后，自然应当对与会者的光临表示感谢。另一种是纵向型座谈会，即会议是由领导机关或领导人召集下属有关部门或人员举行的，即使是这类座谈会，会议结束时，领导人说一句表示感谢的话，会使与会者倍感亲切。

六、安排现场会

(一)现场会的含义和特点

1. 现场会的含义。现场会，顾名思义就是在特定现场举行的会议。这里所说的现场主要有下列几种：

(1)工作现场，如抗洪抢险的现场、重大工程现场；

(2)突发性事件和突发性事故现场，如安全事故现场；

(3)正反典型发生的现场，如精神文明建设小区现场、集团走私单位现场；

(4)具有历史纪念和象征意义的现场，如烈士就义的现场、历史事件的现场等。

2. 现场会的特点

(1)强烈的现场感染力。现场会让全体与会者处在特定的现场之中，直接观察现场,感受现场的气氛,在现场中发现问题,获得启示,接受教育,受到感染,提出解决问题的办法与措施,这对于提高会议的质量和效率具有十分重要的意义。

(2)明确的针对性。现场会目的明确、针对性强,一切都围绕“现场”二字做文章,如现场观摩、现场考察、现场演示、现场讨论,把问题解决在现场,把现场的经验教训带到相关的工作中去。

(二)现场会实务要点

1. 分析现场会的必要性。现场会议具有直观、印象深刻、能现场解决问题、会议效率较高等优点,但如果动辄举行现场会议,会增加会议的接待费用,且耗时较多,使会议的隐性成本上升。因此,举行现场会前,应认真分析其必要性,切莫把现场会当成一种装饰。

2. 选好会议现场。选好会议现场是开好现场会的关键。选择会议现场时,要注意以下几点:

(1)符合会议目标。举行现场会议,目的就是使与会人员感受气氛,加深对会议目标、任务的认识,因此一定要根据会议的目标来选择和确定会议的现场,脱离了会议目标,现场会就毫无价值可言。

(2)富有典型意义。现场会往往是以正反两方面的典型事例和经验来推动工作,现场的典型性越强,其宣传和教育的作用也就越显著。

(3)便于解决问题。对于现场办公会议来说,解决问题是其根本目的。因此,是否便于解决问题,是现场办公会议确定现场的主要考量标准。

(4)反对弄虚作假。目前,弄虚作假已经成为现场会泛滥成灾的帮凶。有些地方的个别领导,为了显示自己的政绩,到处树假典型,到处举行所谓的现场经验交流会。实际上,这些现场都是经过精心加工装饰而成的,并不能反映真实情况。这种现场会,严重败坏了现场会议的声誉,也严重败坏了这些地方的党风和政风,要坚决加以纠正。

3. 安排好现场参观的线路。现场会大都要安排参观、考察。会前要设计好参观考察的点以及线路,先看什么,后看什么,从哪里出发,在哪里结束,都要有计划、有安排。

4. 布置好会场。现场会的会场安排方式有两种:一种将会议地点直接安排在事件发生地或工作现场,参观考察和讨论研究都在现场完成;另一种是将参观考察和讨论研究分开,现场参观考察之前或之后,在附近另设进行讨论研究的会场。

除仪式性的现场会议(如开工仪式)外,现场工作会议的现场布置要从简,大张旗鼓布置工作会议现场,有形式主义或弄虚作假之嫌。当然,设一幅会标有利于突出会议的主题,会标中一定要写明“现场”二字,如:企业文化建设经验交流现场会。

5. 搞好现场接待。做好接待工作是开好现场会的重要保障。在参观考察的现场,要有专人接待、讲解、分发资料。若有少数民族代表或外国代表参加,还应安排翻译人员进行翻译。

七、安排代表大会

代表大会是指按一定的规则或程序产生代表，由代表参加的、规模较大的会议，包括法定性代表大会和非法定性代表大会。

（一）法定性代表大会的含义和特点

1. 法定性代表大会的含义。凡按照法律必须召开的代表大会都属于法定性代表大会。比如，我国的各级人民代表大会是根据宪法和相关法律必须举行的，职工代表大会则是依据工会法、公司法必须举行的，等等。

2. 法定性代表大会的特点

（1）代表的产生具有法定的程序。法定性代表大会的正式代表都必须按一定的法律或组织章程规定的程序选举或协商产生。

（2）代表享有法定的权利。法定性代表大会的成员都具有法定的提案权、发言权、选举权和表决权，有的还具有质询权、视察权、弹劾权等。

（3）会议具有法定的内容和形式。法定性代表大会从会议的议题、议程的提出到审议表决的方式和具体程序都必须遵循有关的规定。

（4）有相对固定的会期。如宪法规定，全国人民代表大会会议每年举行一次；党章规定，党的全国代表大会每五年举行一次。代表大会应当按期召开，非特殊情况，不得提前或者延期，更不得取消。

（5）到会代表必须符合法定人数。法定性代表大会的出席人数直接关系到会议的有效性。出席会议的代表达不到法定人数，会议不能举行。

（6）会议的结果具有法定效力。法定性代表大会在会议的职权范围内所形成的各项决议和决定，具有法定效力，有关方面必须严格执行。

（二）非法定性代表大会的含义和特点

1. 非法定性代表大会的含义。非法定性代表大会是指法律未规定的、由法定组织根据工作需要而召开的、与会者具有代表性的会议，如“劳模代表大会”、“先进工作者代表大会”以及各种非政府组织举行的会员代表大会等。

2. 非法定性代表大会的特点

（1）会议主体的群众性。非法定性代表大会的与会者大多是民间组织的代表，具有广泛的群众性，其产生的程序可以是内部选举或民主协商，也可以是由特定组织指派。

（2）会议主题的多样性。非法定性代表大会有相对固定的议程和议题，如选举本组织的领导机构，听取有关工作报告等，但更多的议题是围绕形势的发展变化来确定的。有些学术性会议组织的每届代表大会主题都有所不同，体现出与时俱进的时代精神。

(3)会议结果的倡议性。非法定性代表大会形成的会议文件一部分是针对组织内部的，只在组织内部有效，即使是公开发表的最后文件，如“××宣言”“××共识”“××声明”，大多也是倡议性的，有的干脆就叫作“关于××的倡议”，无强制性的约束力。

(三)代表大会实务要点

1. 确定邀请对象。代表大会的主体是正式代表，但往往需要邀请列席代表和特邀代表参加，有时还邀请部分其他人士旁听。确定邀请对象时要注意以下问题：

(1)与会议有关的法律、法规或组织章程是否允许邀请特邀代表、列席代表或旁听代表。比如，党内就明确规定省以下党的地方各级代表大会和基层代表大会一律不设特邀代表。

(2)要事先确定邀请对象的原则、范围和条件。如，党的地方代表大会列席人员的范围一般是：不是代表的党的委员会委员和候补委员以及纪委委员；不是代表的同级党员行政领导干部、同级人大常委会和政协的党员主要负责人；不是代表的直属单位和下一级党组织的主要负责人等。又如，各级人大召开代表大会时，同级政协的全体委员可以作为列席代表参加。

(3)开幕式和闭幕式应当邀请上一级组织的领导以及相关组织的领导到会讲话。

(4)特邀代表、列席代表、旁听代表在会议证件、座位安排、发言顺序等方面应当同正式代表有明显区别。

2. 选择、布置好会场。法定性代表大会的会场应当选择在本地区或本单位通常举行重要会议的地方。会场布置要体现庄严、隆重的气氛。场外也应当适当做一些气氛渲染。非法定性代表大会的地点可固定地点，一般在本组织总部所在地举行，也可以在会员单位所在地轮流举行。会场内一般都要设主席台。主席台上悬挂会徽、会标、旗帜，摆放鲜花。主席团成员应在主席台上就座，如主席团设常务委员，则常务委员就座于主席台的前排。上级组织的领导以及重要来宾也应当安排就座于前排，其中身份最高者坐在中间的位置。主席桌上要放置席卡。一般代表按代表团分区就座。

除举行全体代表会议的主会场外，还要设各代表团集中开会的分会场以及分组审议和讨论的地点。各会场要尽可能靠近，以便于联系和交流。

3. 安排好会议接待工作。对跨地区和会期较长的大会，要安排好代表的接站、报到、食宿、保健、娱乐活动。

4. 成立会议主席团。法定性代表大会往往要成立主席团。主席团的主要任务一是对会议实施领导，二是决定并处理会议期间的重大问题。主席团成员根据法律或章程由会议代表选举产生或表决通过。会议结束后，主席团使命同时完成。

5. 开好预备会议。一般情况下,代表大会正式召开之前都要先举行预备会议决定代表大会的有关重大问题,为大会的正式召开做最后的准备。

(1)预备会议的主要任务:①通过代表资格审查委员会名单;②通过代表资格审查报告;③通过大会主席团和秘书长名单;④通过大会议程;⑤对会议其他准备事项做出决定。

(2)预备会议的程序:①会议主持人向大会报告应参加大会的正式代表人数和实际参加大会的正式代表人数。确认到会正式代表人数符合规定人数后,方可开会。②分别通过代表资格审查委员会、大会主席团和秘书长名单。③通过大会议程,有的还需通过会议日程。④预备会议休会。⑤代表资格审查委员会对代表资格审查报告进行审查。⑥大会主席团举行第一次全体会议,分别通过代表资格审查委员会关于代表资格审查的报告、大会日程、大会主席团常务委员会名单、大会执行主席名单、大会副秘书长名单、大会秘书处的下设机构以及其他需要决定的事项。⑦预备会议复会,通过代表资格审查委员会关于代表资格审查的报告,宣布大会主席团第一次全体会议通过的有关事项。

6. 做好代表资格审查工作。规模较大、级别较高的代表大会应成立代表资格审查委员会,规模较小或基层单位的代表大会可成立代表资格审查小组,严格审查正式代表的资格。做好代表资格审查工作要注意以下几点:

(1)审查代表酝酿提名和选举产生代表的程序是否符合有关规定。一旦发现不符合规定程序的,应责成原选举单位重新选举。

(2)审查代表是否符合条件。如发现有代表不符合条件的,应责成原选举单位撤换。

(3)审查工作应形成书面报告,并提交预备会议或大会主席团会议讨论通过。

7. 开好开幕式和闭幕式。代表大会一般都要举行开幕式和闭幕式,详见本章“安排仪式与典礼”一节。

8. 做好提案工作。在我国,各级人民代表大会、企事业单位的职工代表大会以及群众组织的代表大会,提出议案或提案是会议代表和相关机构的一项重要权利,做好议案或提案工作则是代表大会会务工作机构的重要职责。具体要求见第五章中的“议案和提案处理”一节。

9. 做好选举和表决的各项准备工作。具体要求见第五章中的“选举、评选和表决工作”一节。

10. 加强会议的信息和宣传工作。要充分运用会议简报这一形式做好会议信息的沟通和交流,使会议领导机构及时了解会议动态,实现对会议的正确领导,同时也有利于代表之间的信息交流。同时要建立联络员制度,及时反馈各组(代表团)的信息。此外,要与新闻媒体保持良好关系,邀请媒体采访,全面准确报道会议情况。必要时成立会议新闻中心,统一对外发布会议信息。

11. 写好主持词。主持词是主持人据以主持会议的书面材料。代表大会隆重、庄严,会议不仅要严格按照既定的议程、日程和程序进行,每次举行会议时,主持人还必须依据事先拟定的主持词主持会议。

八、安排发布会

(一)发布会的含义、种类和特点

1. 发布会的含义。发布会是以媒体和主要公众为对象,进行当面、集中沟通的会议。任何组织之所以举行发布会,其根本目的就在于通过适当的传播渠道和方式直接与媒体和公众,或者通过媒体向公众进行有效的沟通,达到宣传方针政策,发布法规规章,传达施政意图,澄清事实,解释立场,纠正谬误,检讨失职,回答质询,介绍和推广产品与技术等目的。因此,就特定组织而言,发布会是其公共关系日常事务中的重要部分。

2. 发布会的种类及其特点

(1)新闻发布会。新闻发布会所发布的信息内容都是本国、本地区或本组织内部最新发生或形成,为公众所关心,应当知晓而尚未知晓的事件、情况、政策、立场和观点等,也就是说,新闻发布会区别于其他会议的最突出特点在于其新闻性。离开了新闻性,新闻发布会就变得毫无意义。

(2)记者招待会。记者招待会是主办单位专门向记者发布信息并回答记者提问的会议形式。新闻发布会和记者招待会都属于发布会,内容都应当具有新闻性。在实践中,这两种名称用得最多,也最容易混淆它们之间的一些区别。现将二者的区别简述如下:

第一,邀请的对象不同。记者招待会,顾名思义就是邀请记者参加的会议,不是记者就不可以参加,而新闻发布会除记者外,还可以有目的、有针对性地邀请一部分与新闻发布单位关系密切或关系特殊的公众参加,再通过这些公众向其他公众进行传播,其效果有时比新闻媒介的传播效果更好。比如,上海市人民政府曾经就进一步鼓励国内外投资开发浦东新区的政策举行新闻发布会,除邀请国内外各大媒体的记者参加外,还邀请了一些外国驻沪领事馆、跨国公司、外国金融机构、外省市驻沪办事处的代表参加。

第二,发布的形式不同。记者招待会一般都采取双向沟通的形式,即一方面由举办方发布信息,另一方面允许记者当场提问,由主持人或举办方负责人答问。而新闻发布会形式则较为灵活,既可以像记者招待会那样进行双向沟通,也可以实行由举办方单向发布信息、不安排提问的沟通方式。

(3)情况通报会。情况通报会又称情况说明会,是以介绍、说明某项事件或工作进展情况为主要内容的发布会,实际上是新闻发布会的一种具体类型。出席对象有记者,也有相关单位的代表。发布形式可以是双向沟通,也可以是单向发布。

(4)记者通气会等,即以记者为对象的新闻发布会,又常被称为记者吹风会。发布方式可以是双向的，也可以是单向的，因此与记者招待会有一定的区别。

(5)政策说明会，即以宣布、解释某项或某类新政策为主要内容的专题发布会，对象有记者以及与发布内容有关的单位和外国机构。一些大型的投资招商活动常举行这类发布会，宣布一些鼓励性政策措施。发布方式双向、单向均可。

(6)技术、产品推介会，又称技术发布会、产品发布会，即以介绍和推广某项技术或产品为主题的专题发布会。参加对象主要是相关的用户，也邀请媒体记者。这类发布会常常同时举行相关的展示、演示活动。

(7)成果发布会，即介绍宣传某项研究、某项工程、某项工作、某项活动所取得的进展和成果，发布的信息内容具有正面性。

以上是7种常见的发布会类型，在内容和形式上常常相互交叉，又各具特点。

(二)发布会实务要点

1. 明确目的。举行发布会，首先要明确解决什么问题，达到什么目的。一般说来，举行发布会的目的，主要有以下几方面：

(1)对国内外当前发生的与本组织(包括国家机关、政党、企业以及其他非政府团体等)的利益、形象有关系的事件表明立场、态度。

(2)发布本组织将要实施的重大方针、政策、规章，或者将要采取的重大行动和计划。

(3)通报本组织内部发生的重大事件，并说明真相，澄清事实，介绍解决问题的办法，防止不实报道和流言对本组织可能造成的损害。

(4)介绍即将举行的重要活动的设想或筹备和进展情况，为活动的正式举行做舆论准备。

(5)发布和展示新产品、新技术、新成果，抢占市场先机和科学技术研究的制高点。

2. 确定口径和发布方式。目标明确后，还要确定发布的口径。这里所谓的口径，就是指从什么角度发表立场和观点，消息发布到什么程度，哪些问题可以正面回答提问，哪些问题应予以回避等。口径是否一致、是否合适，关系到新闻发布会的成败。所谓发布方式，即双沟通还是单向沟通。

3. 选择时机。发布会的时机选择很重要。选择时机的一条很重要的原则即看其是否有利于维护对本组织的利益和形象。具体来说，就是什么时候发布信息能够取得最佳效果。操之过急或延缓滞后，都可能产生负面效应。

4. 确定对象。发布会的参加对象对于发布者来说至关重要，因为发布会的信息主要是依靠他们向社会传播的，因此要精心策划，慎重选择。从总体上说，发布会的对象应根据发布会的目的和内容来确定，具体操作时还要注意以下几点：

(1)要考虑参加对象与发布会主题的相关性。如，举行投资政策说明会，除了邀请综合性媒体参加外，还应当邀请国内外投资机构和企业、外国驻本地的领事机构、外省市驻本地的办事处以及经济类的媒体到会。又如，举行技术成果发布会，就要邀请与该技术有关的科研单位、企业和行业性媒体参加。

(2)要考虑媒体的知名度和影响力。知名度越高、影响力越强，发布会的效果就越好。

(3)要注意媒体类型的平衡和协调，如既要邀请报纸杂志的记者，也要有电台和电视台记者参加；既要通知国内媒体记者，也要请外国媒体记者到场。

5. 发出邀请和接受报名。对象确定后要适时发出邀请书，临时举行的发布会可用电话邀请。有的发布会采取记者报名的办法，先由记者提出申请，然后由举办者审查，再发出正式邀请。

6. 确定主持人和发言人。举办一般的新闻发布会，主持人和发言人可以由一人同时兼任。如果内容重要或者业务性较强，可以将主持人和发言人分开。主持人主要说明举行新闻发布会的目的和背景，介绍发言人的身份和姓名，掌握会议进程和时间，信息发布和回答提问由发言人负责。

主持人和发言人应当挑选那些头脑机敏、口齿清楚，具有一定的应变能力和较强的口头表达能力的人士担任。发言人较多时，可以设主要发言人。主要发言人原则上应安排本组织的主要负责人或某项工作的主管人员，因为只有他们才能准确全面地回答有关的方针、政策和具体业务方面的问题。

7. 准备有关材料。重要的发布会，要事先拟好发言稿，供发言人参考使用，或根据需要在会上分发。发言材料可简可繁，但一定要全面反映情况、准确表述立场，并经领导审定、统一口径后方能公布。

有时也可准备一些宣传介绍性材料，如新闻事件的背景资料、政策法规的说明材料、证人证词、新闻稿、产品介绍等，在与会者入场时散发。

8. 布置会场。发布会的现场布置有下面几点可供参考：

(1)定期召开的发布会可以在固定地点、固定会场举行。

(2)小型发布会可将会场座位格局摆成全围式，显得气氛和谐，主宾平等。

(3)大型发布会可设主席台或讲台。主席台上方或布景板上要书写会标。会标上要突出会议的主题，也可标明举办单位名称和时间、地点。配套性发布会还可在会标中印上会徽。

有时发布会与相关的活动一起举行，会标要显示两个会议的标题，如，“广州市第二十次法规政策说明会暨五周年纪念会”。

(4)会场内要配备足够的电源设备，供电视记者采访。为方便记者提问，还要有无线话筒，指定专门的工作人员负责传递话筒。有的发布会还需要准备投影设备。

(5)布置好展示和演示。产品发布、技术发布、成果发布，往往需要安排现场展示和演示。展台、展品可布置在会场外的大厅内，演示的器械、设备要准备妥当，演示人员要落实到位并训练有素。

9. 安排翻译。有外国媒体记者参加的发布会，还要事先选择好翻译人员。

10. 收集媒体的报道。发布会之后，要密切关注媒体的反应，尽可能收集各媒体的新闻报道。对给予正面报道的媒体要及时表示感谢。

第四节　安排仪式与典礼活动

一、安排签字仪式

（一）签字仪式的含义和作用

1. 签字仪式的含义。签字仪式是缔约各方对会谈的最后文件进行共同签署的仪式。

2. 签字仪式的作用

（1）确认会谈文件的效力。签字是对特定的书面意见表示确认的行为。会谈中产生的正式文件只有经过会谈各方的签字才能生效。

（2）体现各方对会谈成果的重视。会谈最后文件的签字并不是都必须举行仪式。签字仪式是对会谈文件进行签字的一种比较隆重的形式，有时各方还派出身份较高的领导人出席以体现各方的诚意和对会谈成果的重视。

（3）见证和扩大影响。举行签字仪式时，签字各方都要派代表参加，有时还邀请第三方作为见证人，邀请记者前来采访并报道，这既强化了见证的作用，又起到了宣传作用，有助于提高缔约各方的知名度和影响力。

（二）文本的准备

1. 定稿。定稿即通过谈判和磋商确定会谈正式文件的各项具体条款及其表述的过程，这是文本准备的前提。会谈过程中，各方都可以提出会谈文件的草案，也都可以对具体条款和表述提出修改意见。因此可以这么说，谈判的过程，就是定稿的过程。只有在文本定稿后，才可能举行签字仪式。

2. 确定使用的文字。签字文本所使用的文字有以下几种情况：

（1）涉外双方缔约，如双方使用不同的语言文字，签字文本应当用双方的文字书写印刷，具有同等效力。必要时还可以使用第三种文字。

（2）在国际组织框架内的多边谈判，最后文件的起草和印刷，应使用该组织规定的正式语言。如，《中华人民共和国加入世界贸易组织议定书》即用英文、法文和西班牙文三种世界贸易组织的正式语言写成。

（3）非国际组织框架内的多边谈判，最后文件的起草和印制所使用的语言由各方协商确定。

（4）一些技术性较强的专门文件，经各方同意也可只用某一国际通用语言写成。

（5）如果使用多种文字起草和印制文本可能会对某些条款产生不同理解和解释

时,应当规定以一种文字为准。

3. 确定正本和副本

(1)正本。正本即签字文本,用于签字后由各方或交专门的机构保存,同文字文本是两个不同的概念。国际性多边会谈的最后文本可以使用多种文字书写和印制,形成多个文字文本。缔约各方可以在每一种文字文本上签字,也可以仅在一个共同商定的文本上签字。因此,文字文本就不一定都成为签字文本。双边会谈或者缔约方数量不太多的多边会谈,如三方会谈、四方会谈,正本的数量根据缔约方的数量而定,各方各保存正本一份,各方都必须在每份正本的每种文字文本上签字。

缔约方数量较多或者是国际性组织框架内的会谈,正本可以制定一份,各方签字后,由东道国(方)或发起缔约的国际组织保存。如,《中华人民共和国加入世界贸易组织议定书》规定,该议定书签字后交存世贸组织总干事,总干事则向世贸组织每一个成员和中国提供一份副本。

(2)副本。有时为了方便使用,也可以根据正本的内容与格式印制若干副本。副本的法定效力、印制数量和各方保存的份数,由缔约各方根据实际需要协商确定,并在条款中加以规定。一般情况下,副本不用签字、盖章,或者只盖章、不签字。

4. 校印。校印即根据定稿印制、校对正本和副本。文本排版后,必须经过严格的校对,确认无误后,才能最后交付印刷、装订。国内合同和协议书的标印格式应当符合有关规定。涉外双边签字的文本印制时还应注意在先权的问题:

(1)本国的文字文本在先。涉外双边会谈签字的文本如用各签字国的文字同时印制,在本国保存的文本中,应将本国的文字文本置于前面,对方的文字文本列于后面。比如,中美双方签署文件,在中方保存的文本中,中文在前,英文在后;美方保存的文本,英文在前,中文在后。

(2)本国国名在先。双边会谈签字,文本中并提双方国名或领导人(全权代表)姓名时,在本国保存的文本中,本国的国名和领导人姓名应当列在前面。如,《中华人民共和国和日本国和平友好条约》这是中方保存的文本的标题,中国的国名在先;而日方保存的文本标题就正好相反,为《日本国和中华人民共和国和平友好条约》,这种做法又叫"倒版"。

(3)本国签字在先。涉外双边签字缔约,本国全权代表签字的位置应当安排在本国保存的文本签字处的前面(从右向左竖排文字则在右侧),如果双方签字的位置是左右并排,则安排在左边。这种惯例也称为"优先签字"。如,中美双方签字,中方保存的文本,无论是中文文字文本,还是英文文字文本,中方全权代表签字的位置在前,美方签字的位置在后;反之亦然。

在先权仅适用于政府之间的双边缔约,国际多边协议的签字位置顺序,一般按国名的英文字母顺序排列,也可根据文本书写文字的字母顺序排列。如"上海合作组织"六个成员国在签署各项文件时,均按成员国俄文名称第一个字母排列签字位置。

5. 盖章。为了保证文本在签字后立即生效，一般在举行签字仪式前，先在签字文本上盖上双方的公章，这样，文本一经签字便具有法定效力。

（三）商定参加人员

1. 签字人。签字人员是签字仪式上的主要角色。签字人可以是双方参加谈判的主谈人，也可另派更高级别的领导人作为签字人员，以示重视。签字人员要符合以下条件：

（1）具有法定资格。各方签字人员必须具有代表一级政府或一个组织的法定资格。如代表国家签字，必须具有全权证书，全权证书由政府首脑或外交部部长签署。国内企业之间的合同签字，必须由法人代表签字，或者由法人代表所委托的人员签字。委托签字时必须出示委托人亲笔签署的委托书。

（2）规格相等。各方签字人员的职务和身份应当一致或大致相等。比如，企业之间举行签字仪式，一方由董事长签字，另一方也应当由董事长出面，没有十分特殊的情况，不应当派级别较低的人员签字。

2. 领导人。为了表示对谈判成果的重视和庆贺，签约各方也可以派出身份较高的领导人参加签字仪式，但也应当注意规格大体相等。

3. 致辞人。如安排致辞，一般由签字各方身份最高的领导人分别致辞。有时也可安排上级机关或协调机构的代表致贺词。

4. 主持人。如果签字仪式中安排致辞、祝酒等活动，应当有一位主持人介绍致辞人的身份。主持人一般由主办方派有一定身份的人士担任。

5. 见证人。见证人主要是参加会谈的人员，各方人数应当大致相等。有时也可邀请保证人、协调人、律师、公证机关的公证人员参加。

6. 助签人。助签人的主要职责是在签字过程中帮助签字人员翻揭文本，指明签字之处。助签人必须十分了解文本的印制情况，非常熟悉业务，认真仔细，忠实可靠。双边签字时，双方助签人的人选应事先商定。多边签字时，也可由主办方派一名助签人，依次协助各方签字。派礼仪小姐担当助签人的做法，仅适用于一些喜庆性的签字仪式，而且事先一定要对礼仪小姐进行培训。

7. 群众代表。有时为了充分发挥签字仪式的鼓动和宣传教育作用，可邀请主办单位或双方单位的部分群众代表参加，以鼓舞员工的士气。

8. 记者。为扩大影响，可邀请有关新闻单位派记者参加签字仪式。

（四）现场布置和物品准备

1. 签字桌椅。双边签字，一般设长方桌，上铺深绿色或暗红色的台呢。桌后放两把椅子，为双方签字人员的座位。如签字方较多，则加长桌子，增加座位。多方签字也可将桌排成圆形或方形，或仅放一张椅子，由各方代表依次签字。涉外双边签字仪式的座位按主左客右的惯例摆放，即客方的座位安排在主方的右边（见图

6-3)。多方签字则按礼宾次序安排各方签字代表的座次,一般按英文国名当头字母的顺序排列,也可按事先商定的顺序排列。排在第一位的居中,第二位排在其右边,第三位排在其左边(见图6-5)。

签字桌上可放置各方签字人的席卡。席卡一般写明签约的国家或组织的名称、签字人的职务及姓名。涉外签字仪式应当用中英文两种文字标示。

2. 国旗。涉外签字仪式一般要挂各签字国的国旗。双边签字,双方的国旗可以按签字人的座位插在签字桌中央的旗架上,也可以分别插于签字桌的两端或并挂在背面的墙上。多边签字,则插在各方签字人座位前的桌上或身后,现场如悬挂会标,要避免被国旗遮挡。

3. 文具。签字用的文具包括钢笔、墨水、吸墨器(纸)。用笔和用墨必须符合归档的要求,签字笔要防止墨水堵塞,确保签字时书写流畅。

4. 文本。各方保存的文本置于各方签字人座位前的桌子上。

5. 参加人员位置。双边缔约,参加签字仪式的人员按主左客右的惯例分成左右两边站立于签字人员的后面,各方身份最高的领导人并排站立于中间,其他人员按身份高低向两侧顺排(见图6-2)。人数较多时,可分成若干排站立于前低后高的梯架上。有时,也可在签字桌的对面或前方两侧摆放座位,供参加人员就座(见图6-3)。多边签字仪式,各方领导人按礼宾次序从中间向两侧排列。助签人应站在签字人员外侧协助签字,不要站在中间,以避免挡住后排领导人的视线。

签字仪式现场布置图如图6-2至图6-4所示。

6. 讲台。如果安排致辞,可在签字桌的右侧放置讲台或落地话筒。

7. 会标。签字仪式的会标要求醒目,写法有两种:

(1)由签约双方名称、签字文本标题和"签字仪式"或"签约仪式"组成。如:

天津经济技术开发区
韩国现代AUTONET株式会社 投资意向书签字仪式

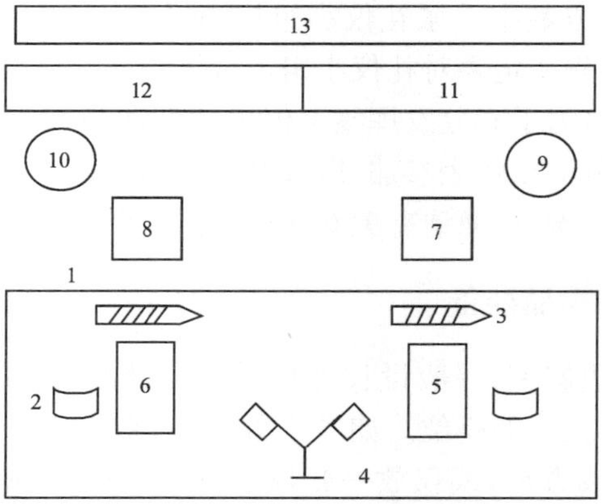

图6-2 涉外签字仪式图1·双边签字

（注:1. 签字桌;2. 吸墨器;3. 签字笔;4. 旗架;5. 主方保存的文本;6. 客方保存的文本;7. 主方签字人座位;8. 客方签字人座位;9. 主方助签人位置;10. 客方助签人位置;11. 主方参加人员位置;12. 客方参加人员位置;13. 会标）

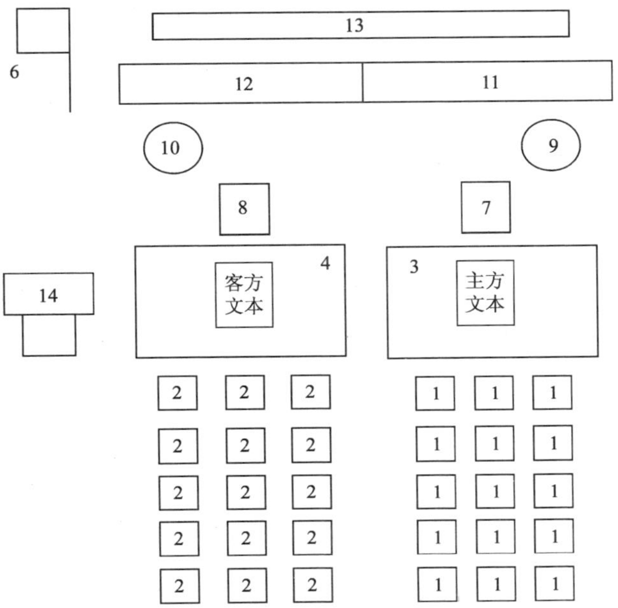

图6－3 涉外签字仪式图2·双边签字

（注:1. 主方参加人员座位,面朝签字桌;2. 客方参加人员座位;3. 主方签字桌;4. 客方签字桌;5. 主方国旗;6. 客方国旗;7. 主方签字人;8. 客方签字人;9. 主方助签人;10. 客方助签人;11. 主方领导人;12. 客方领导人;13. 会标;14. 讲台。文本和文具同图6－3）

（2）由签约各方的名称、签约内容和"签约仪式"组成。如:

教育部　上海市人民政府

重点共建复旦大学、上海交通大学签约仪式

为体现形象宣传的效果,会标中可以反映签约双方的名称,但如果文本标题中已经写有双方的名称,则应省去名称,避免重复。

涉外签字仪式的会标应当用中文和外文书写。

8. 香槟酒。有时在签字仪式结束后,各方举行小型酒会,举杯共庆会谈成功。工作人员应事先准备好香槟酒、酒杯等。

（五）签字仪式程序

签字仪式的程序分为单纯性程序和复合性程序两种。单纯性签字程序仅有签字的过程，不安排讲话致辞；复合性程序除签字过程外，还要安排各方领导人致辞、祝酒等活动。复合性签字仪式程序如下：

1. 签字各方参加人员在工作人员的引导下进入预定的位置。

2. 主持人向全体参加人员介绍签字各方的主要领导以及其他贵宾。

3. 主持人宣布签字仪式开始。

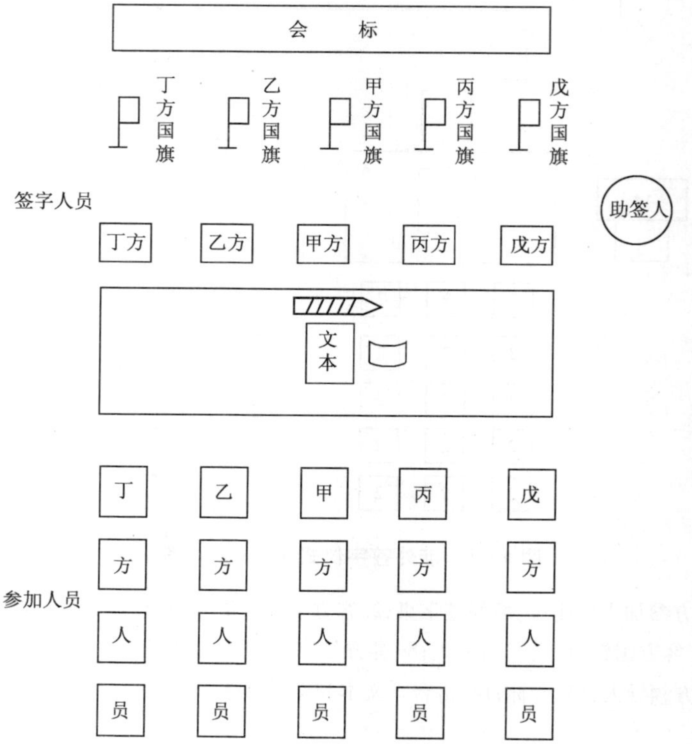

图6－4　涉外签字仪式图3·多边签字

（注：多边签字时，只签1份正本。签字人员座位按国家英文名称当头字母顺序排列。排列最前的国家居中，以下按顺序先右后左向两边排开。参加人员按身份高低从前向后就座。）

4. 各方签字，即单纯性签字程序。其要点如下：

（1）助签人翻开文本，指明签字处，签字人在己方保存的文本上签字。如系多种文字印制的文本，签字人需在每种文字文本上逐一签字，不能遗漏。每签一处后，助签人迅速用吸墨器（纸）吸干，然后再翻揭下一处。

（2）助签人轻轻合上文本，在签字人的身后互相交换文本。

（3）助签人打开对方保存的文本，指明签字处，请签字人逐一签字，再用吸墨器吸干。

(4)签字毕,助签人轻轻合上文本,各方签字人起立,相互交换文本并握手致意。这时,签字人应面向前方,一手持文本,一手握住对方的手,以便记者采访和工作人员摄影留念。

只需签署一份文本的多边签字仪式,可由主持人按英文(或文本的主要文字)国名当头字母的顺序报国家名称和签字人姓名、职务,由助签人依次请各方签字,也可由文本保存国或主办国先签字,其他各方再按一定的顺序依次签字。

5. 主持人请各方领导人先后致辞。致辞的顺序是:双边签字仪式为先主后客,多边签字仪式按签字顺序致辞。有时致辞活动也可放在签字之前。

6. 举行小型酒会,举杯庆贺。

7. 联合举行记者招待会或新闻发布会。

案例

上海合作组织签字仪式

2001 年 6 月 15 日,中国、俄罗斯、哈萨克斯坦、吉尔吉斯斯坦、塔吉克斯坦、乌兹别克斯坦六国元首——江泽民、普京、纳扎尔巴耶夫、阿卡耶夫、拉赫莫诺夫、卡里莫夫在上海浦东香格里拉大酒店举行隆重而又庄严的签字仪式,共同签署《"上海合作组织"成立宣言》和《打击恐怖主义、分裂主义和极端主义上海公约》两个重要文件。

签字仪式在酒店三楼大宴会厅举行。大厅内三席台前的布景板上,用中俄两种文字书写的"上海合作组织"会标和会徽赫然醒目。大厅的正前方是六国元首签字的条桌,上面铺着墨绿色的台布,共6 米长,1.5 米宽。条桌的后面按各国国家名称英文字母的顺序竖立着六国国旗,条桌上的小国旗按照同样的顺序摆放,元首们坐在和自己国家的国旗相应的位置上签字,各国政府要员的座位对应着各自国家的国旗位置。

上午 10 时 30 分,参加签字仪式的六国主要官员陆续进场就座。10 时 40 分,江泽民等六国元首结束了在宴会厅隔壁的会议厅内举行的"上海合作组织"成员国元首会议,面带微笑,互相交谈着步入签字仪式现场。

接着,我国外交部礼宾司司长张云宣布:"中、俄、哈、吉、塔、乌元首签字仪式现在开始,共签署《'上海合作组织'成立宣言》和《打击恐怖主义、分裂主义和极端主义上海公约》两个文本。首先请中华人民共和国主席江泽民阁下签署文本……"

签字后,六国元首相互握手,并从工作人员手中接过香槟,端起酒杯走到一起,相互祝酒,共同庆贺这一历史性的成功。

签字仪式于 10 时 48 分结束。10 时 52 分,六国元首开始共同会见记者,并按签字顺序发表讲话。

上海合作组织签字仪式元首座位排列图示,见图 6 – 5。

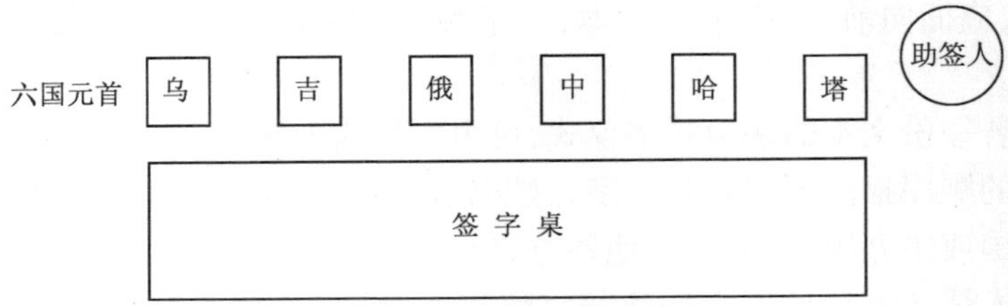

图 6－5　上海合作组织签字仪式元首座位排列图示

二、安排开幕式与闭幕式

（一）开幕式、闭幕式的含义和作用

1. 开幕式、闭幕式的含义。开幕式、闭幕式是宣布各种活动正式开始和结束的具有象征性和标志性的仪式。各种“会”（如运动会、展览会、博览会、交易会、代表大会等）、各种“节”（如电影节、艺术节等）、各种“周”、“月”（如文化周、质量月等），都可以举行开幕式和闭幕式。

2. 开幕式、闭幕式的作用

（1）宣布开始和结束。这是开幕式和闭幕式的基本作用。

（2）动员和总结。开幕式一般要布置任务、明确目标、进行思想动员，闭幕式则总结成果，发出号召。

（3）扩大社会影响。举办开幕式和闭幕式，能起到扩大会展活动的社会影响，树立主办单位的社会形象的作用。正因为如此，开幕式和闭幕式越来越受到广泛的重视和运用。

（二）开幕式、闭幕式的准备

开幕式、闭幕式的种类繁多，繁简不一。下面以中等规模的开幕式、闭幕式为例，介绍主要的准备工作。

1. 确定参加对象和范围。开幕式、闭幕式的参加对象应当包括下列几方面的人士：

（1）主办单位及其上级机关的领导人。

（2）会展活动的承办单位、协办单位、赞助单位的领导或代表。

（3）东道主以及与会展活动有关的机关、企事业单位的领导或代表。涉外活动的开幕式和典礼也可邀请有关国家、地区、组织的代表（如有关国家的使节、领事、参赞等）参加。

（4）群众代表。为使开幕式、闭幕式的气氛隆重，可以选派一些群众代表参加，人数根据规模而定。

（5）有关新闻单位。

2. 确定主持人、致辞人和剪彩人

（1）主持人。开幕式、闭幕式和典礼通常由主办方主持。主持人应当有一定的身份。联合主办的会展活动，可采取共同主持的形式，各方主持人身份应大体相当。文艺类活动的开幕式可邀请明星客串主持。

（2）致辞人。重要的开幕式、闭幕式，主办方可派出身份较高的领导人参加并致开幕词。致开幕词人的身份一般应当高于主持人，如致辞人为正职，则主持人为副职。仪式较为简单的，可由主持人直接致开幕词。如果安排其他国家、组织的代表致辞，应事先发出邀请或商定。内容重要的致辞或涉外活动的开幕式、闭幕式的致辞，应事先交换稿件或通报致辞的大致内容。国内的开幕式、闭幕式提倡即兴致辞。

（3）剪彩人。剪彩是开幕式上常见的一种仪式。剪彩人应当是主办单位出席开幕式身份最高的领导人，也可安排上级领导、协办单位领导与主办单位领导共同剪彩。开幕式由双方或多方联合举办的，各方均应派出代表参加剪彩，剪彩人的身份应大体相当。

3. 确定开幕式和闭幕式的形式。开幕式和闭幕式的形式主要有两类，一类是以致辞为主的形式，另一类是文艺晚会的形式。前一类开幕式和闭幕式也可以安排文艺演出，但一般是放在仪式开始前或结束后。后一类则是致辞和文艺表演交织融合，载歌载舞，主要用于文艺类会展活动的开幕式和闭幕式。

4. 发出邀请。对象、范围以及剪彩人一旦确定，应及时发出邀请。凡外单位的领导和代表应当书面邀请。书面邀请分为请柬、邀请信和通知三种形式。请柬用于邀请重要来宾；邀请信用于一般的列席对象或较为特殊的对象，除表达邀请出席的诚意外，还可以提出一些希望和请求，如请对方在仪式上致辞、在不能出席时发来贺电或贺信等；对于内部人员则用书面通知。书面邀请发出后，还应当用电话跟踪落实。

5. 现场布置和物品准备。开幕式、闭幕式一般在活动现场举行，室内、室外均可。现场可摆放花卉、悬挂彩旗和标语，也可根据内容需要播放音乐、表演舞蹈、敲锣打鼓，以体现热烈隆重的气氛。时间较长或规模较大的开幕式和典礼，可设主席台和贵宾区并摆设座位；时间较短和规模较小的，一般站立举行，但事先应划分好场地以便维持现场秩序。主持人、致辞人、剪彩人和主要贵宾应面向群众代表。如场面较大，应安置扩音设备。涉外的双边或多边会展活动的开幕式，还应悬挂有关国家的国旗。

会标是开幕式、闭幕式和典礼活动现场最引人注目的装饰，其大小要与会场大小相协调，色彩要与主题相一致。会标的文字一般应当揭示活动的主题，有时也可反映主办单位和活动的日期。

剪彩有两种方式,一种是剪彩球,一种是剪彩带。所剪彩球要用彩带联结,数量应是剪彩人数加上1,如4人同时剪彩,应准备5个彩球,以使每个剪彩人都处于两个彩球中间。每个彩球均应由礼仪小姐用托盘托住,如不用托盘,应事先告诉剪彩人一定要用左手捏住彩带,以免剪彩后掉落。另外,剪彩用的剪刀也应事先准备好,每个剪彩人一把,在剪彩时由礼仪小姐用托盘递上。

签到是举行开幕式、闭幕式的重要环节,既表示对来宾的欢迎,又可以留作纪念。一般用簿式签到。签到簿要美观典雅,或体现喜庆气氛。来宾较多时,可以多准备几本签到簿。签到用的笔墨也应一并准备齐全。签到处要设在会场入口处。来宾人数较多的,签到处要设在较为宽敞的地方,以免来宾集中到达时出现拥挤现象。在室外举行的,签到处可设在主席台的一侧。签到处要设有醒目的标志,并安排礼仪人员接待。庆祝性的开幕式和典礼还要给来宾和领导准备胸花和红绸带,上书"贵宾"或"嘉宾"二字。

有时,举行开幕式或典礼之后还安排参观、植树纪念、文艺体育表演等活动。与这些活动相关的物品也要准备妥当。留言簿是这类活动常备的物品。活动结束后,请领导和来宾留言或题词,既可以使整个活动有个圆满的结尾,又能留下领导人和来宾的墨宝,为日后进一步宣传提供题材。

(三)开幕式和闭幕式程序

1. 大型节事、博览会等综合性活动的开幕式程序

(1)开幕前气氛渲染。大型展览活动的开幕式前可适当安排音乐、歌舞、体育表演等余兴节目,以增加欢快、喜庆的气氛。

(2)来宾签到留念。设专门的接待区以便于来宾签到留念,礼仪人员要为来宾佩带胸花和来宾证,然后引入主席台或贵宾区。陌生的来宾应由工作人员向主办单位领导介绍。

(3)宣布仪式开始。主持人宣布仪式开始,介绍出席开幕式的领导人和主要来宾。也可先由司仪介绍领导、来宾和主持人,然后主持人再宣布仪式开始。

(4)举行升旗仪式。重要活动的开幕式要升国旗,奏国歌,有的还要升会旗、奏会歌。升旗时要求全体起立,面向国旗或会旗。

(5)致辞。致辞的形式多样,常用的形式有下列两种:

第一,先由主办单位领导人致开幕词,并向各位来宾表示欢迎,对有关各方表示感谢,然后由来宾代表按身份高低(身份相等的可按关系的密切程度或其他方法排列)先后致辞。

大型活动开幕式程序实例

××××博览会开幕式程序

时间:××××年×月×日上午9:00

地点:××市展览中心广场

9:00　开幕式开始,大会主持人宣读主持词。

各位领导、各位嘉宾,女士们、先生们:

早上好!欢迎大家在金秋十月光临××市,参加××××博览会的开幕仪式。我们希望通过这次博览会,为××制造商、经销商、配件供应商构建一个全球交易平台,为中国××业沟通国际开拓空间。相信在各方的努力下,这场盛会一定能成为全球××业界年年聚会的大舞台。

现在,让我们先介绍应邀出席这次盛会的领导和嘉宾:(略)

另外,出席开幕式的还有中央和省各有关部门的领导、外国驻华商务机构代表,国内包括港澳台地区商务机构代表,外国著名跨国公司、著名企业驻华代表,国内参展企业代表,××市市、镇各级领导,共500多人。我们对各位嘉宾的光临,表示热烈的欢迎!

现在,有请××××博览会组委会主任、××市市长×××先生致开幕词,请大家欢迎!

9:05　××市长致开幕词

9:15　主持人:"恭请中国国际贸易促进委员会××省分会会长×××先生讲话,请大家欢迎。"

9:20　×××先生讲话

9:30　主持人:"恭请××协会理事长××女士讲话,请大家欢迎。"

9:35　××女士讲话

9:40　主持人:"现在进行2002中国××××博览会开幕剪彩仪式。"

"有请剪彩仪式的主礼嘉宾:(宣读名单,每介绍一位,礼仪小姐引导该嘉宾走上剪彩礼台,全场鼓掌)"

"请礼仪小姐为各位主礼嘉宾送上金剪。"(新闻记者拍照)。

"请各位主礼嘉宾为首届中国××××博览会的开幕剪彩。"

9:50　礼成。(鸣放礼花、礼炮)

9:55　主持人:"首届中国××××博览会开幕式结束,请各位嘉宾移步到××展览中心场馆内参观。谢谢!"

第二，先由主办单位的领导发表主旨讲话或欢迎词，然后由来宾代表先后致辞，最后请在场身份最高的领导宣布："我宣布，××活动开幕。"联合主办的活动，也可用共同剪彩的形式代替致开幕词。

（6）剪彩。主持人介绍每位剪彩人员的身份和姓名，由礼仪人员引导进入事先设计好的位置。国内的剪彩仪式，身份最高的人士居中，其他剪彩人员按身份高低先左后右顺序排列；双方联合主办的剪彩仪式，则按主左客右的惯例排列。剪彩时，播放音乐，放鞭炮或礼炮，全体参加人员鼓掌祝贺。

（7）参观、植树、观看表演。展览会开幕式结束后举行参观活动。参观时，应让身份最高的领导和来宾走在前面，并由解说员介绍。如有外宾参加，还需做好翻译。其他活动开幕式结束后还可以举行植纪念树活动或观看文艺、体育表演等。

（8）留言或题词。参观结束后，请领导和来宾留言或题词。

2. 会议开幕式程序

（1）大会执行主席向全体代表报告应到代表数、因事和因病请假的人数、实到代表数，是否符合法定或规定人数，能否开会。

（2）介绍大会执行主席、参加会议的上级组织的领导和兄弟单位的代表。

（3）宣布开幕式开始。

（4）全体起立，奏（唱）国歌、升国旗；或奏会歌、升会旗。

（5）致开幕词。

（6）来宾致辞。致辞顺序按来宾身份先高后低排列，身份相等的可按关系的密切程度或其他方法排列。有时也可安排工作人员宣读有关方面的贺电、贺信。

（7）主持人宣布开幕式结束，进入会议正式议程。

（8）做工作报告。人民代表大会由同级人民政府做《政府工作报告》；党代表大会由上届党委和纪委做工作报告；职工代表大会由企事业单位行政负责人做工作报告；民间组织的代表大会由理事长、秘书长等做工作报告。

（9）宣布休会。

3. 闭幕式程序。闭幕式中的签到、介绍领导人和来宾、宣布仪式开始等程序与开幕式基本相同。不同之处主要是：

（1）举行专题工作性会议，由主办单位的领导人致闭幕词。闭幕词一般要对会议活动进行总结，对贯彻落实会议精神提出要求和希望，最后宣布会议圆满结束。

会议开幕式程序实例

××大学第五届教师职工代表大会开幕式程序

2010年10月18日

1. 主持人向全体代表报告应到代表数、因事和因病请假的人数、实到代表数,是否符合法定或规定人数,能否开会。

2. 主持人介绍大会执行主席、参加会议的二级组织的领导和兄弟单位的代表。

3. 主持人宣布:"××大学第五届教职工代表大会现在开幕。"

4. 全体起立,奏国歌。

5. 校党委副书记、校工会主席××同志致开幕词。

6. ××市教育党委副书记××同志讲话。

7. ××市教育工会代表、××市教育工会副主席×××同志讲话。

8. 兄弟院校代表、××大学党委副书记兼校工会主席×××同志讲话。

9. 教职工代表××同志致辞。

10. 学生代表××同学致辞。

11. 主持人宣布:"开幕式到此结束。休息五分钟,请来宾退席。"

12. 休息后进行会议的正式议程。

……

(2)党的代表大会闭幕时应奏和齐唱国际歌。

(3)竞赛和评选活动的闭幕式要宣布比赛成绩和名次以及评选的结果,并举行颁奖仪式。

(4)系列性会议或活动的闭幕式,常常举行交接仪式,由本届主办单位向下届活动的主办单位移交象征性物品或造型,如火炬、旗帜、钥匙等。

(5)如果开幕式上举行升会旗仪式,那么闭幕式应当相应地举行降会旗仪式。

(6)节、展、月等大型活动,闭幕式后还可举行文艺和体育表演,以示庆祝。

(7)文艺类活动的闭幕式可以采取晚会的形式和程序。

三、安排开工与揭幕仪式

(一)开工与揭幕仪式的含义和作用

社会各界为了庆祝各种工程项目奠基和竣工、各种设备或系统的启动和运行、各种经营单位的开张或开市、各种机构的成立挂牌、各种纪念塑像和建筑的落成揭碑,往往要举行一定的仪式或典礼,以起到对外扩大社会影响、树立良好的形象,对内振奋精神,鼓舞士气的作用。为叙述方便,将上述各种仪式和典礼统称为开工与揭幕仪式。

(二)开工与揭幕仪式的准备

开工与揭幕仪式各项准备工作的要求与开幕式、闭幕式大体相同。不同之处有以下几点:

1. 确定主礼人。所谓主礼人,就是在各种仪式和典礼中实施关键性礼仪的人员,如剪彩、奠基、揭牌、揭幕、启动、点火的人员。主礼人一般是主办单位或上级机关参加仪式职务最高的领导,有时也可以邀请协办单位、赞助单位、东道主以及社会知名人士、国际政要共同担任,统称主礼嘉宾。双边性或多边性仪式,如联合投资的工程举行剪彩、奠基、开工、竣工仪式,或联合成立的机构举行挂牌仪式,各方应派身份相当的人士出席并共同剪彩、奠基、揭牌、揭幕。国内有些工程竣工、通车、交接等仪式,请对该项目做出贡献的工程技术人员剪彩,其社会效果非常好,值得提倡。

2. 现场布置与物品准备。建设工程的奠基或开工仪式应当在施工现场举行,事先搭好临时性的主席台,设讲台或落地话筒,一般不放桌椅,全体人员均站立参加。礼仪人员应统一着礼仪服,主办方的全体员工均应穿着干净而整洁的工作服出席仪式。现场周围可布置各色彩旗、气球和标语。

工地上预埋好奠基碑石。碑石上的文字通常应当竖写。正面右上款应刻有建筑物的正式名称,中央刻"奠基"两个大字,左下款应刻有奠基单位的全称以及举行奠基仪式的具体年月日。背面可镌刻碑文。碑石上的字体,大都以楷体字刻写,并且最好是白底金字或红字。同时还要准备好足够的新铁锹。铁锹柄上应系有红色绸带。各种建筑施工机械就位待命。特别是打桩机要预先做好准备,进入施工位置,等待开工的命令。打桩机顶上应挂上一面红旗。现场还可设立彩棚,布置展台或展板,展示该建筑物的模型或设计图、效果图。

揭牌(碑、像)仪式多在安放现场举行,全体人员站立参加。所揭之碑、牌、像等事先用幕布覆盖。幕布的颜色应与仪式活动的主题相适应。揭牌(碑、像)仪式如在会场内举行,则主席台中间放置桌椅,供领导人和嘉宾就座,右侧(以主席台的朝向为准)设讲台和话筒,所揭的碑、牌、像等放置在左侧的揭幕架上。

举行生产流水线的点火或启动仪式,要事先选择好举行仪式的合适地点,并确保安全;安装好点火或启动的装置,并检查其性能是否良好,以保证点火或启动一次成功。

通车仪式要准备好足够的车辆,并装饰成彩车,有的还配以锣鼓和乐队,以显示喜庆的气氛。每辆车要经过严格检修,避免通车时出现故障。

仪式现场的会标要醒目。

(三)开工与揭幕仪式的程序

1. 奠基开工仪式程序

(1)来宾签到,礼仪引导。

(2)主持人宣布仪式开始。

(3)主办单位(开发商)领导致辞,对前来参加仪式的上级领导以及来宾表示感谢,同时介绍工程项目情况及其意义。

(4)上级机关的领导或代表致辞。

(5)建设单位和东道主代表致辞。

(6)员工代表致辞或宣誓,也可由一位领导率领全体员工宣誓。

(7)奠基或开工。奠基仪式由领导人和嘉宾共同挥锹奠基;开工仪式由身份最高的领导人宣布正式开工,或启动按钮。这时可燃放鞭炮,以示庆贺。

(8)打桩机开始打桩,工程正式启动。

2. 开张仪式程序。开张仪式是指商铺正式对外营业的仪式,一般在商铺正门举行。程序大致如下:

(1)来宾签到,礼仪引导,并接受登记花篮和贺品。花篮和贺品要摆放在商铺正门的两侧。

(2)主持人宣布仪式开始,介绍主要领导和来宾。

(3)开张单位领导致辞,对前来参加仪式的上级领导以及来宾表示感谢,同时介绍本单位的服务宗旨、经营业务范围、优势特色等。

(4)上级机关的领导或代表致辞。

(5)来宾单位和东道主代表致辞。

(6)开张单位员工代表致辞或宣誓,也可由一位领导率领全体员工宣誓。

(7)领导人和嘉宾共同剪彩。

(8)开张单位领导陪同嘉宾参观商铺,正式对外营业。

揭牌、挂牌、揭幕、通车、通航、下水、竣工等仪式的程序都大体相同。

四、安排颁授仪式

(一)颁授仪式的含义和作用

颁授仪式是指各种颁奖、授勋的仪式。目前,许多国家和国际组织以及社会组织都设立了各种勋章、奖章、荣誉称号、奖励基金,授予本国和外国或本组织内部的领导人、社会活动家、专家学者、劳动模范、先进工作者、各种竞赛或评选活动的优胜者等,以表彰他们在某个领域的卓越贡献,同时通过树立正面典型,弘扬时代精神,鼓舞人们积极向上、不断进取。颁奖和授勋仪式有时也是一种公关活动,有助于树立一个国家、社会组织的形象。

（二）授勋和颁奖仪式的准备

世界上各种授勋和颁奖仪式名目繁多，形式多样，既可以单独举行，也可以作为会议活动中的一项程序，有时也可以借会见、宴会或有群众场面的演讲会等场合进行。无论以何种形式进行，一般都要做好以下准备工作：

1. 确定出席对象和范围。颁授仪式的出席对象应当根据颁授仪式的性质、规格和目的确定。如举行涉外授勋和颁奖仪式，应当邀请有关国家和国际组织人士参加。勋章和奖章规格较高的颁授仪式，参加者的身份要与之相适应。

2. 确定授勋人、颁奖人和主持人。勋章、奖章、荣誉称号和奖励基金的等级和社会影响是确定授勋人、颁奖人（又称主礼人）身份的主要依据。如，国家级勋章和奖章应当由国家元首亲自授予，大学中荣誉教授的称号应当由大学的校长亲自授予。如授勋和颁奖的对象及等级较多，要考虑各等级的授勋人和颁奖人的身份。请身份较高和知名度较大的人士授勋和颁奖，能提高颁授仪式的社会影响力。主持人要有一定的身份，一般由主办方担任。社会性评选活动的颁奖仪式，可以聘请一些明星担任主持嘉宾。

3. 确定颁奖或授勋仪式的形式。颁奖或授勋仪式应当根据颁奖或授勋的性质来考虑。重要的学术性颁奖和授勋仪式一定要办得庄重、隆重，如诺贝尔奖颁奖仪式每年举行一次，尽管形式年年如此，却给人庄重、典雅、气派的感觉。而一些艺术类的颁奖活动却可以借助绚丽多彩的晚会形式，如文艺表演、明星捧场等，营造轻松、欢快、前卫的气氛。当然，目前也有许多颁奖仪式搞得十分简朴，这也是应该提倡的。

4. 发出邀请和通知。出席对象一般以书面的方式邀请或通知，其方法可参考举行开幕式的做法，重点是做好领受人的邀请或通知。邀请信或通知中要明确说明领受人是否必须亲自参加，如领受人本人因故不能亲自前来领奖，是否可委派他人出席代领。给领受人的邀请信或通知应当附上回执，以便了解、掌握领受人的出席情况，并便于做好接待工作。

5. 现场布置和物品准备。颁授仪式简繁不一，现场布置的要求也不尽相同。一般说来，授勋和颁奖仪式宜在室内举行，会场要根据事先策划的要求进行布置，不同类型的仪式体现不同的风格。如举行科学技术奖颁奖仪式，为达到宣传教育的目的，应选择较大的会场，以便容纳较多的人。晚会类颁奖仪式可安排在演播大厅、剧院等地点举行，以便进行文艺演出。

简单的颁授仪式主席台上可以不设桌椅，颁授人和领受人相对站立。大型颁授仪式，颁授人和领受人在主席台上就座，也可安排领受人在主席台下的前排就座。领受人的座位应根据颁授次序安排，并事先设计好上台领受的路线，以保证上台领奖时次序井然。讲台一般设在主席台的右侧，并配备话筒。晚会类的颁授仪式设舞台，不设主席台，领导人、主礼嘉宾、领受人均坐在观众席的前排，舞台上设一讲台，供主持会议和讲话致辞。

重要的颁授仪式现场要升挂国旗。向外国的政府官员授勋，可悬挂双方的国旗。

颁奖和授勋仪式也可以布置会标。会标要醒目，写明颁授仪式的内容或性质。如："2004首届'中国工业设计奖'颁奖仪式"。

要根据授勋和颁奖的内容准备好勋章、奖章、奖杯、奖牌、奖状、奖金支票、奖品、鲜花、托盘（盛放奖章和奖励品等）、音乐磁带等物品。奖状的书写一定要规范，具体写明领受人的姓名，奖励的项目名称、等级，发证机关名称，发证日期，并加盖发证机关的印章。颁授对象较多时，勋章、奖杯等物品可以放在主席台的桌上，并与每个颁授人的座位相对应。颁授对象较少时，可以由礼仪人员在颁授仪式开始时，用托盘将勋章或奖杯等物品端上，由颁授人一一颁授。

（三）颁授仪式的程序

1. 群众代表先入场就座。
2. 观礼嘉宾签到，由礼仪人员引导入座。
3. 主礼人或主礼嘉宾以及领受人入席。
4. 主持人介绍主要领导人和来宾。
5. 主持人宣布仪式开始。
6. 全体起立奏国歌。涉外颁授仪式可安排仪仗队护送两国国旗与勋章进入会场，将两国国旗竖立在主席台两侧，由乐队演奏两国国歌。
7. 主办方宣布颁奖或授勋决定。
8. 主礼人或主礼嘉宾向领受人颁奖或授勋。领受人较多时，可以依次分批颁授。一般从低等级奖项开始，最后颁授最高等级的奖项。领受人较多而且需分批颁授时，工作人员要细心引导，使每个领受人上台后与各自的颁授人的位置准确对应，避免出现发错奖的情况。
9. 安排少年儿童或女青年献花。有时也可由颁授人亲自献花，以示敬意和祝贺。
10. 颁授对象的代表致答词。
11. 群众代表致辞。
12. 主办方领导致辞。
13. 主持人宣布仪式结束。

第五节　安排庆祝纪念和治丧吊唁活动

一、安排庆祝纪念活动

（一）庆祝纪念活动的含义和种类

1. 庆祝纪念活动的含义。庆祝纪念活动是指为共同的喜事、节日或围绕重大历史事件和历史人物而举行的表示喜庆、祝贺或回顾、探讨、思念的活动。

2. 庆祝纪念活动的种类

(1)节日类庆祝。庆祝的节日包括国庆节、建军节、劳动节、教师节以及各种民族和宗教节日等。这类庆祝活动往往带有纪念的意思。

(2)喜事类庆祝。这里的喜事主要是指当前发生的喜事,如香港和澳门主权回归,北京申办2008年奥运会和上海申办2010年世界博览会获得成功,我国成功发射"神舟五号"宇宙飞船等。经过法定程序,喜事庆祝可以转化为节日庆祝。

(3)历史事件类纪念,即围绕某项历史事件展开的回顾、探讨、追思活动,这里所说的历史事件可以是正面的,使人感到骄傲和自豪的,如党的生日、第二次世界大战胜利、五四运动爆发等;也可以是负面的,是值得回顾和纪念的,如"九一八"事变、《南京条约》签订等。

(4)历史人物类纪念,即围绕某个历史人物展开的回顾、探讨、追思活动。这里所说的人物必须是对社会进步做出一定贡献的历史人物。历史上的反面人物不能采取纪念的方式,如有必要研究探讨,只能用学术研讨会的方式。

(二)庆祝纪念活动工作要点

1. 明确活动主题。庆祝纪念活动具有宣传教育的功能。通过庆祝纪念活动,使参加者铭记历史、发扬传统、凝聚人心、振奋精神,这是举办庆祝纪念活动的根本目的。要实现这一目的,关键之一必须做到主题鲜明、具有号召力。在这方面,秘书要做深入调查研究,根据领导所确定的中心工作任务和时事的发展,结合本单位的实际情况,拟出若干主题供领导参考决定。

2. 选择适当形式。庆祝纪念活动的形式具有灵活性、多样性和综合性的特点,要依据活动的性质、目的和主题来确定。如,庆祝节日和喜事,可举行联欢晚会、舞会、文艺演出、电影招待会、知识竞赛、茶话会、座谈会等;纪念历史事件和人物,可举行研讨会、报告会、座谈会、联合签名、宣誓仪式、群众性长跑、展览展示等活动。有的还将上述各种活动样式有机组合起来,成为一套综合性、系列性庆祝纪念活动,或称为"活动周""活动月"等。有的庆祝纪念活动具有鲜明的民族和地方特色,如火把节、泼水节等。选择活动形式既要有创新意识,又要注意简朴节约,反对形式主义,注意社会效果。

3. 确定对象和规模。庆祝纪念活动对象的确定要考虑参加者身份、规格、人数(即规模)等因素。参加者的身份越高,活动的规格就越高。重大庆祝纪念活动要有较大规模,以形成隆重的气氛,达到广泛宣传和教育的作用。当然,也不宜片面追求规模,以致劳民伤财。有的纪念活动则可在小范围内举行,但规格可以高一些。

作为主办方还要考虑出席活动的领导人身份和人数,主持人和致辞人的身份。

4. 安排时间和地点。庆祝纪念活动的时间一般安排在节日、纪念日之前,系列性、综合性活动的时间较长,一般在节日或纪念日之前开幕,一直延续到节日或纪念日之后，但活动的高潮必须安排在节日或纪念日当天。

地点应根据活动的主题和规模来安排，有的选择具有历史意义或象征意义的现场，以突出活动的主题；有的则在会场内举行。

5. 加强组织协调。一些重大的庆祝纪念活动由于规模大、时间长、涉及面广，组织工作的头绪也较多，因此要建立筹备领导小组和会务工作机构，分工协调，明确责任。同时要制定详细的工作计划，要求各部门按时按质完成各项准备工作，确保活动的顺利进行。会务协调的内容包括活动样式协调、各项具体活动时间和地点协调、参加对象协调、经费和物资协调、筹备工作进度协调等。

6. 起草领导讲话。重要的庆祝纪念活动，领导人往往要发表重要讲话，会务秘书思想上要高度重视，深刻领会并准确体现领导意图，有时还要把起草领导讲话作为一项政治任务来完成。

7. 加强安全防范。组织大型庆祝纪念活动要特别注意加强安全防范，尤其是组织户外大型活动更要强化安全防范意识。具体要做到：

（1）事先要科学预算参加人数，并根据人数设置出入口和安全通道，保证一旦发生险情能够安全疏散。

（2）组织群众性的游园庆祝活动，要合理控制人数。现场要有工作人员进行疏导管理，避免出现拥挤。

（3）全面检查活动现场及周围环境，逐一排查可能造成事故的安全隐患，并及时采取措施加以消除。

（4）对活动现场以外的重要部门，要加强保卫工作，防止坏人乘机盗窃或破坏。

（5）设立医疗救护站，配备医护急救人员和急救设备、急救药品。

（6）制定应对突发性事件的预案，组织有生力量，保持临战状态，以应付一切可能发生的事件。

（7）加强值班和巡逻，及时掌握信息。

（8）运用现代通信技术，保证信息畅通。

8. 写好纪要，做好总结。庆祝纪念活动结束后，会务工作部门要及时起草活动纪要和活动总结，经领导人审核同意后上报或印发。

二、安排治丧吊唁活动

（一）治丧吊唁活动的含义和种类

1. 治丧吊唁活动的含义。治丧吊唁活动有公私之分，这里是指由组织举行或出面的、对本单位成员或者外单位人士的去世进行祭奠、凭吊、追思以及对死者家属进行慰问的活动。

2. 治丧吊唁活动的种类。治丧吊唁活动的主要种类有吊唁（包括现场吊唁和发唁电、唁函）、遗体告别、立碑、骨灰安放、追悼（追思）、追认、谒陵（向纪念碑和陵墓献花圈）等仪式。

（二）治丧吊唁活动工作要点

安排治丧吊唁活动要严格遵守党和国家对丧葬活动的有关规定，同时要充分尊重死者生前的遗愿及其亲属的意愿。死者如系少数民族或信教群众，应尊重其民族习惯和宗教信仰。具体工作要点有以下几方面：

1. 建立治丧工作机构。本组织成员去世后应成立治丧机构，治丧对象身份较高的称为“治丧委员会”，一般成员称为“治丧小组”。

2. 起草和发布治丧文书。治丧文书主要有：

（1）唁电、唁函。无法亲自参加吊唁或遗体告别仪式时，可以单位或领导人的名义发出唁电或者唁函。唁电、唁函也用于吊唁其他组织的重要成员。

（2）讣告。用于向社会告知死者的姓名、职务、去世原因及时间地点、治丧活动的有关安排等事项。不举行追悼活动的讣告，还可以介绍死者的生平以及对死者的评价。讣告以治丧机构的名义通过登报、邮寄或者张贴的方式发布。

（3）悼词。悼词即介绍死者生平、评价死者功过、表达哀悼追思之义的文字。悼词一般由死者单位的领导人或代表在追悼会上宣读。

（4）追认追授决定。这是用于追认或追授死者某项荣誉的文件。根据我国的规定，追认为共产党员或革命烈士的决定必须由省市一级党委或政府做出。

3. 确定参加治丧吊唁活动的领导人、主持人和致辞人。遗体告别仪式谁出席，追悼、追认大会谁主持、谁致辞，体现治丧活动的规格，异常敏感且事关重大，要根据治丧对象的身份、治丧活动的性质、组织内部的有关规定以及社会影响综合考虑。

4. 预测或确定活动规模。一般情况下，治丧吊唁活动不限定参加人数，但应当做出预测，以便事先安排场地。如果举行追认、追思活动，从扩大宣传教育效果考虑，应当有一定的规模，并采取规定各单位参加范围和人数等办法来保障活动的规模。

5. 安排时间和地点。治丧吊唁活动的时间安排首先要考虑死者家属的意见，同时也要兼顾领导人的既定日程。地点要根据治丧吊唁活动的类型来安排：吊唁活动可安排在死者的家中；告别仪式一般安排在殡仪馆；追悼会既可在殡仪馆举行，也可另选会场；追认会或追思会既可在会场内举行，也可安排在死者殉职的现场或陵地；谒陵仪式则必须放在死者的陵墓前。治丧吊唁对象如系少数民族或信教群众，安排治丧吊唁的时间和地点时应充分考虑其民族习惯和宗教信仰。

6. 通知、联系、落实。上述工作准备完毕后，要及时通过各种渠道发出讣告。领导人亲自吊唁、慰问、谒陵的，要事先通知有关方面。

7. 布置现场和物品准备。吊唁活动、遗体告别仪式和追悼会一般在室内举行，气氛肃穆哀痛。举行吊唁活动要设灵堂，遗体告别仪式要设灵柩，追悼会要放置骨灰盒和遗像，会标分别写为：“沉痛悼念×××同志”、“×××同志遗体告别仪式”、“×××同志追悼会”，两旁可布置挽幛、挽联，亲属送的花圈放在灵柩或遗像的前面,其他花圈按送花圈单位或个人的级别或身份高低依次摆放在两旁。

追认会或追思会一般要设主席台,悬挂会标,会标写为:“×××烈士追认大会”等。主席台上悬挂追认对象的遗像,台下摆放花圈。领导和殉职者家属以及发言的代表就座于主席台上,其他参加者坐在台下。如在现场举行则可不设座位,全体肃立。场内可以陈列死者生前的照片和事迹介绍。

领导人出面吊唁、向遗体告别或谒陵,要以领导人名义准备好花圈,写好挽联。

治丧吊唁现场要事先准备好签到簿,以备来宾签名留言。还要根据出席人数准备好黑纱或白、黄花。规模较大的治丧活动,场内要安装扩音设备,场外安排好停车,疏导好交通。

8. 治丧吊唁活动的程序

(1)吊唁和告别仪式程序。通常履行签名、佩戴黄花和黑纱、献花圈、默哀、瞻仰遗容、向遗体或遗像鞠躬、慰问死者亲属等程序。

(2)追悼会程序。追悼会开始之前来宾要签名,佩戴黄花和黑纱。较隆重的追悼会程序如下:

①司仪介绍参加追悼会的主要领导人以及送花圈、致唁函唁电的情况,并介绍主持人的身份和姓名;

②主持人宣布追悼会开始,默哀、奏哀乐;

③主持人介绍致悼词人的身份和姓名;

④致悼词;

⑤死者家属致答词,有时也可安排死者生前好友致辞;

⑥主持人带领参加者向死者遗像三鞠躬并向遗体(如未火化)告别;

⑦慰问家属。

(3)追认会程序

①司仪介绍参加追认会的主要领导人,并介绍主持人的身份和姓名;

②主持人宣布追认会开始,向殉职者致哀;

③宣读追认决定;

④向殉职者家属颁发追认证书;

⑤殉职者事迹报告;

⑥各界代表讲话;

⑦殉职者家属讲话;

⑧领导人同殉职者家属握手表示慰问;

⑨宣布追认会结束。

(4)谒陵仪式程序

①领导人及随行人员在主方人员陪同下抵达谒陵现场。

②乐队奏乐。

③两名随行人员抬着花圈缓步走向墓碑(国家领导人谒陵则由礼兵抬着花圈),

领导人在主方人员陪同下随行于后。重要领导人出面谒陵还要安排仪仗队分列两旁,持枪致敬。

④随行人员或礼兵将花圈放置于墓碑前,领导人上前将花圈扶一下,或者整理一下花圈上的挽联,然后稍退几步,肃立致敬。代表团其他成员站立于其后肃立。礼毕,依次绕场一周。

⑤领导人题词留言。

第六节　组织展览和参展

一、展览活动的含义、特点和种类

(一)展览活动的含义和特点

展览活动是一种为达到一定目的、以直观性物品陈列为主要方式、有组织的集中展示活动,又称展览会或展会。展览活动具有以下特点:

1. 直观性。展览会的一个显著特征就是它的视觉直观性。主办者和参展者主要通过陈列原物、样品、标本、模型、图片等具有直观视觉效果的物品来达到与观众进行信息交流的目的,观众则是通过真实、具体的视觉形象和视觉感受获得直观的信息。

2. 艺术性。展览活动是一种视觉形象的传递过程,为了强化视觉形象的传递效果,就需要综合运用声、光、色、形以及文字、图像等艺术手段,对展品、展台和展厅进行适度的包装,使参观者置身于立体艺术、平面艺术、灯光艺术和音乐的氛围中进行观察、了解、欣赏,感受展览过程的无穷魅力,从而增强展览的效果,实现展览的目的。

3. 多样性。展览活动除了商品陈列展示外,还常常举行成果发布、记者招待、项目推介、学术研讨、论坛报告、签字仪式、文艺表演等配套活动,形式丰富多样。

4. 广泛性。展览活动的参加对象十分广泛,既有许多的参展商,又有大量的客商(专业观众)和普通观众。主办者根据展览会的目的和主题,把大量参展商组织起来,集中展示各类商品,吸引大量的客商和观众前来参观、洽谈,从而达到参展者与客商、观众之间交流信息的目的。

5. 集中性。展览会由于活动形式多、参展范围广、观众人气高,必然产生信息发布集中、面广、迅速的效应,使参展商、客商和观众能够及时获得大量的信息。信息发布的集中性反过来又会吸引更多的参展商、客商和观众,促进展会的进一步发展。

(二)展览活动的种类

1. 按展览的内容范围来分

(1)专题性展览,又称专业性展览,即以一个行业或一类产品、一种形式的展示为专题的展览。这类展览主题鲜明、针对性强,如房展、车展、钟表展等。

(2)综合性展览,即集纳多个行业、多类产品、多种形式的展览。由于这类展览覆盖面广、综合性强,往往规模也较大,如中国商品交易会、上海工业博览会等。

2. 按参加对象来自的范围分

(1)国际性展览,即参加对象来自世界各地的展览,具体又分为我国的主办者在国内举办的国际性展览、我国的主办者在外国举办的国际性展览和外国主办者在我国举办的国际性展览三种。

(2)区域性展览,即参加对象来自世界上某一地区的展览,如第四届亚太经合组织(APEC)技术展示暨交易会。

(3)全国性展览,即参加对象来自全国各地的展览,又称国内展。

(4)地方性展览,即参加对象仅限于国内某一省市的展览。

(5)单位内部展览,即由一个单位自己组织、仅供内部人员参观的展览,如科研成果展览、校史和厂史展览等。

3. 按展览地点是否固定分

(1)固定性展览,即具有固定的举办地或场馆的展览。固定性展览有利于提升举办地的形象,创造展览的品牌。如“中国—东盟博览会”就定点在中国南宁举行,并设有永久性展馆。

(2)非固定性展览。这类展览有以下几种情况:第一种是同一性质和名称的展览在不同的国家、地区、城市或场馆轮流举办。这种情况下,举办者必须是这一展览组织的会员。第二种是同一性质和名称的展览通过若干申办者的竞争确定主办者和举办地,如世界博览会。第三种是同一个展览在不改变主办者的情况下在不同地点巡回展出,又叫巡回展。第四种是流动展,即利用流动的载体(如汽车、火车、飞机)作为场馆进行展出。

4. 按展览的名称分

(1)展销会。展销会是指由一个或者若干个单位举办的,有若干个经营者、客商和消费观众参加的,在固定场所和一定期限内,以现货或者订货的方式销售(零售和批发)商品的集中展示交易活动。

(2)博览会。博览会是指由一个或者若干个单位举办,以促进商品贸易为主要目的,在固定场所和一定期限内,以产品和技术展示、交易为主要活动内容,集发布、洽谈、研讨、艺术鉴赏等功能为一体的,规模大、品种全的展览活动。

(3)洽谈会。洽谈会是指由一个或者若干个单位举办,在固定场所和一定期限内,招商方、投资方、参展方、洽谈方等具有合作意向的政府机构、企业、民间组织以及个人参加的,在投资、贸易、产权、人才、劳务、技术、文化等方面商谈和签订交流、合作项目的活动。

(4)交易会。交易会是指由一个或者若干个单位举办,在固定场所和一定期限内,有若干个参展商和客商参加,以产权、商品和技术交易为主,以加工贸易和合资、合作洽谈为辅的交易活动。交易会一般不允许直接销售产品。

(5)看样订货会。看样订货会形式比较单一,展出的展品可以是一种,也可以是数种,往往用于企业展示和销售自己的产品或经营的商品。

(6)展示会。展示会是以新产品、新技术、新工艺的展出、演示为主的展览活动,有时也可以同时进行洽谈和订货。

(7)演示会。演示会是以现场实际操作、动态表演为形式的展览活动。

二、展览活动组织工作要点

(一)确定展览项目

确定展览项目就是确定在展览会上展出哪一种行业、哪一类的展品。展览项目体现展览的目标,决定展览的性质和类型,同时也决定参加对象的类型和层次。展览项目策划的要求是:

1. 做好市场调查。商业性展览会展前市场调查主要了解以下几方面的信息:

(1)目标行业发展的现状及其需求;

(2)政府的产业政策;

(3)消费者的需求及其消费观念;

(4)参展商的兴趣。

2. 突出展览主题。展览主题是展览项目的统帅。展览项目具有层次性,专业性越强的展览,展览项目的层次就越低,主题却越集中。如,医疗器械展览,就是一种专业性较强、项目层次较低、主题较集中的展览。而对于综合性展览来说,由于项目层次较高,往往容易出现主题庞杂的现象。因此,综合性展览在确定项目时,应当有一个鲜明的展览主题,将所有的具体项目汇集在主题的统帅之下,这样的展览活动,容易给人留下深刻的印象,有利于树立展览的品牌形象。

(二)策划展览活动形式

1. 沟通方式策划。展览会按沟通方式可分为单向沟通和双向沟通两种。传统的展览会基本上属于单向沟通,即参观者通过观看、观摩、听取讲解介绍,单方面接受信息,成本较低,观众参观逗留的时间较短。而现代展览活动越来越注重参观者的主动参与,如博览会、洽谈会、交易会,在参观的同时,参展商与客商之间必须面对面地进行谈判、协商,这样才可能达成购买或合作的意向,签订成交或合作的协议。上述两种展览的沟通方式并不存在优劣之分,选择哪种方式为好关键是看举办展览的实际需要。

2. 活动样式策划。展览会按照活动样式可以分为单纯性展览和复合性展览两大类。单纯性展览以展品的展示、演示和讲解为活动方式,简便易行;而复合性展览活动则在此基础上还举行一系列的活动,如成果发布、项目对接洽谈、学术论坛、文艺表演、晚会庆祝等。在选择具体的活动样式时要注意以下几点:

（1）服从主题。形式是为内容服务的，展览会的各种活动形式只有在主题的统帅下才会显示其意义和活力，不能为形式而形式，为活动而活动，否则就会出现形式脱离内容，活动游离于主题的情况。

（2）确有必要。展览会的配套活动形式多样，但并不是一次展览会的配套活动越多越好。在大型展览会上，适当的配套活动能够深化主题，扩大信息交流的广度，吸引更多的参加对象。但活动太多、过滥，反而容易分散参加对象的精力和注意力，给人一种形式大于内容的不良印象，效果适得其反。

（3）相互协调。大型展览活动往往由若干活动板块构成，加之各项小型的配套活动，形成一套综合性的活动。组织这样的大型活动，板块与板块之间、各项具体活动之间的协调至关重要。

3. 展的形式策划。展的是主办者、参展者和观众行为的共同指向。对于一次具体的展览活动而言，展的就是指展览的主办者和参展者所要展示的物品（即展品）及其所包含的内容。展的可以分为原型、模型、标本、图片、复制品、文字、声像和多媒体等类型。不同类型的展的，展示的效果各有特点，制作成本差别也较大。

（三）确定参加对象

1. 确定参展者。参展者即向展览的主办者租借展位并提供展品的单位或个人。确定参展者要注意以下几点：

（1）参展企业必须经合法登记批准。

（2）参展企业的行业属性。对一些行业性展会来说，可能有这方面的要求。

（3）参展组织的地区属性。一些地区性的展会，规定只有本地区的组织才能参加展出。

（4）参展者必须具有良好的声誉。

（5）重点抓好牵头展商。

（6）逐步提高参展商的层次。

2. 组织观众。任何展览会的举办，最终目的是为了满足观众（包括专业观众和普通观众）的欣赏、购买和选择的需要。展览会的观众具有很大的不确定性，要吸引更多的观众必须做到以下几点：

（1）以新颖的主题吸引观众。要想吸引观众，关键是主题要新，要根据观众的消费心理、消费观念和消费需求的变化，不断提出新的展览主题，不断更新展览项目，这样才能做到展会年年搞，年年不一样。

（2）以优质服务留住观众。成功的展会必然有一批忠实的观众，而要留住这些观众就要靠优质服务。因此，要想方设法开辟新的服务领域，提高服务质量，以高效优质的服务赢得观众。

（3）加强与观众的联系。可通过展后发放征求意见表、关注客商与参展商已达成的协议的落实情况并及时沟通双方的信息、经常或定期向观众寄送会刊或简报等方式,加强与专业观众的平时联系,以建立稳定的观众队伍。

(4)借助行政和行业资源,即利用行政机关或其职能部门以及行业协会的影响力来招展和组织团体观众。

(5)实施优惠。对经常参加展会的观众可派发服务优惠卡。特别是对一些参展商认为是大宗买主或者在买方市场具有较大影响力的目标客商要加大公关力度,如采取宴会、免费旅游、报销往返费用、赠送礼品、邀请作开幕式嘉宾和参与演讲等方式使其成为展会的最大受益者和主角,并以此带动其他的参展者。

(四)确定展览时间和地点

1. 确定展览时间

(1)确定展览时机。一是要掌握市场对目标展品需求的季节变化,选择适当的举办时间。二是要避免时间上同其他同类的展会冲突。三是有些展会要考虑节假日的因素。如以个人观众消费、娱乐为主的展览,要充分利用休假日举行,而以团体观众为主的展会则可能需要避开休假日,因为这时许多公司、团体都放假。

(2)确定展期。一是要根据事先预计的观众人数确定展期。二是要根据场馆的接待能力确定展期。预计观众人数多而场馆接待能力偏小,则展期应相对长一些。三是要根据成本预算确定展期。一般说,在参观人数不变的前提下,展期越长,各项支出就越多,成本就越高,效益就越低。反之,展期越短,成本就越低,效益就越好。国际上许多专业展览会的展期一般在 3 天左右。四是要根据气候因素确定展期。由于春秋两季气候宜人,所以许多展览会都放在3 ~6月或 9 ~ 12 月举行。

(3)确定展览周期。一是要根据市场需求的大小确定展览周期。二是要根据市场需求的周期性变化确定展览周期。三是要根据展会的规模确定展览周期。展会规模宏大,则组织工作所需要的时间就较长,展览的举办周期就较长。

2. 确定展览地点。确定展览地点要考虑下列几方面:

(1)展馆的面积是否适应展览的规模需要。

(2)展馆的管理水平和服务质量是否一流。

(3)如果展览中还举行会议等其他活动,则展馆内最好能提供同时举行其他活动的场地。

(4)举办重型设备展览,要考虑展馆或展场的承重能力。

(5)价格是否合理。对于主办者来说,展馆的费用是展览费用支出的重头,因此,选择展馆应当考虑价格因素。

(五)寻求支持单位和合作单位

1. 支持单位。支持单位主要包括:行业的政府主管部门;行业的权威协会;具有广泛影响力的行业媒体。通过支持单位可以提高展会的档次、规格和权威性,扩大展会的影响力,有利于组织目标客户参展和目标客商的参加,有效地形成展会项目的品牌效应,实现可持续发展。

2. 合作单位应当选择具有专业性、大众性和权威性的媒体单位,当地的行业单位和行业权威机构,以及知名度较高的会展公司或国际展览的代理机构。通过合作单位可以加快信息的有效快速传递,提高展会的影响力,整合展会资源,实现优势互补,最大限度地挖掘新客户,壮大参展队伍,最大限度地降低招展成本。

(六)展开广告宣传攻势

通过媒体广告、户外广告、新闻发布会、行业研讨会等宣传手段进行立体式的广告攻势,营造展会的气氛和声势。

(七)招展招商

广告宣传攻势是招展招商的前奏曲,而做好招展招商工作则是展览会成功的关键。一般要建立招展招商工作机构,制定招展招商计划,培训营销人员。招展招商要着眼于两个方面,即参展商和观众,具体办法有以下几种:

1. 通过支持和合作单位建立展会的营销网络;
2. 做好各个具体项目的预算,制作报价表;
3. 收集可能参加展会的参展商、参观商的名录,建立信息库;
4. 印发邀请函、征询函、调查表、参展手册、会刊、会展简报和门票;
5. 上门拜访主要的牵头参展企业;
6. 采取让利的办法合作招展;
7. 签订参展协议。

(八)做好接待工作

展览会的客人来自五湖四海,作为主办方和东道主要安排好他们的食宿、交通、余兴,让他们吃好、睡好、玩好,以饱满的热情参加展会的各项活动。具体接待方法和要求详见“接待工作”一章。

(九)提供展览服务

主办方要制定切实措施,为参展商提供通关、物流、设计、布展、撤展、文印等方面的服务,保证展会的顺利进行。

(十)搞好开幕式和闭幕式

大型展览活动,如博览会、洽谈会和交易会,要精心策划、隆重举行开幕式和闭幕式,具体的组织工作详见本章“安排仪式与典礼活动”一节。

（十一）加强现场管理

展览活动参加人员集中，流量大，容易带来安全隐患。要加强现场的证件管理、展位管理、安全管理，及时疏导周围交通，同时要安排人员值班，及时应对突发性事件和突发性事故。

（十二）进行展后跟踪

展会结束后，要及时做好展后跟踪工作，以加深目标客户的印象，为下一届展会做铺垫。展后跟踪的具体内容包括感谢所有的参展单位、重要客商、支持单位、合作单位、媒体单位；通过媒体进行跟踪报道；发布下一届展会的信息；向参展商发放征询意见表和调查表并回收、统计、分析、评估。

三、参展组织工作要点

（一）确定参展目标

制定正确的参展目标，是做好参展工作、保证参展成功的前提。参展目标应当根据组织的发展战略和市场条件来确定。一般来说，一个组织（包括公司、学校、行业、政府等）的参展目标大致有以下几方面：

1. 树立和维护组织的形象，扩大组织的影响力；
2. 推出新产品或服务，了解市场的反映和接受程度，并最大限度地促成交易；
3. 通过参展，进行市场调研，掌握竞争对手的信息，找出本组织的弱点；
4. 接触新客户，挖掘老客户的潜力。

（二）选择合适展会

当前展览活动琳琅满目，同时也是鱼龙混杂。参展单位首先要通过资料对比分析和实地考察等方式了解展会的种类、特点、性质、规模、项目、方式、价格、名称、时间、地点、主办者、观众、知名度等基本情况，然后根据参展的目标和参展展品的情况选择合适的展会，并与主办方联系确定展览面积、展位类型（标准展位或特殊展位）以及具体展位，签订有关合同。

（三）做好参展准备

在做出参加某个展会的决策后，就要着手制定参展的详细工作计划并组织落实各项准备工作。参展的准备工作一般包括以下内容：

1. 组建参展工作机构，合理调配人员，明确工作分工，进行展前培训；
2. 制定参展组织工作的各项程序和规则，明确时间进度要求；
3. 预算展览费用；

4. 联系落实展台设计和布展事项；
5. 安排展品运输、通关（参加国外的展会）等事项；
6. 预订举办地的宾馆房间，以便参展工作人员住宿；
7. 准备和印制参展文件和宣传品。

（四）搞好洽谈接待

展览期间要热情接待每位客商和参观者，认真做好每一场讲解，积极展开业务洽谈，详细记录每一位客户的情况及要求，及时把握市场的反应，充分掌握同行企业的展览信息，做到知己知彼，并努力与媒体保持良好沟通。

（五）处理善后事宜

展会结束后，要在规定时间内完成撤展工作，总结参展的经验和教训，落实签订的各项协议，与有意向的客户保持联系，为明年参展做好准备。

思考与练习

1. 安排领导活动的原则有哪些？
2. 试述安排领导活动的一般程序。
3. 怎样制作领导活动时间表？
4. 试拟制一份某公司总经理赴外省市考察三天的行程表。
5. 怎样安排好领导的慰问活动？
6. 怎样安排好领导办公会议？
7. 怎样安排好座谈会？
8. 怎样安排好现场会？
9. 怎样安排好代表性会议？
10. 怎样安排好发布会？
11. 怎样安排好开幕式与闭幕式？
12. 怎样安排好开工与揭幕仪式？
13. 怎样组织好展览和参展？
14. 按下列方案组织一次签字仪式实训。

模拟签字仪式实训方案

一、实训目的

使学生熟悉签字仪式的各项准备工作，掌握签字仪式的组织环节和基本顺序，初步具备策划、组织签字仪式的能力。

二、实训内容和要求

1. 签字仪式名称：××××学院与美国××公司合作举办涉外秘书专业签约仪式。

2. 准备工作：

(1)签字文本准备。中英文两种文字文本，正本一式两份，格式如下：

①标题：××××学院与美国××公司关于合作举办涉外秘书专业的协议书。

②正文：分章分条，内容由学生自拟。

③双方签署的位置要规范。

④页数：中英文各2页。

(2)参加人员(均由学生扮演)。

①签字人员：××××学院院长(受权签字)、美国××公司总裁(受权签字)。

②领导：××市教委主任、美国驻沪总领事；××××学院董事长(中文致辞)、美国××公司董事长(英文致辞)；××××学院外语系主任、美国××公司上海分公司经理。

③助签人员：2名。

④主持人：1名，事先写好主持词。

⑤记者：摄影摄像，2名；采访报道，2名。

⑥翻译：2名，1名中翻英，1名英翻中。

⑦群众代表：20人。

(3)签到准备：签到桌、签到簿、签字笔，2名学生负责。签到簿要写明签字仪式名称。

(4)现场布置：1名学生总负责，若干名学生分头落实。

①书写会标；

②安排签字桌、签字座椅和其他人员座位；

③摆放签字用品和文本；

④布置国旗和鲜花。

3. 模拟签字仪式过程：

(1)入场签到。

(2)全体参加人员先在台下就座，主要领导坐在前排。

(3)主持人按身份高低先主后宾、一主一宾介绍双方主要领导，并请被介绍的领导逐一上台，在礼仪人员引导下在指定位置站好。

(4)主持人宣布签字仪式开始。

(5)助签人引导签字人入座。

(6)双方签字。助签人翻揭文本，指明签字处，用吸墨器吸干。双方交换文本。

(7)××××学院董事长、美国××公司董事长先后致辞(事先写好讲话稿)，由翻译人员当场翻译。

(8)主持人宣布签字仪式结束。

4. 总协调人:1 名。

三、所需主要物品清单

1. 签字桌一张,签字人座椅两把,观众座椅若二;
2. 台布一块,暗红色或墨绿色;
3. 签字笔若干;
4. 吸墨器两个;
5. 小型中国国旗和美国国旗各一面;
6. 旗架两个;
7. 展板一块(布置会标);
8. 讲台一个;
9. 话筒和扩音机一套;
10. 签到簿一本;
11. 文件夹两个;
12. 鲜花若干。

第七章　接待工作

领会接待工作的特征、要素、类型、意义、原则以及接待礼仪；掌握接待的各项准备工作、安排礼宾次序和国旗悬挂的要求并能够应用；掌握迎送、陪同、合影、会见、会谈、宴会的组织安排方法、程序和要求，并能够综合应用。

第一节　接待工作概述

一、接待工作的含义和特征

（一）接待工作的含义

对来访者的迎送、接洽和招待称为接待。秘书实务中的接待工作，是指特定的组织对公务来访者的迎送、接洽和招待活动，它同信访工作中的来访接待的区别在于：前者的主要对象是具有公务关系的特定组织的代表，后者的主要对象是人民群众。

（二）接待工作的特征

1. 广泛性。广泛性具体表现在两个方面：

（1）接待领域的广泛性。有交往就有接待，交往是接待的目的，接待是交往的手段。无论是国内交往还是国际交流，大到国与国之间的领导人互访、国际性的会议、展览和大型节事活动，小到两个单位之间的业务洽谈、工作联系、学习交流等，都离不开接待工作。接待工作渗透到政治、经济、军事、科技、教育、文化等社会活动的所有领域。

（2）接待对象的广泛性。从一个特定组织的接待对象来看，不仅有本组织的内部成员，还有上级机关、主管部门以及合作单位的来访者。涉外活动的接待对象更为广泛，常常要接待来自不同国家和地区、属于不同的民族和不同的宗教信仰、具有不同的文化礼俗和不同的意识形态的来宾。

2. 礼仪性。现代接待，特别是涉外接待，非常注重礼仪和礼节。比如，接待仪式要庄重，接待方式要符合国际惯例，接待人员的言谈举止要有礼节。接待中的礼仪和礼节既反映了东道主对来访者的基本态度，同时也在一定程度上体现了东道主的文明水准。因此，接待工作人员一定要掌握对内和涉外接待的基本知识和基本规范，熟悉各种国际礼仪和礼节，努力提高自身的文化礼仪修养。

3. 服务性。接待的过程就是服务的过程。接待人员要为来访者（有时还包括随行人员、记者等）提供满意的服务，努力为他们提供方便，解决实际困难，为他们的来访创造舒适称心的环境和良好的沟通氛围。

二、接待工作的基本要素

（一）来访者

来访者即接待工作的对象。公务活动中的来访者总是直接地或间接地代表一定的组织，他们可能是主动来访，也可能是应邀来访。来访者的身份、地位和他所代表的组织及其与本单位的相互关系，对接待工作具有直接的影响。

（二）来访意图

来访意图是来访者企望通过来访而达到的目的。不同的来访者有不同的来访意图：有友好的，也有怀有敌意的；有请示或求助的，也有前来帮助或指导的；有的来访纯粹是礼节性的，有的则是非常务实的；有的来访意图十分明确、清楚，有的则十分隐蔽，或者用美丽的辞藻加以伪装。来访意图是制定接待方针、确定接待规格、安排接待工作的重要依据，因此，准确判断来访意图是做好接待工作的关键。

（三）接待者

接待者是接待工作的主体。公务接待中的行为主体是一级法定组织，接待人员则代表法定组织出面接待来访者。接待工作的成功与否，同接待人员的经验和能力有重要关系。就一个特定的组织而言，接待人员有以下几种：

1. 领导人。领导人是接待工作的最高责任者，对整个接待过程负有领导和指导的责任，确定接待的指导思想，制定和审批接待方案，必要时亲自出面接待。

2. 专职接待人员。在一些接待任务较多的机关或单位，往往设置专门的接待机构或专职接待人员。在设有公关部门的机关或单位，接待机构或专职接待人员往往归属公关部门，而在不设公关部门的机关或单位中，接待机构和专职接待人员则由秘书部门统一领导。涉外接待由外事工作部门统一负责。

3. 业务人员。涉及业务问题的来访，需要有关业务部门的人员出面或者参加接待。

4. 秘书人员。秘书人员往往是特定组织的第一接待人，尤其是在不设公关部门和外事部门的单位更是如此。单位内即便设有公关和外事部门，秘书人员也常常要根据领导人的指示，协调接待工作，或受领导人的委托代其出面接待客人。因此可以说，秘书人员是接待工作的积极谋划者、组织协调者和具体执行者。

（四）接待内容

接待内容包括上级领导机关制定的接待方针、本级领导的接待意图、接待要求以及接待责任。接待内容应当根据来访者的身份及其来访意图确定。重要的接待工作应制订接待计划或方案，将接待任务加以明确并落实到人。

（五）接待方式

接待方式包括接待规格、接待程序和接待工作的具体形式，是为接待内容服务的，接待内容不同，接待方式也不同。

三、接待的类型

（一）按来访者所在的地域划分

1. 涉外接待，即来访者是外国客人。客人或是一个国家或某个国际组织的代表，或是一家外国公司的工作人员。涉外接待既要符合涉外礼仪，又要遵守国家的有关涉外接待的规定和纪律。

2. 国内接待，即指接待国内兄弟省市、兄弟单位公务来访客人或下属单位前来联系工作的人员。

（二）按接待者与来访者的相互关系划分

1. 对上接待。如，上级机关的领导前来视察、检查、调查蹲点、出席会议、现场办公时，必须做好接待工作。

2. 对下接待。如，下级单位为汇报工作、反映情况、请求指示或批准、询问事项而来访，也应当做好接待工作。

3. 平行接待。平行接待指既无隶属关系，又无职能上管理与被管理关系的单位间的来访接待，如兄弟单位前来参观考察、学习交流、洽谈业务以及新闻单位前来采访的接待。

（三）按接待的性质划分

1. 工作接待，即围绕某一方面的工作而开展的接待，如上级领导的视察、有关方面的工作检查评比、合作单位的业务洽谈、各种会议和活动过程中的接待。

2. 生活接待，即以安排吃、住、行、游为主要内容的接待。

3. 事务接待，即以处理临时性的事务为主的接待。如，接转关系、开介绍信、查找人员、询问情况等。

(四)按计划与否划分

1. 有约接待,即事先商定安排好的接待。根据来访者的身份和来访内容的重要程度,有约接待又可分为重要接待和一般接待两种。重要接待是指接待重要的外宾、上级机关的领导人以及涉及本组织重大利益的接待。重要接待应当制定专题接待方案,商定接待日程,严密组织和安排,并需要领导人亲自出面。一般接待是指只涉及日常工作联系的来访接待,接待要求相对较低,秘书可根据领导活动的日程表酌情安排,有时也可以视情况自行接待处理。

2. 临时接待。秘书接待的对象中大量的是事先没有约定、临时来访的客人。临时接待的内容大部分是日常事务,但有时也会涉及一些重要事项,秘书应当予以重视,做好临时接待工作。

本章主要介绍有约接待,临时接待放在“办公室日常事务”一章中介绍。

四、秘书接待工作的意义和原则

(一)秘书接待工作的意义

秘书接待是领导接待的重要组成部分,秘书做好接待工作具有以下意义:

1. 扩大交往。接待与交往密切联系,交往以接待为前提,接待为交往提供保障。现代社会中,国家与国家、组织与组织之间的交往日益频繁并且深入到各个领域,迎来送往、接洽招待已经成为国际、国内交往的主要内容和形式。一次成功的接待,能够广交朋友、增进信任、加深友谊,进一步扩大交往与合作。

2. 沟通信息。从信息学的角度来看,交往是信息沟通的一种方式,因此,接待过程本身就是获取信息和传递信息的有效渠道。通过接待,秘书既可以获得社会各个方面大量的信息资源,建立广泛的信息网络,提炼适用对路的信息,及时向领导提供,为领导决策当好参谋,同时又能够向来访者转达领导的意见,宣传有关政策,澄清某些事实,消除彼此的误解,为推进工作营造良好的氛围。

3. 解决问题。大多数公务来访都具有鲜明的务实性,要求解决现实工作中的实际问题。如,上级的工作检查、下级的请示汇报、兄弟单位的业务联系等。通过具体的指导、接洽、协商,达成共识,明确方向,从而解决工作中的实际问题,推动各项事业的健康发展。

4. 展示形象。接待工作是一个国家、一个机关或单位对外宣传、展示形象的窗口。秘书人员热情友好的态度和礼貌优雅的接待风度,接待工作的合理安排和顺利进行,这一切都会给来访者留下美好而又难忘的印象,有助于树立接待者良好的社会形象,提高其在公众心目中的地位。出色的涉外接待,还有利于提高一个组织、一个城市乃至一个国家的国际声望。

5. 提供补偿。接待工作是领导管理活动的一个有机组成部分,但由于领导精力有限,接待工作的事务性工作就自然由秘书承担。秘书人员通过对接待工作的具体筹划、安排、组织、落实、协调,为领导者正式出面接待做好充分的准备,当好“先行官”,必要时还要根据领导委托或代表领导迎送、陪同客人。秘书在职责范围内,根据领导的意图和授权,直接处理来访者提出的问题,从而减轻领导的负担。对于临时来访者,秘书可通过先期接待,对来访者进行“排队”,合理安排领导接待的时间,有时还要酌情对来访者进行“过滤”和“挡驾”,以免对领导人的工作产生干扰。因此可以说,秘书接待是对领导精力和能力方面的一种补偿。此外,秘书通过前台接待,为来访者“指路”“导访”,既方便了客人,又减少了对各职能部门的干扰,体现出对职能部门的补偿。

6. 保障活动。现代接待工作还是各种会议、展览、节事活动(统称会展活动)组织工作的有机组成部分,任何会展活动或多或少都需要依赖接待工作的支持与保障。通过妥善、周到、细心的接待服务,给每个与会者、客商、观众提供各种方便,解除后顾之忧,使他们事事称心、处处放心,全身心地投入到会展活动中,从而提高会展活动的效率,保障会展活动顺利进行并达到预期的目标。

(二)秘书接待工作的原则

1. 热情友好,细致周到。在接待工作中,秘书人员既要有热情友好的态度,处处替客人着想,事事为他们提供方便,使他们有一种宾至如归的亲切感,又要有细致周到的工作作风。接待工作涉及方方面面,环节多、操作性强,有时一个小小的差错就可能引起客人的误会或不愉快,甚至产生不好的政治影响,造成一定的经济损失。因此,秘书人员应当充分意识到接待工作的重要性,以饱满的热情认真做好每一件细小的接待工作,通过周到的服务,保证整个接待任务的圆满完成。

2. 一视同仁,平等对待。秘书接待对象的广泛性特征决定了秘书人员必然要接待来自不同的国家、地区或组织,不同的民族、意识形态、宗教信仰、风俗习惯的来访者。在接待中,无论是举行迎送仪式、确定礼宾次序,还是安排吃住行游,都必须按照国际惯例或者约定的办法,坚持一视同仁、平等对待的原则。任何歧视或不尊重,都可能引起气氛和关系的紧张,不利于实现接待目的。

3. 俭省节约,倡导新风。接待本身是一项消费支出活动。因此,无论是对内还是对外、对上还是对下的接待,都要坚持勤俭节约的原则,反对讲排场、摆阔气、奢侈铺张、大吃大喝,树立文明接待的新风尚。

4. 加强防范,确保安全。接待工作,安全第一。没有切实的安全保障,就不会有成功的接待工作。接待安全包括人身安全、饮食安全、住地安全、交通安全等。必要时可同有关安全保卫部门联系,采取严格的防范措施,消除一切安全隐患,确保接待安全。

第二节　接待的准备

一、环境准备

良好的接待环境能够让客人产生一种亲切而又充满生气的感觉，并留下深刻的印象。接待环境分为硬环境和软环境。

（一）硬环境

硬环境是指利用客观条件构成的环境。任何接待都必须在一定的空间进行，形成接待区域。客人进入机关或公司的正门、路过的干道或走廊、视察参观的车间或工作室、举行会见会谈的接待（会客）室和办公室，乃至客人用餐如厕的餐厅和洗手间以及住地，凡客人所到之处都属于接待区域。硬环境建设应当包含所有的接待区域，重点是接待室、会议室和办公室。

接待区域的硬环境建设要做到以下几点：

1. 空间宽敞。接待区域的空间环境一定要宽敞。接待的空间宽敞，使人感到振奋和舒畅，狭小的接待空间会使客人产生压抑和拘束感。

2. 布局合理。接待区域的布局设计要方便客人出发，同时兼顾安全。比如，在公司或机关的入口处设服务台，由前台秘书或文员先行接待登记，导访分流，既方便客人，又有助于安全。又如，秘书办公室应当设在领导办公室的外侧，以便秘书对不速之客进行“挡驾”。秘书办公室同领导办公室、接待室、会议室的距离要尽量靠近，这样在领导接待客人时，秘书能及时提供服务。领导人的办公室内最好要设一接待区，放置沙发和茶几，这样，领导同个别来访者的谈话就可以在办公室内进行。

3. 整洁美观。办公室、接待室、工作室、走廊、过道以及周围的场地等接待区域应经常保持整洁美观，有重要接待任务时，还要突击整修、装饰、布置、美化，做到堆物整齐、道路通畅、窗明几净、色彩鲜明。接待区域内适当种植、摆放花卉或绿色植物，还能创造自然、和谐的气氛，使接待环境更富有生气并给人以美的享受。

4. 气候宜人。这里的气候是指接待区域内的微气候，一般要求做到通风良好、空气清洁、温度和湿度适宜。

5. 明亮安静。室内接待区域的光线应当明亮，一般应以自然光源为主，人造光源为辅。光线太暗会使人心情压抑，当然，光线也不能太亮，否则会刺激眼睛，干扰视觉。玻璃幕墙的接待室，可安装纱窗帘，适当遮挡阳光。同时，接待区域还应当保持安静，确保接待工作不受干扰。

（二）软环境

软环境是指接待过程中的人文环境。主要有两个方面：

1. 组织文化环境。组织文化包含企业文化、校园文化、社区文化和机关文化等各种形态的文化。组织文化是组织存在和发展的灵魂,同时也是接待过程中最能感动客人、能够给客人留下最深刻印象的东西。比如,科学合理的规章制度、紧张有序的工作秩序、和谐融洽的人际关系等,综合成一种无形的力量,能深深感染客人,使他们产生信任感。组织文化是内容,也是形式,做好组织文化的形式彰显工作,如悬挂体现企业精神的口号,张贴实施科学管理的规章,布置展示企业文化的橱窗等,对于实现接待的目的具有十分重要的意义。

2. 接待礼仪环境,包括接待人员的礼仪素养、接待过程的礼仪安排等。秘书接待的对象往往是多方面的,对象不同,接待的要求也不同,因此在接待前,秘书人员要根据具体的接待对象学习和掌握有关的接待知识,大型活动的接待应对接待工作人员尤其是志愿前来参加接待工作的人员进行培训,使他们熟悉接待对象的基本情况、特点,以便有针对性地做好接待工作。

二、信息准备

信息准备包含两个方面:

(一)收集和掌握来访者的情况

充分收集和掌握来访者的情况,是有针对性地做好接待工作的必要前提。

1. 收集的内容

(1)来访者的基本情况,包括国别、地区、所代表的组织机构、人数、姓名、性别、年龄、身份、职务、民族、宗教信仰、生活习俗、身体状况等。

(2)来访的目的、性质和要求。来访的目的、性质和要求是制定接待方针的基本依据之一,对此,秘书应当通过多种途径加以了解和掌握。

(3)过去来访的情况,包括来访次数,会见过哪些人,同哪些人关系密切,参观过哪些项目,达成过哪些协议等。

(4)抵离时间和交通工具。要准确掌握来访者抵达和返离的具体时间及交通工具,以便安排迎送。

2. 收集的途径与方法

(1)汇总回执、报名表和申请表。有约接待的对象或者大型活动的参加者,接待单位都会事先发出通知、邀请函或请柬,接待对象决定来访或参加活动,会寄回回执、报名表或申请表。接待人员汇总回执、报名表和申请表,可以了解接待对象的职业、身份、职务、性别、年龄、民族等基本信息,预计参加人数,分析接待对象的组成结构和分布情况等信息。这些信息对于做好接待工作具有十分重要的价值。

(2)查阅接待的档案。接待档案资料中保存了以往接待的记录,可以帮助秘书分析接待对象立场态度的变化以及其生活起居的特点。

(3)请有关部门提供情况。为了全面了解来访者的情况,不妨请有关部门协助提供一些情况。比如，举办国际性会展活动，可通过外国驻华使领馆了解与会国国旗悬挂的规则、特殊的礼仪与礼节等。

（二）准备接待材料

接待材料是用于向来访者传递信息的各种文件资料的总称，主要包括：

1. 汇报介绍性材料，如工作报告、情况简报、经验总结、统计报表、参考文件等。这类材料的准备要做到情况真实、事实准确、数据严密。

2. 专业技术性材料，如产品说明书、工艺流程图等。这类材料的准备要求做到简洁明了、通俗易懂、内外有别。

3. 礼仪宣传性材料，如欢迎词、欢送词、祝酒词、答谢词以及赠送给客人的企业概览、纪念手册等。这类材料的准备要求做到语言热情得体，符合交际礼仪。宣传性材料还要注意语言生动活泼、图文并茂、印制精美。

4. 合作成果性材料，如会议或会谈纪要、合同或协议书、联合声明或公报等。这类材料往往是在双方领导正式会谈后确认的，但会谈各方可以事先拿出草案。

三、物质准备

物质准备包括以下几方面：

（一）一般用品

1. 家具。如，会谈、会见时所用的桌子、椅子、沙发、茶几。

2. 茶水及茶具。如，热水瓶、饮水机、茶杯（一般客人可用一次性杯子，重要客人应当用正规茶具）、开水、矿泉水、茶叶等。

3. 文具用品。如，记录会见、会谈的纸、笔等。

（二）特殊用品

特殊用品是指在一些大型接待中或者接待特殊客人时所需要使用的物品，主要有：

1. 接待用车，如迎送客人用的大小轿车。

2. 接待标志，如接待现场的欢迎标语和指示牌，接待人员的统一服装和证件等。

3. 接待设备，如会见大型代表团使用的扩音机，谈判时需用的计算机、复印机、传真机、摄影机、摄像机等。

4. 接待礼品。涉外接待常常要赠送一些礼物给客人。准备礼物时应注意：

（1）低值、小额。世界上很多国家对接受礼品的数量和价值有法律规定，因此，赠送给客人的礼物必须符合这些规定。

（2）体现民族文化的内涵和地方特色，或者显示接待方的组织形象，具有纪念和象征意义。

(3)符合客人的需要,尊重客人的习俗和爱好。

四、方案准备

对于重要的接待,秘书应当事先制定接待方案,报领导审批。接待方案批准后,即成为秘书接待的依据。

(一)接待方案的一般内容

1. 接待方针,即接待工作的总原则和指导思想。接待方针应当由领导来确定,秘书人员可根据来访者的身份、来访意图、双边关系和接待目的向领导提出具体建议。

2. 接待规格。接待规格实际上是参加对象所受到的礼遇,体现接待方对来访者的重视和欢迎的程度。接待规格要依据接待的目的、任务、性质、方针并综合考虑来访者的身份、地位、影响以及宾主双方的关系等实际因素来确定,既要适当,又要慎重。接待规格主要表现在以下几个方面:

(1)迎接、宴请、看望、陪同、送别接待对象时,接待方出面的人员的身份。具体可以分为三种情况:一是高规格接待,即接待方出面人员的身份高于接待对象,用于重要对象的接待。二是对等规格接待,即接待方出面人员的身份与来访者大体相等。通常情况下,接待都采取对等规格。三是低规格接待,即接待方出面人员的身份比来访对象低。低规格接待主要用于事务性的接待或者非常特殊情况的接待,选用时应当特别慎重。

(2)接待过程中接待方安排宴请、参观、访问、演讲、游览、娱乐等活动的次数、规模和隆重程度。活动次数越多、规模越大、场面越隆重,说明规格越高;反之则越低。

(3)接待方安排的食宿标准。食宿标准越高则规格越高,反之则越低。

3. 接待日程。接待日程包括每项具体接待工作的时间、名称(如接站、陪车、宴请、拜访、演讲、观看电影和文艺演出、参观游览、返离送别等)、出面人、地点等项目。接待日程的安排要尊重客人的意愿,事先秘书要进行充分的沟通和磋商。大型活动接待日程的安排应当服从于整个活动的大局,同整个活动的日程安排通盘考虑。

4. 接待责任。接待责任是指各项接待工作的责任部门及人员的具体职责。接待责任必须分解并且落实到人,必要时建立专门的接待组织。如,大型会展活动可在组委会下面设立报到组、观光组、票务组等接待机构,分别负责客人的接站、报到、签到、观光旅游、返程票务联系等工作。

5. 接待经费。接待经费包括安排客人的食宿、交通、游览、娱乐、场地、文件、礼品等项费用,接待方案中应当对接待经费的来源和支出做出具体说明。

接待方案实例

××市首届招商投资洽谈会接待方案

一、指导思想

本次招商投资洽谈会是我市建市10年来首次举行的大型涉外投资招商活动，届时，预计有500多个国内外企业和政府组织前来参加，接待人数预计达2 000多人，接待工作任务相当重。为了确保洽谈会的成功，接待工作一定要高标准，严要求，以热情、友善、真诚、周到的服务，使国内外来宾感到满意，从而赢得来宾的信任，树立我市文明城市的形象，体现我市良好的投资环境。

二、接站

在机场、火车站设立接待站，张贴大幅欢迎标语，由专人负责接待。重要来宾抵达时，拟安排市领导迎接。

三、食宿安排

××宾馆、××饭店、××饭店等10家星级饭店负责安排来宾的食宿。

四、招待活动

×月×日开幕式当天，举行欢迎晚宴，由市长主持，市委书记致欢迎词。

×月×日和×月×日分别由市政府和市对外友好协会出面举行招待酒会。

×月×日在××大舞台为来宾举行专场文艺招待演出。

×月×日下午闭幕式后，举行欢送宴会，由常务副市长主持，市长致欢送词。

五、安全与交通

市公安局负责大会期间的场馆安全保卫工作，确保场馆附近交通畅通。

市公用事业管理局负责大会期间的接待用车。

六、翻译服务

为满足大会期间的翻译需要，由市外办负责抽调50名英、日、法3个语种的翻译人员。

七、经费

以上接待工作所需接待经费××万元。详细预算见附件。

××市首届投资招商洽谈会组委会

××××年××月×日

(二)接待方案的书面格式

1. 标题。大型活动接待方案的标题一般由活动名称 +“接待方案”组成。如:“××市招商投资洽谈会接待方案”。

某个代表团或个人单独来访的接待方案的标题一般由接待对象 +“方案”组成。如:“关于接待日本东京大学代表团的方案”“美国纺织品贸易代表团接待方案”。

2. 正文。正文一般分为开头和主体两部分。

(1)开头部分要说明来访者的基本情况以及来访的起因、背景和来访的目的、意图。比如,说明对方是我方邀请的,还是主动来访的;过去来访的情况和双方合作的历史;此次来访的主要目的是什么等。

(2)主体部分要分项写明接待方针、接待规格、接待内容、接待日程、接待责任、接待经费以及其他应当注意的问题。

3. 提交接待方案的部门名称。

4. 提交接待方案的日期。

五、人员准备

(一)人员准备的范围

接待人员具体承担接待的责任,包括接待时的出面人员和从事接待事务的工作人员两大类。接待的出面人员可以是领导人,也可以是秘书或其他业务工作人员,接待事务工作人员包括记录人员、翻译人员、礼仪人员、导游陪同人员、设备管理和技术操作人员、驾驶人员、保卫人员、勤杂人员等。

(二)人员准备的要求

1. 规格适当。出面接待人员的身份、名望要同接待规格相适应。

2. 专业对口。无论是出面接待人员还是翻译、导游陪同等接待事务工作人员,安排时都要做到与接待的业务相对应。

3. 素养较高。每一个接待人员都要具备较高的素养,包括政治素养、业务素养、礼仪素养,能胜任接待的任务。

六、食宿准备

对需要安排就餐和住宿的客人,秘书要根据已经获得的客人信息、接待经费预算标准以及客人的特殊要求,安排好就餐,预订好住房。如果举行宴会,要事先根据接待规格和人数,确定宴席的标准、地点和席数。

第三节 迎送、陪同与合影

一、迎送

(一)迎送的意义

迎来送往是国际、国内公务交往中一项重要的礼节,应当精心安排。迎送既包括来访者抵达或离开本地时,接待人员到机场、码头、车站接站和送站,也包含举行每一次具体的接待活动时,接待人员在活动举办地迎送客人。优质的接站服务会给来访者提供极大的方便,使他们产生宾至如归的亲切感,对初次到访的客人尤其如此。访问结束后,将客人送至机场、码头、车站,相互告别,使接待工作画上圆满的句号。欢迎或告别仪式隆重还是简单,有时还能向对方乃至社会传递一种特殊的信息。

(二)迎送工作的准备

1. 确定迎送规格。重要人物或外宾来访,要事先确定迎接的规格,即确定接待方出面迎接或送别的人员的身份。出面迎接的领导人可以亲自接站或送站,也可派身份稍低的人士接站或送站,自己在宾馆或办公处所的门口迎接或送别。接站和送站相比较,前者出面人的规格应当高于后者。

2. 策划迎送仪式。经常性的工作访问,接站、送站时不搞迎来送往的仪式,但遇到一些影响较大的访问或者会展活动,应当举行一定的仪式欢迎和欢送客人。迎送仪式一般是在机场或特定的地方举行(如我国政府一般都在人民大会堂东门外广场举行欢迎仪式),有时也可以采用欢迎大会、欢送大会以及宴会的形式。迎送仪式上主、宾双方要致辞、干杯互相祝愿,重要的涉外欢迎仪式还要奏双方的国歌、鸣礼炮、检阅仪仗队、组织群众欢迎队伍等。

3. 准备迎送的物品。迎送客人之前要准备好车辆、接待标志、欢迎或欢送标语、手提式扩音机、对讲机等。秘书个别接站,可以手举欢迎标志,上书“欢迎×××先生”等醒目字样,以便客人辨认。会展活动接站或报到时,现场接待标志一定要醒目,如:“××会议接待处”、“××展览会报到处”等,同时要准备好桌、椅、登记表、笔等报到用品。欢迎重要客人还要事先准备好鲜花。

4. 掌握抵离情况。迎送人员要准确掌握客人抵达和离开的具体时间和地点,并随时跟踪了解有无变化。接站时特别要留意晚点抵达的客人,避免漏接。客人离开之前要根据客人的要求为其预订好车船票或飞机票,并及时送到其手中,让其放心。

5. 通知迎送人员。一切安排妥当后,秘书要将迎送的时间、地点、每个人的角色和任务、前去迎送地点的时间和方式等,及时告知每位迎送人员。

（三）迎送的要求

1. 介绍。客人到达时，欢迎人员应迎上前去打招呼、问候并自我介绍。如果领导人亲自前去迎接重要的客人，且双方是初次见面，可由秘书或翻译人员进行介绍。通常先向来宾介绍主方人员中身份最高者，然后再介绍主宾。秘书做介绍时要注意以下几点：

（1）被介绍人的姓名、职务、职称、学衔要准确、清楚，这要求秘书人员事先准确掌握欢迎人员的基本情况。

（2）按职务和身份的高低顺序进行介绍。举行重要的欢迎仪式，欢迎人员应当按身份高低排列成迎宾线。

（3）介绍时要有礼貌地用手示意。

2. 握手。握手是国际、国内迎来送往的基本礼节，同时也是表达信息的方式。主人主动、热情的握手会使对方感到亲切和主方的诚意。握手的礼节详见本章“接待礼仪”一节。

3. 献花。欢迎重要的来宾可安排献花。献花时必须注意：

（1）选择适当的花系和花语。一般以红花色系与紫花色系为佳，选择的花语以代表“友谊、喜悦、欢迎”的花材为主。有的国家或民族对一些花系和花语有特殊的理解，在选择时要区别对象，加以尊重。

（2）花束要整齐、鲜艳。

（3）安排好献花人选。一般安排少年儿童（一男一女）或女青年献花。如主宾夫妇同时到访，由女少年向男宾献花，男少年向女宾献花。少先队员应当先敬礼，再献花。有时也可由主方领导人亲自上前向来宾献花，以表示最诚挚的欢迎。

（4）献花一般安排在宾主双方见面、介绍、握手之后。

4. 陪车。陪同客人乘车时要注意座位次序。小轿车座位的礼宾次序通常为“前下后上、主左客右”，即小轿车的后排为上座，安排坐主人和客人；后排左位安排坐主方领导人，客人坐在领导人的右侧。接待人员坐在司机旁的座位。三排座位的轿车，最后一排为上座，中间一排坐翻译或秘书。

秘书如果陪车，应先打开右侧车门，请客人从右门上车，自己从左侧上车，避免从客人座前穿过。遇到客人上车后坐到了左侧，则不必请客人挪动座位。客人如有行李，秘书应主动接过，在后车厢中放妥。陪车中，秘书应主动与客人交谈，如介绍活动的安排情况、当地的资源环境和风土人情等。到达目的地后，秘书应当先下车，为客人打开车门用手挡住门框上沿，协助客人下车，并主动提行李。

5. 挥手告别。进入机场、站台和码头为客人送行的，当飞机、列车、轮船启动后，欢送人员应挥手告别，直至对方的视线看不见欢送人员后方能离去。

二、陪同和合影

（一）陪同

1. 陪同的意义和作用。陪同的意义和作用表现在以下几方面：

（1）表达尊重和友好。陪同是一种常见的交往礼仪。在接待过程中，客人外出演讲、观摩、游览、购物、就餐以及参加各种事先安排的活动，由一定身份的主方人员出面陪同，是主人对客人礼貌尊重和热情友好的体现。

（2）便于沟通和交流。陪同客人外出活动时，宾主双方的心情比较轻松，气氛也不像会见和会谈时那样紧张，更加容易沟通和交流，正式谈判时的那种紧张气氛和矛盾也往往可以在陪同的过程中得到缓解。

（3）提供方便和保障。陪同也是一种接待服务。通过陪同工作，使客人在外出访问活动期间处处有人照应，事事有人安排，让客人感到放心、称心和舒心，使各项具体的接待任务和活动安排落到实处，确保接待工作圆满完成。

2. 确定陪同规格。陪同的规格是指出面主陪人员的身份高低。具体有以下几种安排方法：

（1）客人身份高于本单位领导身份的，一般应当由本单位领导人亲自主陪；领导人另有公务时，可由副职领导人出面代表正职陪同。

（2）客人身份与本单位领导身份相同的，本单位领导可陪同客人出席一些重要的接待活动，其他一般活动则可由副职出面陪同。

（3）下列情况可派与其身份大体相当或稍低的人员（如秘书）陪同：一是客人身份较低的；二是工作事务性来访；三是客人外出进行私人活动。

3. 落实陪同工作人员。个别客人的来访常常由秘书作为领导人的代表陪同出行，但接待团组来访，除了主陪人员外，还需要配备陪同工作人员，如翻译、导游、秘书等，必要时可成立陪同团，由主陪人担任团长。陪同人员要精干、勤快、懂外语并熟悉陪同事务和礼仪。

4. 做好陪同准备。陪同准备包括：

（1）了解客人出行的意图、方式、线路、目的地和日程时间安排。

（2）通知有关方面做好各项接待准备，必要时进行事先检查。

（3）对陪同过程中可能会出现的问题进行分析预测，制定相应的预案。

5. 掌握陪同的方式和要求。陪同的具体方式有陪车、陪行、陪餐以及陪同考察、娱乐等。陪车前面已有叙述，这里不再赘及。

（1）陪行。主人与客人并行，应走在客人的右侧，边走边做介绍和交谈。遇到别致的风景或有纪念意义的地方，要相机建议与客人合影留念。

秘书引导客人，应走在客人右侧前 2 ~ 3 步并侧身朝向客人。走路的速度应和客人协调。到拐弯处或楼梯口，秘书要说“请往这边走”、“请上（下）楼”，并伸出右手示意。遇到障碍物或上下楼梯时，要提醒客人小心。乘坐电梯时，先告诉客人到几楼，然后上前一步按住电梯的活动门框或按住开门按钮，不让电梯门卡住客人，并请客人先进去，自己最后进入。进入电梯后，立即按楼层按钮。电梯到达后，秘书同样用手按住活动门或开门按钮，请客人先出电梯，然后自己再出来。到达会客室时，秘书先打开门。门如果是向里推开的，秘书先进门，然后站在门的里侧请客人进来。遇到弹簧门秘书要用手挡住。如果门是向外拉开的，秘书应让客人先进，然后自己再进去。

(2)陪餐。陪同过程中的用餐可以随意一些。进餐厅后，秘书应先安排好主陪人和主宾的座位，请主宾坐在主陪人的右边，其他人随意就座，然后开始上菜进餐。如需点菜，一般由主陪人来点。点菜时要询问客人的喜好、禁忌和饮食习惯，也可将菜谱递给客人让其点菜。用餐时劝酒、劝菜要适当，不可勉强。大型宴请的礼仪可参见本章“宴会”一节。

(3)陪同考察。陪同客人考察、参观、游览先要选定项目。一般情况下，这些项目在客人来访前已经商定，但也有临时提出或安排的。项目选定要考虑客人的兴趣和要求、当地的接待能力和信息安全的因素。除主陪人和必要的工作人员外，陪同人员不宜过多。每到一处，当地应当派有一定身份的领导人出面接待，表示欢迎并做概况介绍。每参观游览一处，应由解说员或导游人员做具体解说和介绍。介绍情况时，数字、材料要确切。客人是外宾的，应配备翻译。向外宾介绍情况，要避开敏感的政治、宗教问题，保密的内容不能介绍。对外宾不宜用“汇报”“请示”“指示”“指导”“检查工作”等词语。

(二)合影

迎送和陪同过程中，宾主双方常常要合影留念。合影时的位置安排要注意以下几点：

1. 主人居中，主宾居主人之右，第二主宾或主宾夫人居主人之左。如人数为双数，则主人居左，主宾居右。

2. 宾主双方其他人员按身份高低相间排列。

3. 两端由主方人员把边。如果主客双方交叉排列出现客方人员把边的情况，应当将两端主客双方人员的位置对换，以确保由主方人员把边，但人数较少时，则不必如此。

4. 合影人数较多时，应准备阶梯形合影架，使后排高于前排。

5. 接见下级人员时合影，领导人坐前排，身份最高者居中，其他领导人先左后右向两边排开。

常见的合影位置排列方式如图 7－1 至图 7－3 所示。

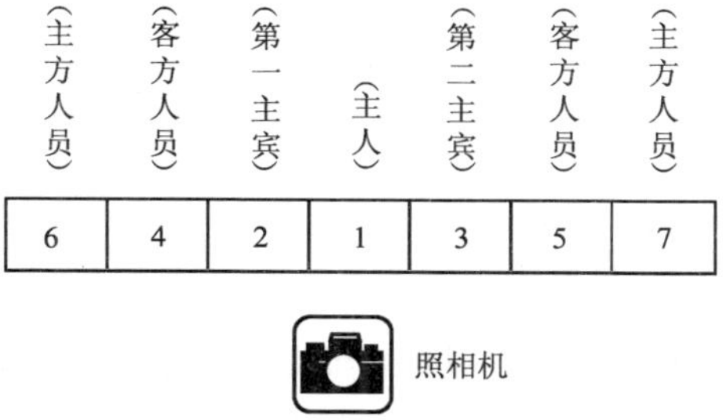

图7－1　涉外合影图1

（两端由主方陪同人员把边）

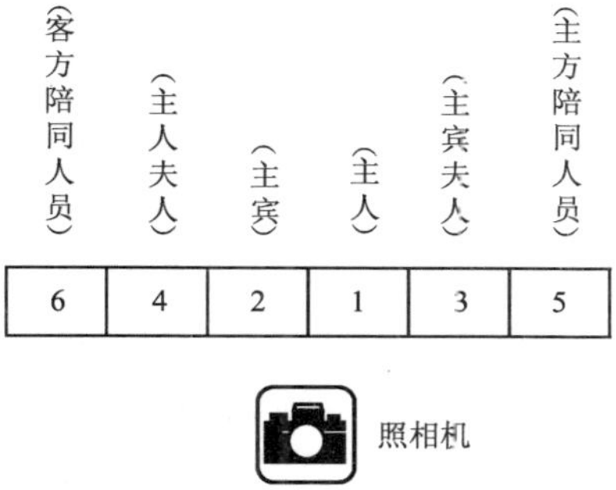

图7－2　涉外合影图2

（适用于主人及其夫人会见主宾及其夫人后的合影，宾主交叉排列）

图7－3　涉外合影图3

（适用于主人及其夫人会见主宾及其夫人后的合影，宾主夫妇分两边排列）

第四节　会　见

一、会见的含义和类型

(一)会见的含义及相关术语

1. 会见的含义。会见是指双方见面会晤,交换意见,亦称会晤。会见可以起到沟通信息、交换立场、联络情感的作用。会见与接待相互关联,互为目的和手段。有的会见(如两个公司的总裁会见)是接待工作的目的,接待则是实现会见的手段;而有的会见活动则是整个接待计划的一部分,为实现接待目的而服务。

2. 相关术语

(1)接见。接见是会见的一种。具体分为两种情况:一是指国际交往活动中身份高的人士会见身份低的人士或者主人会见客人。目前我国在涉外活动中都将这种接见称为会见,而不称为接见。二是指我国各级领导人会见下属人员。如国家领导人会见参加某一会议的代表或先进人物代表就称为接见。接见可以根据客方或身份低的一方的请求而安排,也可以由主方或身份高的一方主动安排。

(2)召见。召见是指身份高的一方或主人在自己的驻地主动约见身份低的一方或客人。召见这一术语较多地用于外事领域,如驻在国向有关国家提出具体交涉时,可由驻在国的外交部或其他涉外机构官员召见有关国家的使节或其他官员。

(3)拜会。身份低的一方或客人会见主人叫拜会或拜见。拜会常常带有礼节性。

(4)回拜。一方受到接见或拜会后回访对方,以表示相互友好和尊重之意,称之为回拜。

(5)访谈。领导人或有关主管人员单独接受记者或其他新闻媒体人员的采访,发表谈话或者回答对方提出的问题,称之为访谈。

(二)会见的类型

1. 政治性会见。政治性会见即国家或国际组织的领导人或特使之间就双边关系、国际局势等重大问题交换意见。

2. 工作性会见。工作性会见即涉及比较具体的业务或技术性问题的交换意见。工作性会见不仅在国家或国际组织之间举行,也常常出现在民间组织之间。我国的企事业单位相互之间的会见,以及企事业单位的涉外会见,大多属于这一类。

3. 礼节性会见。礼节性会见即出于礼貌而与对方举行的会见。礼节性会见话题较为广泛,一般不涉及实质性问题。

4. 慰问性会见。慰问性会见是指为了慰问、鼓励、褒奖有关人员而举行的会见。

在我国,领导人接见有功人员或出席会议下属人员属于慰问性会见。

5. 公关性会见。公关性会见即一个组织(包括政府组织和非政府组织)为加强与公众的联系、发布信息、澄清事实、树立良好的社会形象而与各种新闻媒体的人员或公众代表举行的会见。

以上分类是相对的,一次特定的会见活动往往可以同时具备若干性质。

二、会见的组织与安排

(一)明确目标和议题

会见是目的性十分明确的活动。会见对象不同,会见的具体目的也应有所不同。政治性会见和工作性会见的目标一般为互通情况、沟通立场、消除分歧、确定谈判的原则等。礼节性和慰问性会见的目标一般是结交朋友、联络感情、鼓舞士气。

会见的议题要根据会见的性质类型来确定。政治性会见和工作性会见应当有比较明确的议题,即使是礼节性和慰问性会见,也应当事先准备好哪些谈,哪些不谈,哪些先谈,哪些后谈。

(二)确定会见的规格

会见的规格实质就是会见出面人员的身份。确定会见的规格是一件十分慎重的事情,关系到双方的关系,有时会产生一定的政治影响,应当认真对待。在确定会见规格的过程中应当考虑下面几点:

1. 来访人的身份。一般来讲,会见出面人员的身份应当同来访人身份相当,或高于对方。有时客人访问主方的某一个单位,且客人的身份高于这一单位的领导人身份,这一单位应当安排身份最高的领导人出面会见。如这一单位的最高领导人不在或因故不能出面会见,应当由其他领导人代表最高领导人出面会见。

2. 双方的关系和利益。双方的关系和访问事项所涉及的利益,是决定由谁出面会见的重要依据。双方关系密切且事关重大,可以派出身份较高的领导人出面会见,即高规格会见。反之,双方关系处于低谷且对方来访缺乏诚意,也可以低规格会见对方。

3. 对方的求见要求。有时对方会主动提出会见某某领导人的要求,如无特别原因,应尽量满足对方的要求。如果不能满足对方的求见要求,应当做好解释工作。有时,对方并未求见,但为了体现一种姿态,或出于某种需要,表达对特定问题的重视或关切,也可安排较高身份的领导人主动会见对方。

(三)确定会见时的陪同人员

除个别特殊情况领导人需要单独会见客人外,一般总是要安排陪同会见的人员。确定陪同人员要考虑以下几个因素:

1. 会见的议题。要尽可能安排与会见议题有关的专家和主管部门的负责人陪同领导人会见客人,这样,会见中一旦遇到专业性问题,专家和主管人员可以及时做出解释和说明。

2. 同客人的关系。这里所说的关系是指会见的陪同人员与来访者的相互关系。会见时如果有对方熟悉的老朋友或者关系密切的人士在座,会使会见的气氛更加亲切和谐。反之,在一些敏感的会见中,应尽量避免出现与对方关系紧张的陪同人员。

案例分析

确定会见规格和陪同人员实例

美国加州W大学同我国上海S大学建立姐妹学校关系已多年,双方经常开展工作和学术交流,合作富有成效。一次,美国W大学分管教学的副校长对上海S大学进行工作访问。抵达上海的当天晚上,上海S大学国际交流处处长和教务处处长受分管教学的副校长的委托前往宾馆拜访,表示欢迎。到访第二天,主方安排分管教学的副校长与其进行工作会谈,晚上安排校长出面会见并宴请。会见和宴请时S大学分管教学的副校长、国际交流处处长和教务处处长在座。第三天,客人在S大学教务处处长的陪同下访问S大学在郊区的一个技术学院。考虑到对方的身份,技术学院的院长亲自出面拜会了客人,并设午宴招待。

分析:美国W大学副校长到访第一天,S大学便派两位处长代表副校长前往拜访,表示诚挚的欢迎,礼节甚重。第二天的会谈双方身份相同,礼节上恰到好处。当晚S大学校长亲自出面会见并宴请对方,是一种高规格接待,以示友好。陪同人员的安排也与业务相关。第三天的活动,因客人的身份比技术学院的院长高,因此,必须由院长亲自出面会见并宴请客人。如由其他副院长出面,就很不恰当。

(四)挑选翻译和记录员

涉外会见要挑选好翻译。翻译人员的确定要同客方磋商,一般由主方派出,也可以由客方派出。有时为了使翻译更加准确,双方可同时派出翻译人员。

记录员的职责是真实完整地把会见时的情况和谈话内容记录下来,以备整理或今后查考。

译员和记录员是涉外会见和会谈时不可缺少的工作人员,其作用十分重要,挑选的具体要求是:精通外语,熟悉业务,反应敏捷,忠于职守。

(五)安排会见的时间

会见时间的确定要考虑以下几点因素:

1. 主方会见人员的工作日程。一般情况下,应当优先安排会见客人,但也不能影响主方领导人的其他重要公务。

2. 客人的来访日程。会见活动常常是客人来访接待的一种方式,因此应尽可能在事先商定的客人访问日程中安排领导人会见,尽量避免出现因推迟安排领导人会见而延误客人的访问日程。

3. 会见的性质。礼节性的会见,一般安排在客人到达后的当天或第二天或宴请之前;其他会见,则根据需要确定具体时间。

4. 会见的先后顺序。如果主方由多位领导人分别会见客人,还要事先安排好会见的先后顺序。

(六)选择会见的地点

会见的地点要根据会见的性质来选择,先要考虑在什么地方举行会见最合适,然后再确定具体场所。

1. 政治性会见和工作性会见一般情况下安排在主人的办公地点举行,如主人的会客室、办公室等。比较重要的会见也可以先同客方磋商具体的地点,必要时可以选择在第三地举行。

2. 召见必须安排在主人的办公室或会客室,以体现召见的性质。

3. 如果是礼节性会见或回拜,则安排在客人的住所进行。

4. 会见下属的地点比较灵活,可根据实际情况而定,可以在室内,也可以在室外;可以在工作现场,也可以在专门的会客厅。

(七)联系与通知

会见的安排一般都是在客人来访前事先商定的,但有时也会有临时性的安排。如果主方主动要求会见对方,应先同对方联系,征得同意,并告知其会见时还有哪些主方的陪同人员。客人临时要求会见主方,主方如果同意,要及时用电话答复对方,同时将会见的地点、时间告知对方。

对于主方参加会见的所有人员(包括工作人员),秘书要及时通知落实和提醒,要求他们事先做好准备,准时参加。

(八)现场布置

1. 座位安排。会见的座位安排包含两个方面:

(1)确定座位的形状。座位的形状有弧形、圆形、椭圆形、马蹄形、直角形、T 字形和长方形等,可根据会见的性质、参加的人数、会客厅的结构和设施条件而定。

(2)确定座次的排列。涉外会见,应当按主左客右的惯例安排座位,即客人坐在主人的右边,宾主双方其他人员按身份高低从中间向两边排列座位。国内兄弟单位领导人之间的会见,也可按涉外会见的方法排列座位。各种会见的座位安排如图 7－4 至图 7－12 所示。

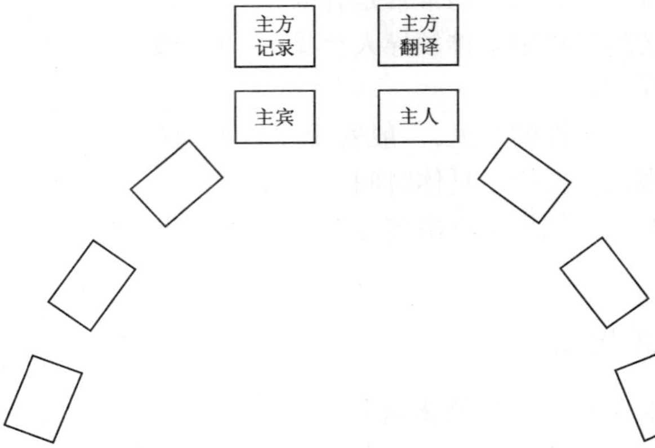

图7－4　弧形(适用于涉外会见,主方派翻译,参加人员多时座位可向两边扩展)

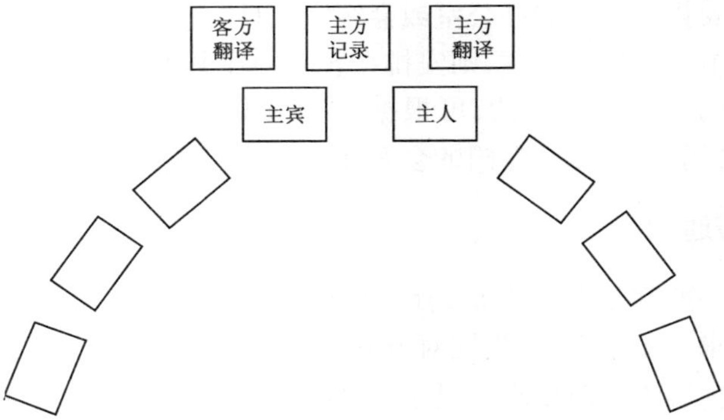

图7－5　半圆形(适用于涉外会见,宾主双方同时派翻译)

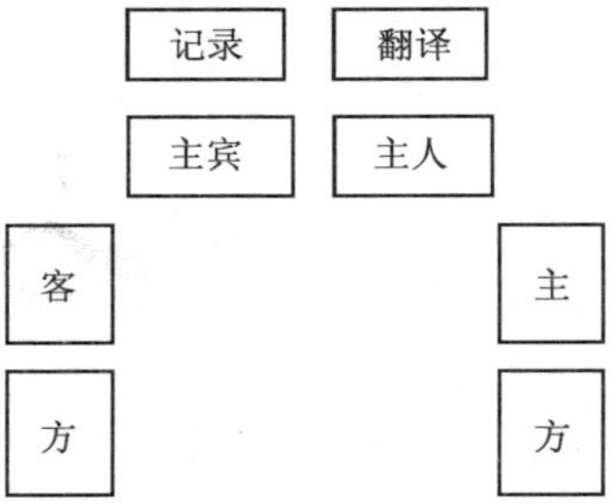

图7－6　马蹄形1(适用于人数较少的涉外会见)

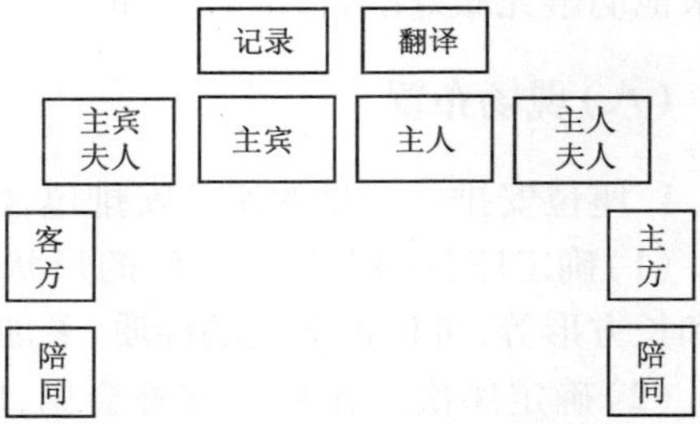

图7－7　马蹄形2(适用于主人夫人与主宾夫人参加的涉外会见,双方各坐一边,有时也可以交叉坐,即主人夫人坐在主宾的右侧,主宾夫人坐在主人的左侧)

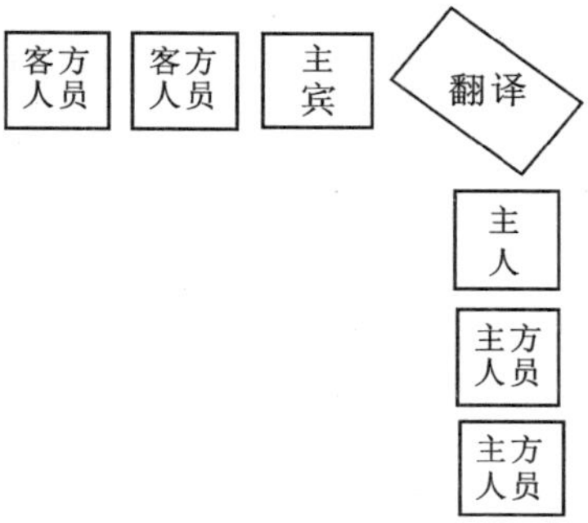

图 7－8　**直角形**(适用于人数较少的涉外会见)

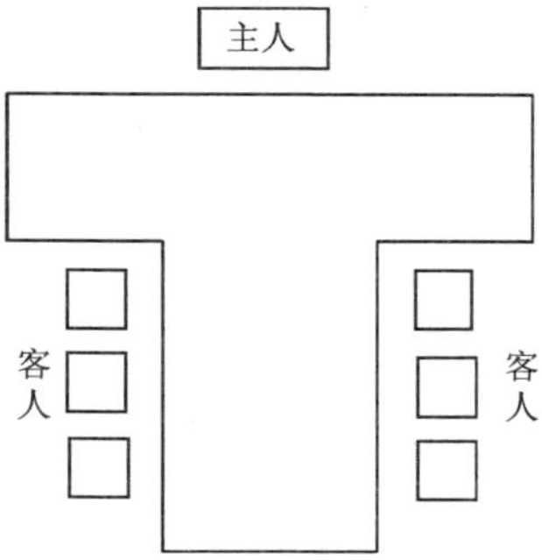

图 7－9　**T 字形**(适用于接见下属人员或公关性会见)

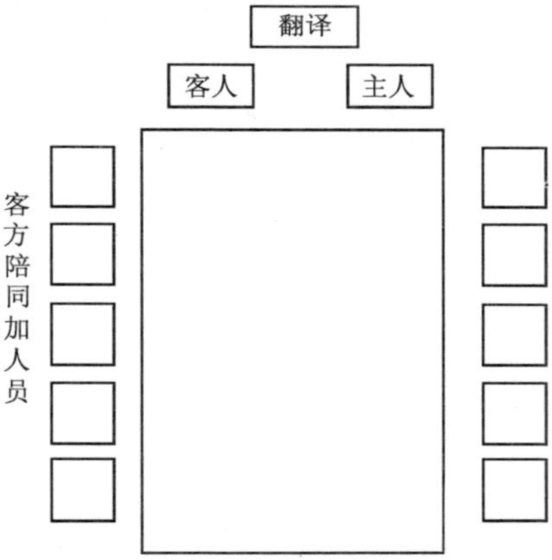

图 7－10　**长方形**(适用于人数较少的涉外会见)

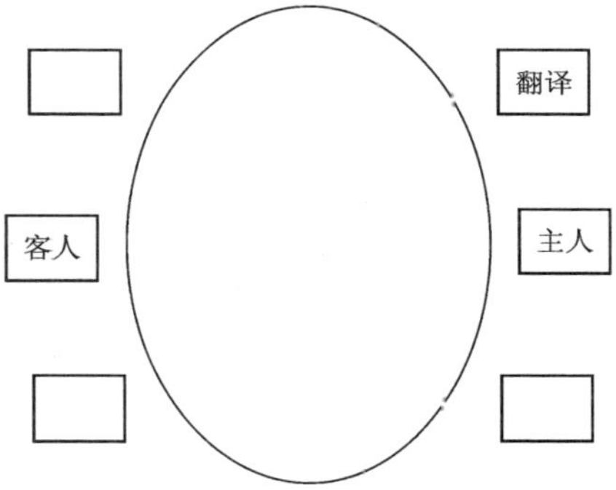

图 7－11　**椭圆形**(适用于人数较少的涉外会见)

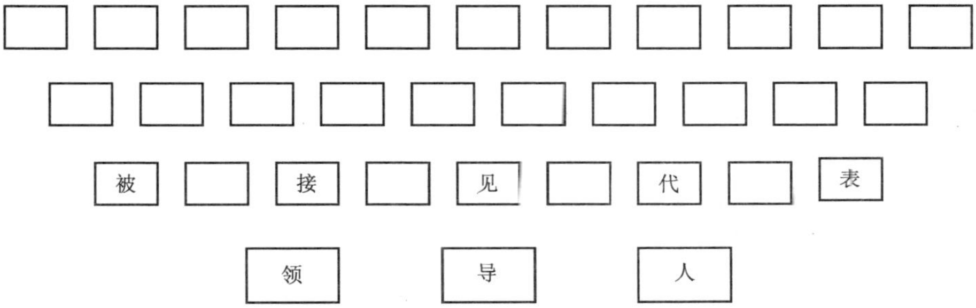

图 7－12　**上下形**(领导人和接见对象面对面,适用于接见会议代表、先进人物等。人数较多时要设有话筒。如会见后安排合影,则前排中间要留出领导人的座位)

2. 国旗。涉外会见时，如果双方身份相同，为了显示会见的庄重性，可在宾主就座的两侧放置两国的国旗。涉外召见应当悬挂主方的国旗。双方身份高低不同的会见不挂国旗或只挂主方国旗。国旗可以用落地旗架悬挂，也可以用小旗架放置在主人与主宾之间的茶几上。

3. 扩音设备。会见人数较多、会客厅较大时，应安装扩音设备，供主人和主宾讲话时使用。

4. 茶水。会见时，为客人斟上茶水是一种礼节，因此要准备好茶水和茶具。

5. 鲜花。会见现场摆放一些鲜花能美化环境，使会见的气氛更加亲切。

（九）迎候

会见客人，主人应提前到达会见场所，并在门前迎候客人。一般的客人，主人可在会客厅、会客室门口迎候，重要的客人，主人可在大门口迎候。如主人不到大门口迎候，应由工作人员在大门口迎候客人，并引入会客厅、会客室。

客人到达时，迎接人员应迎上前去自我介绍，并主动同客人握手以示欢迎。会见的客人较多时，主方人员一般应在前厅或门口列队迎接客人，并按身份高低一一握手。

（十）介绍

会见双方如果是初次见面，可由秘书或翻译人员进行介绍，方法和要求与迎接时的介绍相同。

（十一）合影

会见后可安排宾主合影，以进一步表示友好，亦可留作纪念。

（十二）送别

会见结束后，主人应视情况将客人送至接见厅、会客室门口或车前，并握手道别，目送客人离去。

（十三）整理会见文件

会见一般不产生正式文件，但会见记录必须归档。会见现场的照片及合影照片也应当一并归档。

第五节　会　谈

一、会谈的含义和类型

（一）会谈的含义及相关术语

1. 会谈的含义。会谈是指双方或多方以平等的身份为达成某项共识或具体的协议而进行的磋商。会谈的内容广泛，既可以是重大的政治、经济、外交、军事、文化问题，也可以是具体的业务性和技术性问题。

2. 相关术语

(1) 谈判。谈判是一种正式的会谈，谈判必须具备以下四个特点：

第一，旨在就某一特定问题达成协议；

第二，谈判是一个"讨价还价"和"有予有取"的漫长的、艰难的和反复的过程；

第三，达成的协议必须对各方具有约束力，并通常需以某种书面形式予以正式确认；

第四，主谈人必须是双方的全权代表，是"说话算数的"。

(2) 单独会谈。单独会谈即双方领导人单独举行会谈，除翻译和记录员外，其他人员均不参加，会谈结果高度机密。

(3) 限制性会谈。限制性会谈即由双方领导人和少数高级助手之间举行的会谈，会谈结果不公开。

（二）会谈和会见的联系与区别

1. 会谈和会见的联系。会见与会谈往往相辅相成。双方领导人之间的会见，往往为双方的正式会谈定下基调或创造条件；在会见中，双方领导人之间达成的原则性共识，往往要通过具体而又细致的会谈加以系统化、条文化。会谈也可以为领导人之间的高峰会见做先期准备。如果说，谈判、讨论、磋商、会晤、会谈等是交涉或对话的不同方式或阶段，那么谈判是最正式的方式和最后的阶段。

为了使双方的交涉有回旋的余地，主要领导人一般不直接参加实质性的谈判，而只处在第二线，在必要时才露面，通过会见定调子。真正的讨价还价都由低一级的官员和专家通过会谈进行。

2. 会谈和会见的区别

(1) 身份要求不同。会见时，双方的身份高低可以不同，但会谈时双方的身份或规格除特殊情况外通常应当对等。

(2) 目的不同。会见的目的较为广泛，沟通交流、抗议照会、慰问勉励、联络感情均可。会见的议题可以是严肃的政治关系，也可以是具体的工作问题，或者是礼仪性、慰问性的话题。总之,会见不要求达成书面协议。而会谈的目的则是通过交换意见达成共识或书面协议。有时尽管会在正式会谈之前安排非正式会谈或者非正式磋商,其目的也是为了达成协议,是正式会谈的组成部分。

(3)约束力不同。会见一般是以口头的方式达成谅解或共识,且无严格的约束力;而会谈达成的书面协议只要合法(包括国际法),就有严格的约束力,并受法律保护。

(三)会谈的类型

1. 按会谈的目的划分

(1)解决争议的会谈。这类会谈的目的是“化干戈为玉帛”或者化对抗为对话,以谈判的方式来解决政治、军事、经济贸易等方面的争端。

(2)发展关系的会谈。这类会谈的目的是谋求发展关系和促进友好合作。政府合作、民间合作都可以运用会谈的方式达成意向,签署协议。

有的会谈两种目的兼而有之,既为解决争端,又为发展关系和促进合作。

2. 按会谈内容的多少划分

(1)综合性会谈,即把涉及双边关系中的一些相互关联的问题一起拿到谈判桌上来讨论,以期达到全面解决争端或全面发展关系的目的。这种会谈有时又称“一揽子会谈”。

(2)专题性会谈。专题性会谈是为解决某一专门性问题而举行的会谈。由于专题性会谈涉及的问题比较单一,与综合性会谈相比,容易达成共识。

3. 按会谈的性质划分

(1)预备性会谈。有些会谈涉及比较重要或敏感的问题,在正式会谈之前先就会谈的议题和程序进行磋商,称为预备性会谈或非正式会谈。预备性会谈可以在较低级别的官员之间进行。

(2)正式会谈,即双方具有全权资格的代表为正式交换意见而举行对等会谈。有时双方也可以组织正式代表团进行谈判。

4. 按会谈当事人的数量划分

(1)双边会谈,即两个国家、两个组织之间的会谈。

(2)多边会谈,即两个以上的国家或组织之间举行的会谈。这种会谈实际上是以会议的形式举行的。

二、会谈的组织与安排

(一)明确会谈目的

会谈的目的决定会谈的议题,制约会谈的过程和结果。举行任何会谈,首先要解决为什么而谈的问题,也就是要明确会谈的目的。

会谈是一项互惠互利的活动,常常需要双方做出妥协和让步,因此,会谈的目标应当根据有利有弊、利大于弊的原则以及对方的实际情况确定。

(二)确定会谈议题

相对于会见来说,会谈的议题应当更加明确。会谈的议题需要双方事先通过磋商来确定,议题如未达成一致,谈判就无法启动。

(三)收集和分析信息

从某种意义上说,会谈是一种信息的交流和竞争的过程。谁掌握的信息准确和充分,谁就能掌握主动权。会谈前应当收集下列几方面的信息:

1. 对方的信息。谈判人员应在会谈之前,通过各种渠道了解并分析对方(国家、国际组织、公司等)的性质、权限、状况(如公司的营运和资信状况)、对方谈判的意图和背景、对方参加会谈的人员组成情况、对方的谈判底线和可能提出的条件、对方的谈判策略等,从而为制定己方的目标和策略提供可靠的依据。

2. 相关的信息,即围绕会谈目标和议题的有关信息。如商务谈判,就必须收集有关货物的名称、规格、保险、检验、价格、付款方式以及市场、技术、金融等方面的信息。

(四)统一口径

在会谈中,内部口径的统一非常重要。内部口径不统一,你说你的,我说我的,既容易造成不好的政治影响,也可能被对方钻空子,导致被动。因此,会谈的目标一旦确定,就应当作为统一的口径。

(五)确定参加人员

由于参加会谈的各方常常以代表团的组织形式出现,因此会谈的人员配备十分重要,直接关系到谈判的成功与否。

1. 主谈人的确定。主谈人往往是谈判代表团负责人,在谈判中起关键作用。主谈人的确定要考虑以下几方面的问题:

(1)主谈人的全权代表资格。会谈都是法定组织之间正式交换意见,因此,除了法人代表或以法律形式明确授权的代表外,必须以书面形式明确授予主谈人全权代表的资格,这一点极其重要。

(2)主谈人的级别。主谈人的级别体现会谈的规格,应依据会谈议题的重要程度以及双方对会谈的期望来确定。会谈双方主谈人的身份要大致相等。

(3)主谈人的素质。主谈人应熟悉情况、擅长业务、老练稳重、机智敏捷,善于言词和交际。

2. 其他谈判人员的构成。谈判人员的群体知识、能力、性格等方面的结构以及内部的分工应当合理，如商务谈判一般应当配备律师、会计师和工程师。参加会谈人数的多少可根据会谈的需要而定。

3. 记录员和译员的挑选。任何一次会谈都应当配备一定数量的记录员。涉外会谈根据情况还可以配备译员。无论是记录员还是译员，都必须精通外语、熟悉业务、反应敏捷、忠于职守。

（六）确定会谈的时间

会谈的时间安排应先征求对方的意见。有时双方可先就会谈的时间和议程安排进行磋商，取得一致。任何一方如要变动时间，必须征得另一方的同意。

（七）确定会谈的地点

国际性会谈的地点有时是个比较敏感的问题，很有讲究，需要各方认真磋商。一般会谈的具体地点，可安排在客人所住的宾馆会议室，以方便客人。也可以将会谈地点的安排与拜会和回拜综合起来考虑。

案例

企业会谈地点安排实例

上海C公司与日本G株式会社在上海举行资本合作项目的谈判。谈判共安排两次，第一次是在日方代表团抵达上海后的当天下午在上海C公司的会议室举行，这是日方建议的，因为这个项目是日方主动提出并积极倡议的，这样的地点安排带有日方礼节性拜会中方的含义，同时也便于日方实地考察上海C公司。第二次会谈安排在第二天下午，在日方代表团下榻的宾馆会客室举行，含有主方回拜客方并为客方送行的意思。

（八）通知对方

会谈的名单、地点、时间应当通过事先磋商确定，一旦确定不宜随便更改。一方如确实需要更改，应及时以电话或书面方式与对方协商。

（九）会谈现场安排

1. 座位安排。双边会谈一般将谈判桌排成长方形或椭圆形，双方各坐一边，主方位于背门一侧，或进门后的左侧。涉外会谈的双方主谈人位于中央，其他人员按右高左低惯例排列；译员可安排在主谈人右边的位置，以方便双方的交流；记录员则安排在两端或后排。桌上应放置中外文席卡。如图 7－13 至图 7－15 所示。

多边会谈的座位可摆成圆形、方型、T 字形、多边形等，不同的座位形状往往蕴含不同的意义。

2. 国旗。举行涉外会谈时，为了显示会谈的庄重性，可在会谈桌上交叉或并排放置两国的国旗，也可以用落地旗架悬挂于两侧。

3. 扩音设备。如参加会谈的人数较多，或是公开举行会谈，允许记者采访或旁听，宜安装扩音设备。

4. 茶水。由于会谈往往需要较长的时间，因此应当准备足够的茶水，夏天还可加饮料，中途一般不斟茶。时间较长的会谈，可适当斟茶。斟茶须在发言间歇时进行，并从主宾开始。

（十）迎送和合影

会谈中的迎接和送别以及合影的具体要求与会见时的迎接和送别相同。

（十一）新闻发布

会谈开始之前，可安排几分钟的记者采访和摄影。如举行不公开的会谈，在会谈开始后，除特别安排的电视采访外，其他采访人员一律退场。会谈结束后，可根据情况双方同时会见记者或分别举行记者招待会，也可通过其他方式发布会谈消息。以何种方式接受采访或发布消息，应当在会谈的准备阶段订出方案，报领导审批，并与会谈的对方进行协商。

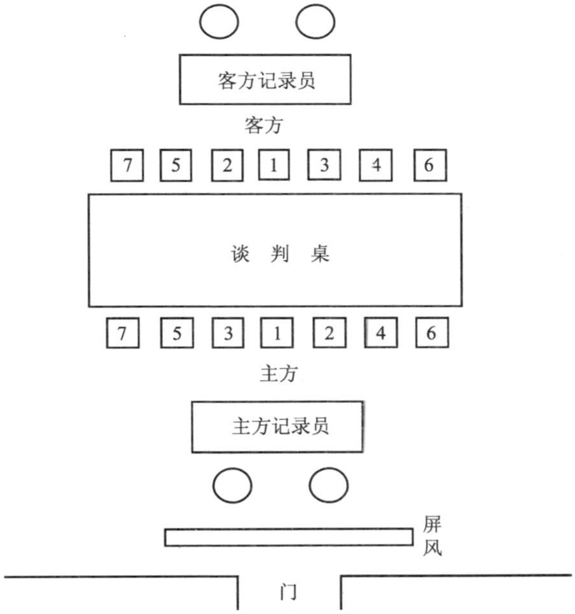

图 7－13　会谈座位图 1

（主方背门，1 为双方主谈人，2 为双方翻译，3 ~ 7 为双方参加会谈的人员）

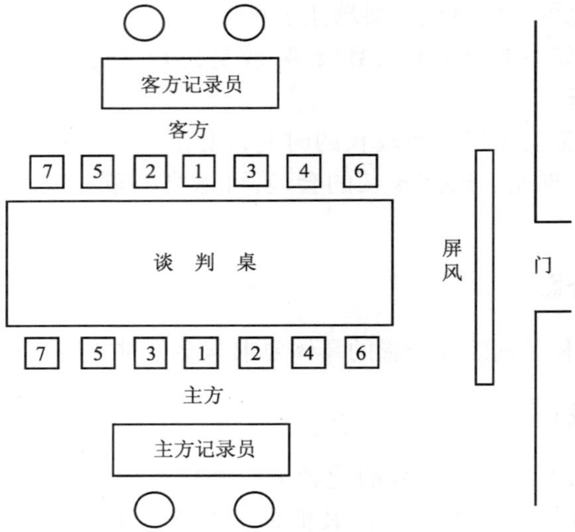

图 7－14　会谈座位图 2

（进门右边为客方，1 为双方主谈人，2 为双方翻译，3～7 为双方参加会谈的人员）

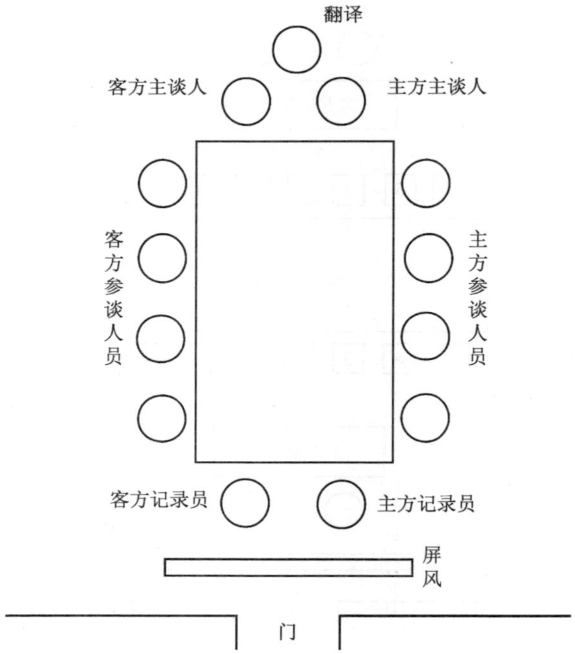

图 7－15　会谈座位图 3

（以主人和主宾的座位朝向为准，主左客右）

（十二）整理会谈文件

会谈如果成功，往往产生合同、协议书、议定书、条约、意向书、备忘录、会谈纪要、声明、宣言、公报等文件。这些文件由秘书人员在会谈记录的基础上整理、起草，然后提交各方讨论、磋商。如达成一致，双方还要签字，使这些文件生效。签字后的文件以及原始记录，应当一起整理后归档。

第六节　宴　会

一、宴会的作用和种类

（一）宴会的作用

1. 礼仪作用。在国内外双边或多边活动中，东道主举行欢迎宴会，为客人接风、洗尘，或在客人离别前举行欢送宴会，为其饯行；而客人则以答谢宴会感谢主人的盛情款待。在宴会上，主客双方相互致辞、祝酒，共叙友谊。可见，宴请也是迎来送往常见的接待礼仪。

2. 沟通作用。宾主双方利用宴会的场合，沟通信息、交换意见、商谈工作、发表演讲，是当前宴会活动的一个重要特点。宴会的气氛比较轻松，具有非正式性。利用宴会来沟通信息，可以对会见、会谈和会议的正式沟通起到一定的补偿作用。

3. 融洽感情作用。成功的宴会活动可以起到融合彼此感情、建立相互信任、缓和矛盾、化解危机的作用，从而为达成共识、取得共赢创造条件。

（二）宴会的种类

1. 按宴会的规格分

（1）国宴。国宴（state banquet）是以国家元首或政府首脑名义，为国家的庆典，或为欢迎外国元首、政府首脑来访而举行的宴会。举行国宴时，宴会厅内悬挂有关各国国旗，安排乐队演奏有关国家的国歌和席间乐，排桌次和席位，宾主按身份依次就座，对餐具、酒水、菜肴、陈设以及服务员的装束和仪表有严格要求，席间宾主致辞和祝酒。

（2）正式宴会。正式宴会（banquet，dinner）的规格仅低于国宴，除不挂国旗、不奏国歌外，其余安排大体与国宴相同。一般用于国际性会议和涉外交往的宴请，时间多安排在晚上。

（3）便宴。便宴是一种非正式宴会。常见的如午宴（luncheon）、晚宴（supper），也有早餐（breakfast）。便宴形式简便，除安排主人与主宾坐在一起外，其他人也可以不排座次。菜肴可酌情增减，气氛比较随和亲切。便宴可用于招待国际性和国内各种会议或者活动的来宾。

(4)工作餐会。工作餐会又分为工作早餐会(working - breakfast)、工作午餐会(working - lunch)、工作晚餐会(working - dinner),即利用进餐时间边吃边交换意见、讨论工作、发表演说。在一些紧张的访问或谈判活动中,往往因时间安排不开而采用这种形式。有的还采取"AA"制,由参加者各自埋单。

2. 按宴会的就餐形式分

(1)围餐式宴会,即主人和客人按事先排列的座位以宴会桌为中心围坐就餐,由服务员按菜谱上菜。中式、西式宴会都可以采用这种形式。宴会桌可以有多种形状,如圆桌、方桌、长方桌等。

(2)自助式宴会,即冷餐会(buffet,buffet - dinner),通常在出席人数较多时举行。自助式宴会既可以在室内举行,也可以在室外举行;一般不排座位,客人站立而食,活动自由,取食随意,便于与会者之间的交流。食物以冷餐为主,食物与酒水连同餐具陈设在桌上让客人自取,也可由招待员端送。

(3)半自助式宴会。半自助式宴会介于围餐式和自助式之间,一般设座位,由服务员按菜单上部分菜肴,而大部分食物则放在边上的餐桌上,让客人自由取食。

(4)分餐式宴会,即由服务员事先将食物、菜肴按人头分装在每个人的盘中,上菜时直接端给就餐者。西式宴会一般采用分餐式。

3. 按宴会的食物分

(1)普通宴会,即以冷菜、热炒、甜食、汤为主要食物的宴会,可以是围餐式,也可以是自助式。

(2)酒会,又称鸡尾酒会(cocktail),形式较活泼,以酒水为主,略备小吃,不设座椅,客人可随意走动,便于广泛接触、交谈。酒会的时间较灵活,可长可短。一般在请柬上注明整个活动延续的时间,客人可在其间任何时候到达或退席。近年来,国际上举办大型活动采用酒会的形式逐渐普遍。国内的各种交往活动以及各种开幕、开张、签字仪式和其他庆典活动,也较多地采用酒会。

(3)茶会。茶会(tea party),顾名思义是请客人品茶,是一种简便的招待形式。茶会对茶叶和茶具的选择很讲究,有时也可用咖啡代替。在我国,茶会往往配饮料和水果,叫作茶话会。茶话会气氛较轻松活跃,既是一种宴请形式,也是一种会议形式。目前一些学术性、论坛性会议在会议休息时常常利用茶会的形式招待与会者,称之为"咖啡时间",既简朴又典雅,很受欢迎。

二、宴会的准备

(一)明确宴会的目的

举行宴会必须"师出有名",或迎送客人,或庆祝节日,或祝贺开工、竣工、开张、谈判成功等喜事、盛事。"师出有名",客人才会乘兴而来,高兴而归。

（二）确定宴会的名义和宴请对象

1. 宴会的名义。宴会的名义即由谁出面邀请，一般有两种情况：一是以领导人的名义。以领导人名义举行宴会更具有亲切感。无论是涉外宴会还是国内或者组织内部宴会，都可以领导人的名义举行并发出邀请。二是以组织的名义。如在举行重大会展活动时，可由会展活动的组织机构出面举行宴会，欢迎海内外客人。

2. 宴请对象。宴请对象是指来访或参加活动的客人。宴会的名义与宴请对象要相适应。也就是说，宴会出面人与宴请对象的身份要大体相当。宴会出面人身份低，会使客人感到受到了冷落；宴会出面人身份过高有时也无必要。如果客人携配偶一起来访，出于礼节，可邀请客人夫妇共同出席宴会。如主人已婚，可以主人夫妇的名义出面邀请客人夫妇。

（三）确定邀请范围

邀请范围是指宴请对象以外参加的人员，主宾的随行工作人员、主方的陪同人员，与宴请目的有关系的国家、公司、团体的代表都可以列入邀请范围。确定邀请范围要注意以下几点：

1. 确有必要。邀请范围应当根据宴会的目的以及规模确定，可参加可不参加的就不安排参加。除必要的陪同人员外，主方人员应尽量减少。

2. 注意平衡。邀请范围一般都应当是同宾主双方关系比较密切的人士，这就要考虑关系的平衡。有时邀请这位，没有邀请那位，会引起猜测和不必要的误会。多边活动的宴请，对政治上相互敌对的国家人员是否同时邀请，要仔细斟酌、权衡利弊。因此，对列入邀请范围的名单要慎重考虑，认真审核，注意平衡。

（四）确定宴会规格和形式

1. 确定宴会的规格。宴会的规格高低主要体现在两方面：一是出席宴会的宾主双方的身份高低，身份越高，规格越高；二是宴会的等第，包括饭店的星级、服务的水平、酒水菜肴的质量档次等。涉外宴会尤其讲究规格。确定规格要考虑宴会的目的、宴请对象的身份、宾主的关系等因素。如与客人身份相当的主人不在当地，应由第二主人代表主人出面宴请。

2. 确定宴会的形式。宴会的形式应根据宴会的规格、规模、经费以及时间安排来确定。如，举行一般的会议可设便宴欢迎与会者；会议规模较大，客人较多时，可举行冷餐会或酒会；如果时间较紧，可举行茶会或工作性会餐；举行签字仪式，双方往往仅以香槟酒举杯相庆。

（五）确定宴会时间

确定宴会时间要考虑以下两点：

1. 时间安排要适当。如，欢迎宴会一般应当安排在客人到达的当天，最晚不超过第二天。

2. 照顾客人的习俗。如，宴请基督教徒不要选十三日，更不要选既是十三日又是星期五的日子；伊斯兰教徒在斋月内白天禁食，宴请宜在日落之后举行。

（六）确定宴会地点

确定宴会的地点要注意以下几点：

1. 规格适当，即设宴的宾馆或饭店是否具有同宴会的规格相适应的星级水平和服务水准。

2. 交通方便。宴会地点要使客人能方便抵达。

3. 考虑形式。宴会形式不同，场地安排也可做一些灵活变通。如，正式宴会一定要在专门的宴会厅中举行，以体现庄重；冷餐会、酒会等也可放在露天举行。

4. 各方满意。宴请对象可能来自不同国家，具有不同宗教信仰和文化背景，在选择宴会地点时要注意这些问题，要事先了解情况，注意协调，使各方满意。

（七）确定主持人和致辞人

1. 宴会主持人。宴会主持人由主办方安排有一定身份的人士担任。

2. 致辞人。致辞人的安排有以下几种方法：

（1）大型活动举行的宴会，由主办方的领导人致辞，对客人表示欢迎或欢送，或者对会展活动或客人访问活动的成功举行表示祝贺，或者对有关方面的支持表示感谢，等等。

（2）双边活动中举行宴会，主人和主宾都要致辞，如欢迎宴会由主人致欢迎词，客人致答谢词。双方致辞人的身份要一致。讲话稿要事先交换，一般由主方先主动提供给客方。

（3）为庆祝喜事、盛事举行的宴会，除主办方致辞外，可安排若干方面的代表致辞。这些代表可以是合作单位的，也可以是具有突出贡献的人士。

（4）如邀请上级领导赴宴，可请其致辞，但必须事先提出请求，让其做好准备，不要搞“突然袭击”。

致辞如需翻译，应事先确定译员人选。宾主双方致辞都需要翻译的，译员人选要事先商定。

（八）发出邀请

访问活动或会展活动接待中举行的宴会，一般都在接待日程或会议日程中注明宴会的具体安排，只需提前以口头方式提醒邀请对象即可。单独举行的宴会一般应在二、三周前发出请柬，至少也应提前一周，太晚了不礼貌。已经口头约好的，最好也要补送请柬备忘，可在请柬一角注明“备忘（to remind）”字样。请柬的内容包括宴请的目的、形式、时间、地点、主人的姓名或主办单位名称。需要安排座位的宴会，为了便于事先确切掌握出席情况以便安排，可要求被邀请者收到请柬后给予答复，可在请柬左下角注明“请答复(R. S. V. P.)”。如果仅要求对方在不出席时给予答复，可写明“不能出席者请答复(Regrets only)”，并注明联系电话。也可在请柬发出后打电话询问对方是否出席。较为隆重、正式的宴会，应先排好座位，并在请柬左下角注明桌次号(Table No. ××)，然后再根据反馈的情况进行调整。大型宴会还要注明与会者的座区和桌次。

(九)拟定菜单

宴请的酒菜应根据接待的规格、预算的经费和宴请的形式来安排。

1. 订菜。宴会订菜应该注意以下几点：

(1)客人的忌好。订菜前要了解客人(主要客人)的喜好与禁忌。宴会上献上一盆客人喜欢吃的菜肴，会使客人感到亲切、温暖。对客人的饮食禁忌要慎重对待，不可马虎。如，伊斯兰教徒忌食猪肉制品，印度教徒忌食牛肉制品，佛教徒忌食荤，一些西方人忌食青蛙、鸽子、蛇、猫、狗等动物。举行大型宴会要注意不选多数人不喜欢的菜肴。无论宴请哪一种客人，都应事先开出菜单，经领导人批准后再具体安排。

(2)有地方特色。宴请活动在某种意义上也是对饮食文化的一种宣传。以地方菜系为主，是宣传饮食文化的最好方法。在尊重客人忌好、照顾客人饮食习惯的前提下，尽可能安排具有地方特色的菜系，能使宴会活动办得更加成功。

(3)道数与分量。确定道数与分量要注意三点：一是坚持适中原则，过多造成浪费，造成不良印象，过少则不够礼貌；二是看每桌宴席的人数，人数多，道数与分量应相应增加；三是平衡道数与分量，道数少则每道菜的分量要丰满一些，反之，菜肴道数多时，每道菜肴的分量可适当少些。

(4)品种多样。这包括烹调方法要多样，使菜肴品种丰富多彩；原料选用要广泛，注意营养的平衡和色彩的变化；味道要多种，不能单一化；造型要美观，使每道菜肴都能做到色、香、味、形俱佳。

2. 订酒。涉外宴会用酒大致有三类：一类是餐前开胃酒，常用的有雪利、葡萄酒、马丁尼、金酒加汽水和冰块、威士忌加冰块等，一般只在进餐前喝一小杯；一类是席间佐餐用酒，如红、白葡萄酒，也可用其他软饮料代替；再一类是餐后用酒，可上烈性酒，供客人选用。一般的冷餐会和酒会，不分餐前、餐间和餐后，可供应各种酒类和饮料供客人选用。

(十)布置现场

1. 宴会现场气氛。宴会厅的布置取决于宴请的性质和形式。正式宴请活动的现场布置应力求庄重、大方。涉外官方宴请应悬挂东道国和有关国家的国旗、演奏国歌等。冷餐会、茶会、酒会等的气氛则可以轻松活泼一些。

2. 音响。大型宴会应备有扩音设备，以便宾主双方讲话、致辞。

3. 宴会桌型。中餐宴会的桌型主要为圆桌；西餐宴会的桌型主要为长方桌、方桌，也可将宴会桌摆放成马蹄形、回字形或T字形等。筵席较多时，宴会桌之间应空出一定的距离，以便于相互敬酒。

4. 餐具、酒具。餐具、酒具要美观大方、考究别致、配套齐全，这样能衬托宴会气氛。宴会前应根据宴会人数和酒菜的道数，准备好足够的餐具和酒具，并且洗净、消毒、擦亮，摆放要规范。涉外中餐宴会除筷子外，还应摆上刀叉，以方便外宾用餐。

5. 桌次。桌次即桌位的高低次序，表明各桌就座人员的身份。两桌和两桌以上的宴会，一般应当排桌次。排桌次首先要确定主桌。主桌应当安排主人和主宾就座。其他每个次桌都应当安排主方人员陪同。安排桌次要掌握以下几点：

(1) 中心为上，即以面朝宴会厅正门的方向或以主人的朝向为准，数桌（单数）横向并排时，或者数桌围成众星拱月型时，以中间的一桌为主桌。

(2) 近主为上，即当次桌数量较多时，越靠近主桌，桌次越高。

(3) 以右为上，即以面朝宴会厅正门的方向或以主人的朝向为准，次桌（双数）与主桌并排或者与主桌距离相同时，主桌右侧的桌次高，左侧的桌次低，即所谓"右高左低"。

以上三项应综合考虑。如果只设两桌，以面朝宴会厅的正门为准，主桌在右，次桌在左，或者将主桌设在里侧。如果三桌横向并排，则中间的一桌为主桌，其余两桌朝门为准，右高左低。次桌较多时，主桌应设在进门后的最里侧，面向正门和次桌，或者围在次桌中间。次桌的次序高低以离主桌的远近而定，距离相同时，按右高左低的原则排序。

次桌的主要陪同人员和主要客人的座位应当面向主桌就座，也可以与主桌的主宾位置同向或侧向。涉外宴会的桌次安排如图7-16至图7-22所示。

6. 席位，即同一桌中的座次高低。一般情况下，主人面朝正门和所有来宾居中而坐。其他席位的高低以离主人的座位远近而定。距离相等时，涉外宴请右高左低。客人席位的高低按照国际礼宾次序确定。在排席位之前，要先落实主、客以及有关方面出席的名单，然后分别按礼宾次序排列。此外，还需要根据下面两种情况做一些具体考虑和安排：

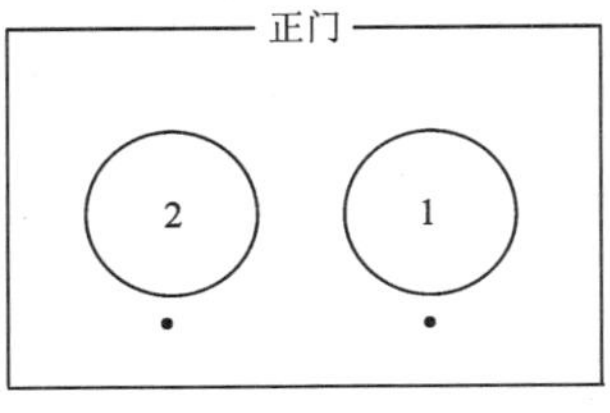

图7-16　涉外宴会桌次安排1

（以朝正门为准，主桌在右。●为各桌第一主人的位置，下同）

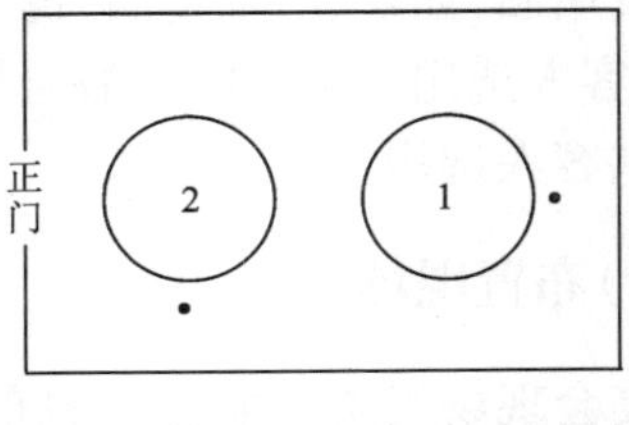

图7-17　涉外宴会桌次安排2

（里侧为主桌）

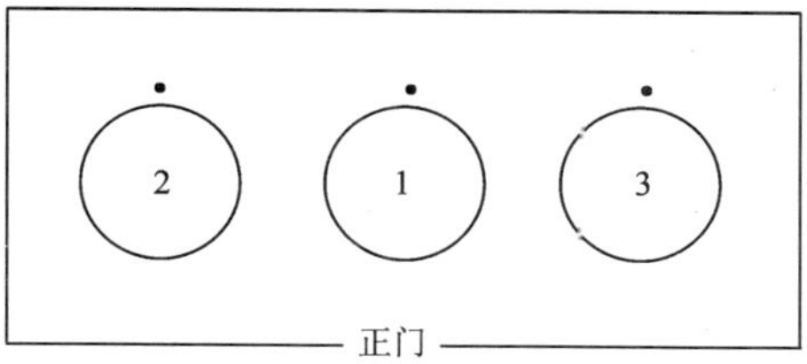

图7－18　涉外宴会桌次安排3

（主桌居中，右侧桌次高，左侧桌次低）

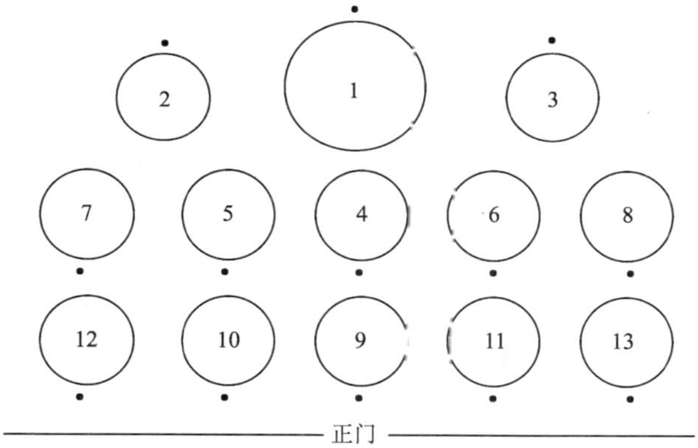

图7－19　涉外宴会桌次安排4

（次桌的桌次高低按与主桌的距离而定，距离相同时，以右高左低排序）

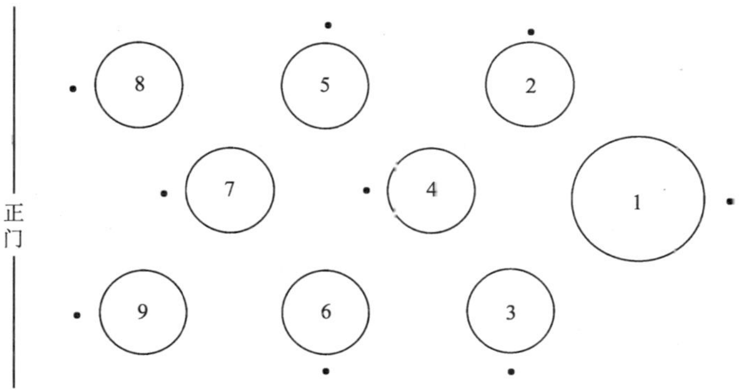

图7－20　涉外宴会桌次安排5

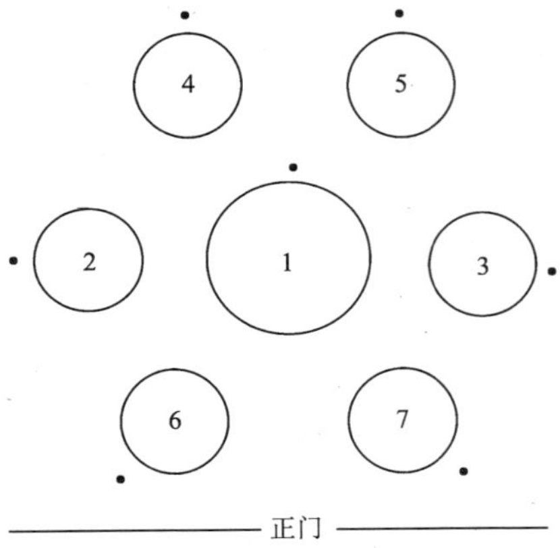

图 7－21　涉外宴会桌次安排 6

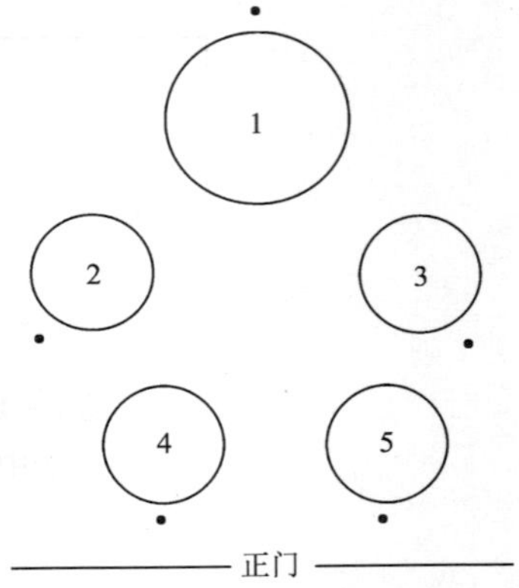

图 7－22　涉外宴会桌次安排 7

（1）举行多边宴请活动，需要注意客人之间的政治关系，政见分歧大、两国关系紧张的客人，尽量不要安排坐在一起；身份大体相同、使用同一语言或属同一专业者，可以排在一起。主方陪同人员尽可能插在客人之间就座，以便于同客人接触交谈，避免自己人坐在一起。

（2）举行双边宴请活动，主人面朝正门居中而坐（见图 7－23、图 7－24），也可以是主人和主宾共同居中，主人居左，主宾居右（见图 7－25）；主宾的身份如高于主人，为表示对他的尊重，可以请主宾坐在主人的位置上，而主人则坐在主宾的位置上，第二主人坐在主宾的左侧（见图 7－26）或坐在主人的对面；主方出席人员中如有身份高于主人者，可安排其坐在主位，主人则坐在其左侧，主宾坐在其右侧（见图 7－27）；如主人夫人和主宾的夫人均出席，通常把女方排在一起，即主宾坐在主人的右方，主宾夫人坐在主人夫人的右方（见图 7－28）。主宾偕夫人出席，而主人夫人因故不能出席，通常可请其他身份相当的女士做第二主人陪伴主宾夫人；如无适当身份的女士出席，也可把主宾夫妇安排在主人的左右两侧（见图 7－29）。举行中餐宴会，上菜、撤菜处应尽可能安排主方陪同人员就座，以示礼貌。

图 7－23　宴会席位安排 1
（主人居中，主宾和第二主宾则分坐两侧。1～9 为主客双方交叉就座）

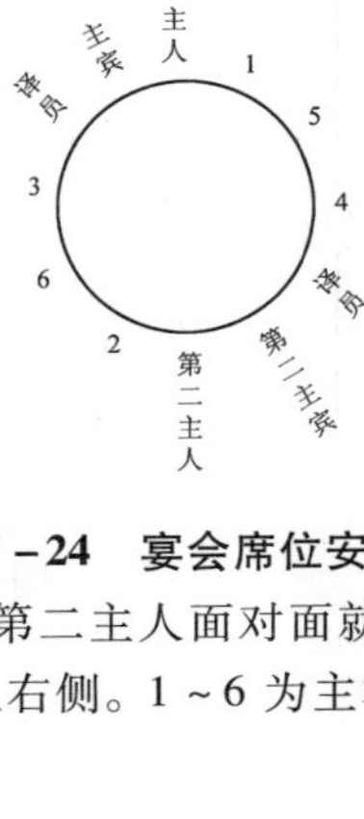

图 7－24　宴会席位安排 2
（主人和第二主人面对面就座，译员坐在客人右侧。1～6 为主客双方交叉就座）

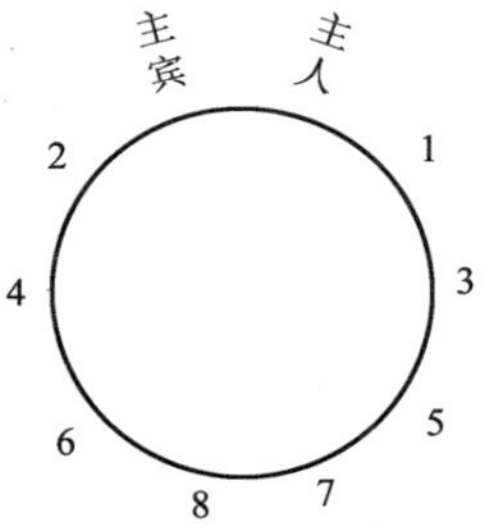

图 7－25　宴会席位安排 3

（宾主共同居中，主人居左，主宾居右，
1～6 为客人按身份高低排列，
7，8 为主方陪同人员）

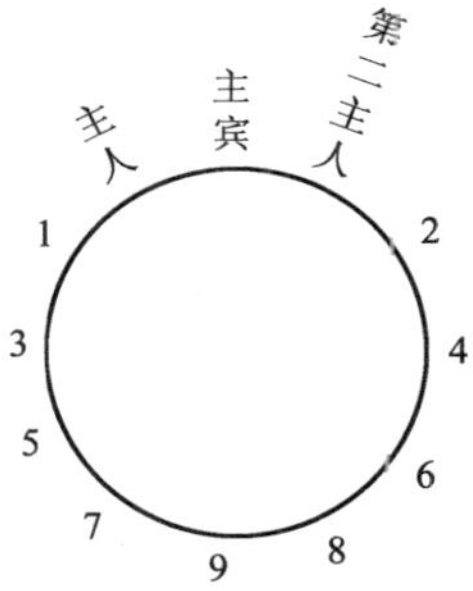

图 7－26　宴会席位安排 4

（主宾的身份高于主人，居中，
主人和第二主人则分坐两侧。
1～9 为客人的身份高低次序）

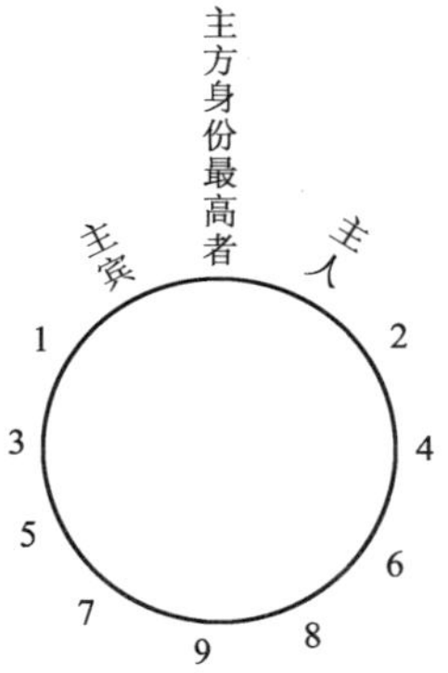

图 7－27　宴会席位安排 5

（主方身份最高者居中，
主人和主宾分坐两侧。
1～9 为客人的身份高低次序）

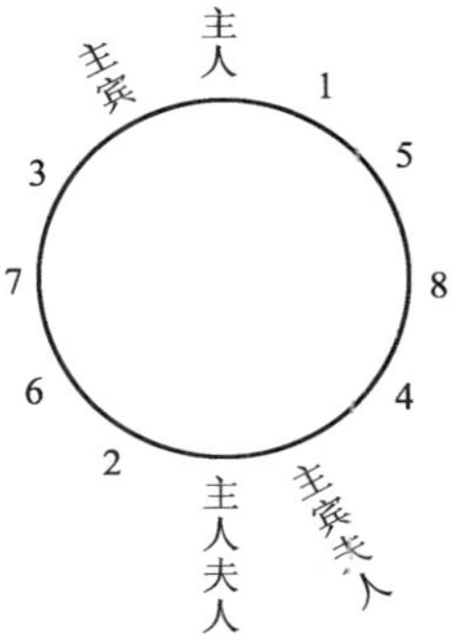

图 7－28　宴会席位安排 6

（此法将男方与女方分开安排座位，
有两个谈话中心，1～6 为其他客人
的席位，3，4 也可安排翻译）

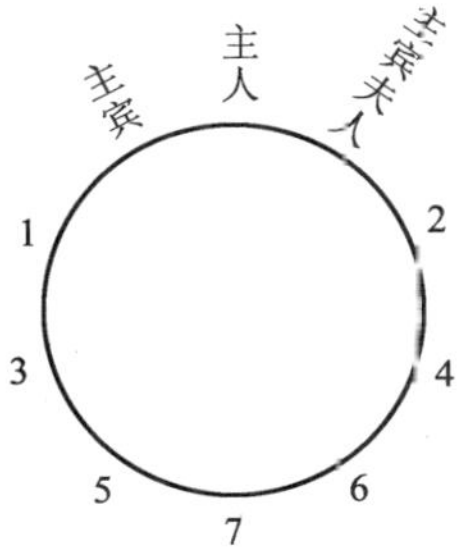

图 7－29　宴会席位安排 7

（此法将主宾夫妇排在主人两侧。1～7 为主方陪同人员与其他客人相间排列）

桌形如为长方形，主人和主宾面对面居中而坐，其他人员宾主交叉排列就座，但要注意两端4个角落最好由主方人员把边(见图7－30、图7－31);或者将主人和主人夫人(或第二主人)安排坐在长方桌的两端,主宾和主宾夫人(或第二客人)分别坐在主人和主人夫人的右侧,这样既避免了客人坐在角落,又提供了两个谈话中心(见图7－32)。

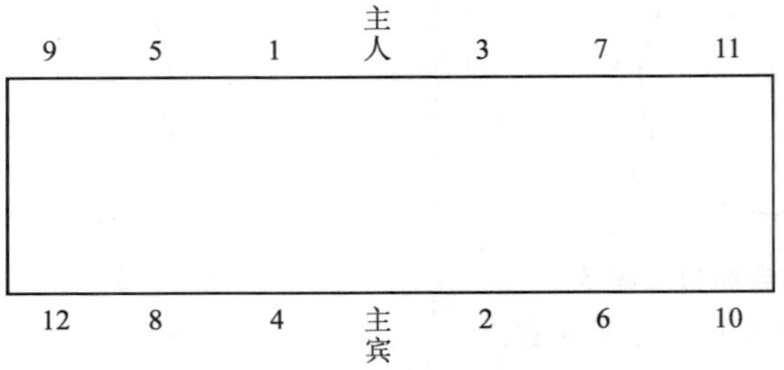

图7－30　宴会席位排列8

(此法的四个角落应当由主方陪同人员把边)

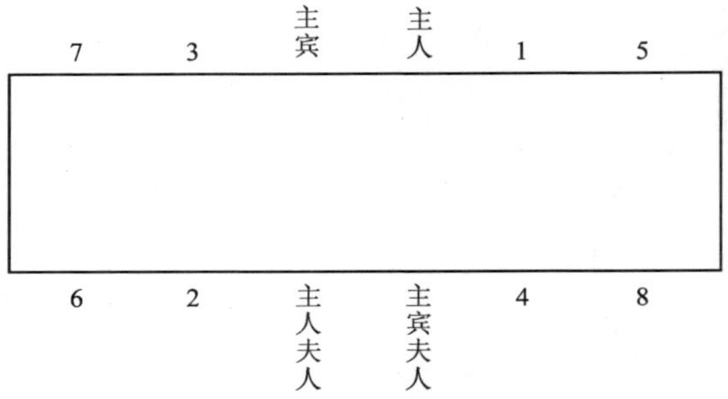

图7－31　宴会席位排列9

(此法有两个谈话中心,主人夫人和主宾夫人可以换成第二主人和第二主宾,四个角落应当由主方陪同人员把边)

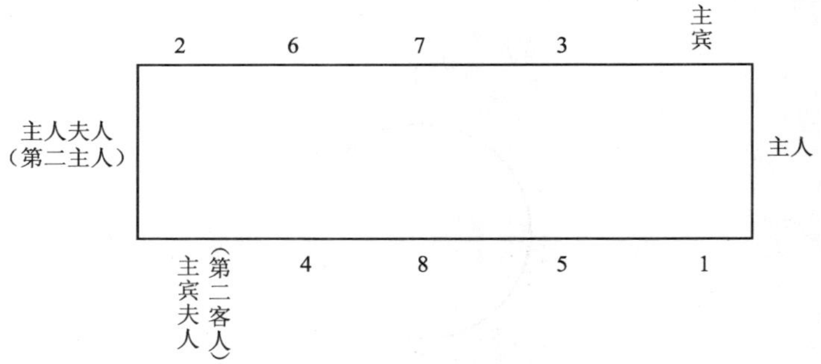

图7－32　宴会席位排列10

(这种排法可避免客人坐在末端,同时可提供两个谈话中心)

(3)译员一般安排在客人的右侧,以便于翻译。也可以不安排席次,坐在主人和主宾的背后工作，另行安排用餐。

7. 入席指示标签。宴会的入席指示标签有以下几种设置方法：

（1）单桌的宴会，在桌上放置席卡，写上每个人的姓名。

（2）多桌的宴会，每个桌上摆上桌次牌和席卡。桌次牌可以用阿拉伯数字或英文字母标注。有时不设桌次，仅按单位或会议小组分桌，则标注单位或小组名称。

（3）规模较大的宴会，主办单位可事先印制座席分布图或桌次排列示意图，挂在宴会厅门口或休息室内，或入场时发给每位客人，并在宴会厅内设座区指示牌，以便客人及时找到座区，对号入座。

（4）涉外宴会，所有入席指示标签均用中、外两种文字书写，中文写在上面，外文写在下面。

8. 音乐。规格较高的宴会应安排小乐队演奏席间乐，一般的宴会可播放背景音乐。乐曲以轻音乐、地方民乐为主。涉外宴会，也可选奏客人所在国代表性乐曲。乐队同座席之间要有一定距离，音量不宜过大；播放背景音乐也要控制好音量，避免音量过大而影响宾主之间的交谈。

9. 休息室。重要的涉外宴会，最好设有休息室，紧靠并可直接进入宴会厅。休息室通常安置茶几、沙发，备茶点、水果，在宴会正式开始之前或结束后供客人休息。休息室应有相应身份的人员接待客人。

三、宴会程序

（一）迎宾

小型宴会开始前，主人一般在宴会厅或休息室门口迎接客人。客人抵达时主人应主动与其握手表示欢迎，然后主人引导客人进入休息室休息，宾主寒暄，冬天脱去大衣，稍加整饬。大型宴会，主人只需迎候主要客人，其他客人由第二主人或工作人员迎候。

（二）入场

小型宴会客人到齐后，由主人陪同客人从休息室进入宴会厅，主人和主宾应走在前面，其他人按身份高低的次序依次进入。参加大型宴会的普通客人应提前进入宴会厅。主要客人到齐后，由主人陪同按礼宾次序排列先后进入宴会厅。这时全场起立，鼓掌表示欢迎。主人与主宾入席后，其他人方能坐下，宴会即开始。

（三）宣布宴会开始

举行大型招待会一般先由主持人宣布：“××××××宴会（或酒会、冷餐会）开始。”

（四）介绍主要来宾

宴会开始后，主持人介绍主人、主宾和其他主要来宾。如相互熟识，可免去此项。

（五）致辞

我国举行的宴会，致辞一般都放在宴会一开始，先致辞、后用餐。国外举行宴会，致辞一般是在热菜之后，甜食之前。冷餐会和酒会的讲话时间则比较灵活。致辞前，主持人应介绍致辞人的身份。欢迎或欢送宴会宾主双方都要致辞，顺序为先主后宾。这里所讲的主是举行宴会的主人，而不是东道主。如中方举行欢迎宴会，中方为主人，外方为客人；而外方在中国举行答谢宴会，则外方为主人，中方为客人。讲稿可事先交换，由主方先提供。

（六）祝酒

宴会中宾主双方相互祝酒（又称敬酒），以表达美好的祝愿。宴会祝酒有以下方式：一种是致辞人宣读事先准备好的祝酒词，然后提议共同干杯；二是在一些便宴中，经主持人同意，参加对象可即兴致辞，然后提议共同干杯；三是主人与客人、客人与客人之间相互碰杯，相互祝愿。

（七）散宴和送别

小型宴会，吃完水果，宴会自然结束。主要客人起身告辞，主人送至门口或车前。大型宴会，可以由主持人在发表一番热情洋溢的祝词之后，宣布宴会结束。先请主要客人和领导退席，然后其他客人相互告别离去。

第七节　礼宾次序、国旗升挂与接待礼仪

一、礼宾次序

（一）礼宾次序的含义和意义

所谓礼宾次序，是指国际交往中对出席活动的国家、团体、人士的位次按一定的规则和惯例进行先后次序的排列。礼宾次序涉及许多方面，如代表团入场的先后次序、代表的座次安排、大会发言的顺序、各国国旗悬挂的次序等。礼宾次序体现东道主对来宾所给予的礼遇，在国际交往中则表示对各国主权地位的一视同仁。

（二）安排礼宾次序的几种做法

1. 按来访者的身份与职务的高低排列。这是安排礼宾次序的主要依据，其中又

分成两种情况：一种是单独接待一个国家代表团，一般以对方提供的正式名单或正式通知上的身份和职务高低次序为依据；另一种是同时接待多个国家代表团，按每个代表团的规格（即代表团团长的身份高低）来排列。如安排代表团观礼或召开理事会、委员会、会员大会等，就按出席代表团的团长身份高低排列。比较代表团之间的规格，应当坚持各国平等的原则。由于各国的国家体制不同，部门之间的职务高低不尽一致，因此要根据各国的规定，按相当的级别和官衔进行安排。

2. 按字母顺序排列。如果参加活动的国家较多，可以按各国英文国名当头字母的顺序安排礼宾次序。当头字母相同时，再按第二个字母排列，以此类推。在国际性的会议、展览、国际体育比赛中，公布主办者、协办者、与会者名单，悬挂与会国、参展国的国旗，代表团入场、安排座位等，均可按各国国名的英文拼写字母顺序排列。为了避免一些国家总是排列在前，可采取抽签的办法，以决定排列本次会议活动席位次序的打头字母，使各国的机会均等。有时，国际性会展活动也可按其他语种的字母顺序排列礼宾次序。如，2004 年在希腊雅典第 28 届奥运会的开幕式上，各国运动员的入场仪式就是按各国名称的希腊字母顺序来确定入场次序的。

3. 按通知代表团组成的日期先后排列。在多边会议活动中，对同等规格的代表团，有时也可按来访国来函通知正式组团的日期或按代表团抵达活动地点的时间排列礼宾次序。

由于实际情况较复杂，以上三种方法应综合运用。首先按正式代表团的规格（一般以代表团团长的身份与职务为准）排列，这是最基本的；当代表团的规格同等时，再按通知代表团组成的日期先后排列；当同时收到同等规格的代表团组团通知时，则按国名的英文字母顺序排列。以上三种方法也不是绝对的，有时具体安排礼宾次序时，还要综合考虑诸如国家关系、活动的性质和内容、语言交流、来宾对于活动的贡献大小，以及威望、资历等因素。采取何种具体方法，主办方都应在邀请书中加以说明。

二、国旗升挂

在涉外接待活动中，有时需要升挂有关国家的国旗，以表示友好和尊重。

（一）升挂国旗的场合

1. 外国政要单独或率领代表团来访时，在重大礼仪活动场所，如欢迎仪式、欢迎宴会、正式会谈、签字仪式，以及其住所和交通工具上可以升挂中国国旗和来访国国旗。

2. 国际性的会议、展览、仪式和文化体育活动，可以同时升挂中国国旗和有关国家的国旗。

3. 外国政府经援项目以及外商投资企业的奠基、开业、落成典礼和重大庆祝活动可以同时升挂中国国旗和有关国家的国旗。

4. 民间团体在双边和多边交往中举行重大庆祝活动时,可以同时升挂中国国旗和有关国家的国旗。

(二)升挂国旗的规则

1. 两国国旗并挂的规则。在中国境内举办双边活动需升挂中国和外国国旗(包括联合国国旗)时应当做到:

(1)旗幅一致,即两国国旗应按照各国规定的比例制作,尽量做到旗的面积大体相等。

(2)主左客右。凡中方主办的活动,外国国旗置于上首(右侧);外方举办的活动,则中国国旗置于上首。这就是说,要以旗的正面为准,右方挂客方国旗,左方挂主方国旗。这里所谓的主方和客方,不是以活动在哪个国家举行为依据,而以由谁举办活动为依据。

2. 在中国境内需同时悬挂多国国旗时,必须做到:

(1)同时悬挂中国国旗。

(2)在室外或公共场所,只能升挂与中国建立外交关系的国家的国旗。如要升挂未建交国国旗,必须事先征得省、自治区、直辖市人民政府外事办公室批准。

(3)旗杆高度应该划一,但中国国旗应置于荣誉地位,具体办法如下:①一列并挂时,以旗面面向观众为准,中国国旗在最右方;②单行排列时,中国国旗在最前面;③弧形或从中间往两边排列时,中国国旗在中心位置;④圆形排列时,中国国旗在主席台或主入口对面的中心位置。

(4)升挂时,必须先升中国国旗;降落时,最后降中国国旗。

3. 在国际性组织的驻地(如总部、办事处)悬挂成员国的国旗,按成员国在该组织确定的文字名称的第一个字母作为排列顺序。

4. 悬挂国旗一般应以旗的正面面向观众,不能随意交叉悬挂、反挂、竖挂,更不得倒挂。如有必要竖挂或使用国旗的反面,必须按照有关国家的规定办理。如有的国家规定,国旗如需竖挂,必须另外制旗,将图案或文字转正。

案例

悬挂国旗时出的问题

2000 年 2 月 23 日,法国总理若斯潘率政府代表团访问以色列。为欢迎若斯潘的到访,耶路撒冷的市政工人连夜在该市的主要交通干道上悬挂起红、白、蓝三色旗。23 日一早,立即有熟知各国国旗的人士提出质疑:明明是法国总理来访,为何要挂荷兰国旗?原来,法国国旗和荷兰国旗都是由红、白、蓝三色条纹组成,所不同的是,法国国旗的三色条纹是纵向排列,而荷兰国旗的三色条纹却是横向排列。耶路撒冷大街上飘扬的都是横向排列的荷兰国旗。于是,耶路撒冷的市政工人不得不紧急出动，进行紧张的、工程浩大的“换旗”行动。事后，以色列方面将责任推到了法国驻以大使馆身上，说他们在向法国使馆就国旗问题进行咨询时，使馆只说是红、白、蓝三色，却没有提醒条纹的排列方向，结果才会闹出如此笑话。可见，当需要竖挂和反挂有关国家的国旗时，一定要向有关方面问清楚细节，千万不可粗心大意。

三、接待礼仪

（一）约会和拜访

在主方的办公地点安排约会，主人应当提前在办公室或会见厅门口迎候。在第三地安排约会，主人应提前到达现场迎候。拜访和看望对方，应事先用电话约定，并按时抵达对方住所。过早抵达会使对方因准备未毕而难堪；迟迟不到则让对方等候过久而失礼。因故迟到应向对方表示歉意。因故不能应邀赴约或取消推迟约会，应尽早有礼貌地通知对方，并以适当的方式表达歉意。抵达时如无人迎候，进门前应先按铃或敲门，按铃时间不宜过长，敲门不应过急过重。经主人允许后方可入内。无人或未经主人允许，不得擅自入内。一般情况下，尽量不要在休息时间打扰对方。如因事情紧急，不得不在休息时间约见对方，应在见面时先致歉意并说明理由。谈话应在室内进行。但主人未邀请进入室内，则可退到门外进行谈话。无论是礼节性看望还是工作性拜访，谈话的时间不宜过长。告别时应有礼貌并感谢对方的接待。

（二）仪容

接待人员的仪容要求整洁、大方、得体。男士应当适时理发，修剪指甲，衣着整洁。涉外活动着西装并结领带。如出席隆重的活动，应着深色的西式衣裤，上、下身颜色要一致。室内活动不能戴帽子。无论天气多么炎热，不能当众解开纽扣、松开领带、脱下衣服。女士应当淡妆，但衣着不要千篇一律。不可袒胸露肩和穿超短裙。礼仪人员可着统一的服装。

（三）称呼

国内客人，可称呼对方的职务、职称、学衔，也可称“同志”“先生”“女士”“小姐”。对外国人的称呼应根据对方的习惯。一般对男子称“先生”，对已婚女子称“夫人”，对不了解婚姻状况的女子或未婚女子称“小姐”。在这些称呼前可冠以姓名、职称、职务。有时也可以对方的职务、职称和学衔来称呼，如“××大学校长斯特朗博士”“杰克法官”。

对外国部长以上（包括部长）的高级官员，大多数国家称为“阁下”，亦可称为“先生”或称其职务。但美国、墨西哥和德国等国没有称“阁下”的习惯，可称“先生”。

君主制国家的国王、王后、皇帝、皇后称为“陛下”；王子、公主、亲王等称为“殿下”；如有公、侯、伯、子、男等爵位者，可称“阁下”，亦可称“先生”。

(四)介绍

与客人相见,应先自我介绍。陪同领导人看望、拜访客人时,秘书应先将领导人介绍给客人,再将客人介绍给领导人。如前去看望客人的领导人和陪同人员较多,可按身份高低的次序逐一介绍。在其他活动场合为他人介绍时,应先了解双方是否有结识的愿望,不要贸然行事,尤其是涉外活动,更应谨慎。介绍时,应先把身份低、年纪轻的介绍给身份高、年纪大的,把男士介绍给女士。

介绍时互递名片,应用双手递接名片,名片不能倒递或反递。

(五)握手

握手除了对客人表示欢迎、欢送外,还具有祝贺、感谢或相互鼓励的意思。握手时应当注意以下几点:

1. 一般应由主人、年长者、身份高者和女士先伸手,客人、年轻者、身份低者、男子应先问候对方,待对方伸手后再与其握手。

2. 年轻者和年长者握手,或身份低的同身份高的握手,应稍稍欠身,或用双手握住对方的右手以示尊敬。

3. 男子与女士握手时,轻轻握其手指部分即可。

4. 当多人同时向你伸手时,应依次一一握手,不能同时用双手与人交叉握手。

5. 握手时双目应注视对方,微笑致意,或者致以欢迎和问候。

(六)致意

远距离遇到客人,一般举右手打招呼或点头微笑致意;距离较近时,应说声"您好"。如与相识的参加对象在一天中首次见面,或一次活动中初遇,应主动向对方问好;同一天或同一场合多次见面,或与不太熟识的参加对象见面,只需点头、举手、欠身或微笑致意即可。对方主动问好,一定要礼貌回应。

(七)谈话

与人谈话时,表情要自然,距离要适中,语言要平易近人,表达得体。说话时可适当做些手势,但不宜过多,动作幅度不要太大,不能摇头晃脑,更不能用手指指指点点、拍拍打打。

客人在个别谈话时,接待人员不要凑前旁听。如有要事需与某人说话,应待别人说完,不宜随便打断别人的说话。参加对象向接待人员询问问题或找不到地方,接待人员应主动招呼、乐于回答。与人交谈时,目光应注视对方,以示专心。谈话中遇有急事需要离开,应向对方打招呼,表示歉意。

对第三者参与谈话,应表示欢迎。多人谈话时,要照顾在场的所有人,不能只与一两个人谈话或只谈个别人知道或关心的事。如有人谈到一些不便谈论的问题,不应对此轻易表态,可转移话题或故意答非所问。谈话内容一般不要涉及疾病、死亡等不愉快的事情。与外国人谈话不要随便询问对方的履历、收入、家庭财产、衣饰价格等私人生活方面的问题,也不应随便询问外国妇女的年龄、婚姻状况。对方不愿回答的问题不要究根问底。对方对问题流露出反感时,应表示歉意或立即转移话题。不要随便同外国人谈论对方国内的政治、宗教、民族矛盾等问题。谈话时若要问候对方,应根据客人的习惯。对外国人一般不问"你吃饭了吗""你到哪里去",而应用"早安""晚安"等问候语。告别时可根据不同的对象选择不同的告别用语,如"很高兴与你相识,希望有再次见面的机会""望多多联系"等。

(八)举止

接待工作中举止应当文雅、庄重、大方。站立时身体不要歪靠一旁;不能坐在桌子上与客人交谈,坐时不要跷腿摇脚,坐在沙发上不要半躺;走路时脚步要轻,遇急事可快步行走,但不可慌张奔跑。在会议、会谈、会见及其他活动中,秘书如有急事通知领导或客人,应当轻轻走上前去耳语或递纸条告知。平时和客人同乘电梯、进门或入座时,应主动谦让。

(九)宴会礼仪

1. 邀请。邀请别人参加宴会,一定要用请柬或请帖。请柬或请帖要用信封装好但不一定要封口。邀请对象的姓名写在信封上。购买现成的请柬,要用毛笔或钢笔填写,不要使用圆珠笔。书写时字迹要清秀,写错的只能作废,不能涂改后发出。如果自己打印请柬,最好用红色的纸,纸张要厚实。打印请柬可将邀请对象的姓名顶格写在开头,不要写在结尾处。有些人将对方姓名写在结尾处,如:"此致××××先生",这是不礼貌的。请柬或请帖要至少提前一个星期发出,以便邀请对象安排时间和日程。发请柬时要仔细核对名单,避免漏发和重发。一旦发现漏发要及时补救,必要时还应做一定的解释,以免产生不愉快。请柬发出后,还可用电话落实,询问是否参加宴会。

2. 回复。接到主人的宴会邀请后,要尽快答复是否出席。请柬上注有R. S. V. P.(法文缩写:请答复)的无论出席与否均应迅速答复。如注有"Regrets only"字样,则在不能出席时才答复。经口头约妥再另发的请柬,上面一般注有"To remind"(备忘)字样,可不必答复。答复的方式为电话和便函两种。接受邀请后不可随意变更,本人如因故不能出席,可派身份适当的代表出席,但事先要同主办方协商并征得同意。

3. 着装。出席宴会,着装应当非常讲究,这既是自身风度的体现,也是对他人尤其是对主人的尊重。参加比较庄重的宴会,男子应着西装、戴领带,女士着装要大方。参加便宴或冷餐会,可着便装,但一定要整洁。

4. 赴宴。出席宴会应当准时或提前二三分钟到达。抵达后主动向宴会的主人问好。入席前应先了解自己的桌次、座位,或听从主人的安排。入席后,等主人招呼或主持人宣布宴会开始，方能用餐。

入座时男士应帮助其右边的女宾挪动一下椅子，待女宾入席坐下时，再帮助她将椅子往前稍推一下。男士在女宾坐下后才坐。

进餐时举止要文雅，吃东西要闭嘴咀嚼，不要发出声音。嘴内有食物时，切勿说话。剔牙时，用手或餐巾遮口。主人夹菜时，不能拒绝，并应表示感谢。如吃西餐，一次取食不宜过多。如参加冷餐会或酒会，招待员上菜时，不要争先恐后；周围人未拿到第一份时，自己不要急于去取第二份。

宴会中一般都有相互祝酒。祝酒时，主人与主宾先碰杯，然后主人和主宾向大家祝酒，这时全体人员应站立举杯回敬，并与同桌相互碰杯。人多时也可同时举杯示意，不一定碰杯。在主人与主宾致辞、祝酒时，应暂停进餐，停止交谈。主人或主宾以及其他人前来祝酒时，应起立举杯。相互祝酒时，不必将酒喝干，象征性地喝一小口即可。不喝酒的人可以用苏打水或矿泉水代替。碰杯时要目视对方，点头致意或道谢。宴会中不要勉强劝人喝酒、吃菜。

宴会中发生不慎打翻酒水、碰落餐具等意外情况，应沉着应对，不必着急。餐具掉落可请招待员另送一副。酒水溅到邻座身上，应表示歉意，协助擦干。如对方是女士，则应迅速送上干净的餐巾或手帕，由其自己擦干。

5. 告退。告退不宜过早或过迟。一般客人不要先于主宾告辞。中途如有重要事情告退，应向主人和主宾说明，求得谅解，并向同桌道别。告别时应向主人表示感谢并得体地说上几句赞扬宴会的话。

思考与练习

1. 接待工作有什么特征？
2. 接待工作由哪些要素组成？
3. 秘书做好接待工作有什么意义？
4. 接待工作的环境准备包括哪些方面？有哪些要求？
5. 如何做好接待工作的信息和物质准备？
6. 怎样做好迎送和陪同客人的工作？
7. 怎样组织安排好领导的会见？
8. 怎样组织安排好领导的会谈？
9. 宴请的准备工作有哪些？
10. ××市人民政府举行国际友好城市联谊活动，有 50 个国际友好城市决定派团参加。其中，由市长亲自率团的共 10 个，由副市长带团的共 25 个，由市长助理带团的共 15 个。请具体说明应当如何安排每一个代表团的礼宾次序。
11. 涉外接待活动中，两国或多国国旗悬挂有哪些规则？

第八章　信访、督查工作与危机管理

领会信访和督查工作的含义、要素、作用、原则；领会危机管理的含义、特点、类型、原则以及秘书在危机管理中的职责；掌握信访、督查工作和危机管理的方法、程序和要求，并能够综合应用。

第一节　信访工作

一、信访工作概述

（一）信访活动和信访工作的含义

现代信访活动是指在根本利益一致的前提下，作为国家主人的人民群众通过书信、走访等形式向党政机关、社会团体和企事业单位反映情况、表达意愿，并依法由有关机关和单位负责处理的一种社会活动。我们把党政机关、社会团体和企事业单位对人民群众的来信来访的受理过程称之为信访工作。

（二）信访工作的基本要素

1. 信访人。信访人既是信访活动的发起者，又是信访工作的对象。根据我国的法规，信访人包括我国的公民、法人和其他组织，也包括外国人、无国籍人和外国组织。信访人进行信访活动时，可以是单个人，也可以是多人。但多人采用走访形式提出共同的信访事项的，应当推选代表，代表人数不得超过5人。信访人依法进行信访活动，其民主权利和合法权益受法律保护，任何组织和个人不得对信访人进行任何打击报复。信访人在信访活动中，必须遵守有关信访活动的法律、法规。

2. 受理者。受理者是指依法接受并处理人民群众来信来访的法定组织，包括党和国家的各级领导机关、各民主党派、群众团体、企事业单位以及新闻单位等。受理者是信访工作的主体，也是决定信访工作成败的关键因素。受理者必须遵守国家和地方有关信访工作的法规，依法受理信访人提出的信访事项，保护信访人的合法权益。受理者不遵守有关法规，应当承担法律责任。为确保信访工作开展，信访受理者应当设立信访机构或委派信访工作人员具体负责信访人提出的信访事项。

3. 信访事项。信访事项是信访人通过信访渠道表达并要求信访受理者处理的具体意见和要求。信访事项涉及的内容广泛，政治、经济、科技、教育、文化、卫生乃至人民群众的日常生活，无所不包。从信访事项的性质来看，有建议、批评、要求、表扬、检举、揭发、申诉、投诉等。

4. 信访渠道。信访渠道是指由信访受理者为信访人提供的反映意见和要求的形式以及确保信访信息畅通的工作方式、工作制度和工作机制。从信访形式看，除了写信和走访两种基本形式外，还包括由这两种形式派生出来的电话、传真、电子邮件等形式。为保证信访信息的畅通以及信访事项的依法解决，信访受理者必须向社会公布信访工作机构的通信地址、电子信箱、投诉电话，信访接待的时间和地点，查询信访事项处理进展及结果的方式，与信访工作有关的法律、法规、规章，信访事项的处理程序，以及其他为信访人提供便利的相关事项，建立全国性的信访信息系统以及建立政府主导、社会参与、有利于迅速解决纠纷的工作机制。

5. 信访结果。信访结果是指受理者对信访事项的最后处理情况。信访处理的结果因信访事项的内容不同而各异，有的事项圆满解决，有的则不予受理。但从总体上看，信访结果体现了信访工作的目的和意义。

（三）信访工作的作用

1. 有利于人民群众行使民主权利。我国是人民群众当家做主的社会主义国家，人民群众依法参与管理国家事务、管理经济和文化事务、管理社会事务，这是社会主义制度优越性的体现，也是社会主义民主的重要方面。因此，党和国家积极鼓励人民群众通过书信、走访、电话等形式向各级党、人大、行政以及其他各类信访受理机构反映情况，提出建议和意见，并相应制定了有关法律、法规予以保护。

2. 有利于广开言路，调动人民群众的积极性，提高领导决策的科学性。信访活动中所反映的意见、建议、批评，在很大程度上代表了人民群众的心声和愿望，其中不乏真知灼见，对拓宽领导决策的思路，提高决策的质量，规避决策的风险，具有重要的作用。这些意见、建议和批评一旦被重视和采纳，不仅会极大地激发人民群众建设社会主义的积极性和创造性，而且还会产生良好的政治、经济和社会效果。

3. 有利于各级领导干部改进工作作风，克服官僚主义，密切联系群众。人民群众的来信来访，从某种意义上说，是检查各级党政领导机关工作的“测量表”，也是群众情绪、要求、愿望的“风向标”，可以从一个侧面反映群众对领导机关工作的满意程度。而信访工作则是在领导机关和人民群众之间架起了一座“连心桥”。通过信访工作人员的细心工作，及时将人民群众的要求、愿望、困难、投诉上报给领导机关或转达到有关部门，依法予以办理，把党和政府的关怀和温暖及时送到群众的心上，从而加强党和政府与群众的血肉联系。

4. 有利于加强群众监督，反对腐败，纠正不正之风。信访工作是监督机关工作人员，加强党风和政风建设的强有力的武器。人民群众只要一发现任何一个地方有不正之风或其他消极腐败现象,可以随时随地向各级各类的领导机关或信访部门反映,不受时间、地点的限制。通过群众的举报、控告,往往能挖出并清除一批以权谋私、贪赃枉法的腐败分子,从而纯洁干部队伍,端正党风和政风,维护党和政府的威信。

5. 有利于维护社会稳定,保证改革开放顺利进行。随着改革的日益深化,各种社会矛盾也会不断地出现,有的甚至会激化。这些矛盾一旦处理不当或者处理不及时,就会造成社会的不稳定,影响改革开放的顺利进行。各级各类信访工作机构和信访工作人员应当认真处理群众来信、接待群众来访,倾听人民群众的意见、建议和要求,深入细致做好疏导工作,及时化解社会矛盾,有效平息部分群众的情绪,从源头上预防导致信访事项的矛盾和纠纷,使信访工作在维护社会稳定、构建和谐社会方面发挥重要作用,从而促进我国改革开放大业健康顺利地向前发展。

6. 有利于树立受理者良好的社会形象。信访工作的成败好坏,还直接或间接地影响受理者在人民群众中的形象。对于受理者来说,信访人无论是居民还是消费者或者客户,都是自己的服务对象。认真负责地受理群众提出的每一件信访事项,及时给予解决和答复,让信访人满意,能使受理者在群众中获得良好的声誉,进而树立良好的社会形象;对于企业来说,还能够提升品牌的知名度,提高综合竞争力。

(四)信访工作的原则

1. 实事求是原则。群众的来信来访具有广泛性和复杂性。其所反映的情况,有的证据确切属实或基本属实,有的则是道听途说、捕风捉影,材料基本失实或完全失实,还有的甚至是恶意的陷害和诬告;所提出的意见,有的是出于爱护之心,积极、中肯,有的则观点错误、言论偏激;所提出的要求,有的合情合理,确实应当解决,有的则要求过高,甚至是无理取闹。因此,信访工作必须实事求是,重事实、重证据、重调查研究。

2. 依法处理原则。宪法、法律、法规、规章是广大人民群众包括信访人根本利益的体现,也是信访工作的准绳。信访工作人员应当严格按照法律和政策办事,反对三种倾向:第一种倾向是感情用事,对一些不应该解决的问题随便许诺,或者对一些应该查处的案件进行袒护;第二种倾向是不敢碰硬,尤其是对一些涉及领导干部的问题,躲躲藏藏,推来推去,害怕受到打击报复;第三种倾向是不遵守法定的信访工作程序和规则,相互推诿,敷衍拖延,隐瞒、谎报、缓报。因此,信访工作也应该做到有法必依,执法必严,自觉接受人民群众的监督,做到法律面前人人平等。

3. 属地管理、分级负责原则。属地管理是指信访事项由其所在的地方政府负责受理、办理和协调解决。分级负责是指信访事项的处理属于哪一级职责范围的,就应当由哪一级机关处理,不准上推下卸。在明确信访事项的处理责任后,要做到谁主管、谁负责。

4. 及时办理原则。在信访工作中,常常出现一些单位相互推诿、拖拉,使一些本来可以在基层很快解决的信访事项长期得不到解决,导致群众的强烈不满,于是越级写信、越级上访,造成很坏的社会影响,甚至成为社会不稳定的因素。因此,必须强调信访工作的及时性,尽最大努力,以最快的速度予以解决或答复。

5. 就地解决问题与疏导教育相结合的原则。就地解决问题是指按属地管理、分级负责的原则,力求把信访事项解决在基层或当地,特别是处理一些敏感性的问题,更应如此。由于信访内容的复杂性,往往造成实际问题和认识问题的相互交织。有些来信来访反映的问题并不大,主要是信访人的思想和情绪一下子转不过弯。因此,在信访工作中,要一手着力解决实际问题,一手进行耐心的疏导教育工作,这样往往能取得较好的效果。

6. 统一领导、部门协调原则。信访事项的办理常常会涉及几个部门,需要通力合作才能完成。因此,各级党政机关和企事业单位要加强对信访工作的统一领导,制定有效的信访工作制度和机制,搞好部门之间的协调,形成各负其责、齐抓共管的信访工作格局。

7. 保护信访人原则。人民群众有依法通过信访渠道批评、检举领导干部和其他工作人员的权利。同时,为了加强干部队伍的廉政建设,应当鼓励人民群众积极批评和举报。但如果没有切实的措施保护信访人的合法权益,就会严重挫伤人民群众的信访积极性。为此,新《信访条例》制定了保护信访人的一系列规定,如对泄露举报人情况的工作人员以及对打击报复举报人的行为要追究法律责任,依法惩处,使信访人的合法权益有了法律保障。

(五)信访工作机构及其工作人员的职责

在我国,县级以上(含县级)各级党、政、人大、司法机关都设立专门的信访工作机构。县级以下的机关或设立信访机构,或配备专职信访工作人员。基层组织可以设兼职信访工作人员。信访工作机构和信访工作人员代表本机关、本单位受理人民群众来信来访来电,其职责是:

1. 受理、交办、转送信访人提出的信访事项;
2. 承办上级和本级机关交由处理的信访事项;
3. 协调处理重要信访事项;
4. 督促检查信访事项的处理;
5. 研究、分析信访情况,开展调查研究,及时向本级机关提出完善政策和改进工作的建议;
6. 对本级机关其他工作部门和下级机关信访工作机构的信访工作进行指导。

二、信访工作的程序

(一)信访受理

1. 来信受理。来信包括邮寄、传真、电子邮件和其他方式收到的书信,受理程序如下：

(1)收信。邮寄的来信要做到当日来信当日拆封。拆封前，秘书应当先检查一下信封内容，看来信是否属于本机关或本部门处理，以免错拆。拆封时应用剪刀沿封口剪开，不要剪去邮票、邮戳、邮编、地址等标记。拆封后，应取尽信封内的信纸和其他物品。对来信应先浏览一遍，以便对要信、急信及时处理。来信如缺张少页，应注明。信封应与信纸一并装订。信封内如附有其他单位的转办单、转办函或另套有信封的，也应一起装订，以备查证。

专设的信访电子邮箱要定时打开查阅，收到电子邮件后立即下载保存并打印，对方要求发回执的，应及时回告。

设传真接收信访的，应将传真机设置在自动接收功能上，以便24小时自动接收。收到信访传真件后要及时取出。

(2)阅信。所有来信应逐一阅读，不能抽读。阅读时集中注意力，仔细阅读全文，弄清来信意图和反映的每一个问题，分清办理责任，切忌一目十行，马马虎虎。

(3)登记。每一封群众来信都要进行登记。登记前先在首页盖上“收信章”，填上收信日期和来信编号。来信登记的方式有簿式和卡式两种：簿式登记一般按收信时间的先后登记并编号，一目了然；卡式登记即将登记项目填入登记卡片上，比较灵活。

登记的项目包括：①顺序号；②收信编号；③来信人情况，包括姓名、单位、联系地址、邮政编码、电话号码等；④收信时间，以实际收到的时间为准；⑤来信方式，即邮寄、传真、电子邮件等方式；⑥事由；⑦附件，即信内夹带的其他书面材料和所有物品等；⑧转来单位，即转交来信的单位；⑨承办单位和签收人；⑩办理情况。

来信登记后还应填写“来信处理单”。来信处理单可选择填写上述主要登记项目，此外，还应当设有拟办、批示等项目。其中，来信内容、办理情况等几项要具体填写。来信处理单应与来信一起装订、运转、归档。

群众来信处理单参考样式见表8－1所示。

表8－1　×××××××××(单位名称)群众来信处理单

收信编号：

来信日期		来信形式	□书信　□电子邮件　□传真　□其他		
来信人姓名		来信人数		附　件	
来信人单位		转来单位			
通信地址		邮　　编			
电话号码		传真号码			
电子邮箱		手机号码			

续表

事　　由				
处理单位				
处理要求	1. 调查	2. 处理	3. 办理结果报告	4. 直接答复来信人
	5. 来信原件退回	6. 本处理单退回	7. 供参考	8. 其他
	请按上述	项办理	限办日期	
领导批示				
拟办意见				
处理情况（由处理单位填写）				

收信经办人：

填写日期：

(4)立案。立案是指将信访事项上报机关负责人审批，确定正式受理。报批立案时，秘书应将填写好的群众来信处理单附上原信（或传真件、电子邮件打印件）一并上报。来信较长且表述不清的，秘书要写成摘要，以方便领导人阅批。报批时，秘书人员应做好拟办工作，提出办理来信的初步意见，同时说明过去对这一问题的处理情况和有关政策规定，以便领导在全面了解情况的基础上做出正确的批示。

2. 来访受理。来访受理不同于来信受理，它直接面对信访人。由于来访者的情况以及来访意图错综复杂，要求秘书人员既要态度热情，又要头脑敏捷，善于处理各种复杂的情况。

(1)接待。对每一位来访者，不论是初访还是重访，秘书都要态度谦和，礼貌招呼，给人以亲切感。

(2)登记。接谈前应先请来访者将自己的基本情况填写在来访登记单或"来访处理单"上，或由秘书人员询问来访者后代填。"来访登记单"项目为：来访编号、来访人姓名、性别、年龄、单位、职务、联系地址、联系电话、来访日期、接待人姓名、来访内容、拟办意见、领导批示、办理情况和结果等，其格式可参照"群众来信处理单"。单位较小、来信来访数量不多的，可将来信和来访合起来登记。

(3)接谈。接谈是来访接待的关键。接谈时，接待人员要耐心倾听，认真记录，对关键性问题或者重要情节应询问清楚，对来访人提交的材料和证据要仔细阅读、查看，同时告知来访人应对所反映问题的真实性负法律责任。接谈结束后应将来访记录让来访人过目确认,或要求其签字,并告知其如何处理来访事项的程序。

(4)现场处理。接谈过程中,秘书可根据不同情况做相应的现场处理:①来访者提出的询问或其他比较简单的问题,能当即答复解决的应予以当面答复解决;属于来访者对政策不理解,一时想不通的,应做好耐心的解释和说服疏导工作。②对政策无明确规定,一时难以回答或虽有规定,但需要进一步核实情况的,要向来访者说明准备处理的方法和程序。③对超过规定人数集体来访的,要向来访人说明有关规定,请他们派出不超过5名代表反映情况。④对少数无理取闹、扰乱信访秩序的来访人,应当对其进行劝阻、批评或者教育。经劝阻、批评和教育无效的,由公安机关予以警告、训诫或者制止。

(5)立案。报批立案时要把群众来访处理单以及来访纪录一并上报给主管领导,同时提出拟办意见,由领导人决定受理与否。

3. 来电受理。信访电话包括信访工作机构向社会公开的电话、专门设置的首长电话(如省长、市长电话等)、监督电话、举报电话、投诉电话等。受理信访电话应配备专职人员或指定秘书人员。这类电话的用户线路和终端不能挪作他用,以确保信息的畅通。受理信访来电的程序如下:

(1)弄清身份。接听群众来电要先弄清来电人的姓名、单位、身份、联系方式,并逐项登记在"群众来电处理单"上。如果来电人不愿留下姓名,可在姓名一栏注明"未留姓名"。

(2)听记陈述。接听电话时要认真做好记录,弄清对方意图和重要细节,必要时可以采用电话录音。

(3)整理记录。无论是手工记录还是电话录音,都要及时整理成文,并摘出重点和要点,逐项填入"群众来电登记簿"和"群众来电处理单"中。群众来电处理单填写的项目为:来电编号,来电时间,来电人姓名、单位、职务、联系地址、联系电话,接电话人,来电内容,拟办意见,批办意见,办理情况与结果等。群众来电处理单应当与工作电话的来电处理单区别管理,在处理完毕后立卷归档。规模较小、群众来电数量不多的单位,可以将群众来电与来信来访处理单合并制作,统一登记。

(4)立案。要求同前。

4. 受理阶段的注意事项

(1)属于本机关法定职权范围内的信访事项,应当受理,不得推诿、敷衍、拖延;对不属于本机关职权范围的信访事项,应当自收到信访事项之日起15日内告知信访人向负责该问题的机关提出。

(2)有关机关收到信访事项后,能够当场答复是否受理的,应当场书面答复;不能当场答复的,应当在15日内书面告知信访人。但是,信访人的姓名(名称)、住址不清的除外。

(3)对已经或者依法应当通过诉讼、仲裁、行政复议等法定途径解决的,不予受理,但应当在15日内告知信访人依照有关法律、行政法规规定程序向有关机关提出。

(4)涉及两个或者两个以上行政机关的信访事项,由所涉及的行政机关协商受理;受理有争议的,由其共同的上一级行政机关决定受理机关。

(5)应当对信访事项做出处理的行政机关分立、合并、撤销的,由继续行使其职权的行政机关受理;职责不清的,由本级人民政府或者其指定的机关受理。

(6)公民、法人或者其他组织发现可能造成社会影响的重大、紧急信访事项和信访信息时,可以就近向有关机关报告。有关机关接到报告后,应当立即报告上一级机关。

(二)信访办理和督办

1. 转送。转送是指受理信访的机关按照“属地管理、分级负责”的原则,把信访事项转交给责任归属单位处理。转送时应填写转送单或附函说明转办的要求。转送单或转送函要一式二份,一份发给承办单位,一份留用备查。如果问题涉及几个部门,应将有关内容分别摘抄或复印给各个有关部门处理。转送必须注意以下几个问题:

(1)对依照法定职责属于本级机关或者其工作部门处理的信访事项,应当在15日内转送有权处理的机关或部门;情况重大、紧急的,秘书人员应当及时提出建议,报请本级机关决定。

(2)信访事项涉及下级机关或者其工作人员的,在15日内直接转送有权处理的机关,并抄送下一级机关的信访工作机构。

(3)有关机关应当自收到转送、交办的信访事项之日起15日内决定是否受理并书面告知信访人,并按要求通报信访工作机构。

(4)任何机关及其工作人员不得将信访人的检举、揭发材料及有关情况透露或者转给被检举、揭发的人员或者单位。

(5)对转送信访事项中的重要情况需要反馈办理结果的,可以直接交由有权处理的机关办理,要求其在指定办理期限内反馈结果,提交办结报告。

2. 承办。承办即责任归属单位对上级机关或其他机关转送本单位办理的信访事项,进行具体地调查、核实、办理。承办的程序如下:

(1)落实责任。承办信访事项必须落实责任,具体有三种办法:①领导人亲自包案,即由领导人亲自包干部分重要的信访案件,这是加快办案进度,提高办案质量的重要方法。②成立专案组或调查组。如果信访事项涉及两个以上的部门或单位,可采取联合办案的方法。联合办案应当确定主办单位与协办单位。③指定专人具体承办。一般的信访案件,通常采用指定专人承办的方法。

(2)调查核实,即承办人在仔细研究信访材料的基础上,根据有关线索调查取证,认真听取各方面的意见,然后将来信来访来电所反映的情况与调查得到的情况进行比较、判断、分析、鉴定,依法提出处理这一问题的具体意见和建议。调查时,应当听取信访人陈述事实和理由;必要时可以要求信访人、有关组织和人员说明情况;

需要进一步核实有关情况的,可以向其他组织和人员调查。

(3)听证合议。对重大、复杂、疑难的信访事项,可以举行听证。听证应当公开举行,通过质询、辩论、评议、合议等方式,查明事实,分清责任。

(4)上报审批。调查和听证之后,信访部门或秘书人员应将处理意见或建议形成书面报告,报请领导人审批,重要的信访事项还需召开专门会议讨论研究,形成决定或决议。

(5)落实处理。信访处理意见或建议,经领导人批准或会议研究通过后,需具体落实处理。落实处理信访事项有以下三种情况:①请求事实清楚,符合法律、法规、规章或者其他有关规定的,予以支持;②请求事由合理但缺乏法律依据的,应当对信访人做好解释工作;③请求缺乏事实根据或者不符合法律、法规、规章或者其他有关规定的,不予支持。

3. 督办。督办是指立案机关或单位对转送给下级责任归属单位处理的信访事项进行检查督促,以保证交办的信访事项件件有落实。有下列情形之一的,应当及时督办,并提出改进建议:

(1)无正当理由未按规定的办理期限办结信访事项的;

(2)未按规定反馈信访事项办理结果的;

(3)未按规定程序办理信访事项的;

(4)办理信访事项推诿、敷衍、拖延的;

(5)不执行信访处理意见的;

(6)其他需要督办的情形。

收到改进建议的机关应当在30日内书面反馈情况;未采纳改进建议的,应当说明理由。

督办的方法有电话督办、书面督办、实地督办和会议督办等,参见本章第二节“督查工作”。

(三)信访办结

1. 结案。结案是指立案的信访事项全部处理完毕。

(1)结案的标准。结案的标准是:事实清楚,结论正确,处理符合法律和政策,手续完备。如果有书面的调查结论和处理意见,应当同当事人见面并由当事人签署自己的意见和姓名。

(2)结案的时限。信访事项应当自受理之日起60日内办结;情况复杂的,经本行政机关负责人批准,可以适当延长办理期限,但延长期限不得超过30日,并告知信访人延期理由。

2. 报告。对上级转送交办并已办理完毕的信访事项,应以书面形式向上级交办机关报告。

3. 答复。答复是指受理机关或单位将信访处理的结果告诉信访人。答复是对信访人合法权利的尊重。受理机关或单位对每一项合法的来信来访来电,都应当予以答复。答复的方式有书面(即发函)答复、电话答复和当面答复(即回访)。答复要根据不同的对象、不同的信访要求和处理结果各有侧重。复信答复要写明时间,加盖公章并留存底稿。电话或当面答复应做好记录,以备查考。

4. 复查。信访人对信访事项的处理意见不服的,可以自收到书面答复之日起 30 日内请求原办理机关的上一级机关复查。收到复查请求的机关应当自收到复查请求之日起 30 日内提出复查意见,并予以书面答复。

5. 复核。信访人对复查意见不服的,可以自收到书面答复之日起 30 日内向复查机关的上一级机关请求复核。收到复核请求的机关应当自收到复核请求之日起 30 日内提出复核意见。信访人对复核意见不服,仍然以同一事实和理由提出投诉请求的,各级人民政府信访工作机构和其他行政机关不再受理。

6. 立卷归档。信访工作中产生的文书材料包括群众来信、接谈和电话记录、传真件、录音和录像资料、登记簿册、转办和交办函、答复函、上复报告等。这些材料在平时就要注意收集齐全,在结案后加以整理,对其中具有保存价值的材料应立卷归档。任何人不得丢失、隐匿和擅自销毁信访材料。

三、信访信息的分析和反映

(一)信访信息分析和反映的作用

信访信息是指信访工作机构或秘书人员从信访事项中直接获取或者经过综合研究提出的、对领导工作有参考价值的情况、问题或建议。信访信息分析和反映的作用有以下几方面:

1. 掌握社情民意。信访信息是社情民意的风向标,信访工作机构和秘书人员通过对来信来访的分析、综合、预测,可以了解人民群众在一段时期内关注的热点以及对党政机关工作的意见、建议和要求,并将这些信息及时反馈给领导机关和领导人,从而为领导机关和有关部门全面、及时掌握社情民意提供依据。

2. 提供政策建议。信访工作所涉及的问题,很多与政策的制定和落实相关,也有相当一批信访人的批评和建议直接涉及政策性问题。信访工作机构和秘书工作人员通过对这部分信访信息进行深入发掘,展开专题调查和综合研究,积极向领导机关和有关部门提出完善政策、解决问题的建议,使信访工作成为领导机关决策的参谋和助手。

3. 改进信访工作。信访工作是一门科学,信访工作机构和秘书人员经常运用科学的方法,从来信来访中分析特定时期、特定区域群众信访活动的特点和发展趋势,不断总结信访工作的规律,从而指导信访工作的实践,提高信访工作的针对性和有效性。

（二）信访信息的反映形式

1. 政策建议报告。信访工作机构或秘书人员对于信访人反映的有关政策性问题，应当及时向本级机关报告，并提出完善政策、解决问题的建议。

2. 信访情况分析报告。信访工作机构或秘书人员应当定期向本级人民政府提交信访情况分析报告。分析报告的事项包括：

（1）受理信访事项的数据统计、信访事项涉及领域以及被投诉较多的机关；

（2）转送、督办情况以及各部门采纳改进建议的情况；

（3）提出的政策性建议及其被采纳情况。

3. 信访简报或动态。信访简报或动态是一种简要反映重要信访信息的内部报道，一般采取一事一报的方法，反应灵敏、迅速。

4. 信访工作调研报告，即针对信访制度、信访机构、信访渠道诸方面存在的问题以及信访工作中的经验、教训展开专题或综合性的调查研究，深入分析原因，提出改进、提高的具体建议而形成的书面报告，具有较高的理论和实践价值。

（三）信访信息分析和反映的方法和要求

1. 实事求是。实事求是是信访工作的基本原则，也是信访信息分析和反映的基本要求。信访工作机构和秘书人员向领导机关和领导人反映信访信息，一定要敢于说真话、报实情，一切从实际出发，一是一、二是二，不弄虚作假，让领导机关和领导人真正了解群众的心声。

2. 围绕中心。信访工作机构和秘书工作人员要认真学习党的方针政策和国家的法律、法规，了解领导机关在不同时期和不同阶段的中心目标和工作重点，有目的、有针对性地为领导者提供信访信息。

3. 方法科学。信访工作机构和秘书工作人员平时要注意定期收集整理信访信息资料，在调查核实、确保信息资料真实可靠的基础上进行科学的分析。信访信息分析的常用方法有：

（1）地区分析法，即以信访人居住的地域或者信访事项涉及的地区为分析对象，以了解这一地区信访活动的整体情况，比较这一地区和其他地区之间的差别，从中发现问题，分析原因，找出办法。

（2）单位分析法，即以信访事项集中指向的机关或单位为分析对象，找出这一机关或单位存在的问题，提出解决问题的办法。

（3）时间分析法，即以信访活动进行的时间或信访问题所针对的时间为分析对象，了解信访活动的时间性特点和规律，掌握信访活动的发展趋势，争取工作上的主动。

（4）问题分析法，即对某一阶段内信访活动所涉及的具体问题作为分析对象，以了解信访问题的分布、比例和指向。比如，将信访问题分成情况类、建议类、举报类、求决类、申诉类等，每一类下面还可分成若干小类。通过分类比较分析，找出人民群众关注的热点及其变化的规律。

(5)因素分析法，即具体分析围绕某一地区、某一单位、某一时期、某一问题的信访活动产生、变化、数量上升或下降的各项原因，并提出具体的对策。

在信访信息的实际分析中，以上5种分析方法往往交叉综合运用，进行多角度的研究，以便把零碎的、分散的信访问题加工成系统的、对领导者的决策具有参考价值的信息。

4. 及时迅速。群众的信访活动是随着时代的发展而不断发展变化的。改革的不断深化，经济、文化建设和社会生活的飞速发展，使人民群众的信访活动从内容到形式都在不断地发生变化。因此，信访部门和信访工作人员，应当及时地把信访活动的动态信息以及分析研究的成果提供给领导机关和领导人，尤其是涉及敏感政治问题以及事关人民群众生命财产安全的信息，更应当争分夺秒，快速反应上去，为领导机关和领导人采取应对措施赢得宝贵的时间。

案例

对客人来信的处理

上海一家五星级饭店总经理的秘书收到一位客人写给总经理的信，反映他在该饭店住宿期间，因饭店工作人员的疏忽，未及时叫醒他而使他误了班机，既造成经济损失，又未能赶上一个重要会议。这位客人建议该饭店改进叫醒服务的手段，提高服务质量，切实防止此类事件的发生。收到此信后，秘书先在来信登记簿上做了登记，并填写了来信处理单，随后立即做了调查，发现旅客反映的情况属实。根据饭店的惯例，客人来信，每信必复；凡因饭店的过失造成旅客的经济损失，一律做适当补偿。于是，秘书以总经理的名义写了下面这份回信，在总经理批准签字后及时发出。

尊敬的×××先生：

您好！

首先感谢您多次惠顾我饭店。由于我饭店工作人员的疏忽，导致您10月5日误机，给您造成经济损失和工作上的麻烦，对此，我们深感遗憾和愧疚。此事反映出我饭店在管理和服务上还存在不可忽视的缺陷，应当引起我们的高度重视。我们决定采纳您的建议，立即改进叫醒服务的手段，避免此类事件的再次发生。

作为对您所受损失的小小补偿，同时也是表达我们对您所提建议的谢意，我饭店将在您下一次入住时，向您提供一次性500元(伍佰元)人民币的免费消费，有效期至2011年12月31日。此项免费消费已输入我饭店电脑管理系统，您只要在结账时出具此信和您的身份证，电脑管理系统将自动在您的费用中抵扣。敬请照纳。

我们竭诚期待您的再次光临。

祝您身体健康，工作顺利！

××饭店总经理 ×××(签名)

二〇一〇年×月×日

回信发出后,秘书在来信处理单上做了留注,记下了处理的方式和结果,然后将来信处理单、来信以及复信的存本一起归卷保存。

第二节 督查工作

一、督查工作概述

(一)督查工作的含义和作用

督查是指对下级机关和部门贯彻落实领导机关决策和领导人指示的情况展开督促检查的活动,又称督办、查办。决策与执行是现代管理中两个相互联系而又相互区别的运作环节。决策方案只有得到全面贯彻执行,才能最终实现决策的目标。但是,由于决策和执行往往是两个相对独立的系统,特别是当执行系统的层次和环节较多时,决策与执行之间难免会出现脱节现象。为了使领导机关的决策和领导人的指示得到全面正确的贯彻落实,必须加强执行过程的督促检查,切实做到令行禁止,从而有效地维护领导决策和指示的权威性和严肃性,保障领导管理系统的健康运行和组织目标的顺利实现。

(二)督查工作的要素

1. 督查者,即提出督查任务并具体组织和实施督查过程的机构或秘书人员。督查工作必须有组织保障,秘书部门应当建立专司督查的机构或设置督查岗位,把督查任务落实到人。

2. 督查任务,即督查者围绕领导机关的决策或领导人的指示所确定的督查目标、督查范围、督查事项以及督查要求。督查任务由督查工作机构或秘书人员提出并按规定程序交办,由督查对象落实执行。督查任务应当明确、清晰。

3. 督查对象,即具体落实执行领导机关决策或领导人指示(即督查事项)、并接受监督检查的机关或单位。督查对象对督查机关交办的督查事项负有法定责任。督查对象对督查事项的重视和自觉,是圆满完成督查工作的关键。

4. 督查方式,即确保督查目标实现和督查任务完成的督查制度、督查机制、督查程序和督查方法。督查方式应当科学、合理、规范、有效。

5. 督查结果,即督查任务的完成情况,也是反映督查工作质量的最终指标。督查工作必须件件落实,有查必果。

（三）督查工作的种类

督查工作涉及党务、立法、行政、司法等各个领域，就秘书部门的督查工作而言，主要分为以下两种：

1. 决策督查。决策督查是指督查机构或秘书人员围绕领导机关以文件、会议等形式做出的各项决策所展开的督促检查工作。决策督查的范围包括上级领导机关制定的重要决策事项，以及本级机关制定的重要决策事项。

2. 专项督查。专项督查是指督查机构或秘书人员围绕上级机关以及本级机关领导人针对某一特定事项的批示、口头指示或以其他方式交办的重要事项而展开的督促检查工作。凡是需要向领导人反馈办理结果的事项，都应当列入专项督查的范围。相对于决策督查来说，专项督查事项单一，面广量大，时限要求高，是一项经常性的秘书工作。

二、督查工作的方法、程序和要求

（一）督查工作的方法

1. 电话督查，即通过电话向承办执行督查任务的机关或部门了解情况，催促办理落实并要求报告办理落实的情况。电话督查方便易行，能当场得到有关信息。每次电话督查要做好记录。

2. 书面督查，即采取下发督查通知或督查函的形式要求承办执行督查任务的机关或部门抓紧落实并限期报告情况。督查通知或督查函要加盖督查部门的公章，因此比较正式和权威。

3. 实地督查，即督查人员深入承办执行督查任务的机关或部门，实地了解落实情况，发现问题，及时与有关方面会同协商，共同研究解决的办法。与电话和书面督查的方法相比，实地督查最直接，掌握情况最真实、最可靠，因而是督查工作的主要方法。

4. 会议督查，即由督查机构出面召集各承办机关或部门开会，了解情况，分析问题，交流经验，协调立场，共同研究加快办理时效和提高办理质量的办法。会议督查既可以请进来，也可以在当地举行。在督查重大而且比较复杂的决策事项时，由于需要协调的问题和方面较多，常常需要运用会议督查的方法。

（二）督查工作的程序

1. 立项登记。无论是重大决策还是领导人的批示或交办的事项，一旦形成，就要列入督查范围，立项登记。立项登记的要求是：

（1）明确承办落实单位或部门以及责任人。涉及几个单位或部门的问题，要分解立项，并确定主办单位或主办部门。

(2)明确承办落实的具体要求和时限。

(3)落实负责督查工作的责任人,做到督查任务明确、时间要求明确。

(4)专项督查事项,一事一项。

(5)登记的内容要详细、清楚,以备查考。

2. 制定督查方案。重大决策的督查,立项后要尽快制定督查方案,交领导批准后执行。督查方案的内容包括:

(1)督查事项。写明项目名称或具体事由。

(2)制定决策的机关。

(3)主办与协办单位。

(4)交办方式。

(5)督查方法与程序。

(6)协调方法。如需要多方办理的事项,应写明协调的方法和步骤。

(7)承办落实单位报告的时限。

(8)督查部门及督查责任人。

(9)其他需要说明的事项。

3. 交办。交办是指将督查事项向承办执行机关或部门做正式交代。交办方式主要有书面交办(督查通知或督查函)和会议交办两种。

对于上级机关或上级机关领导人的批示或交办事项,秘书部门在往下交办之前,应先送本单位领导人批示,确定承办单位后再交办。

4. 督促检查。督查事项交办后,要运用电话、传真、书面通知、现场调查、明察暗访、召开座谈会等方法及时了解办理进展情况,提出督查意见,保证督查事项的落实。重要事项要重点督查,紧急事项要跟踪督查,一般事项要定期督查。对于承办单位无故逾期未办结的事项,要填发“督查催办单”,限期办结。

5. 协调。对于涉及两个以上部门办理落实的事项,一般情况下由主办部门负责协调。如问题较复杂,也可由督查部门会同主办部门进行协调。

6. 审核验收。由督查机构或秘书人员对承办落实机关或部门上报的办理工作答复报告进行审核,检验承办落实决策事项的质量与效果。对不符合要求的报告和办理不合格的事项,填发“督查退办单”,退回限期重办。

7. 反馈督查结果。督查事项办理落实并经验收合格后,督查部门要及时写出督查报告,向制定决策的领导机关或批示、交办的领导人做出反馈。上级机关或上级机关领导人交办的督查事项办理完成后,不仅要向本级领导反馈督查情况,而且还要经本级领导审查同意后,向上级机关和上级机关领导人做出反馈。提交督查报告时应当附上承办落实机关或部门的答复报告。一时难以按时办理完毕的,要向上级交办部门说明理由以及进一步采取的措施。

督查报告和办理答复报告要按照正式公文的形式和要求撰写。内容要写明督查事项、调查情况、办理过程、采取的措施和效果、问题和建议等。

8. 再督查。督查情况反馈后，领导人如有批示，要求重新办理或补办的，秘书要重新交办，再次督查。

9. 立卷归档。督查过程中产生的文书要按规定程序立卷归档。

（三）督查工作的要求

1. 奉命督查和主动督查相结合。所谓奉命督查，是指根据领导的授权或批示，通过专门立项而进行的督查。奉命督查具有较强的权威性和直接性，即直接传达领导的指示，直接参与情况的调查，直接指导督查事项的执行。

所谓主动督查，是指在决策之后，主动跟踪了解执行的情况，一旦发现问题，及时向领导者报告。主动督查具有经常性和普遍性的特点。主动督查中发现的问题，经领导者指示后，便转化为奉命督查。

2. 督促与检查相结合。督促与检查是督查工作相互联系的两个方面，其目的都是为了使领导的决策和各项指示得到落实。二者也有所偏重：督促偏重于决策执行的及时性方面，防止拖延误事；而检查不仅要了解决策的事项“是否办”“何时办”，而且还要了解“如何办”和“办得如何”等情况。可见，检查是对督促的深化。因此，在督查的具体过程中，既要督促，又要检查，把二者结合起来。

3. 督查与指导、协调相结合。决策的执行是一个极其复杂的过程。执行系统在执行决策指令、落实决策方案时，常常会碰到一些困难和问题，执行系统之间也会出现意见不一、相互扯皮和推诿的情况。因此，在督查过程中，要对执行系统进行必要的指导和协调，帮助其提高认识，消除分歧，统一步调，相互协作，使决策事项真正落到实处。

4. 督查与调查研究、反馈信息相结合。督查的过程，同时也是调查研究、掌握决策执行的进展情况及其结果的过程。通过督查中的调查研究，发现问题，分析原因，总结规律，找出办法，并主动向领导者反馈，这是做好督查工作的重要方面。

5. 点与面相结合。督查工作要抓住重点，以点促面。一是要紧紧抓住上级领导和本级领导的重要决策事项和指示，一查到底，有查必果；二是要善于抓住督查事项办理过程中具有典型性、代表性的情况，总结经验教训，树立典型，指导和推动面上的决策执行，以提高督查工作的效率。

三、督查调研

（一）督查调研的作用

督查调研是督查机构或秘书人员深入实际，有计划、有目的地了解、分析、研究督查过程中出现的情况、经验和问题的过程，是督查工作的深化，也是督查工作的内在要求。其作用在于：

1. 反馈督查信息。通过督查调研，督查机构或秘书人员能深入了解领导机关决策和领导人指示以及交办事项在具体执行和承办落实过程中出现的新情况、遇到的新问题，在准确分析原因的基础上提出相应的对策建议，为领导修正决策和再决策提供参考依据。

2. 提高督查水平。通过对督查对象、督查工作的过程和结果的调查、分析、比较，总结和掌握督查工作的科学规律，不断改进督查工作的方法，提高督查工作的水平，更好地为领导工作服务。

（二）督查调研的步骤

1. 明确目的，选好课题。督查调研是一项有目的的活动，实施调研前，首先要明确“为什么调研”和“调研什么”，也就是要明确调研的目的，选定调研的课题，界定调研的对象。

2. 进行预研究。督查调研的课题确定后，要先进行预研究。调研人员要学习阅读有关文件，领会领导机关的决策意图和领导指示的精神，了解开展此次督查调研活动的背景和意义，初步了解调研对象的基本情况，做到心中有数，为开展实地调查做好充分的准备。

3. 制订调查计划。督查调研计划的内容包括督查调研的目的、依据、指导思想、提纲、范围、对象、方法、工具、人员组成、时间安排等。

4. 实施督查调研。具体方法一是按调查提纲和调查问卷向受访者进行电话访问并做好记录；二是要求承办落实督查事项机关或单位以书面的形式报告办理的情况；三是发放并收集调查问卷，请受访者当场填写回收或通过邮寄的方式回收；四是有选择地邀请部分调查对象召开调查会，了解情况；五是对重点受访者或经抽样确定的受访者采取当面个别访问的形式；六是调查人员深入调查现场，用自己的感官观察现场，然后把观察和体验的结果记录下来。

5. 汇总、分析和反映督查调研信息。首先要汇总调查中所获得的所有材料，逐一确认每条信息的准确性；然后对材料进行统计分析和理论分析，解释现象，说明原因，找出规律，提出对策和建议；最后形成督查调研报告，呈报领导人审阅和参考。经领导人同意，可以简报或内部参考的形式在一定范围内散发传阅。

第三节　危机管理

一、危机管理概述

（一）危机的含义

危机是指由自然或人为因素造成的、突如其来的、对组织造成较大损失和压力的事件或事故。由于导致危机的自然或人为的因素事先难以完全预见和克服，任何组织在任何时候都可能面临危机。危机并不可怕,可怕的是临危失措。危机管理是现代领导科学必须正视的重要课题,也是领导人实施管理控制无法回避的重要一环。秘书作为领导的参谋与助手,协助领导处理危机责无旁贷。

(二)危机的特点

1. 意外性。危机的发生常常出人意料,突如其来,令人猝不及防。由于事先缺乏思想准备、心理准备和物质准备,危机一旦发生,事发单位以及当事人往往仓促上阵,被动应付。

2. 危害性。危机一般都具有很大的危害性,无论是由自然原因引发的水灾、旱灾、虫灾、雹灾、雪灾、地震等,还是由人为原因造成的集体上访、聚众闹事、食物中毒、疾病流行、安全生产或质量事故等,或导致人身伤亡和经济损失,或损害组织的形象,严重的还会破坏社会稳定,产生不良的政治影响,甚至危及组织的生存和国家的安全。

3. 蔓延性。很多危机事件具有极强的蔓延性,特别是在发生的当初,如不采取有效措施,不仅事态会迅速蔓延,而且由于正面的信息沟通渠道尚未建立,很容易给小道消息和谣言以可乘之机,扰乱人们的视听,给解决危机造成很大的困难。

4. 可控性。危机虽然具有突发性、危害性和蔓延性,但只要处置迅速、得当,就能将其危害控制在有限的范围内。有时通过努力,还可以将危机化为转机,坏事变成好事。

(三)危机的类型

1. 按发生的原因分

(1)内源性危机。内源性危机即因内部管理不善、服务欠周到或因内部人员违反管理制度、故意破坏导致的危机,如安全生产事故、产品质量事故、消费纠纷投诉、媒体曝光等。

(2)外源性危机。外源性危机即由外界自然灾害、战争、社会动乱、公共政策变化、违约侵权等各种因素造成的危机,如人员伤亡、财产损失、合同违约、名誉受损、营销受阻等。

实际上,许多危机的产生往往是内因和外源相互作用的结果,因此在判断时,既要深入分析又要注意综合。

2. 按危机的性质分

(1)政治性危机,是指由于人为因素而发生的破坏社会稳定、危害国家利益的事件。如,恐怖主义袭击、冲击政府机关、蓄意聚众闹事等。

(2)群众性危机,是指部分群众的游行、示威、静坐、罢工、罢课等事件。这类危机应同政治性危机区别开来,但如处理不当,有可能转化为政治性危机。

(3)治安性危机,即由于发生杀人、抢劫、纵火、投毒、偷盗、寻衅滋事等治安案件而导致的危机。

(4)灾害性危机,是指由自然界不可抗力引起的事故和灾难,如地震、水灾、台风、泥石流、疾病流行等。

(5)事故性危机,是指因管理制度的缺陷或者因违反管理制度而引起事故,造成危机,如生产事故、交通事故、质量事故、食物中毒事故、泄密事故等。

(6)公共性危机,是指组织外部突然发生的、对同一地区或系统的组织不同程度上都会造成利益损失的公共事件,如金融风暴、社会动乱、停水、停电、停气以及其他与本组织相关联的公共危机事件。

(7)侵权性危机,是指社会组织被他人假冒名义、盗用商标、伪造文件、窃取专利而造成经济和名誉上损失的侵权事件。

(8)误解性危机。这类危机并非是组织内部工作和事故原因引起,而是由于外界的因素,如社会流言、不利的社会舆论导向、专家或媒体的误报、竞争对手的误导乃至造谣中伤等,使本组织受到公众的误解、怀疑甚至是无端指责,从而使组织形象受到严重破坏。

(四)危机管理原则

1. 高度重视,加强领导。危机事件往往涉及面广、影响和危害性大,一旦处理不慎,就会造成重大损失,甚至导致组织崩溃。因此,各级各类机关、单位的领导一定要树立危机意识,对危机保持高度的警惕性和敏感性,采取切实措施加强对危机管理的领导,危机发生后要迅速建立危机处理领导机构,实行统一部署、统一指挥、口径一致,不得政出多门、各行其是,确保信息和政令的畅通。对在危机处理过程中违反法律、法规、组织原则和纪律,另搞一套,有令不行、有禁不止的单位和个人,一定要严肃查处,追究法律和行政责任。

2. 分级负责,归口处理。分级负责原则要求危机发生在哪一级,哪一级领导就应当负起责任;归口处理原则要求危机事件属于哪个部门责任范围的,哪个部门就应当立即处理。总之,每一级领导、每一个部门都要做到责任明确。如果出现临阵脱逃、擅离职守或者相互推诿的情况,必须绳之以党纪国法。

3. 科学预测,积极防范。危机管理的重点在于预防危机,而不在于处理危机。“居安思危,未雨绸缪”是危机管理的核心。一般情况下,我们虽然无法准确预料危机发生的具体时间、地点、范围和程度,也常常无法抵御,但还是有相当一部分危机的发生有一定的规律可循,可以预测和防范。有的危机通过平时综合预防,能降低其发生的频率,有的则可以在平时充分准备的基础上,采取及时、有效的措施,将损失降到最低点。做好科学预测,积极防范的具体要求是:

(1)对可以预见的自然灾害做好科学的预测分析,及时预报。

(2)对可能发生的政治性事件、群众性事件和责任事故,要多渠道了解信息,掌握动向,及时发现苗子,将危机消灭在萌芽状态。

(3)对过去曾经发生过的危机事件进行科学分析,找出“哪些时间容易发生”“哪些地区或部位容易发生”“哪些人群容易发生”“哪些条件下容易发生”等规律,并以此作为制定预案和实施防范的依据。

(4)对可能发生的危机事件制订应急预案。预案的主要内容包括:①可能发生的危机的性质;②应对和处理危机的领导机构及其组成人员,主要责任人以及内部分工;③处理该项危机事件的程序和规则;④纪律和禁止事项。

(5)平时对参与危机处理的人员要进行经常性的培训和演习,掌握必要的知识和技能,提高其处理危机事件的能力和技能。

(6)在容易发生事故的地方和部位张贴警示性标志,或将应急程序和办法公示于醒目处。

(7)平时做好处理危机事件所需的物品和器材的采购、保管、维护工作,保证性能良好,到时用得上。

4. 快速反应,准确判断。危机管理的关键是捕捉先机,在危机危害组织之前对其实施控制。危机发生后,有关责任人员必须在第一时间到位,领导要靠前指挥,迅速弄清情况,准确判断性质,采取果断措施,防止事态扩大。

5. 坦诚公开,及时沟通。危机事件一旦发生,必然成为社会关注的焦点和街谈巷议的热点,隐瞒、遮盖不仅助长流言和谣传,造成公众的紧张恐慌心理,于事无补,甚至还会失信于民,严重损害组织的公信力。因此,除了涉及国家机密或商业秘密的信息必须保密之外,应当及时通过适当的传播渠道和手段(如对外举行新闻发布会或情况说明会、接受记者采访、发表声明或公告;对内召开干部会议或群众大会等)将危机发展的态势以及已经采取和将要采取的措施予以公开或传达,与公众进行有效的沟通,该道歉要诚恳道歉,该承担责任的要主动承担责任,同时澄清事实、制止谣传,以缓解公众的情绪,消除公众的疑虑,争取公众的谅解和支持。

发生重大危机或有造成人员伤亡的事件,要按照有关规定及时向主管部门报告,不得缓报、瞒报和漏报。对可能会造成政治利益以及人员和财产更大损失的危机,应当直接报告更高的上级机关直至最高领导机关。报告有电话报告和书面报告两种形式,紧急情况先用电话报告,然后再书面报告。报告时要说明危机事件发生的时间、地点、肇事者、简要经过、伤亡人数和直接经济损失的初步估计、对危机发生原因的初步判断、采取的措施及危机控制的情况。

6. 稳妥善后,认真反思。危机事件的善后工作包含两个方面:一是财产赔偿和经济恢复,如伤亡人员的赔偿、受灾群众的救济、经济损失的补偿、受灾地区的重建、生活秩序的恢复等,这方面的善后工作要积极、慎重、稳妥,做到依法、依规、合情、合理,尽可能避免留下后遗症。二是通过认真反思,总结经验教训,恢复信心,重塑形象。从某种意义上说,这方面的善后工作更重要。首先,要通过周密的调查和认真的分析,找出引起危机的各种原因,是人为疏忽,还是外在无法控制的因素。其次,要对危机管理工作进行全面的评价,详尽列出预警系统的组织和工作程序、危机处理计划、危机决策等危机管理各方面工作存在的问题，举一反三，亡羊补牢，建立或调整危机预警机制，尽可能防止类似的危机再次发生，或者在危机发生前有充分的准备，将危机造成的损失降到最低程度。再次，还应当参考媒体对危机处理方式的意见，毕竟它们对于大众的意见有决定性的影响，这对组织大有裨益。

二、秘书在危机管理中的职责以及处置程序和方法

（一）秘书在危机管理中的职责

1. 保证信息畅通。信息在危机管理中具有举足轻重的作用。信息及时、准确，才能正确判断危机的性质，迅速采取有效的措施；反之，信息滞后、失实，就会延误时机，误导决策，以致造成不可收拾的局面。为此，必须做到：

（1）各级秘书部门要建立严格的危机信息报告制度以及迅速灵敏的信息网络，掌握所有领导以及部门负责人的通讯联络方式，保证领导或有关部门在危机的苗头刚刚出现或危机爆发的第一时间，立即掌握信息，了解情况，作出判断，为控制危机和扭转局面赢得时间。

（2）危机期间，秘书部门作为信息枢纽，信息流动量成倍增加。为保证信息上通下达，及时传递，自危机发生之日起，秘书部门就要实行全天候值班，直到危机结束。

2. 搞好跟踪调查。危机发生后，秘书部门要加强与事发单位或地区的联系，了解危机的发展动态，同时腾出人手，深入现场，实地调查研究，掌握第一手资料，及时向领导做出反馈。对重大危机事件，要组成由业务部门以及有关专家参加的调查组，查明危机发生的原因、评估人员伤亡及财产损失的情况，确定危机的性质及责任，提出处理此次危机以及预防此类危机再次发生的具体措施。

3. 注意协调各方。危机事件的处理需要实行统一领导，各方配合协调。秘书接到危机报告后，除了立即向领导汇报和请示外，还要随时与公安、消防、卫生、交通、物资、新闻等有关方面保持密切沟通，互通信息，加强协调，使危机处理工作有条不紊地顺利进行。

4. 提供随行服务。危机事件中，领导人必须紧急出动，亲临前线，现场指挥。作为秘书，要快速准备好必需的通信、记录、扩音、交通等工具和器材，陪同领导赶赴现场。抵达现场后，秘书要随时听候领导调遣，按时完成领导交办的各项任务；打给领导的一般电话一律挡驾；对领导的视察、谈话、开会、接见、慰问等活动要迅速做出安排，领导的讲话和指示要做好详细记录，及时传达和反馈。

5. 写好书面材料。危机处理中，秘书要为领导写好情况报告、紧急通知、调查报告、新闻发言稿等书面材料；危机处理后，要为领导写好情况通报、总结报告、处理决定、整改意见等文书。所有的书面材料要妥善保存并按规定立卷归档。

(二)秘书处置危机的程序和方法

秘书接到危机事件的报告后,应根据不同的事件采取相应的措施。

1. 政治性、群众性危机的临时处置

(1)立即用电话了解事件发生的地点、人数、形式(静坐、游行、罢工、冲击、袭击)等详细情况,必要时亲自到现场调查,务必弄清情况,准确判断事件的性质。

(2)立即向领导报告调查情况,并请示处置办法。

(3)事先已制定预案的,经领导人同意后通知有关部门紧急启动预案。如无预案,属于群众性事件的,通知群众所在单位的领导到现场进行疏导、劝散;个别人有过激行为的,要进行劝阻,必要时请公安部门依法采取恰当措施予以制止。如果属于恐怖袭击、坏人破坏这类政治事件,要通知公安、武警等部门采取坚决措施。

(4)安排好值班,确保信息的畅通。

(5)事后协助公安等有关部门对事件进行深入调查,分析原因,准确定性,对群众的合理要求要及时予以满足,对有过激行为者,应当进行教育,对违法者依法处理。

2. 灾害性危机、事故性危机的处置

(1)接到报告后要立即详细了解灾害或事故的类型和性质、发生的地点和单位、波及的范围、目前的灾情和大致伤亡损失情况,如果媒体已经报道,要找到报道的原件,然后立即向领导汇报,听候领导的指示。

(2)根据领导指示通知有关部门启动相关的应急预案。如通知公安部门出动警力维持秩序,通知消防、卫生部门组织抢险、抢救,通知有关单位组织群众疏散避险,等等。

(3)亲自或安排人员赶赴现场了解第一手灾情及救灾情况,向领导人及时反馈。遇到重大灾害,应陪同领导人到达现场,为领导的现场视察、指挥、协调、慰问提供服务。

(4)安排人员值班,保持信息的畅通。

(5)协助领导和有关部门调查灾害或事故的原因。

(6)组织安排新闻发布会,落实会场,向有关媒体发出邀请,或安排领导接受记者个别采访。

(7)及时处理公众的来信、来访、来电,并根据领导确定的统一口径一一答复。对来信、来访、来电中反映的重要情和意见要及时向领导汇报。

(8)协助领导安排好后期的理赔、抚恤、治丧、慰问等相关工作。

3. 侵权、误解性危机处置办法

(1)了解情况,搜集证据。秘书要迅速、详细了解侵权、误解性危机发生在什么地点,以什么形式出现,已经造成了哪些损失。对于侵权性危机要了解侵权方的法定名称和住址,采用了哪些侵权的手段,有哪些直接或间接的证据;对于误解性危机要了解产生误解的原因。情况了解后及时向领导汇报。

(2)根据领导指示,邀请有关专家和律师参加情况分析会,共同商讨应对措施。会议中秘书要做好记录,并根据会议决定迅速起草新闻发布稿、声明等文件材料。决定采取法律行动维护权益的,还要协助律师做好必要的证据收集、补充和法律文书的起草工作。

(3)安排新闻发布会或情况说明会,向有关媒体发出邀请,为领导撰写新闻发布稿,或安排领导接受记者个别采访。

案例

危机处理

2009年1月12日22时许,县委值班室电话铃声大作,值班秘书小刘迅速拿起电话:

"您好,县委值班室。"

打来电话的是县中心医院王副院长,"刘秘书,不好了,我院急诊室刚刚收治了两位中毒患者,估计是毒鼠强中毒,患者现已神志不清,正在全力抢救。据说,这二人都是在县电影院附近的得仙酒楼吃夜宵时中毒的,请你们赶快处理。"

"在得仙酒楼吃夜宵的有多少人?"刘秘书问。

"不清楚。"王副院长回答。

刘秘书感到情况紧迫,必须马上处置。"这样吧,王院长,我这里马上向领导汇报,请你们务必做好抢救工作,同时立即组织其他的抢救人员,准备随时有新的中毒患者送来。"刘秘书果断地说。

"好,你放心,我这就去吩咐。"王副院长挂断了电话。

刘秘书立即拨通了分管卫生工作的贾副县长家中的电话,向他报告了这一情况。贾副县长说他马上前往县中心医院,并指示刘秘书立即通知县公安局迅速派人到得仙酒楼保护现场并调查取证,并尽快掌握其他吃过夜宵的人员情况,同时通知县卫生防疫站马上派人,兵分两路,一路去县中心医院协助查清中毒原因,另一路赶赴得仙酒楼取样分析。

刘秘书刚按照贾副县长的指示打完电话,电话铃又一阵急响,这次是县中心医院的钟院长亲自来电,他接到王副院长报告后,已经赶到医院亲自指挥抢救。钟院长在电话中说,目前又增加了两名患者,但他们的抢救设备有限,如再有新的患者,恐怕难以应急。由于县卫生局主要领导正在外地考察,情况紧急,所以他请县里出面统一调度全县的医疗资源,以抢救可能出现的更多的中毒患者。

这时,刘秘书感到问题已经十分严重,于是他立即拨通了县委书记和县长的电话。

县委书记和县长接到刘秘书报告后,很快相互进行了沟通和分工,县委书记负责到得仙酒楼指挥公安部门和卫生防疫部门查清情况,县长和贾副县长负责指挥各医院做好抢救病人的准备,并及时调度和协调。

刘秘书的及时报告,为县领导赢得了处理危机的宝贵时间。不到半小时,中毒病人便上升到8名,但由于各医院已经接到了通知,做好了准备,抢救工作进行得非常及时有序,除2名中毒人员因中毒太深,送治过晚,抢救无效死亡外,其余6名中毒人员通过医护人员的奋力抢救都脱离了生命危险。根据县领导要求,刘秘书连夜用电话和传真向地委办公室报告了情况。

几小时后,县卫生防疫站经过毒物分析,确定此次事件的中毒药源为毒鼠强。公安部门通过紧张的现场取证和调查,终于查明本次中毒事件系蓄意投毒报复所致,犯罪嫌疑人于第二天上午被抓获。

为了消除群众的恐惧感,制止一度流行的谣传,县委和县政府在案件告破后,决定立即举行新闻发布会,由贾副县长向全县以及新闻媒体通报本次事件的起因、后果以及县委和县政府处理此次危机的过程。由于刘秘书参与了这次危机处理的全过程,贾副县长把新闻发布稿的拟写任务交给了他。刘秘书一夜未合眼,但接到任务后,他不顾疲劳,迅速拟稿,花了不到20分钟的时间就拟好了发布稿,并很快交到了贾副县长的手中。

由于刘秘书在这一危机事件的处理中临危不乱,信息传递及时准确,采取措施果断得当,事后受到了县领导的高度赞扬。

思考与练习

1. 信访工作的要素有哪些?
2. 信访工作的作用表现在哪些方面?
3. 信访工作要坚持哪些原则?
4. 试述信访工作的程序。
5. 怎样做好信访信息分析和反映工作?
6. 督查工作的要素有哪些?
7. 督查工作要坚持哪些原则?
8. 督查工作的方法有哪些?
9. 试述督查工作的程序。
10. 试述督查工作的要求。
11. 怎样搞好督查调研?
12. 危机有哪些特点?
13. 危机有哪些类型?
14. 危机管理的原则有哪些?
15. 试述秘书在危机管理中的职责。
16. 试述秘书处置危机的程序和方法。

第九章　办公室日常事务

领会办公室日常事务的作用和特点、秘密的种类、值班的种类和主要任务、日常接待的种类和特点、完成领导交办事项的意义和特点及印章的种类；掌握并能综合应用保密工作的要求、秘书部门各项保密工作的具体环节和方法、值班的要求、日常来访接待的程序和方法、完成领导交办事项的要求、办公用品(用房、用车)管理的要求、常用的电话服务功能、秘书通话的程序和要求、收发传真的方法和要求、印章管理和介绍信管理的环节和要求、大事记的种类和写作格式。

第一节　办公室日常事务概述

一、办公室日常事务的含义

秘书实务大致可以分为两类:一类是为领导的决策及其实施而提供直接服务的事务,如撰写文书、办理公文、组织会议、安排活动、处理信访、督促检查等,这类工作紧紧围绕领导机关的职能展开,工作内容随领导工作重心的转移而变化,因此称为政务服务;另一类工作则与领导的决策及其实施联系较为间接,如平时的书信收发、临时来访接待、电话接打、值班安排、印章与介绍信管理、大事记编写、办公室环境及用品管理等。与前一类事务相比较,这类事务更具有经常性和程序性,因而称之为办公室日常事务。在秘书工作中,政务服务和日常事务组成办理事务职能的两翼,彼此联系,相互协同。政务服务具有主导性,日常事务管理具有从属性。离开了政务服务,日常事务管理就失去了方向,变得毫无意义;反之,忽视日常事务管理,会影响政务服务功能的发挥,进而影响领导和领导机关职能的实现。

二、办公室日常事务的作用和特点

(一)办公室日常事务的作用

1. 信息枢纽作用。值班工作、来信处理、来访接待和电话接打等日常事务,是领导和领导机关了解群众的要求和愿望、掌握社会动向、联系上下机关以及接洽业务的重要信息渠道。保证这些渠道的畅通，有利于及时获得领导决策所需要的信息，并为处理各种矛盾和接洽各项业务赢得有利时机。

2. 精力补偿作用。办公室日常事务归根到底是为领导工作服务的，是领导事务的延伸和领导事务的有机组成部分。做好办公室日常事务工作，实际上就是使领导从烦琐的日常事务中解脱出来，集中精力进行宏观决策，抓好大事。

3. 后勤保障作用。领导以及整个领导机关职能的发挥，离不开后勤物质上的保障和支持。秘书部门作为领导和领导机关的综合办事部门，应当通过提供及时有效的后勤服务以及物质支持，确保领导工作和整个机关日常工作的顺利开展。

4. 树立形象作用。办公室日常事务工作的内容和性质决定了一个单位的办公室实际上就是一个单位的窗口。单位的领导通过这一窗口与群众、与社会进行沟通联系，而群众和社会也正是通过这一窗口了解党政机关和企事业单位的责任意识、服务态度、工作效率与诚信度。因此，办公室日常事务工作的好坏，关乎领导的形象、关乎党政机关或企事业单位的形象。

（二）办公室日常事务的特点

办公室日常事务属于秘书实务的一部分，因此具有秘书实务的一般特征，此外还具备自身的一些特点：

1. 出现频率高。办公室日常事务之所以冠以“日常”二字，是因为与一般的秘书实务相比，它出现的频率更高，秘书几乎每天要同它打交道。在许多单位，为了能够及时处理这些日常事务，还设置了专门的岗位，如前台秘书或文员，负责接转电话、收发传真、接待来访、打印文档、通知传达、完成临时交办事项等工作。较大的机关则设置专门的值班室，处理部分日常工作。

2. 事务头绪多。办公室日常事务头绪多、内容杂，大事小事、难事易事、内事外事、公事私事（指领导人因工作原因发生的私事），涉及方方面面。第一章绪论中所说的秘书实务的繁杂性特点就集中体现在办公室日常事务上。不仅如此，撰写文书、办理公文、组织会议、处理信访、督促检查等秘书实务中也存在大量的办公室日常事务，比如平时的文书收发工作，就包括正式公文、群众来信、客户投诉、商业信函、会议通知等，与文书、会务、信访、督查等工作相互联系。从这一点来说，办公室日常事务的范围不是绝对的，它与其他秘书事务具有一定的交叉性。

3. 工作规范严。秘书实务讲究规范，但办公室日常事务管理更强调规范性，如保密工作、值班工作、印章管理等，都需要严格按照法律、法规和规章办事，不得随心所欲。

4. 技能要求广。办公室日常事务管理工作需要多项技能的支持，如计算机文字速录、计算机软件运用、办公设备的使用和维护等，因此，要求秘书人员做到一专多能，甚至“多专多能”。在规模较大的机关中，还要在物业管理、设备维护、汽车驾驶等后勤保障方面配备相应的专业技术人员。

第二节　保密工作

一、保密工作的含义和内容

（一）保密工作的含义

秘密是指在一定的时间内只限一定范围的人员知悉的事项。将秘密控制在一定时间和范围内称为保密。保密工作是指特定组织及其成员为达到保守组织秘密的目的所采取的一切手段和措施。

（二）保密工作的内容

保密工作是一项系统工程，从宏观角度来看，其内容包括制定保密法律、法规以及组织内部相应的保密规章，建立保密机构，开展保密宣传教育，研制开发和应用保密技术，进行保密检查督促，查处泄密事件，开展保密理论研究等方面。

二、秘密的种类

（一）按秘密的性质分

1. 国家秘密。国家秘密是关系到国家的安全和利益，依照法定程序确定，在一定时间内只限一定范围的人知悉的事项。这类秘密关乎国家的政治安全、经济安全、信息安全，必须严格保守。

2. 商业秘密。商业秘密是指不为公众所知悉、能为权利人带来经济利益、具有实用性并经权利人采取保密措施的技术信息和经营信息。有些商业秘密同时也是国家秘密。

3. 组织内部秘密。组织内部秘密是指特定组织内部在一定时间内只限一定范围的人知悉、不对外公开的事项。如正在酝酿而尚未确定的干部任免事项、招聘信息、调薪方案、领导人之间的意见分歧等。这类秘密一旦泄露，轻则使领导工作被动，重则损害领导班子内部团结，破坏干部和群众关系，危害组织的内部氛围，干扰领导的工作部署，甚至败坏组织在社会上的形象，导致不可挽回的政治经济损失。

（二）按秘密等级分

1. 绝密级，即国家核心秘密，一旦泄露会给国家的安全和利益造成特别严重的损害。

2. 机密级，即国家的重要秘密，一旦泄漏会给国家的安全和利益造成严重损害。

3. 秘密级，即国家的一般秘密，一旦泄露会给国家的安全和利益造成一定损害。

以上三类属于国家法定的秘密等级。

4. 内部级，包括商业秘密和组织内部秘密，密级和保密期限由特定组织自行确定。

（三）按秘密存在的方式分

1. 有形秘密。所谓有形秘密，是指那些看得见、摸得着、具有秘密特征的实物。有形秘密主要有以下几种：

（1）文献类秘密，即运用纸质文书记载的秘密信息，如记载秘密信息的文件、资料、电报、信函、数据、图表、档案、报刊、书籍等。

（2）物体类秘密，即含有秘密信息的物体。比如，使用关键性的技术，通过观察或者测试、分析手段能够获得其中秘密信息的设备或者产品，统称密品。

（3）声像类秘密，即运用录音录像和多媒体技术保存的秘密信息，如用于存贮秘密信息的录音磁带、录像带、照片、影片。

（4）电子类秘密，即通过计算机系统和网络传递、接收、处理、存储的秘密。这类秘密包括存储秘密信息的计算机（包括软盘、硬盘、光盘）、内部局域网等。

2. 无形秘密。所谓无形秘密，是指不具有一定的实体形态的、存在于人脑的、具有秘密特征的意识、思维、技能等。无形秘密主要有以下几种：

（1）口头类秘密。口头类秘密看不见、摸不着，但却普遍存在，如会议上口头传达的、需要保密的精神，领导人口头交代给秘书的工作意图，领导班子内部的不同意见等。

（2）技术类秘密。技术性秘密即以技术、技能方式存在的秘密。如，产品设计和制造过程中的关键性技术；再如，技术诀窍、传统工艺、设计方法等。

有形秘密和无形秘密在一定条件下是可以相互转化的，如秘书将领导的内部指示和讲话记录下来，形成文件、资料，无形秘密就转化为有形秘密。秘书在处理秘密文件时，有形的秘密就会被大脑摄取并储存，转化为无形秘密。

三、保密工作的要求

（一）加强领导，健全机构

保密工作关系到国家的安全和利益，关系到经济建设和社会稳定的大局，关系到一个企业的生死存亡，意义极其重大。因此，各级领导要在思想上高度重视，把保密工作列入经常性议事日程，作为一项长期任务认真抓好。具体要求是：

1. 实行保密工作领导责任制，主要领导作为保密工作第一责任人要切实履行职责，关心、支持保密工作。

2. 在主要领导之下明确一名分管领导，负责对本单位的保密工作进行具体规划、指导、检查、督促和协调。

3. 重要单位应成立保密工作委员会或保密工作领导小组，由党委一把手挂帅，下设保密委员会办公室，负责处理日常性工作。一般情况下，保密委员会办公室和党委办公室合署办公。

4. 一般性单位的日常保密工作由秘书部门负责。

（二）依法管理，完善制度

做好保密工作需要法律和制度保证。我国的宪法和保密法对保守国家秘密有明确的法律规定，此外还制定了一系列行政法规和规章，为做好保密工作创造了良好的法律环境，提供了有力的制度保障。各单位必须将保密工作纳入法制化轨道，做到有法必依、执法必严；同时以法律为依归，从本单位的实际出发，建立并且不断完善、加强本单位内部保密工作的规章制度。其主要内容有：

1. 专项保密制度。如，文件保密制度、会议保密制度、新闻报道保密制度、通信保密制度、办公设备使用保密制度、计算机使用保密制度等。

2. 员工保密培训制度。要定期对员工进行保密培训，使他们牢固树立保密意识，掌握保密技术和技巧，养成保密的习惯。对新上岗的员工，特别是涉密的重点岗位人员，要进行重点培训。

3. 保密工作定期检查制度。对各项保密制度的执行情况要进行定期检查，以便及时发现保密工作中的漏洞和隐患，及时采取有效措施，将问题解决在萌芽状态，避免造成更大的损失。

4. 泄密责任追究制度。对违反保密规定，造成泄密的事故，要严肃追究有关人员的责任，给予其相应的处罚，绝不能姑息纵容。对违法犯罪的，要追究法律责任。同时举一反三，吸取教训，亡羊补牢，改进工作。

5. 保密工作总结表彰制度。对于在保密工作中有突出贡献的单位和人员，要总结他们的先进事迹，进行表彰和奖励；对工作中的先进经验，要及时加以宣传和推广。

（三）积极防范，突出重点

积极防范是保密工作的着眼点和立足点。积极防范首先要提高警惕，要从思想上高度重视保密工作，强化保密意识；要以防为主，未雨绸缪，以积极的姿态把工作做在前头，而不是消极预防。

保密工作还要区别情况，突出重点。这些重点是：

1. 从秘密的等级上来说，重点是绝密级；

2. 从秘密的分布来说，重点是秘密相对集中、秘密等级高的部门和部位；

3. 从掌握秘密的人员来说，重点是接触秘密较多的领导人员、秘密所在的要害部门（部位）的工作人员以及经管秘密的专职人员。

（四）既确保秘密，又便利工作

保密工作既要确保国家秘密、商业秘密和组织秘密的安全，又要有利于各项业务工作的正常进行，二者要相互兼顾，辩证统一。为此要做到：

1. 确定秘密范围要准确。定密过窄，该确定为秘密的事项而未定密，会造成泄密事件的发生。定密过宽，不该确定为秘密的事项而确定为秘密，就会给业务工作带来许多不便。

2. 确定秘密等级要合适。秘密等级合适，不仅能够确保各项秘密，而且也有利于秘密信息的合理利用。秘密等级定得过高，虽然秘密无恙，但会对信息的利用造成不必要的麻烦。确定国家秘密的等级，要综合考察该项秘密一旦泄露，对国家的安全和利益所造成损害的时间长短、损害面的大小、经济损失量的多少等因素。损害特别严重的事项，应当确定为"绝密"；损害严重的事项，应当确定为"机密"；损害一般的事项，应当确定为"秘密"。

商业秘密可由商业秘密的权利人确定相应的密级。

3. 确定保密期限要合理。任何一种秘密都是在一定时间只限一定范围的人员知悉的事项，这里的"一定时间"就是保密期限。我国《保密法》规定，国家秘密的保密期限，应当根据事项的性质和特点，按照维护国家安全和利益的需要，限定在必要的期限内；不能确定期限的，应当确定解密的条件。国家秘密的保密期限，除另有规定外，绝密级不超过 30 年，机密级不超过 20 年，秘密级不超过 10 年。

4. 变更密级和保密期限要及时。秘密事项泄露后的损害程度已明显变化，或因工作需要，原接触范围需做很大变动的，应由确定密级和保密期限的机关或单位及时变更密级和保密期限。

文件中所涉及的秘密事项公开后不会再造成损害，或从全局衡量公开后更为有利的，应及时解密，并通过法定程序公开。

（五）应用技术，严防窃密

当前，利用高新技术窃取秘密的事件屡有发生。技术越是落后，秘密就越容易被窃取。因此，要确保国家、商业和组织的秘密的安全，就要不断开发和使用新的保密技术，提高反窃密的技术能力。

四、秘书部门的保密工作

（一）文件保密

文件保密要严格把好以下环节：

1. 定密。需列入保密范围的文件，应在其产生的同时，由制文机关或单位确定密级和保密期限。涉及商业秘密和组织内部秘密的公文，其密级和保密期限由产生该公文的企业或组织确定。

2. 审核与签批。审核、签发、审批公文时，如发现不符合保密范围，或者密级和保密期限规定不当的，应当予以纠正。

3. 标志。国家秘密一经确定，应当同时在国家秘密载体上做出国家秘密标志。国家秘密标志形式为"密级★保密期限"、"密级★解密时间"或者"密级★解密条件"。在纸介质和电子文件国家秘密载体上做出国家秘密标志的，应当符合有关国家标准。没有国家标准的，应当标注在封面左上角或者标题下方的显著位置。

文件、资料汇编中有密级的，应当对各独立的保密件的密级和保密期限做出标志，并在封面或者首页以其中的最高密级和最长保密期限做出标志。摘录、引用密件中属于秘密的内容，应当以其中最高密级和最长保密期限做出标志。文件中只有少量内容属于秘密的，除在文件首页标注相应的密级外，还可以直接在应保密的段落之前标明密级，或者以文字指明哪些内容属于秘密事项。

密级和保密期限变更后，应当在原标注位置的附近做出标志，原标志以明显方式废除。在保密期限内解密的密件，应当以能够明显识别的方式标明"解密"字样。

4. 缮校。密件缮印应指定专人，批量印制应指定专门的印刷厂，并由专人监印。印刷密件时产生的废纸、校样等应彻底销毁。密件校对时，不得高声朗读，也不得私自找他人代校。印刷和校对密件的场所不能让人随便出入。

5. 传递。密件应当通过机要交通或派专人传递。传递时，信封上必须标明密级并加盖密封章。用电报传送密件，须使用密码。用电话传达密件，必须使用保密电话。用传真机和计算机传输密件，应采用加密装置。绝密件不得用传真机和计算机传输。

6. 运转。密件应实行严格的签收、登记制度。签收、登记时，要核对份号（印制顺序号）是否准确。登记、分文、传阅时，不能搞错每份密件的份号。密件的传阅，必须严格按文件规定和领导人确定的范围组织传阅，其他人未经批准不得接触密件。

7. 保管与翻印。密件平时应存放在保险柜中，以防被盗。任何人不得将密件带回家，也不得在公共场所阅读密件。如因工作需要，需翻印、复制密件，应办理审批手续。翻印党的密件，须经制发密件的机关批准或授权。国家行政机关的密件，除绝密件和注明不准翻印的以外，经收文机关负责人或者办公厅（室）主任批准，可以翻印。翻印时，应当注明翻印的机关、时间、份数和印发范围。翻印和复制的密件，应按原件的密级和保密期限管理。

8. 清退。密件应当定期清退，任何单位或个人不得借故拖延留存。工作人员调离岗位时，应当将本人暂存、借用的公文按规定移交、清退。清退密件时，应填写清退报表，一式两份，由接收部门核对后退回一份备查。单份密件的清退应开具收据。清退时，应仔细检查密件中有无缺页、签收与退还的密件的份号是否一致。

9. 销毁。销毁密件必须严格登记，经主管领导人批准后，至少由两人监销。销毁密件时，应禁止无关人员介入，保证不丢失、不漏销、不泄密。销毁后，监销人在销毁密件登记表上签字。非特殊情况,个人不得销毁密件。

(二)会议保密

1. 场馆保密。场馆是会议人员集中的地方,为防止泄密和窃密,必须加强场馆保密。具体要求做到:

(1)会议地点保密,即不对外公开会议的地点。

(2)会场环境保密。保密会议或内部会议应当选择具备保密条件的场馆举行,不得安排在接待外国人的宾馆、饭店、招待所内举行。如遇特殊情况必须召开的,应采取保密措施。

(3)基本设施保密。举行保密会议的会场必须具有良好的隔音和屏蔽效果,以免声音和信号外泄,并能有效防止扩音设备产生寄生振荡泄密。

(4)会后清场保密。会议结束后,工作人员应立即进行清场。清场的重点有两处,一是会场,二是与会者住宿的房间。清场的任务主要是检查有无遗留的文件、笔记本以及可能造成泄密的物品或痕迹。

2. 会议文件保密。保密会议中使用的所有文件都要列入保密范围,除遵守一般文件保密的要求外,还要做到:

(1)实行严格的签收制度,明确签收责任。

(2)需清退的文件,会议结束时要逐一清退,不留死角。

3. 器材保密。现代会议离不开先进的器材,如扩音机、录音机、录像机、照相机、电话机、传真机、计算机、签到机、复印机等。但是举行保密会议,就必须对这些器材采取保密措施,具体要求做到:

(1)有专人管理和使用,实行谁管理、谁负责。

(2)会前对使用的器材进行防窃密、防泄密检测。会议期间必须使用的电话机、传真机和计算机要严格加密。复印机、传真机使用后,要及时删除信息痕迹。录音带、磁带、胶片和数码记忆卡要按密级保管。会场内严禁使用无线话筒。

(3)参会人员不得携带手机等移动通信工具进入会场,已携带的必须交工作人员统一保管。

4. 时间保密。时间保密指除了与会者和必要的工作人员外,不向外界公开会议的具体时间,包括开始和结束时间。

5. 人员保密。这里的人员包括与会者和必要的工作人员。人员保密要求做到:

(1)限定参加范围。举行涉及绝密级事项的会议,与会人员必须指定,工作人员要严格审查。

(2)严格入场检查制度。与会者必须携带证件,如会议通知、单位介绍信、代表证等,无证件者原则上不得进入会场。确需列席会议的人员,应将名单呈报主管会议的领导审定。与会者的随行人员因特殊情况需要进入的,应报请批准。

(3)参加保密会议或内部会议的所有人员及工作人员都必须履行报到登记手

续,会议期间外出应当经过批准并记录在案。

6. 传达和宣传保密。保密会议或内部会议如果需要传达和宣传报道,应当做到:

(1)事先确定传达和宣传的口径、程度、方式和范围。

(2)各单位要按规定的范围、规定的内容和规定方式进行传达。如需扩大传达的范围和内容,应报请上级机关批准。未经批准,任何人不得擅自向外透露会议的内容。

(3)有的会议属于半公开会议,可以进行一定的宣传报道,但要指定专人对报道会议的新闻稿或简报原稿进行统一审查把关,统一宣传报道的口径,避免因文字疏忽导致泄密。

(三)新闻宣传保密

1. 单位和个人需提交广播、电视、报纸、刊物、书籍、计算机网站以及在信息发布会上公开发表的消息、声明、启事、简章、论文、广告、照片、录像等,如可能涉及国家秘密、商业秘密或组织秘密,或者对其中某一内容是否需要保密没有把握时,应交保密工作部门进行保密审查,并由负责保密工作的领导人审核签发。

2. 涉及秘密事项的新闻或宣传文稿,应当做适当的技术处理,如采取删节、改编、隐去等保密措施,既保持文稿的完整性,同时又不泄露秘密。

(四)通信保密

1. 电话通信保密

(1)需在电话中涉及秘密事项,必须使用具有保密功能的电话,不得在普通的固定电话、无绳电话、移动电话、电视电话、对讲机中传递秘密信息。

(2)平时用普通电话商量内部工作时,要留意周围环境是否安全,如有客人来访,应当中止通话。如果办公室其他同事正在接待客人,秘书通话应压低声音或转至他处通话。

(3)正式通话前必须先确认对方的身份并了解其是否有资格获得本单位的内部情况。在没有确认通话对象身份之前,或者对方的身份虽然明确,但无法确定其是否有权获得信息时,不能透露本单位的内部信息。

(4)通话后要检查是否挂机,防止未挂机泄密。

(5)负有机要任务的人员,不得轻易使用移动电话,以防频率泄密。

2. 传真通信保密

(1)传送或接收秘密级和机密级文件应当使用具有保密功能的传真机。

(2)绝密级文件不得使用传真机传递或接收。

(3)文件传真后,应取回原件保存,不要遗忘在传真机上。

(4)带有图像记忆功能的传真机,在传递或接受秘密文件后,要删除图像,以免他人复制。

3. 电报通信保密

(1)秘密事项必须使用密码传送。

(2)密码电报不得翻印、复制。

(3)不得密电明复,不得明电、密电混用。

(五)使用办公设备保密

1. 使用复印机保密

(1)复印秘密文件的复印机应当放置在机要室,由机要人员专用。

(2)用公用复印机复制内部文件时,应避免他人在场。

(3)使用具有图像记忆功能的复印机后,应立即删除自动保存的图像。

(4)复印后将原件取回保存。

(5)损坏的废纸要立即投入碎纸机粉碎,不得再次利用。

2. 使用录音、照相和录像设备保密

(1)使用录音、照相和录像设备记录秘密会议或文件,要事先征得领导同意。

(2)涉密的音像记录载体要按其密级同秘密文件一样严格保管。

3. 使用计算机保密

(1)计算机显示屏放置要隐蔽,不要直接对着门窗或通道。客人来访时应迅速启动屏幕保护程序或直接关闭显示屏。

(2)离开计算机一定要关闭系统。

(3)用计算机传递秘密信息要使用加密器,但绝密级事项不得用计算机传递。

(4)用计算机打印秘密文档时,应确保周围环境的安全。

(5)存有秘密信息的计算机应当专人专用,秘密数据要用密码保护。他人必须使用时,应采取指定盘区、限制存取范围等技术措施,使外来用户不能涉及秘密数据。

(6)存有秘密信息的软盘、光盘应当标有密级标志,保存在安全的地方,不得随便携带外出。

案例分析

维修电脑与泄密

G公司文员谢丽的电脑录入技术十分娴熟,不仅速度快,而且准确度高,在全公司可谓首屈一指。进入G公司三年多来,谢丽用电脑给大大小小的领导打印的文件不计其数。为了避免以后重复录入打印,谢丽总是将文件保存在硬盘中,而领导们要查找过去打印的文件,也都喜欢到她的电脑中查阅。久而久之,谢丽的电脑中存储了大量的公司文件。一天,谢丽的电脑突然坏了,几个同事帮忙鼓捣了半天还是没能修好,只好送到外面的电脑维修店去修理。第二天,电脑便修好并取了回来,可是不久,公司的一些重要客户却被另一家同行业公司拉了过去。

分析:根据上述材料,我们虽然不能说G公司的客户被拉走一定同电脑维修有必然联系,但有一点可以肯定,G公司的保密工作存在重大隐患和致命的漏洞。众所周知,任何一家商业公司都拥有自己的商业秘密,作为管理决策层,公司的领导首先要树立保密意识,制定并模范执行保密制度,平时要经常对员工进行保密教育和培训,将保密措施落实到方方面面,这是确保公司商业秘密、维护公司核心利益的关键。而恰恰在这一点上,G公司出现了重大失误。其次,作为公司的文员,谢丽经常接触公司的秘密信息,属于秘密相对集中的要害岗位的工作人员,应当具备起码的保密知识,采取必要的保密措施。比如,对存储了公司大量秘密信息的电脑要进行加密,无特殊情况,不得让他人使用电脑或请不可靠的人维修;必须让他人使用或维修电脑时,秘书(或文员)本人必须在场监督;外送修理电脑时,应当取下硬盘和其他存储器;等等。然而,谢丽似乎什么都没有做。正是由于存在上述两大隐患,G公司的商业秘密难免被泄露,这实在是一次深刻的教训。

第三节　值班工作和日常接待

一、值班工作

(一)值班工作的含义

值班的一般含义是指在当值的班次里担任工作。秘书工作中所称的值班,其具体含义是指在正常工作时间之外,或为保证机关正常运作,在一般的秘书业务之外所安排的、在固定的时间和地点处理日常事务和临时事项的工作。

(二)值班的类型

1. 按值班的时间可分为

(1)常设性值班。一些重要的党政机关或较大的企事业单位,建立常设性值班室,有固定的值班人员,实行全天候值班制度。

(2)休假日值班。一般机关或企事业单位在休息时间(如晚间和节假日)安排值班。

(3)临时性值班。临时性值班主要是指遇到或为防范一些突发性事故或突发性事件而采取的临时值班措施,如防汛防台值班。

2. 按值班的内容可分为

(1)综合性值班。这类值班负责处理本单位的各类临时性事务,如大中型机关或企事业单位的总值班室。

(2)专项性值班。专项性值班指针对某项专门工作的值班,值班人员只负责处理特定的事务,如安全值班。

（三）值班工作的主要任务

1. 承办临时事项。无论是常设性值班还是临时性值班，都要承办领导指示和其他部门委托的临时事项，包括临时性会议通知、向有关单位转达领导的指示、催查领导指示落实情况、根据领导意图安排和落实接待任务、了解上级部门领导在本地区进行考察活动的情况等。

2. 接待临时来访人员。对于临时到访的客人，在正常工作时间内，较大的机关和单位由常设性值班室接待，一般机关和单位由各职能部门或秘书接待，而在休息时间和节假日则由轮流值班的人员接待。

3. 处理来电来函。平时的来电来函都有职能部门或秘书部门受理，休息时间或节假日，则往往由值班室代为收受。函电内容重要或紧急的，应立即报告有关领导或转告有关部门，而对于一般来电和来信，值班人员只负责记录和登记，不直接答复或表态，也不能随便拆信。

4. 安排值班人员。常设性值班室平时有固定人员值班，但节假日则安排各部门的工作人员轮流值班。一般单位的休假日值班基本上采取各部门工作人员轮流值班的办法。轮流值班人员的名单可由各部门提出，经秘书部门初步安排并与各有关部门协商后报领导审定。经领导审定的名单及时间安排应绘制成表格印发各有关部门，通知到有关人员，并放置在值班室内醒目处。

值班表应明确载明下列项目：

（1）值班表的适用期限，如“10 月 1 日—10 月 7 日”。

（2）值班的具体时间。

（3）值班的具体地点。

（4）当值人员所在部门及姓名，如多人值班，应明确负责人。

（5）值班要求。

值班表参考格式见表 9－1 所示。

表 9－1　××公司（集团）国庆期间值班表

（2010 年 10 月 1 日—10 月 7 日）

日期	10 月 1 日	10 月 2 日	10 月 3 日	10 月 4 日	10 月 5 日	10 月 6 日	10 月 7 日
姓　名	钱必良 郭为良	朱　颖 张晓明	李　聪 李志强	夏晓峰 殷伟康	李荣融 方克明	王　维 邱志伟	王长荣 季孝梁
值班时间：上午 8 时—下午 6 时 值班地点：公司值班室（××大厦 1409 室） 值班要求：1. 按时值班，人不离岗； 2. 认真做好电话记录、接待记录和值班日志； 3. 有事需向办公室请假，不得擅自调换值班时间。							

××公司（集团）行政办公室

2007 年 9 月 27 日

5. 掌握领导日程安排及外出情况。值班人员应对领导班子成员的日程安排及外出情况了如指掌，尤其当领导人外出时，要掌握与其联系的方式，一旦出现紧急情况可以及时联络。

6. 协调安全保卫工作。较小单位的休息时间和节假日值班，往往要同时兼顾安全保卫工作。有的大单位在休息和节假日安排专门人员进行安全保卫值班，这种情况下，总值班人员应当做好协调工作。

（四）值班工作的要求

1. 认真负责。值班工作具有联络上下左右、应对紧急情况和窗口形象等重要作用，值班人员思想上应当高度重视，认真负责地做好每一项工作。

2. 热情待人。在值班中，值班人员经常要接待来访、接听电话，待人热情、说话和气、举止文明，能给来访者和来电者留下良好印象，从而塑造领导机关和企事业单位良好的社会形象。

3. 遵守制度。值班工作应当制度化、规范化，值班人员应当遵守制度，按章办事。这些制度包括：

（1）岗位责任制。无论是固定值班人员还是轮流值班人员，都要明确岗位职责，坚守岗位，不得擅离职守，这是值班工作最基本的制度。

（2）请示报告制度。值班期间，遇到重要事项或者没有把握答复处理的事项，必须请示领导；重要信息应当及时向领导报告；紧急情况可以边处理边报告。

（3）交接班制度。值班人员交接时一定要办理交接手续，做到文电交接清楚、值班记录交接清楚、未办事项交接清楚。实行全天值班的，应实行当面交接班。实行白天值班或夜间值班的，可采取电话交接或书面交接（即把需要交接的事项写在交接书或值班日志上，由下一班值班人员处理）。

（4）保密制度。凡涉及国家或单位秘密的事项，必须按保密规定办理。

（5）安全防范制度。值班中要特别注意防盗、防火、防诈骗。对要害部位要定时检查巡视；对陌生的来访者既要热情礼貌，又要保持警惕。

4. 做好记录。值班记录是保存值班信息的重要载体，其作用一是用于交接班，保证值班工作的连续性，二是以备将来查考。

（1）电话记录，内容包括：来电人单位、来电人姓名、来电时间、来电内容、回电号码、记录人姓名。

（2）接待记录，内容包括：来访单位、来访人姓名、来访时间、来访事由、联系方法、接待人姓名。

（3）值班日志。值班日志是对当天值班过程中接收的信息和办理的事项的全面记录，包括收到或接到的电话、电报、传真、信函，接待的来访，领导要求办理的临时事项等。

二、日常接待

（一）日常接待的含义和特点

日常接待是指大型活动、正规访问、值班和信访接待以外，秘书平时在办公场所的接待活动。秘书日常接待具有以下特点：

1. 接待对象的不确定性。日常接待的对象广泛而且复杂，既有事先约好的客人，也有不速之客；既有上、下级单位的来人，也有媒体记者或客户来访，有时还会有对领导者的私人访问。因此，秘书在接待时首先要辨明对方的身份，弄清接待对象。

2. 接待时间的随机性。日常接待除少数是事先安排的外，大量的是临时发生的，秘书手头的工作常常因客人的临时到访而中断。

3. 接待事项的多样性。日常接待的事项巨细不一，有的关系到组织的生死存亡，如重要客户或合作伙伴的紧急造访；有的则属于纯事务性联系，如接转关系、寻人问事。无论属于哪一种事项，秘书都要认真接洽。

（二）日常接待的形式

1. 前台接待。前台接待是目前公司中普遍设置的专门负责来访客人的登记和引领、电话总机的接听与转接、邮件的接收与发放、报刊的订阅及管理、文件的打印和复制以及员工考勤管理等工作的岗位。从接待角度看，前台接待是日常接待的一种形式，凡临时到访的客人都由前台秘书或文员先行接待、登记，然后引领、导访。

2. 办公室接待，即在办公室接待客人。不设前台接待的单位，办公室秘书往往是第一接待人。

（三）日常来访接待的程序、方法和要求

1. 接待领导预约的客人

（1）礼貌招呼，辨明身份。如初次见面，要说："您好，欢迎到我们公司来"；"您是××先生吧，我是陈总的秘书，陈总正等着您。"如客人较为熟悉，可适当寒暄。如果来访者较为年长，秘书应当起身欢迎。对不认识的客人应确认其身份。

（2）通报领导。招呼客人、确认身份后，请客人稍等，立即通报领导。

（3）安排休息。如客人早到，领导还在开会，暂时不能接待，可先将客人引至休息室或接待区稍候，如等候时间较长，应斟上一杯热茶，递给一些报刊资料，如企业概览、年鉴等。

（4）引导开门。通报领导后，秘书应将客人引至领导办公室或会客室。进门前，要主动为客人打开房门。

（5）介绍。如领导与客人不熟，秘书要做介绍，一般应当先向客人介绍领导，再向领导介绍客人。

(6)引座。进入领导人办公室后,秘书应将客人安排坐在领导人的右侧或对面,或由领导人亲自招呼就座。如领导人未到,则对客人说:"您请坐,×经理马上就到,请稍等。"

(7)退出。退出前,先给客人倒上热茶,夏天则递上矿泉水,然后询问领导是否还有其他要办的事。有时领导让秘书留下做记录,如不做记录,秘书退出时要轻轻带上房门。

(8)送客。客人离开时秘书应与其礼貌告别,或代领导送其至电梯。

2. 接待不速之客

(1)礼貌招呼。无论来访者是相识的还是陌生的,秘书招呼时都要热情、礼貌。

(2)辨明身份,了解来意,区别处理。具体方法和要求是:①上级部门的领导或工作人员来访,应立即通报领导。领导如表示立即会见,秘书便将其引至会客室或领导办公室。如领导暂时无法接待,可请示领导如何处理,再按领导的指示办。②本单位的一般干部或普通员工求见领导,要问清事由。事项重大、情况紧急的,立即通报领导;一般汇报请示或反映问题,视领导的忙闲安排。如领导正好有空,可请示领导是否立即安排;如领导正忙,则另行安排通知。③外单位不熟悉的客人来访,应要求其出示介绍证或证明信函,以便确认其身份。如来访者身份重要或事关重大,应立即通报领导,再根据领导的意见处理;属于职能部门办理的事项,可告知来访者应当联系的部门和具体联系人;秘书能够独立解决的事项,应自己接待办理,并做好记录,事后报告领导;来访者要求会见领导,但实际上不必由领导亲自接待的,或者是无理纠缠的,秘书要耐心解释,做好挡驾工作。④领导暂时无法接待的客人,可请其留下姓名、地址、电话,另行安排通知。⑤领导明确指示不会见的客人,应委婉而又巧妙地予以拒绝。

其余的接待程序、方法和要求同接待预约的客人。

3. 安排领导的临时性会见。临时接待中,对领导暂时无法会见的客人需要另行安排时间,具体要求是:

(1)了解事项的缓急程度和客人对安排会见的时间要求。

(2)根据领导的既定日程,见缝插针,向领导提出会见时间的建议。如情况重要而且紧急,可以适当调整原来的日程安排。

(3)领导同意后,及时告知客人。如客人认为时间不合适,可做进一步协调。

(4)客人接受时间安排后,立即向领导汇报。

(5)秘书按预定时间做好领导会见的各项准备,并督促领导准时赴约。

第四节　完成交办事项和管理办公用品及用房、用车

一、完成领导交办事项

（一）完成领导交办事项的含义和意义

领导交办事项是指领导人临时交付给秘书处理的工作。秘书完成领导交办事项有以下意义：

1. 有利于领导集中精力抓大事。现代化管理的过程，是一个信息、人事、财物相互作用的过程，必然会产生大量的事务。在个人精力有限的现实条件下，领导者必须把有限的精力集中于计划、组织、指挥、协调和控制等管理环节，而把管理过程中产生的一些具体事务放手让部下去做。秘书作为领导的助手，理所应当根据领导的指示和意图，完成其临时交办的各项具体事务。

2. 有利于提高领导工作的效率。大量的领导交办事项是在领导人开展具体工作的过程产生的，属于领导工作的一部分。秘书通过及时有效地承办临时交办事项，满足领导人工作中的临时或紧急需要，这对提高领导工作的效率有极大的作用。

（二）领导交办事项的特点

1. 临时性。领导交办的事项大都是临时发生的，秘书一般很难预见，事先也无法定出计划。因此，秘书要善于灵活应变，处理好做好平时工作和完成交办事项的关系。

2. 紧迫性。领导交办的事项往往具有紧迫性，一旦下达，必须立即办理落实，限时完成，不能拖延。

3. 广泛性。领导交办的事项涉及面广，内事外事、大事小事、难事易事、公事私事、公开事保密事，无所不包。只要是领导工作中临时需要办理的具体事项，都可以交给秘书去完成。

4. 从属性。领导交办事项的范围、类型和多寡同领导人的领导风格、办公习惯和使用秘书的方式有极大的关系。领导人工作放手，信任秘书，则往往托付秘书办理大事、要事；领导人工作不肯放手，或对秘书信任不够，则交办的事项偏重于具体事务。作为秘书，应当努力适应领导人的工作风格和习惯，重视每一项交办事项，认真、细致、准确地完成任务。

（三）完成领导交办事项的要求

1. 保密。领导交办的事项，往往带有一定的机密性或隐私性。在办理这类交办事项时，秘书一定要注意保密。即使看上去是一些小事，秘书也应当做到只做不说，

养成保密的习惯。

2. 准确。领导交办的事项是领导工作的有机组成部分，必须准确按照领导的意图完成。因此，接到交办事项后，秘书首先应当准确领会领导意图，准确把握具体要求，准确了解实际情况，按质按量完成任务。

3. 及时。许多交办事项都是在领导工作的过程中发生的，秘书能否迅速及时地完成，直接关系到领导工作的效率。因此，秘书一旦接到任务，应当闻风而动，雷厉风行，及时办理、及时汇报。

4. 协调。在秘书工作中，完成领导交办事项具有优先的地位，这是由交办事项起事急、时间紧的特点决定的。但是，秘书工作又是一个整体，在完成领导交办事项的同时，还应当处理好完成与其他日常事务管理工作的关系，既要满足领导临时的、紧急的工作需要，又要有条不紊地做好其他各项工作。

二、管理办公用品、用房和用车

（一）办公用品管理

办公用品泛指办公处所内除建筑装饰物品之外的工作设备和易耗品，管理的要求是：

1. 合理计划。办公用品种类多，流量大，对领导工作和整个机关工作的影响不可忽视。事先制订计划，可以有效地防止因办公用品的断档脱节而影响机关工作的正常开展。

2. 厉行节约。办公用品使用很容易出现浪费的现象，秘书人员应当严格把好计划、采购、保管、发放、使用、检查等环节，并配合领导进行厉行节约的宣传教育，反对并切实制止大手大脚和铺张浪费。

3. 确保重点。在办公用品有限的情况下，要确保使用的重点。首先要确保领导人办公用品的使用需要，其次要保证工作性质较为重要的部门和客观上办公用品消耗较大的部门的需要。

4. 健全制度。办公用品的管理要靠健全的规章制度保障，这些制度包括：

（1）采购招标制度。大批量的物品或重要设备的采购要实行公开招标制度，杜绝暗箱操作，防止产生腐败，降低采购成本，提高采购质量。

（2）进货登记制度。所有办公用品都必须进库统一保管并进行严格的登记，不允许有账外“小仓库”或未经登记就以个人名义使用和保管。

（3）专人保管制度。平时的办公用品保管要专人专职，有明确的岗位职责和奖惩制度。

（4）领导审批制度。对办公用品的计划制订、供应商确定、价格谈判方案、经费使用、重要办公用品的领用，要实行领导审批制度。

（5）领用签字制度。领用办公用品，要填写“办公用品领用登记簿”，由领用人详细填写领用物品的名称、数量、用途、领用时间等项目,并在领用人一栏中签字,做到"谁领用、谁签字、谁负责"。

(6)维护保养制度。办公用的设备和器材使用中要倍加爱护,平时要定期保养,以延长其使用寿命。

(二)办公用房管理

秘书管理的办公用房主要是领导人和秘书的办公室、储物室、接待室、会议室、机要室、档案室、打字复印室、值班室等。办公用房管理的要求是:

1. 安全、保密。这包括人身安全和财产安全两方面。秘书管理的办公用房是领导集中办公、接待、开会和举行重要活动的场所,确保人身安全是办公用房管理的第一要务。办公用房中的设备安装和使用要符合安全标准和规定,做到防火、防漏电;大型会场要配备足够的消防设施和器材,安全通道和逃生口要保证在紧急情况下能够正常启用。此外,办公用房内的重要物资应采取必要的防盗措施,加强防范。

秘书管理的办公用房也常常是领导人商量机要大事和秘书处理机要信息的地方,在选址、设计和装修时要充分考虑保密的要求,使领导人开会、谈话、阅读机要文件以及秘书处理秘密文档时能够有效地防止泄密和窃密。

2. 适用、整洁。办公用房中的办公设备和器材要配备齐全,以满足领导人和秘书开展工作的需要。办公用房室内要做到光线明亮、通风良好、窗明几净、堆物整齐,周边环境应当保持安静、整洁。

3. 周到、合理。管理办公用房的根本目的是为了用好办公用房。办公用房主要是为领导人服务的,有时也常常要为其他部门服务。如,会议室就经常要向单位内各部门开放使用,为此要建立使用登记制度。当借用会议室的部门较多时,还应加以协调,合理调度,尽可能满足各部门的需要。

(三)办公用车管理

领导办公用车一般是由秘书部门直接管理。用车管理的目标是为领导人及时提供安全、高效的用车。用车管理的内容和要求主要有以下几方面:

1. 服务及时。领导用车及时与否直接影响领导的工作效率,秘书要随时了解领导用车的需求,提前与驾驶员取得联系,做好出车的一切准备。领导加班加点,秘书要安排驾驶员值班,随叫随到。

2. 统一调度。领导用车应当由专人统一调度,其他人员因公需要临时借用,需经秘书同意,并确保不影响领导用车。

3. 安全第一。对驾驶员要经常进行安全教育,促其不断提高驾驶技术,掌握应付紧急情况的技能,平时加强对车辆的维护和保养,出车前进行严格的安全检查,确保领导用车安全。

第五节　接打电话与收发传真

一、接打电话

（一）电话通信的类型

电话按不同的标准可分成很多类型，从秘书实务的角度来看，主要有以下几种类型：

1. 按通话的要求分

（1）保密电话。保密电话采用信号加密技术，把语音模拟信号转换成密码数字信号进行传递，故具有良好的保密性能。涉密事项的电话通讯必须使用保密电话。

（2）普通电话。普通电话用一般数字信号或直接用模拟信号进行传输，故保密性能较差，适用于非秘密事项的电话通信。

2. 按通话内容分

（1）专线电话。专线电话具有特定的社会作用，一条用户线路只能派一种特定用途。秘书部门的专线电话主要有：①首长电话。首长电话是党政机关领导为加强同人民群众的联系而专门设立的，具有信访工作的性质。实际上，这些电话大都是由秘书代为接听并具体处理的。②举报电话。举报电话是为开展反腐败斗争、加强干部廉政建设、鼓励人民群众进行举报而专门设立的。③监督电话。这种专线电话是党政机关和企事业单位为了加强党风、政风和行风建设而设立的。④投诉电话，即专门接受群众对产品及服务的意见而设立的专线电话。

（2）通用电话。通用电话是指不具有专门功能，可以用于一般性工作联系的电话。

（二）秘书通话的程序

1. 主叫通话程序

（1）做好准备。所谓做好准备，主要包括如下方面：一是内容准备。打电话前先要想好打给谁，何时打，说什么，怎么说，重要事项通话要有书面提纲，电话传达领导口头指示应先做好记录，一般事项应事先打好腹稿，做好答复对方提问的思想准备。二是记录准备。事先准备好记录用的本子、电话记录单和笔。三是查记对方号码，切不可先摘机，再查号码，因为这样等于使你的电话占线，不仅无效占用了电话资源，而且会使别的电话无法呼入。

（2）正确拨号。摘机后应立即拨号。拨号时注意力要集中，避免拨错。具有“热线服务”功能的电话机拨打其他电话，必须在5秒钟内拨号，否则会接通“热线”，造成误打。

(3)自我介绍。自我介绍是通话的基本礼节。自我介绍前要先确认对方是自己要联系的单位或人员。如果对方未自报家门,秘书可以这样说:“是××公司吗?我是××公司的秘书,××先生在吗?麻烦您请他听电话。”如果打错了电话,要表示歉意并立即挂断电话。

(4)陈述内容。在确认对方是自己所要找的对象后,秘书应按事先准备的内容准确、清楚、完整地向对方陈述。有些重要的内容或容易使人按习惯理解而事实上却做了调整或改变的事项,如一些会议通知的时间、地点、出席对象的变化,一定要重点陈述并予以强调。对方如有疑问要耐心解答。

(5)主动复述。通话时,设备、环境以及人为因素的干扰,会影响信息传递和接收、理解的准确性。在通话内容陈述完毕后,秘书应询问对方是否听清,重要信息还要主动复述,也可以请对方复述,以便及时纠正双方陈述、理解和记录上的出入。

(6)礼貌告别。内容重要的通话,告别前应先由主叫方提出结束通话的请求,可以这样说:“您看还有什么问题?”对方表示没问题了,主叫方才可结束通话。告别时要用礼貌用语。固定电话放下听筒应先将耳机一头朝下,按住叉簧,切断通话,然后放下话筒一端。

(7)检查挂机。挂机后,还要检查电话是否切实挂断,如未挂断,电话就会连续计费,来电也无法呼入,而且还可能造成泄密。

2. 被叫通话程序

(1)准备记录。秘书应当养成随时准备记录电话的职业习惯,平时要将记录用的纸(或记录本)和笔放在桌上固定的地方,听到电话铃响,左手摘机,右手立即拿起纸和笔准备记录,不要等到通话开始后再去临时寻找纸和笔,这不仅会造成无效占用双方的电话,还会浪费宝贵的时间,甚至给对方造成办事缺乏条理的不良印象。

(2)摘机应答。秘书最好是在第二声铃响之后、第三声铃响之前迅速摘机应答,理由有三:一是具有“来电显示”功能的电话机,电话交换机是在第一声和第二声铃响之间传送来电信息,如在第二声铃响之前摘机,会影响来电的显示。二是有的主叫方在拨出号码后发现错误,即使马上挂机,被叫电话也已开始振铃。如果被叫方在第一声铃响后马上摘机,容易造成无效应答。三是铃响时间过长接电话,延误对方的时间,显得不够礼貌。第二声铃响之后立即摘机应答,既体现对客户的尊重,又能展示讲求工作效率的良好形象。如果因故不能及时摘机应答,应在摘机后主动向对方说一声“对不起,让您久等了”,以示歉意。应答对方应当用“您好”,而不要用“喂”。

(3)自报家门。通话时首先说话的是被叫方,因此,秘书摘机后应当主动向主叫方自报家门,以便对方判断电话拨打是否准确。

(4)辨明身份。如果主叫方已做自我介绍,则可进行正式通话。但如果主叫方未做自我介绍,秘书就应当用礼貌的方式了解对方的身份和来电意图,尤其是找领导的电话,更应如此。如果领导暂时不能接电话,秘书要做好解释。切记,在未弄清对方身份和意图之前,不要盲目把电话转给领导,也不要轻易和对方讨论有关自己单位的情况。

(5)听记陈述。对方陈述通话内容时,秘书应注意倾听,弄清意图,抓住要害,记住细节。凡有不清楚、不明白的地方,一定要请对方重复或者解释。给领导的留言以及重要事项,要做好详细记录,事后及时向领导汇报。

(6)复述内容。被叫方主动复述来电内容,既可以与主叫方核对信息,同时也有助于自己加强记忆。一般的通话内容可做简要复述,重要的通话内容应做详细复述。

(7)告别挂机。一般情况下,应当由主叫方先告别,被叫方回敬对方"再见",也可以向对方表示感谢。在确认对方已经挂机后,再轻轻放下听筒,并检查是否挂好。

(三)秘书通话的要求

1. 陈述清楚。由于电话沟通无法借助手势、表情等辅助手段,完全依靠口头表达来进行,因此通话时双方陈述的清楚准确就显得尤为重要。陈述清楚包括意图明确,内容清晰,表达准确,口齿清楚,声音适中。在技术上,话筒应离下巴 10 厘米左右,使用免提式电话机时,嘴巴离话筒应在40 厘米左右,太近会因音量太大而造成声音失真,太远则使对方听不清楚。

2. 通话简短。秘书通话要在确保准确清楚的前提下做到言简意赅、讲求高效。这样做,一方面避免了无效占用电话资源,降低通话的成本;另一方面提高了其他电话呼入的效率,加快了信息的传递速度。

3. 语言礼貌。语言礼貌包括:

(1)用语礼貌。如通话前用"您好"致意并主动自我介绍;迟接电话应表示抱歉:"对不起,让您久等了";询问对方身份应说:"您贵姓"或"我怎么称呼您";要求重复内容应说:"对不起,我没听清楚,请您重复一遍";挂机前可根据不同对象分别采用"再见""谢谢""请多联系"等告别用语。

(2)态度温和。秘书通话的语气、态度要温和,努力创造一种相互尊重的气氛,即使对方语言粗俗或双方话不投机,秘书也应当以礼相待,切不可在通话时耍态度、发脾气。

(3)语速适中。通话时要掌握好语速。语速过快,对方来不及听清;语速过缓,使人感到很别扭,不舒服。

4. 行为文明。通话时的行为文明包括:

(1)回电或铃响后接电话要迅速,以免让对方久等。如正在接待客人,可向客人说:"对不起,您稍等,我接一下电话。"

(2)长时间的通话,在接通电话后要先询问对方是否有足够的时间,如对方觉得不方便可另约时间。

(3)尽可能在对方的工作时间内与其电话联系,非紧急的情况,不要在对方休息时打电话,或将电话打到对方的家中。

(4)通话时不随便打断对方,必须打断时,应先征得对方同意。双方发生争执时，要注意倾听对方的意见，等对方说完后再发表自己的看法。

(5)通话时不应随便离开电话与他人说话，以免引起对方的不快。必须临时与其他人说话时，应请对方稍候并表示抱歉。

(6)通话中其他电话机铃响或听到第三方呼叫等待的通知音，可向对方说明情况，请求暂时中止通话，但必须尽快处理完后一个电话。回到原来的电话时，应当向对方表示歉意。如果后一个电话更为紧急，且通话时间可能较长，应当马上向原通话的一方说明，取得谅解，并承诺主动再与其联系，然后挂机。

(7)挂机前应征求对方意见。对方言犹未尽，非特殊情况，不要轻率挂机。挂机时动作要轻婉。

5. 注意保密。具体要求详见本章“保密工作”一节。

6. 保持警惕。秘书接到的电话，成分相当复杂，其中难免会有恶意骚扰、欺诈行骗的电话，对此秘书要保持警惕。

(1)正式通话前，秘书应先辨明对方的身份。身份难以在电话中证实的，先将对方反映的情况记录在案，不做表态，事后通过其他途径调查核实。

(2)安装“来电显示”功能，一旦发现对方利用电话行骗、骚扰或恶作剧，可查出对方的电话号码，掌握证据。

(3)对反映重要问题的来电，可使用录音电话机，留下声音文件，一旦查实是欺诈行骗，可据此追查。

7. 记录规范。电话记录既起备忘作用，又是重要的凭证和依据。重要的通话应在通话后及时整理原始记录，并填写“电话记录”或“电话处理单”。“电话记录”或“电话处理单”的格式要统一、规范，项目设计要齐全、合理。电话记录应字迹端正，用纸用墨符合存档的要求。

8. 办理及时。需要办理的电话，秘书应当及时分办，或将电话处理单呈领导阅批，或直接转交业务部门处理。属于秘书职责范围的，秘书应立即着手办理。来电内容如属客户投诉或属群众反映问题、提出要求的，应另填写“群众来电处理单”，纳入投诉处理或群众来信来访处理范围。

二、收发传真

(一)传真的含义和功能

传真是指在公用电话网或其他相应网络上，对各种图文原稿进行远程传送的一种通信技术，又称图文传真电报。传真机是传真系统的终端设备，集电话、扫描、记录等功能为一体，既可以当电话机使用，又可以发送和接收各种文件、报纸、相片、图表、签名、印章及数据。传真机具有以下功能：

1. 自动接收功能。传真机能在无人看管的情况下，自动应答、自动进行图文接收、自动关闭。

2. 定时传送功能，即可预设发送时间，到时间，传真机会自动拨号、自动进纸、自动传送文件。如遇对方设备占线，传真机还会自动延时拨号，直至接通。

3. 存贮和复印功能，即传送和接收文件的同时，传真机将自动保存信息，并可重新复印。

4. 放大和缩小功能，即根据传送的需要，在原件尺寸的基础上进行放大或缩小。

5. 自动转移功能，即当传真机正在工作时，可将信号转移至另一台传真机或其他终端上。

6. 通信管理功能，即接收或传送文件后，传真机会把来电和去电的号码、时间等信息记录在存储器中，按相应的键可在显示屏上显示出来，便于查阅和管理。

7. 分辨率选择功能，即可根据文件本身的质量和传输的要求，自动或者人工选择图像扫描的分辨率，以保证传送图像效果的清晰。

8. 快速扫描功能。传真机先快速把文件扫描后存入内存，然后再用内存记忆把文件发往接收端，以节省发送文件时所需要的扫描时间，提高效率，降低成本。

9. 保密功能，即附设加密器，以确保机要文件传送的秘密性。

10. 电话传真切换功能，即通过功能切换既可传送和接收传真文件，又能接打电话。

（二）发出传真

1. 书写打印。用传真机发送的文书有两种：一种是有原来格式的文书，如公文、申请表、登记表、发票、简历、照片等，这类文书可直接用传真机发送；另一种是机关或单位之间相互往来的事务性文书，这类文书是公务文书的重要组成部分，具有告知、备忘、确认的作用，也可以作为法律凭证。这类文书的制作，可以用计算机打印，也可以是亲笔书写并签字，书写打印时要注意以下几点：

（1）简明扼要。在电信局发传真，按页计价。在本单位的传真机上发传真，则按占用线路时间的长短计价。传真件的写作要做到简明扼要，压缩篇幅，以缩短传输时间，降低费用。

（2）清晰端正。书写传真文件应当用深色墨水，字迹清楚端正。传送打印的文档字号不要小于4号，以确保传送的清晰度。

（3）格式规范。书写或打印事务性传真件，格式应当统一规范，项目设置要便于双方对传真件进行管理和将来的查考利用。传真件应书写或打印在A4纸上，格式一般应设置下列项目：

①标题。单位名称+传真（传真件），如："上海××××有限公司传真"。"传真"二字一定要标注，以区别于其他的文书。

②编号。可参照公文的发文字号编号方法，机关代字+年份+流水号。

③收件单位法定名称、收件人（即对方经办人）、传真和电话号码。对方经办人明确的，一定要写明其姓名。

④发送单位法定名称、发送人、传真和电话号码、地址和邮编，便于对方通过传真以外的方式联系。

⑤发送日期，急件还要注明发送的具体时间。

⑥总页数和页号。为了防止传送过程中出现掉页故障，必须写明总页数和页号。

⑦标题或事由。

此外，还可根据每个单位的具体情况设置其他相关的项目。

事务性传真件参考样式如表9－2所示。

表9－2　××××(单位名称)传真文件

××传字〔2010〕25号

收件人姓名	王传唐	传真号码	02165××××36	电话号码	02165××××37
收件单位	上海×××××有限公司				
发送人姓名	钱　伟	传真号码	01067××××78	电话号码	01067××××79
发送单位	北京×××××有限公司				
地址	北京××胡同××号××室			邮编	100023
发送日期	年　月　日　时　分			总页数	15
事由					
（以下书写或打印传真件的内容）					

2. 登记。用传真机发送的文书，都应当严格登记。登记有两种情况：用传真机发送的正式公文，在发文登记簿的“传送方式”一栏中登记并注明“传真”（详见《文书处理》一章“文书处理程序”一节）；其他文书可建立专门的“传真发送登记簿”，逐项进行登记，以便日后查考。

3. 调整设置。在发送传真前要根据发文要求和传输信道质量对传真机的工作状态进行调整：

（1）传真机和电话机使用的是同一条电话线路，必须将传真机功能键切换至“传真”（FAX）的位置。

（2）当传输信道质量好时，应调整至高传输速率，并应使用自动纠错功能。这样既可保证通信质量，又可缩短传输时间。如传输信道质量较差，可调整至较低的传输速率，是否使用自动纠错功能则视情况而定。

（3）根据发送要求调整分辨率、色彩、色调、对比度等参数。

（4）需定时发送的，设置好预定的时间。

4. 装入原稿

(1)大于A4纸或者纸张厚度大于0.15mm或小于0.06mm的原稿,以及纸上有大头针、曲别针或其他硬物的原稿,不能装入传真机。

(2)将发送的原稿字面朝下放在引导板上。发送多页文件时,两侧要排列整齐。一次放置的原稿页数不能超过规定页数。

5. 发送

(1)确认传真机处于“准备好”(READY)状态。

(2)用电话拨通对方,确认对方传真机信号,或先与对方通话,请对方按启动键。

(3)按启动键(START),发送指示灯亮或液晶显示屏上出现“TRANSMIT”后挂机。

(4)发送完毕液晶显示屏出现“OK”后,取下原稿。如液晶屏上显示差错,要进行重发,直至全部无误为止。

(5)发送操作时的注意事项:①若按下“停止”(STOP)键时,发送马上停止,此时不能强行抽出卡在传真机中的原稿,只能掀开盖板取出。②发送时不得强行抽出原稿,否则会损坏机器和原稿。③当出现原稿阻塞时,要先按“停止”键,然后掀开盖板,小心取出原稿。若原稿出现破损,一定要将残片取出,否则将影响机器的正常工作。④若听到对方的回铃音,而听不到机器的应答信号时,不要按启动键,应打电话问明情况后再做处理。

6. 保存原稿。有保存价值的原稿,应当妥善保存,年底立卷归档。如果原稿未采用上述传真件格式,取出后,注明传真编号、发送日期、收件人单位名称和姓名等信息(应当与传真发送登记簿相一致),按规定保管和归档。

(三)接收传真

1. 接收。接收传真有自动和人工两种方法。

(1)自动接收。具有自动接收功能的传真机才能按此方式操作。在接收前首先要检查接收机内是否有记录纸,各显示灯或液晶显示是否正常,只有当接收机处于“准备好”状态才能接收。自动接收时,无须操作人员在场。过程如下:①电话振铃一次,机器自动启动,开始接收;②接收结束,接收指示灯熄灭;③机器自动回到“准备好”(READY)状态。

(2)人工接收。如果在一条电话线路上连接电话机和传真机两个终端,而且经常使用电话机,则可采用人工接收方式。操作步骤如下:①使机器处于“准备好”(READY)状态;②当电话振铃后,摘机与对方通话;③按对方要求,按启动键(START),开始接收;④挂机;⑤若接收出现差错或质量不好时,可用电话与对方联系,要求重发,直至满意为止。

2. 登记。收到重要的传真件后,应当在传真收文登记簿上进行登记。

3. 处理。传真件收到后,按文书处理程序办理。

第六节　印信管理和大事记

一、印章管理

（一）印章的作用

1. 凭信作用。印章历来和权力、责任、信用相联系，对下象征权力，对上承担责任，对外代表信用。文书材料一经加盖印章，就代表制文机关对其法定效力的确认，开始施行法定的职权，或者承担法定义务。

2. 标志作用。保密章、急件章、收文章、校对章等事务性印章，能代替手工标志，既方便工作，又规范统一。

（二）印章的种类

1. 正式印章，又称公章，代表一个单位的正式署名，具有法定的权威性和现实的证明效力。

2. 套印章。套印章用于铅印大批量文件时的盖章，其款式和法定效力与正式印章相同。

3. 电子印章。电子印章不同于实物印章，它是一种模拟实物印章的数字技术，通过计算机生成、显示，其视觉外观与对应的实物印章完全相同，仅用于电子公文的盖章，与对应的实物印章的效力相同。

4. 钢印。一般加盖在证明性公文或证件的相片上，其位置在持证件人相片的右下角，起证明持证人身份的作用。

5. 领导人签名章。领导人签名章是为机关单位领导人行使职权而刻制的个人姓名章，其作用是代替领导人的亲笔签字，与领导人的亲笔签字具有同样效力。领导人签名章有以下三种情况：第一种是按领导人亲笔书写的姓名字样刻制的，无外框，用于命令、任免通知等下行公文和重要的凭证。第二种是用楷书、隶书等字体刻制的，一般为方形或长方形，有外框，用于代替一般的签字。第三种是电子签名章。电子签名章并非是书面签名的数字图像化，而是指数据电文中以电子形式所含、所附，用于识别签名人身份并表明签名人认可其中内容的数据。通俗点说，电子签名就是通过密码技术对电子文件的电子形式的签名，它的作用与手写签名或私人印章相同，目前适用于电子商务领域。

6. 专用章。专用章是机关或单位为开展某一类特定工作而专门刻制的印章，款式应与正式印章有区别。专用章除刊单位名称外，还应刊“×××专用章”字样，如“合同专用章”、“出入证专用章”、“财务专用章”等。

7. 办事章。办事章是为办理日常事务而刻制的一种公务印章，其作用是减少正式印章的使用频率,但不得用于正式文件,以显示正式印章的庄重性。其款式应不同于正式印章,除刊单位名称外,并刊“办事章”字样。

8. 收发章。收发章是机关单位的收发室在收发文件过程中使用的专门印章。收发章又分为收文章与发文章两类。收文章有两种样式:一种是在所收文件的回执上盖用的,表明文件已经收到;另一种是加盖在收到的文件上的,刻有收文单位名称、收文号、收文日期、归档日期等内容。发文章一般刊有文件编号等内容。

9. 校对章。校对章是为改正文件印制后的个别差错,并证明改正有效性的印章。校对章除刊有单位名称外,并刊“校对章”字样。校对章的使用应严格控制,文件有重大差错或错误较多,则不应使用校对章,而应重新印制。

10. 其他戳记。这主要是指为标志特定信息而使用的事务性印章,如保密章(分绝密、机密、秘密、内部文件)、急件章、注销章等。

(三)印章的样式

印章的样式是由印章的质料、形状、印文、图案和尺寸规格等因素构成的。

1. 印章的质料。常用的印章质料有角质、木质、橡胶、塑料、钢材等。电子印章采用数字化技术制作。

2. 印章的形状。党政机关和企事业单位、社会团体的正式印章,一律为正圆形。其他公务印章可视情况而定,一般有正方形、长方形、椭圆形、三角形等形状。

3. 印文。正式印章的印文必须是机关和单位的法定名称。如名称字数过多不易刻制,可以采用规范化简称。地区(盟)行政公署的印章,冠省(自治区)的名称。自治州、市、县级人民政府的印章,不冠省(自治区、直辖市)的名称。市辖区人民政府的印章冠市的名称,乡(镇)人民政府的印章,冠县级行政区域的名称。

印文的文字应使用国务院公布实行的简化字,字形为宋体字,自左而右环行。领导人签名章字体可根据个人书写习惯而定。

实行民族区域自治的地方人民政府的印章,可以并刊汉字和相应的民族文字。

4. 图案。国务院、国务院各部委及直属机构、办事机构,经国家机构编制管理部门认定具有行政职能的国务院直属事业单位,国务院部委管理的国家局,国务院部委的外事司(局),国务院部门的内设机构和所属事业单位法定名称中冠“中华人民共和国”或“国家”的单位,县及县以上各级人民代表大会常务委员会、人民政府、人民法院、人民检察院、专门人民法院、专门人民检察院以及我国驻外使领馆等的正式印章中央应刻有国徽。

上述机关或单位以外的国务院各部门、国家行政机关内设机构或直属单位、地区(盟)行政公署、乡镇人民政府以及企事业单位、社会团体的正式印章中央刊五角星图案。

党的各级机关的正式印章中央刊党徽。

国务院的钢印、国务院有关部委外事用的火漆印,中央刊国徽。其他确需使用钢印的单位，钢印中央刊五角星。

(四)印章的尺寸规格

正式印章的尺寸大小应符合下列规定：

1. 国务院的正式印章，直径为6厘米。

2. 下列机关或单位的正式印章直径为5厘米：

(1)各省、自治区、直辖市人民政府；

(2)国务院办公厅和国务院各部委；

(3)正部级的国务院直属机构、办事机构；

(4)正部级的国务院直属事业单位；

(5)国务院议事协调机构和临时机构。

3. 下列机关或单位的正式印章直径为4.5厘米：

(1)副部级的国务院直属机构、办事机构；

(2)副部级的国务院直属事业单位；

(3)国务院部委管理的国家局；

(4)自治州、市、县级(县、自治县、县级市、旗、自治旗、特区、林区，下同)和市辖区人民政府以及地区(盟)行政公署。

4. 国务院有关部委外事用的火漆印，乡(镇)人民政府的印章，以及驻外使领馆的印章，直径为4.2厘米。

5. 国家行政机关内设机构或直属单位、企事业单位、社会团体的印章，直径不得大于4.5厘米。

6. 党的机关的正式印章尺寸规格一般与同级行政机关的印章相同。

7. 套印章的尺寸大小与正式印章相同。

8. 国务院的钢印，直径4.2厘米。其他确需使用钢印的单位，其钢印的直径最大不得超过4.2厘米，同时不得小于3.5厘米。

9. 其他印章或戳记的尺寸大小由使用单位自行确定。

(五)印章的刻制管理

刻制印章是印章管理工作的一个首要环节，必须严格执行国家的有关规定。凡机关或单位的正式印章(包括钢印、套印章、电子印章)，一律不得私自刻制。

刻制正式印章一般有两种情况：一种是由上级主管领导机关刻制颁发；另一种是由本单位按照印章刻制的规定落实办理。

下级机关领取上级颁发的正式印章时，必须由专人持本单位领导人签名的介绍信领取，并严格履行接印手续。本单位如需要自己刻制正式印章，必须事先以“请示”文种报经上级主管领导机关审核批准。报批时，应同时将上级主管领导机关批准本单位成立的正式公文和按照有关规定拟定的包括印章式样、尺寸、印文、图案、字体等内容的章程一并上报。批准后，由印章的制发单位开具公函，附上章样到所在地的公安部门办理登记手续，由公安部门指定专门的刻章单位刻制。印章刻制完毕，原刻字单位一律不得留存章样。

单位内部使用的领导人签名章、办事章、校对章、合同章以及其他戳记，无须报请上级机关批准，但应凭本单位的介绍信到指定的刻制单位进行刻制。

（六）印章的启用管理

机关或单位的正式印章经上级主管领导机关颁发或按规定刻制后，必须做好启用前的各种必要的准备。如，选定印章的启用时间、提前向有关单位发出正式启用的通知并附上印模、填写“印模卡”一式两份（一份留存，一份交上级机关备案）。在正式印章启用通知所规定的生效日之前，该印章不得使用。

（七）印章的保管

印章平时保管的要求是：

1. 专人负责。印章应选择政治上可靠的专人负责保管。一般情况下，印章的保管者也是具体用印者。因此，秘书部门对于保管和使用印章的人员必须严格审查和挑选，并应加强平时的教育和考查，对不合格者，应坚决调离。

2. 确保安全。印章应选择安全保险的地方存放和保管，如机要室或办公室的保险箱内。如存放在办公桌的抽屉里，则应当装配牢固的锁。经管人员不得将锁存印章的钥匙委托他人代管，也不得将钥匙插入锁孔后离去，以免印章被人盗盖，造成严重后果。

3. 防止污损。平时使用印章要注意轻取轻放，避免破损。同时要注意经常洗刷，防止印泥和其他污物将刻痕填塞，以保持图案和印文的清晰。

（八）印章的使用管理

1. 用印程序。盖用单位公章，用印人必须填写“用印申请单”，经本单位的主要负责人或经主要负责人授权的专人审核签名批准。一般证明用印，可由机关的秘书长或办公厅（室）主任批准，或遵循领导所确认的用印惯例。如有不明确的情况，应请示领导核准后，方能用印。盖用职能部门的印章，也必须由本部门的主要负责人审核签名批准。

用印时应当使实际盖印的文件数量和“用印申请单”上的份数完全一致。不得在空白的公文纸上或空白的介绍信上盖印。

用印后，应当进行用印登记。登记的项目有：用印目的、文件名称、编号、签发人、领用人、盖印人等。

2. 印章的位置

（1）正式公文只在文件落款处加盖公章。公章一律用红色，与正文或附件标志的距离不能超过 1 行，以防止被人在空白处私自加入其他内容。具体要求详见“第二章文书写作”中“文书的结构和标印格式”一节。

(2)带存根的公函或介绍信、证明信要分别盖骑缝章和文末落款章。

(3)调查材料、旁证材料、档案复制材料,为证明各页之间的完整联系,应将同一文件的每一页均匀错开,骑各页加盖公章。

(4)修正文件中的文字错误,在改正处加盖校对章。

(5)鉴证合同、证明档案摘抄(复印)材料的真实性,证实证明材料书写者的身份以及需要由单位证明的文件,应在合同、复印件或其他材料最后一页的末尾空白处书写证明词并盖章,或在文件指定的位置盖章。

(6)传递秘密文件,要在封套的正面加盖标明密级的保密章,各封口处加盖公章或保密章。传递急件和特急件要在封套上加盖标有“急件”和“特急”字样的急件章。

(九)印章的停用和销毁

机关或单位如发生合并、撤销、名称更改的情况,原印章应立即停用。停用印章要发文通知有关单位,附上印模,说明停用的原因和停用时间,并宣布原印章失效。废印章必须及时送交原制发机关封存或销毁,或者按公安部会同有关部门另行制定的规定处理,不得在原使用单位长期留存。

原制发印章的单位,对废印章应当登记注销。除某些重要单位具有保存价值的印章须存档保管外,一般单位的废印章应集中起来,定期销毁。销毁印章应当报经单位负责人审核批准。主管印章的人员应在销毁现场实地监销。所有销毁的印章都要留下印模存档,以备日后查考。

(十)电子印章管理

1. 电子印章的形状、印文、图案、尺寸规格等外观形式以及法定效力与正式印章相同。

2. 电子印章必须由上级机关统一制作颁发,任何单位不得自行制作使用,也不得私自复制电子印章软盘(光盘)。

3. 电子印章及密码必须由指定的秘书人员保管和使用。保管人员不得向任何人提供操作程序、电子印章软盘及密码。

4. 保管电子印章的人员如有变动,应立即通知颁发机关,以便及时更改密码。

5. 电子印章应在专用计算机上使用。

6. 电子印章只用于电子文书,其盖章位置与纸质正式公文相同。

7. 电子印章的停用和销毁管理要求与正式印章相同。

二、介绍信和证明信管理

(一)介绍信的管理

1. 介绍信的作用。介绍信是向接洽单位介绍本单位派遣人员的姓名、身份和接洽事宜的专用书信，通常由被派遣人员携带前往接洽单位联系工作，当面出具给对方，既证明被派遣人员的身份，同时又代表一个机关和单位的法定授权。

2. 介绍信的格式

（1）固定式。固定式介绍信采用批量定制，由持出和存根两部分组成，使用时只要按项目填写即可，较为方便。持出和存根印有编号，便于核查。固定式介绍信的样式见图 9－1。

NO. 000501　　　　上海××××公司介绍信（存根）

××介字第28号

北京××××公司：

兹介绍我公司×××、×××等贰位同志前往你处联系××××××××事宜。

（有效期五天）

2010年3月16日

NO. 000501

上海××××公司

介　绍　信

北京××××公司：

兹介绍我公司×××、×××等贰位同志前往你处联系××××××××××××事宜，请予接洽。

此致

敬礼！

2010年3月16日

（有效期五天）

图 9－1　固定式介绍信样式

(2)便函式。便函式介绍信用于手工书写或计算机打印。无论书写还是打印，都要使用印有单位名称的信笺。便函式介绍信的样式见图9－2。

3. 介绍信的保管。单位的各种介绍信平时应由秘书专门保管，并存放在带锁的抽屉里，随用随取，用后放回，确保安全。秘书休假、出差时，由秘书部门负责人指定他人临时保管。

4. 介绍信的领用

(1)领用介绍信要先由领用人填写申请书，说明申请人姓名、联系单位、联系时间和联系事项，经主管领导批准方可开具。

(2)下级单位要求转开上级单位的介绍信，应由主管领导在下级单位的介绍信上签字同意，秘书方可转开介绍信。

(3)领用申请书和下级单位的介绍信要附在存根后面一起保存，以备日后查考。

北京××××公司

介　绍　信

上海××××公司：

兹介绍我公司丘沛然、贾正富两位同志前来贵公司商谈××产品加工事宜，望接洽为盼！

此致

敬礼！

二〇一〇年三月二十五日

地址：北京朝外大街××号　　邮编：100017

电话：01088××××26　　传真：01088××××27

图9－2　便函式介绍信样式

(4)领用人要履行签字手续,以示对领用的介绍信负完全的责任。固定式介绍信在存根上签字,临时书写的介绍信在专用登记簿上签字。

5. 介绍信的填写

(1)介绍信无论是固定格式还是便函式,都应载明联系单位、被介绍人姓名、身份、政治面貌(党派之间联系工作、进行政治审查时须填写)、人数、联系的事项、有效期限、填写日期。

(2)持出联和存根的内容必须一致。不得出现存根空白或漏填的现象。

(3)便函式介绍信因无存根,因此要建立专用登记簿,在其上进行逐项登记,以备查考。登记的项目和内容应当与介绍信完全一致。

(4)一般情况下不得开具空白介绍信。特殊情况下需开空白介绍信,领用人必须说明理由和用途,并经领导人批准。开出后未使用的空白介绍信要及时退回作废。

(5)介绍信如有个别填写错误,可进行修改并加盖校对章,或在修改处加盖公章。重大错误必须作废后另外填写。

6. 介绍信的盖章。固定式介绍信除盖落款章外,还要盖骑缝章。便函式介绍信只需盖落款章。

7. 介绍信存根的保存。介绍信存根要与领用申请书、下级单位接转介绍信、作废的介绍信和退回的空白介绍信粘在一起,妥善保存一定时期,以备查证,任何人不得擅自销毁。

(二)证明信的管理

1. 证明信的作用。证明信是用来证明某人的身份、经历或者证明某项事实的专用书信。出具证明信要负法律责任。

2. 证明信的拟写。证明信的内容涉及面广泛,但基本格式有两种:

(1)固定式,即根据某项特殊需要而统一印制证明信。如,“工资证明”“工龄证明”“学历证明”等。这种格式的证明信一般都有存根和编号。填写时,正本(即持出联)与存根的内容要一致。

(2)便函式。和介绍信不同的是,证明信绝大部分都是临时书写的。单位出具的证明信可由秘书拟写,也可由其他部门拟写,有时也可由当事人拟写。证明信的内容应当实事求是,客观真实,清楚准确,简明扼要。

3. 证明信的审核与盖章。以单位名义出具的证明信必须经主管领导审核、同意并签字。未经领导同意,秘书不得私自盖章。

有存根的固定式证明信要盖两个章,落款章和骑缝章。临时书写的证明信只需盖落款章。

4. 证明信的登记与存档

(1)固定式证明信的存根要妥善保存一定时间。

(2)临时书写的证明信要登记注册。重要问题的证明应保存领导签发的原稿和一份正本(即存本),并立卷归档。

三、大事记

(一)大事记的含义和作用

大事记是以时间为顺序记载一级组织或一个单位重大事件和重要活动的纪实性文书。它通过如实记载重大事件和重大活动,为后人认识一个单位的历史,研究、总结历史的经验和教训提供依据,具有重要的历史价值。大事记中记载的内容,也是编撰一个地方或一个组织的史、志、年鉴,宣传组织形象的基本素材。

(二)大事记的种类

1. 综合性大事记。综合性大事记一般以年度为期限,综合记载一个组织或单位所发生的各种大事。

2. 专题性大事记。当举行特别重大的活动或发生特别重大的事件时,可以围绕这一事件或活动进行记载,并按此专题编撰成册。

(三)大事记的结构和写法

1. 标题。综合性大事记标题写明机关或单位名称以及文种(即大事记),如“××有限公司大事记”;专题性大事记写明机关或单位名称(有时也可写范围或行业名称)、主题和文种,如“中国水文大事记”。

2. 前言。专题性大事记一般要写前言,说明编撰的目的、意义、指导思想、体例、时限和材料来源。单位内部的综合性大事记一般不写前言。

3. 正文。大事记正文的写作要求是:

(1)内容重大、材料准确。大事记的内容应当是一级组织或一个单位做出的重要决定、所做的重要工作、举办的重要会议或活动、重要的人事变动、取得的重要成果和荣誉、发生的重大危机事件等,采用的材料必须真实确凿。

(2)时间为序、一事一记。大事记一律按重大事件或活动发生的时间线索编排。年度综合性大事记一般以月份和日期为条目,如同一天有若干件大事,也可以事件发生和发展的时间节点为条目。如同时记载几项时间跨度较大的重大事件,也可以把事件的名称或主题作为条目。大事记要一事一记,即每个条目只写一件事情。

(3)内容概括、信息完整。记载重要决议、决定事项要写明该决议、决定的标题、制定机关、主要内容、发至范围;记载重大人事变动要写明做出决定机关的名称、变动的具体内容;记载重要会议或活动应写明依据目的、名称、时间、地点、主题或主要议题、主要出席人物、会议或活动的结果;记载重要成果和荣誉应写明成果或荣誉的名称和等级、获奖人姓名或名称(团体)、颁发机构名称;记载大危机事件一般要写明起因、经过、时间、地点、人物、结果。

(4)语言简明、用词恰当。大事记应当使用陈述性语气,语言要简洁、明了、严谨、恰当,不使用祈使句、疑问句、感叹句和虚拟语气。

大事记写作实例

中国工程院2004年大事记

一月(节录)

2日,经国务院领导批准,钱正英、张光斗院士任三峡枢纽工程质量检查专家组顾问,潘家铮院士任组长,谭靖夷、罗绍基院士任副组长,梁应辰、梁维燕院士为专家组成员。

5日,钱正英院士在京主持召开"科技兴黔"工作中沼气工程和草地畜牧业发展规划等有关情况专题汇报会,听取农业部科技司和草原监理中心等有关机构的情况介绍。沈国舫副院长、卢良恕院士等有关方面的专家出席汇报会。

5日,我院向国务院呈报《中国航空发动机试验设施建设研究》的咨询报告。

思考与练习

1. 办公室日常事务的作用和特点表现在哪些方面?
2. 按性质、秘密等级和存在方式来分,秘密有哪些种类?
3. 试述保密工作的要求。
4. 文件保密、会议保密、新闻宣传保密、通信保密、使用办公设备保密有哪些具体要求?
5. 值班工作有哪些任务和要求?
6. 怎样接待领导预约的客人和不速之客?
7. 怎样安排领导的临时性会见?
8. 完成领导交办事项的要求有哪些?
9. 办公用品和用房管理的要求有哪些?
10. 常用的电话服务功能有哪些? 如何操作?
11. 试述秘书通话的程序和要求。
12. 如何发出和接收传真?
13. 平时应当如何保管和使用公章?
14. 试述印章的各种位置。
15. 试写一份便函式介绍信。

16. 阅读下列实例,试加以分析。

一天,张秘书正背朝着门用电脑打印公司的销售计划,这时一位客人进来。

“请问李总在吗?”客人问。

“预约了吗?”张秘书随口问道,双眼仍盯着电脑显示屏。

“约什么约?我要找你们老总谈谈!”客人有点恼怒。

张秘书朝客人瞟了一眼,觉得有点眼熟,但一时想不起来是谁,于是便说:“等一下。”然后起身走进隔壁李总的办公室。几分钟后,张秘书回到自己办公室,发现客人已经离去。

请从做好日常接待和保密工作的角度指出并具体分析张秘书的做法有何不妥。

附　录

中华人民共和国国家标准
校对符号及其用法
(GB/T 14706—93)

编号	符号形态	符号作用	符号在文中和页边用法示例	说明
一、字符的改动				
1		改　正	增高出版物质量。（提） 改革开故（放）	改正的字符较多，圈起来有困难时，可用线在页边画清改正的范围 必须更换的损、坏、污字也用改正符号画出
2		删　除	提高出版物物质质量。	
3		增　补	要搞好校工作（对）	增补的字符较多，圈起来有困难时，可用线在页边画清增补的范围
4	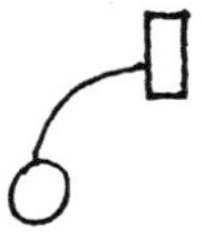	改正上下角	$16 = 4^2$ H_2SO_4 尼古拉·费欣 0.25 + 0.25 = 0.5 举例：2 × 3 = 6 X：Y = 1:2	
二、字符方向位置的移动				
5		转　正	字符颠倒要转正。	
6		对　调	认真经验总结。 认真验结经总。	用于相邻的字词 用于隔开的字词

编号	符号形态	符号作用	符号在文中和页边用法示例	说明
7		接　排	要重视校对工作，提高出版物质量。	
8		另起段	完成了任务。明年……	
9		转　移	校对工作，提高出版物质量要重视 "。以上引文均见中文新版《列宁全集》。 编者　年　月 …… 各位编委：	用于行间附近的转移 用于相邻行首末衔接字符的推移 用于相邻页首末衔接行段的推移
10	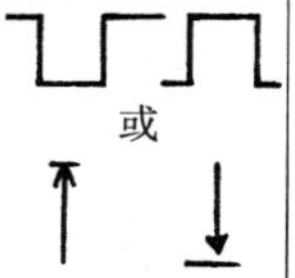	上下移	序号　名称　数量 01　×××　2	字符上移到缺口左右水平线处 字符下移到箭头所指的短线处
11		左右移	要重视校对工作，提高出版物质量。 3 4　5 6 欢呼　歌　唱	字符左移到箭头所指的短线处 字符左移到缺口上下垂直线处 符号画得太小时，要在页面重标
12	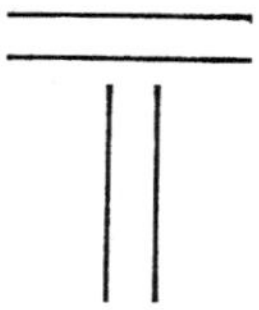	排　齐	校对工作非常重要。 必须提高印刷质量，缩短印制周期。 国家标准	
13	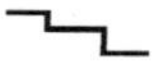	排阶梯形		
14		正　图		符号横线表示水平位置，竖线表示垂直位置，箭头表示上方

三、字符间空距的改动

15	∨ ＞	加大空距	一、校对程序 校对胶印读物、影印 书刊的注意事项：	表示在一定范围内适当加大空距 横式文字画在字头和行头之间
16	∧ ＜	减小空距	二、校对程　序 校对胶印读物、影印 书刊的注意事项：	表示不空或在一定范围内适当减小空距 横式文字画在字头和行头之间
17	# 空1/2字距符号 空1/3字距符号 空1/4字距符号	空1字距 空1/2字距 空1/3字距 空1/4字距	第一章校对职责和方法 1. 责任校对	多个空距相同的，可用引线连出，只标示一个符号
18	Y	分　开	Goodmorning	用于外文
		四、其　他		
19	△	保　留	认真搞好校对工作。	除在原删除的字符下画△外，并在原删除符号上画两竖线
20	○＝	代　替	○色的程度不同，从淡○色到深○色具有多种层次，如天○色、湖○色、海○色、宝○色…… ○＝蓝	同页内有两个或多个相同的字符需要改正的，可用符号代替，并在页边注明
21	。。。	说　明	第一章　校对的职责 改黑体	说明或指令性文字不要圈起来，在其字下画圈，表示不作为改正的文字。如说明文字较多时，可在首末各三字下画圈

使用要求：

（1）校对校样，必须用色笔（墨水笔、圆珠笔等）书写校对符号和示意改正的字符，但是不能用灰色铅笔书写。

（2）校样上改正的字符要书写清楚。校改外文，要用印刷体。

（3）校样中的校对引线要从行间画出。墨色相同的校对引线不可交叉。

参考文献

1.《党政机关公文处理工作条例》(中国中央办公厅、国务院办公厅 2012 年 4 月 16 日发布)

2.《党政机关公文格式》(GB/T 9704—2012,国家质量监督检验检疫总局、国家标准化管理委员会 2012 年 6 月 19 日发布)

3.《发文稿纸格式》(GB 826—1989,国家技术监督局 1989 年 2 月 22 日发布)

4.《文书档案案卷格式》(GB/T 9705—2008,国家质量监督检验检疫总局、国家标准化管理委员会 2008 年 11 月 13 日发布)

5.《电子文件管理暂行办法》(中办、国办厅字〔2009〕39 号发布)

6.《电子公文归档管理暂行办法》(2003 年 7 月 28 日 国家档案局令第 6 号发布)

7.《信访条例》(国务院令第 431 号 2005 年 1 月 5 日发布)

8.《国家秘密定密管理暂行规定》(国家保密局 2014 年第 1 号令发布)

9.《国务院关于国家行政机关和企业事业单位社会团体印章管理的规定》(国务院 1999 年 10 月 31 日发布)

10. 董继超. 秘书实务[M]. 第 1 版. 北京:线装书局,2000.